四川チベットの宗教と地域社会

宗教復興後を生きぬく
[illegible]徒の人類学的研究

小西賢吾

風響社

まえがき

四川省の省都成都市からバスに揺られること八時間。成都名物の濃い霧が晴れて、突き抜けるような真っ青な空が姿を現すと、そこはもうチベット高原の入り口である。この本の舞台となる小さな谷はチベット語でシャルコク（東の地）と呼ばれ、ラサからみれば文字通り東の果てにある。四川盆地や、青海へと続く大草原に接し、交易の中継点として発展したシャルコクは多様な文明の交差点となり、独特の文化が育まれてきた。その地に、私はいくつもの不思議な縁によってわけ入っていくことになった。

二〇〇五年の夏、私はフィールドワーク先をもとめて、バックパックを背負いあてもなく四川省から甘粛省へ続く高原をさまよっていた。地平線の果てまで広がる大草原と乾いた空気は、はじめは魅力的に映ったものの、徐々に体力と気力を奪っていった。そこで脳裏をよぎったのは、それまで三年にわたりフィールドワークを行っていた秋田県の小さな城下町、角館のことであった。毎年九月に行われる祭りに心から魅了された私は、研究者として以前に、一人の若者としてその熱狂に浸っていた。そして、地域の「伝統」をみんなで継承すること、という、ことばにすれば簡単なことが、実際にどれだけの重みを持っているかを痛感した。その関心を引き継ぎながら、本格的な異文化との出会いを期して、片言の中国語を頼りに乗り込んだこの地で、身心の疲労は限界に達していた。山に囲まれた、こぢんまりとした小盆地空間に親しんでいた私には、大草原はいささか広すぎたのである。

なぜこんなところまで来たのだろう。くたびれ果ててバスに揺られていると、忽然とその風景が車窓にあらわれた。ゆるやかな谷と、美しい瓦屋根の民家、その奥にあるのは僧院だろうか。光の加減であろうが、そのすべてが金色に光り輝き、夢のような眺めだった。さっき見たのは本当に現実だったのか。バスの終点で自転車を借りて、確かめにいくことにした。今思えば無茶であったが、標高三五〇〇メートルの道を一〇数キロさかのぼり、息をきらしてたどりついたそこは、どこか懐かしい雰囲気に満ちていた。不思議なことに、ここしかない、とすでに気持ちが固まっていた。

人類学を志す者にとって、フィールドは単なる「調査地」ではない。まったく異なる言葉や暮らしの中に身をおくことは、数々の「カルチャーショック」を通じて、身心に染みこんでいる「あたりまえ」としての文化をあぶり出す。異なる「あたりまえ」がぶつかり合い、激しく揺さぶられながら、ダイナミックに自己が変容していく。そしてその経験は、しばしば偶然にしてはあまりによくできすぎた縁によって導かれている。

父方の実家が寺だったこと。祇園祭から学園祭に至るまで、祭りが生み出す「非日常」の空間に魅了されていたこと。一〇代の終わりに中国を訪れ、街の熱気と感情むき出しのコミュニケーションに衝撃を受けたこと。人類学の恩師山田孝子先生がチベットに強い関心をもっていたこと—そうしたことが土台となって、現代中国社会と宗教の問題にチベット社会の僧院からアプローチする、という問題意識は自然にできあがっていた。

そしてそれが、京都大学に滞在していたチベット学者サムテン・カルメイ氏との出会いへとつながった。緊張しながら対面したその日、あの不思議な魅力に満ちた谷が氏の出身地だったと知った。一九五〇年代にチベットを脱出し、現在はフランスを拠点として活動するカルメイ氏の人生は、チベットの現代史と深く結びついている。そしてこの出会いを通じて、シャルコクをふくむチベット高原の人びとが伝えてきた「ボン教」の世界に足を踏み込み、この本で描かれるチベット社会の人びととつながっていくことになる。

こうした数々の縁を振り返る時、二〇〇五年から今にいたる自らの変化も同時に思い起こす。フィールドワークという主観的体験を基盤とする営みは、そこから紡ぎ出される記述の妥当性をめぐって長年激しい議論にさらされてきた。しかし少なくとも、人びとが暮らし感情をぶつけあう生《なま》の世界のダイナミズムを記述するためには、実体験を経て身心から湧き出るものに手先を委ねる段階が不可欠である。未熟ながらもこの本が成ったのは、長期間にわたり私の心と身体を激しく揺さぶり前進させてくれた、すべての縁によるものであると感じている。

こうした体験から出発しつつも、この本はより広く現代社会に生きる人びとにとって重要な学術的・社会的課題に応えることを目指している。現代中国社会の動態を読み解く上で、宗教は決定的な役割を担っている。それは、民族と社会主義体制、経済成長をめぐる複雑な関係を背景としながら、人びとが今を生きるために不可欠な要素として宗教が求心力を保ち続けているからである。かつて、宗教は人類の発展とともに乗り越えられると信じられていた時代があった。しかし、前世紀末の「宗教復興」をへて、再び宗教が社会変動の鍵となり、日々の暮らしでも多様な形で宗教と向き合う時代を我々は生きている。なぜ、人びとは宗教に惹きつけられ、つながっていくのか。そこから浮き彫りになる地域社会の姿はどのようなものなのか。

この本は、これまでほとんど知られてこなかったチベットのボン教の現状を扱った世界的にも先駆的な民族誌であるとともに、四川省シャルコク地方のチベット社会を事例として、現代中国の宗教動態を最前線から読み解こうとする人類学的研究の成果である。そしてこの本の問いかけは、チベット高原の彼方の話にとどまらず、手に取ってくださった皆さまの日常にもつながっていると信じている。この本に通底する、宗教が心と身体にいかに働きかけ、人と人をつないでいくか、という視座を通じて、かれらと我々の違いを越えて、人間としてもっている共通の基盤が浮かび上がるからである。

本文中の表記について

本書で対象とする人びとが帰属意識を持つ民族集団のカテゴリーについては、原則として現在の中国における民族区分に基づいてチベット族と表記する。ただし、超地域的に、特に国境を越えてチベットへの帰属意識を共有する人びとの集まりを指す場合には、チベット人と表記する。

本文中におけるチベット語の語彙や固有名詞については、原則として調査地の方言に近い形でカタカナ表記を行う。チベット語は文語と口語が大きく異なり、調査地特有の語彙に対応する綴りがない場合もある。チベット文字の綴りが判明している場合には初出時にワイリーによるラテン文字転写方式［Wylie 1959］を用いた表記（イタリック体）を併記する。また必要に応じて語義を「」で囲んで示し、訳語や解釈をその後に記す。

また著名な人物名や教義に関する用語、神仏の名称など、より広い地域で共有されている語彙については混乱を避けるため、最も一般的に流通しているチベット語ラサ方言に従ったカタカナ表記を行い、特定の日本語訳が定着している場合はそれも併記する。

調査地周辺の地名および調査地で現在存命中の人物についてはすべて仮名とするため、チベット文字の綴りは記さない。付録として巻末に用語集と人名リストを添付する。

漢語の固有名詞については必要に応じて、発音のピンイン表記に基づくカタカナのルビをふるが、日本語として定着している慣用的読み方がある場合は便宜上そちらを表記する。

●目次

●第Ⅲ部　再編される地域社会と宗教の役割

装丁＝佐藤一典・オーバードライブ

●四川チベットの宗教と地域社会——宗教復興後を生きぬくボン教徒の人類学的研究

序章

一　本書の目的

本書は、中国四川省北部山岳地帯のチベット社会におけるフィールドワークに基づき、現地の人びとが継承・共有してきた「ボン」[1]（bon）、日本語ではボン教と総称される宗教実践の様式やその背景となる観念が、現代の政治・経済・社会的状況の中でいかに存続しているのかを明らかにすることを目的としている。

本書が依拠する一次資料は、主に二〇〇五年から二〇一三年までの筆者のフィールドワークから得られたものであり、記述される「現代」は、急速なインフラ整備の進行と経済発展を大きな特徴とする二〇〇〇年代後半の状況を反映したものである。これに加えて、本書では、二〇世紀中盤の一九五〇年代から現代に至る変容を視野に入れた記述を行う。

一九四九年の中華人民共和国建国によって、調査地の統治形態は小規模な在地領主によるものから社会主義国家によるものへ移行した。人びとの生産様式に新たな秩序が導入され、僧院を拠点としてボン教の教えを学び実践する僧侶たちの活動は、中央政府の「宗教政策」の管理下に入った。それは、社会主義イデオロギーのもとに「近代化」

を推進することで、個別の民族集団が継承してきた「伝統」を乗り越えようとするベクトルを伴っていた。そして一九五〇年代後半から一九七〇年代後半に至る約二〇年間、僧侶はその身分の保障と社会活動の機会を失い、活動の拠点である僧院の建物も破壊された。さらには、かれらが受け継いできたテクストや、教義を象徴する装置や道具の多くが失われるという混乱と衰退の時期を経験した。こうした状況は一九七〇年代末の政策の見直しをきっかけに変化し、一九八〇年代以降の僧院の再建、僧侶の再登場、儀礼の再開といった一連の動きにつながっていく。こうした「復興」の動きは、それに情熱を傾ける僧侶たちが、人びとからの熱狂的な歓迎を受けて進めてきたことが語られる。しかしその熱狂が一段落した後も、宗教はその求心力を失うことなく、人びとは宗教に関わる実践を活発化させている。それはいかなる要因によって可能になっているのだろうか。

本書はこの問題に対して、主に二つの視座からアプローチしている。

一つは、こうした宗教の復興と活性化の場として僧院を位置づけ、そこを拠点とする僧侶の活動がいかなる社会的・経済的要因によって支えられているのかを明らかにすることである。具体的には、僧院の再建、僧院組織の再構築とその運営、僧院で行われる儀礼の存続といった事象に注目する。それらが過去との連続性を確保しながらも、新たに形成された僧院のネットワークや経済成長といかに絡み合って存続しているのかを示すことが主眼となる。

もう一つは、宗教実践が人びとを巻き込み、つなぎとめる要因と過程を明らかにすることである。具体的には僧院での儀礼や宗教的モニュメントの建設、人びとが参加する初歩的な修行などをとりあげる。そこではいかなる要素が人びとの心と身体に訴えかけ、人びとを凝集させる核となっているのかが大きな問いとなる。チベットの宗教は、秘儀的な教義を含む膨大かつ複雑な知識と技法の体系である。それは、多様なレベルで人びとの身心に根付いている。僧院での学習、修行を通じて知識を身につけた僧侶は、宗教職能者として世俗の人びとのため、村のために様々な儀礼を執り行う。しかし、かれらは均質なエリート集団ではなく、知識のレベルや僧院への関わり方には個人差がみられる。また、僧院とつながりを持つ集落の人びとは、専門的な宗教知識をほとんど有していないようにみえながら、時に熱狂的に、時に静かに、宗教実践の場への結びつきを表す。こうした多様な人びとをつなぎとめるメカニズムを、それぞれの場からとらえることが主眼となる。

この二つの視座は時に重なりあいながら、人びとが宗教実践の場を形成し、それを存続させていく姿を浮き彫りにする。二〇世紀中盤以降、社会主義のイデオロギーや、市場経済のメカニズムと消費文化の浸透、科学技術による生活の変容など、次々と多様な価値観がもたらされる中で、宗教が示す価値観はかれらの間でリアリティを保ち続けてきた。宗教復興後の二一世紀をかれらが「ボン教徒」として生きぬく姿は、宗教と多様な形で向き合う同時代の人類共通の課題を提示するだろう。その一端を現場から描き出すことが、本書の目的である。

二　二一世紀初頭における「伝統文化」と宗教のゆくえ

1　グローバル化と各地域の「伝統文化」

チベットの歴史をひもとけば、宗教が衰退と復興、それに伴う変容を幾度も経験しながら存続してきたことをうかがい知ることができる。例えば七世紀中盤、主にインドから古代チベット王家に伝わった仏教は、それ以前に支配的であったボン教に代わり隆盛したが、九世紀には王朝の崩壊に伴い衰退、一〇世紀末に復興したことが伝えられている［デエ二〇〇五：六四―七〇］。同時期にボン教もまた復興し、仏教と互いに影響を与えながら、異なる「伝統」を形成してきた。このように、宗教の復興や活性化という現象そのものは、現代に特有のものではなく、またチベット固有のものでもない。ただ、現代においてはこうした現象が局地的なものではなく、世界のあらゆる地域において観察され、それが同時代的な社会状況の中に位置づけられるという新しい特徴が出現してきたのであり、それが人類学的な関心を呼び起こしてきた。

近年世界各地で展開してきた宗教復興は、より広い文化復興現象・運動の一部に位置づけられる。異なる社会同士の接触が増加し日常化する状況の下で、支配的な文化への同化圧力に対し「土着」の文化がいかに反応するか、という問題を二〇世紀半ばに論じたのがリントンである。リントンの提唱した「土着主義運動」は、「ある社会の構成員の一部が、意識的かつ組織的に行う、その文化の選ばれた一部分を復興または永続化させようとする試み」[Linton 1943: 230] と定義されている。そしてこれを引き起こす要因として、文化接触によって生み出される不平等感、文化同士の優劣の感覚が挙げられ、それは実際の統治者／被統治者関係と、異文化に対するより直接的な優劣の感覚によってもたらされることが指摘される [Linton 1943: 234-239]。この議論は、宗主国としての「西洋社会」対「未開社会」という図式を色濃く残しているものの、世界を均質化していく方向性に対して各地域固有の文化は単純に同化されることはないという視点の基礎となるものである。

第二次世界大戦の終結を経てポストコロニアルの時代が幕を開ける中、「西側」世界では、一九六〇～一九七〇年代から人・モノ・資本・情報などが従来の地域・社会の枠組みを越えて移動・連関するグローバル化が徐々に進行した。このグローバル化は、特定の国家の枠を越えた市場経済システムを軸に、均質化・平準化を伴って諸地域の人びとの暮らしに働きかけていった。そしてその中における文化変容をとらえようとする動きが出始めた。

例えば、移動の活発化の現れとしてマス・ツーリズムが勃興し、そこで観光客に示される「伝統文化」が着目され始めたのもこの頃である。スミス編［一九九一〈一九七七〉］などによって提起され、日本では山下編［一九九六］などによって展開された観光人類学は、各地域固有の文化がグローバルな状況との接触によって消滅するのではなく、取捨選択や新たな意味づけを経た「伝統文化」として創造・再構築され提示されるというダイナミズムを示した。

他方、二〇世紀初頭から社会主義革命を実現してきた「東側」世界では、社会主義のイデオロギーを軸にしたより強力な均質化が進行しつつあった。それは時に人びとが受け継いできた「伝統」に壊滅的な打撃をもたらした。例えばかつてのソビエト連邦では、人びとは国家によって定められた諸々の「民族」として登録されてはいたものの、それ以上にソビエトの一員であることを要求され、個別のエスニシティに焦点があたることはなかった［Yamada 2004: 217］。しかしその後、多くの社会主義国家の体制にほころびが目立ち始めた。そして一九八〇年代後半、ソ連共産党書記長ゴルバチョフにより推進されたペレストロイカを契機に、一九八九年のベルリンの壁崩壊とマルタ会談、東欧諸国の民主化などを経て一九九一年末のソ連消滅に至る流れの中で、「東側」世界は急激に崩壊し、「西側」に発したグローバル化の波に取り込まれることになる。その一方で、一九八九年に北京で発生した天安門事件は、一九九二年の社会主義市場経済の導入を経て、中国が社会主義体制を保持したままグローバル化のアリーナに参入していくという方向を決定づけた。

こうした状況の中で、ポスト・ソビエトの時代を迎えた地域や、中国のように社会主義を保持しながらも民族・宗教政策に大きな変化がみられた地域を含めて、全地球的に展開する文化復興・宗教復興が二〇世紀末から二一世紀初頭に新たな注目を集めてきた。それは、活発な運動からささやかなものまで多様な形をとりながら、伝統的な価値やそれに基づく実践を、グローバル化がもたらした比較的均質な物質文化や市場経済システム、政治体制の中で存続させようとする動向である。そして、近年のこうした動向を、単なる「伝統の創造」や「危機に瀕した文化の生存」としてではなく、「伝統の存続に向けた『積極的な関与』」として理解するべき、という視点が提出された［Yamada and Irimoto 2011: 2］。

この問題意識に基づいて編まれた論文集“Continuity, Symbiosis, and the Mind in Traditional Cultures of Modern Societies”［Yamada and Irimoto 2011］において、山田は「伝統文化の連続性と共生の人類学」の枠組みを提示する。そこで論じられる「伝統文化」の性質は以下のように定義される［Yamada 2011: 264］。

1、過去の遺物や残滓でも、創造された伝統でもなく、各集団によって世代を経て継承されてきたとみなされうること

2、時代に対して柔軟で適応性があるが、「伝統的」であると位置づけられ、未来の世代への継承が企図されていること

3、意識的／無意識的であるかに関わらず、ヒトの進化と生態に基盤を置く心に深く根ざしていること

上記の定義においては、「伝統文化」をとらえる上で連続性とそれに向けた意志の側面が強調されている。そして、それは単独で成立するのではなく、多文化・多民族社会から近代国家において、モダニティや他の文化と共生しながら存続する点が指摘される［Yamada 2011: 264-265］。さらにこの視点は、同時代的な状況の理解にとどまることなく、「伝統文化」の背景をなすヒトの心への注目を通じて、より普遍的な人間理解と接続することを意図したものである。

この問題系が射程とする範囲は非常に広いものであるが、本書と関連する部分として特に「伝統文化」が存続する場としての集団への注目を挙げることができる。グローバル化やトランスナショナル、トランスボーダーといったキーワードによって示される、従来の地域や国家を越えた人びとの移動や都市化による地縁共同体の崩壊・希薄化、さらにはインターネットの普及、ソーシャルメディアの発達など、二〇世紀末から二一世紀初頭の社会変容は、人びとの結びつきのあり方を多様化し拡散させる方向へと展開してきた。

こうした時代にあっても、世界各地で頻発する「民族問題」や「宗教紛争」といった大規模な危機は、「国家」「民族」「宗教」などを指標とする結びつきの枠組みが簡単に統合できたり融解したりするものではない、ということをわれわれに突きつける。しかしその一方で、地域固有の「伝統文化」は、人びとを結びつけ力強く前進させる力にも

なる。わが国を振り返れば、東日本大震災の津波により壊滅した町で、人びとの「祭りを途絶えさせてはならない」という危機感や「祭りが皆を結びつける力になる」という意志によって「けんか七夕」の山車を修復し祭りが存続した[Yomiuri Online 2011/5/25, 8/6]事例は、地域で受け継がれた行事とそれを支える集団が人びとの生に大きな意味を持っていることを強烈に示していた。

山田は、グローバル化のもとでも人びとが具体的な小規模集団の結びつきと帰属感覚を希求していることを指摘する。そしてエスニック・アイデンティティと伝統的な価値が強く結びついたものであることを示した成果［Irimoto and Yamada〈eds.〉2004］を踏まえ、「伝統文化」が集団への帰属意識や自己認識に関わる核になりうることを論じている［Yamada 2011: 265］。これがグローバル化の一方で進行する「伝統文化」の存続を推進する原動力の重要な一角をなしている。

筆者は、ここまで述べてきた問題意識と議論を踏まえ、これまでの研究では秋田県角館の祭りを事例に、祭りを支える小規模な集団に焦点をあてて「伝統文化」の存続のメカニズムを解明した［小西 二〇〇七ｂ；Konishi 2011］。都市化や大規模な開発などによって、共同体の枠組みや人口構成などが絶えず変容している現代では、「伝統文化」を継承する集団は必ずしも固定された地縁的つながりから構成されるわけではなく、より広範囲からの参加者を包摂する可変性を持つ。こうした「開かれた」側面の一方で、「伝統文化」の存続のダイナミズムの中心には、限定された成員の「閉じた」関係が決定的な役割を果たす。角館の事例では、それは祭りの「正しい」やり方をめぐる絶え間ない交渉であり、激しい興奮を伴う祭りが騒動や暴動ではなく「祭り」としての枠組みを保持できるよう働きかけ続ける意志が交錯する場であった。本書は、このような人びとの微細なやりとりの場への関心を引き継ぎながら、議論の対象をより広い宗教実践とその担い手、それを取り巻く社会の変容へと拡張するものである。

本書は、かつて国家による制限を経験した「伝統文化」の現代における復興と存続を、その担い手となる集団に注目して明らかにするものである。中でも「宗教」をめぐる問題を扱うためには、宗教復興をめぐるもう一つの問題系である宗教と近代、世俗化の問題について押さえる必要がある。それは、中国における宗教復興の背景とも不可分だからである。

2 宗教のゆくえ——世俗化論をこえて

本書が扱うbonは、日本語ではボン教、英語ではBon religionまたはBön religion、中国語では苯教《ベンジャオ》という訳語で呼ばれることが多い。日本語の「宗教」ということばは、『日本国語大辞典』によると、第一に「『教』は教説で、『宗』はその教が主とするところの理であり、仏の教え、また宗門の教えを指すもの」として一四〇三年に初出をみる意味を持つ。第二に、「英語のreligionの訳語で、人間生活の究極的な意味を明らかにし、かつ人間の問題を究極的に解決しうると信じられた営みや体制を総称する文化現象をいい、その営みとの関連において、神観念や聖性を伴う場合が多い」という意味が挙げられている。この意味での初出は一八六六年である［日本国語大辞典第二版編集委員会、小学館国語辞典編集部編 二〇〇一：一二一七］。

一方、英語のreligionは、"The Oxford English Dictionary" によると、ラテン語のreligare（縛り付ける）を原義とする説が有力で、第一義としては「禁欲的な戒律にしばられた生の状態、教団の成員であること、特にローマ・カトリック教会を指す」として、一二〇〇年に初出をみるもの、そして現在よく使われる意味としては、「ヒトのある一部にみられる、何らかのより高次の見えない力が自らの運命を支配しているという認識で、その力に服従・尊敬・崇拝しうる。個人や共同体への影響との関連ではこの信仰に由来する心的、倫理的態度を指す。また生活規範としてこの感覚を個人的・一般的に受け入れること」とされている。この意味での初出は一五三五年である［Simpson and Weiner〈eds.〉1989: 568-569］。

この二つの言語における「宗教」の定義の特徴をみると、いずれもキリスト教や仏教など、ある程度体系化された教義と教団を有するものが前提となっている部分と、人間の日常の営みを超える何らかの存在や領域をめぐる部分からなっていることがわかる。後者は、人類学における「宗教」理解の出発点となったタイラーによる「霊的存在への信仰を宗教の最小定義とする」という定義［Tylor 1871］とも呼応する。また、前者の特徴を踏まえたものとして、デュルケムによる「神聖すなわち分離され禁止された事物と関連する信念と行事との連帯的な体系、教会と呼ばれる同じ道徳的共同社会に、これに帰依するすべての者を結合させる信念と行事である」［デュルケム 一九四二〈一九一二〉：八六―八七］を挙げることができる。この定義は、宗教現象を社会的なものとみなし、科学的方法によって観察・説明可能な対象としてとらえる視点として画期的なものであった。一方でそれは、二〇世紀初頭の西洋の社会状況において、宗教が科学に対する絶対的優位をもはや保てなくなったことの現れでもあった。

二〇世紀後半までの宗教研究における主要なパラダイムの一つが、社会に宗教が占める領域の縮小を論じる世俗化論である。西洋における世俗化の動向は二〇世紀に突如として現れたわけではない。それは例えば天動説をめぐるコペルニクスやガリレオらと教会の対立、一七世紀のフランシス・ベーコンによる経験的実験科学の方法論の提唱、さらにそれに続く一八世紀の啓蒙主義といった流れを経て成立してきたものであった。この流れの中で、懐疑論的な姿勢、理性の重視、そして世界を説明する原理としての科学といった要素が宗教の正当性を批判しうる立場を形成し、宗教の絶対性は徐々に弱められていった［Bonnano 2010: 463-468］。

そして二〇世紀初頭にヴェーバーが西洋の近代化を論じる中で、その核となる合理化と「世界の脱呪術化」［ヴェーバー 一九八〇〈一九一九〉］を関連づけた。この流れを受けて、世俗化論の代表的な論者であるウィルソンは、近代化によって制度的宗教の衰退がもたらされるという図式を示した［Wilson 1966］。そして、西洋諸国においては、世俗権力と宗教を分離しようとする世俗主義に基づく政教分離の動きが加速した。こうした動きに対して、宗教は単純に消滅するわけではなく、例えば制度的宗教が衰退しても個人化された宗教意識の中でより純化された形で存続するというルックマンの議論［Luckmann 1967］など、宗教の形態が変容していくという議論の方向性も現れたが、近代化と世俗化が同時に進行するという枠組みは二〇世紀後半にいたるまで説得力を持ち続けた。

他方、二〇世紀の社会主義圏ではより直接的で強力な政治運動の形をとって世俗化が推進されてきた。例えば、現代中国における中国語の「宗教」の意味はこれを端的に示す。一九九〇年代初頭に上海で出版された『漢語大詞典』によると、宗教は「社会意識形態の一つで、現実世界の外に、人間の能力や限界を越えて自然や社会を支配する超自然が存在すると信じること」であり、「宗教は人びとの頭の中にある幻想の反映において、人びとの生活の外部にある力量を支配している」というエンゲルスの文言をひいて、「宗教は社会と歴史の発展によって変化していく」とする唯物論的、進化論的な観点から説明されている［羅竹風編　一九八六：一三五五］。この記述は、同じページに並んでいる「宗」を冠する単語がいずれも古典から用例をひいて説明されているのに比して異彩を放っている。これは、少なくとも二〇世紀中盤以降の中国の公的領域において「宗教」ということばがイデオロギー的な色彩を強く帯びて用いられてきたことをうかがわせる事例である。

中華人民共和国における宗教の「断絶」は、一九五〇年代後半から七〇年代末にかけて主に毛沢東が主導した諸政策によるものであった。これらの政策は、現在では「一九五七年から一九七六年にかけての党および国家の『左』傾錯誤」［龔学増　二〇一〇：七］とされ、「国家の宗教政策に重大な損失をもたらした」［裴颸　二〇一〇：二］と公的に位置づけられている。そして、この期間における宗教弾圧は主に「宗教は人民の阿片である」というテーゼの誤った解釈に帰結されると指摘し、それが宗教を急速に弱体化・消滅させようとする実践を引き起こしたと総括されている［龔学増　二〇一〇：九］。

この「宗教は人民の阿片である」という記述は、マルクスが『ヘーゲル法哲学批判序説』の中で述べている

「宗教は、抑圧された生き物の嘆息であり、非情な世界の心情であるとともに、精神を失った状態の精神である。それは民衆の阿片である」［マルクス 一九七四〈一八四三〉：七二］に相当する部分であり、その本来の意図は別にして、かつての宗教弾圧に用いられたスローガンとして広く知られるものである。

それは、文化大革命を支えた独特な革命思想とも接続した。一九六六年に中国共産党中央委員会総会で可決された「プロレタリア文化大革命に関する決定」は、「社会主義革命の新たな段階」を「資本主義の道を歩む実権派を闘争によってたたきつぶし、ブルジョア階級の反動的学術権威を批判し、ブルジョア階級とすべての搾取階級のイデオロギーを批判し……（後略）」と定義する。文化大革命は毛沢東を中心とする権力闘争の側面を持つとともに、紅衛兵の活動が政府の管理を離れた暴走をしばしば見せたことなど、イデオロギー闘争にとどまらない混乱を生み出したことが指摘されているが［天児ほか編 一九九九：一一〇六―一一〇七］、宗教の抑圧が革命のための階級闘争としての位置づけを受けて行われた側面を持つことが示されている。

このように多様な形をとりながら展開してきた世俗化の流れは、徐々に社会や研究者からの異議申し立てを受けることになる。島薗は、世界各地で近代主義、世俗主義の進行から宗教の見直しへの転換が起こったポイントとして一九七八年前後の状況を位置づけ、その後（1）伝統宗教の復興、（2）スピリチュアリティの興隆、（3）制度領域での宗教性の台頭という三つの潮流が起こったことを指摘する［島薗 二〇一〇：三三二］。この時期には、一九七〇年代を通じて活発化してきたイスラーム復興が一九七八～一九七九年のイラン革命として結実したのをはじめ、ローマ法王ヨハネ・パウロ二世のポーランド訪問による社会主義体制の揺らぎ、そして中国においては改革開放路線への転換による宗教の再登場といった出来事が集中している。こうした事態を受けて世俗化論は修正を迫られ、世俗化が宗教を滅ぼしたわけではなく、復興とカルトを生み出したとして世俗化論を退ける立場［Stark 1985］も登場した。

一九九〇年代に入ると、近代化と世俗化の結びつきを前提とした議論に代わって、近代化が進む社会の中で宗教がいかなる形で再生・存続しているのかを問う議論が主流となる。ロバートソンは、「『個人的』『非政治的』なものとしての宗教と、『公的』『世俗的』なものとしての政治」という西洋起源の二項対立的概念が二〇世紀を通じて一端グローバルに広まったのち、特に西洋以外の世界において宗教と政治の結びつきが再び始まったことを指摘し、それをグローバル化によってむしろ加速する個別主義的なアイデンティティの模索と連関していることを論じる[Robertson 1989]。この問題は、グローバル化時代における人びとのアイデンティティのあり方を問う文化復興の問題とも関わるが、特に宗教は、世俗化という「近代」の本質に関わるとされてきた問題と密接につながってきたために注目を集めてきた。ロバートソンの議論から約二〇年を経て、宗教と政治の連関や緊張関係が西洋諸国でも常態化するに至り、公的領域における宗教の役割を問う「ポスト世俗化論」[ハーバーマス 二〇〇七など]が展開している。

他方で、二〇世紀末にはアジア・アフリカのいわゆる新興国で経済発展が本格化し、工業化や都市化によって急速に社会構造が変容する一方で宗教は存続するという事態が観察されていた。例えば東南・南アジアにおける宗教の再生を人類学の視点から扱った論集『アジアにおける宗教の再生』[田邊編 一九九五]では、上座仏教やヒンドゥー教といった宗教が国民国家のアイデンティティを強化する方向に作用し、宗教化したナショナリズムを生み出す「政治の宗教化」の方向と、開発に伴う階級や集団の細分化を経てセクトやカルトの形で再構築され、個人的な選択の対象として存続する方向の大きく二つの方向性が示された[田邊 一九九五:二五—二七]。こうした議論は、既存宗教の変容を踏まえながら、近代と宗教の共生論にもつながっていく方向性を打ち出したと位置づけられる。

これに対して、同時期に展開していた「東側」の社会主義体制の崩壊は、制度的なものを含めた宗教が断絶から再構築されたという点において他地域とは異なる特徴を持つ。この地域における宗教の動態をめぐる議論は、一九九〇年代末から現地調査が可能になったことにより、二〇〇〇年代に入って活発に展開し始めた。特に旧ソ連圏のポスト・ソビエトの社会状況を扱った研究は、社会主義を経験した宗教の動態をとらえる上で重要な示唆を与える。

カザフスタンにおける社会再編と宗教復興を扱った藤本は、ナショナリズムとも密接に関連する政府主導での儀礼や祝祭の復興と、民間で復興するものとのズレを指摘した上で、後者を支えるメカニズムに着目した［藤本 二〇〇九：二〇一一］。そして、ソ連成立以前には有力者の一年忌として行われていた死者儀礼が、現代では祖先供養や村落史・地域史の再認識の場として読み替えられる中で活性化していることを指摘する［藤本 二〇〇九：四一八―四二二］。これは、「政治との結びつき」や「個人化」といった宗教復興研究の方向性では論じられることの少なかった、比較的小規模な地域社会の結びつき（過去と全く同じものではないにせよ）の構築という視点を提示するものである。そしてここでは村の歴史が重要な役割を果たしており、社会主義以前を含む過去の想起が活性化の原動力になっていることが示されている。

山田はサハの文化復興におけるシャマンの役割に注目し、再登場したシャマンが宗教活動を通じて示す「自然との共生」というメッセージが、伝統的なアニミズムと現代的なエコロジーの思想の双方と共鳴しながら、人びとのアイデンティティの再構築と国家統合の軸になっていることを指摘する［山田 二〇〇七a］。ここでは、ポスト・ソビエト期における、新たな国家像の確立という未来に向けた切実な要求が伝統宗教の活性化と連動していることが示されている。

こうした知見は、宗教復興のメカニズムをとらえるために重要な視点を提供する。近代における宗教の再生、あるいは断絶からの再構築という局面は、ある種の熱狂を伴った運動として展開する側面がある。本書は、ここで挙げられたような復興の原動力となった要素を描くとともに、その後の段階にも議論を広げるものと位置づけられる。

復興の熱狂が冷めた後も、宗教が人びとにとって「あたりまえ」のものとして存続し、活性化していくのはなぜか。その問いは、前節で述べた「伝統文化」の連続性と共生の人類学が提示した議論とも接続している。本書では人びとの小規模な結びつき、具体的には僧院や村という場を対象にして、多様な宗教実践がいかに人びとの心と身体に働きかけ人びとを結びつけていくのか。そして国家やグローバルな価値観とどのように共生しているのかを問うことが本書の射程である。

ただし、ポスト・ソビエトの諸地域とは異なり、中国では社会主義体制が存続し、宗教実践はその宗教政策の管理下にあるという大きな特徴がある。こうした状況は既存の世俗化論やその後の議論では捉えることができず、新たな枠組みの整備が必要とされている［Szonyi 2009］。復興後の宗教動態をとらえるためには、まず現在の体制下における宗教の位置づけと、開発と経済発展を最大の特徴とする近年の状況と宗教との関連について押さえる必要がある。

三　改革開放後中国の宗教動態

改革開放後の中国政府の宗教に対する公的な姿勢について、中国共産党中央党校民族宗教理論教研室主任を務める龔学増は、中国共産党設立九〇周年に際して党の国家・宗教観を次のように整理している［龔学増 二〇一一］。改革開放後の宗教政策を方向付けたとされる一九八二年の中共第一九号文件では、「宗教は人類社会の発展が越える段階としての歴史現象であり、発生、発展と消滅の過程を持つ。宗教信仰、宗教感情、（中略）はすべて社会と歴史の産物である」という宣言がなされた。龔はこれを宗教の単純な唯心論的理解からの大きな転換であったと位置づけている［龔学増 二〇一一：一四］。

さらに、中国建国直後の一九五〇年代に民族宗教政策の中心人物であった李維漢の主張から構成された「宗教の五性説」が復権する。これは、李維漢が一九五七年の全国統一戦線工作会議において「一部の人間は宗教の『長期性、民族性、群衆性、国際性、複雑性』が見えておらず、宗教を『迷信、阿片の煙』としかみていない」として急速な宗教の抑圧を牽制したものである。一九九六年の統一戦線部長王兆国の李維漢生誕百周年記念式典での講話や、二〇〇一年一二月の全国宗教工作会議における江沢民国家主席（当時）の講話においても、宗教の持つこれらの性質が言及されている［龔学増 二〇一一：一五］。こうした一連の流れからは、宗教は当面は社会に存続し続けるものであることが公的に確認されていることが読み取れる。

これと表裏一体をなすように、宗教は国家の枠組みの中でより適切に管理されるべきであるという主張もまた形成されていった。中国は憲法第三六条において信教の自由を保障し［中華人民共和国中央人民政府ウェブサイト］、公的に認められた「宗教」を国家の管理のもと活動を保障するという立場をとっている。「宗教」が具体的に指すものについては、中央政府の宗教局による「宗教事務条例」には定義がない［中華人民共和国中央人民政府ウェブサイト］。しかし「四川省宗教事務条例」第二条をみると、「宗教とは仏教、道教、イスラーム教、カトリックとプロテスタントを指す」［国家宗教事務局ウェブサイト］のように、行政の下部のレベルでは規定されている。本書が扱うボン教は、「仏教」のカテゴリーに区分され、僧侶たちは県単位の「仏教協会」に属している。他方、各地で「宗教」に含まれないとみなされた実践は「迷信」と位置づけられ、廃止や規模の縮小化によって変容している［長谷川 二〇〇九：一四二］。このように、中国の公的な文脈における「宗教」には、政治体制固有の意味づけが与えられている点に留意する必要がある。

一九九三年、江沢民が全国統一戦線工作会議において「宗教と社会主義社会の適応を積極的に導く」というテーゼを打ち出した。これを受け継ぐ形で、二〇〇六年に国家主席（当時）の胡錦濤が第一六回六中全会において提示した、

「社会主義和諧社会の建設に関する若干の重大問題の決定」とそれに続く決定は、この傾向を継承・強化するものであった。ここでは宗教は、国家による適切な管理のもとで社会主義と調和しながら社会の進歩を支えるべきであるという主張がなされている［龔学増 二〇一二］。これは、社会に広がる宗教復興を踏まえたものでもあった。こうした背景のもと、宗教は「和諧社会（調和社会）」建設への貢献という公的役割を得たが、それは宗教の無制限な広がりが国家を脅かすと位置づけられていることの表れでもあった［川口・瀬川編 二〇一三］。

このような、政府による宗教の位置づけの変遷と並行して、中国国内の人文・社会科学諸分野では、改革開放期以降を「社会転型期」と位置づけ、政治・経済から生活、価値観に至る様々な変容を論じる流れが形成されてきた。「社会転型期」をキーワードに含む論文は、一九一五年以降に中国で公表された学術雑誌記事のデータベースである「中国学術期刊網絡出版総庫」によると、二〇一一年一〇月までに九三三三件に達する［中国知網ウェブサイト］。その初出は一九八八年の閔琦『関于転型期的中国政治』（『転型期の中国政治に関して』）である。同論文では、転型期においては改革に伴う各方面での新旧交代が社会に異質性と不均衡をもたらすとし、それによる様々な危機への対処が提唱されている［閔琦 一九八八：七九］。

一九九〇年代初頭には、改革開放後の人びとの宗教への関心の高まりを「宗教熱」として論じる動きが出始めた。龔［一九九二］は、一九八〇年代以降に仏教・イスラーム教・キリスト教の宗教活動の拠点や信者数が急激に増加し、青少年への影響が顕著にみられることを指摘する。そしてその原因として、（1）社会主義が十分に発展していない段階で依然存在する社会問題や困難に対する受け皿、（2）一九五〇年代後半以降の宗教政策の極端な「左」傾化に対する揺り戻し、（3）改革開放が作り出した社会状況の影響、例えば若者にとって初めて触れる宗教が新鮮なものとして受け入れられることや、新たに出現した企業家が市場競争の勝利を願うため宗教に財産を投じることなどを挙げる。その上でこうした「宗教熱」はしばらく続くものの、いずれは経済発展や社会の安定に従って収束することを予想している。この時点では、あくまでも宗教復興は一時的な現象であると認識されていたことがわかる。

しかしこの予想に反して、宗教は急速な経済発展の中で存続し、その現象は中国外の研究者から注目を集めてきた。そして、主に仏教、道教、イスラーム教、キリスト教といった比較的制度化された宗教における組織の再構築や宗教職能者の再登場、その活動への「世俗」の人びとの参与の特徴が研究の対象となってきた。本書と関連の深い仏教系の宗教の復興と存続に関する先行研究においては、漢族社会に含まれる諸地域と、「少数民族」社会双方において調査が行われてきた。まず前者における事例をみてみよう。

一九九〇年代初頭に仏教・道教の廟の復興状況を浙江省の農村部において調査した秀村〔一九九三〕は、一九五〇年代から一九七〇年代にかけての混乱期において人びとが「宗教を禁止されても信仰心は失わなかった」と発言するように、公的領域では断絶した宗教が個人の中では残存していた点、そして復興した廟で行われる儀礼は個人のニーズに対応したものになっていることを報告している。また、福建省の農村部においては伝統的親族組織である宗族の再構築と、儀礼や芸能の復興が連動していたことが報告されている〔加治 二〇〇三〕。こうした農村部における研究に対して、都市部を対象とする研究は、宗教とグローバル化や市場経済との接合に大きな関心をはらってきた。

上海市や福建省沿岸部など、一九九〇年代から経済発展が進んだ地域では、九〇年代半ばに既に宗教組織は安定した経済基盤をえるに至っていることが報告されている〔黄 二〇一〇〕。黄と池上による上海市の仏教・道教施設の研究では、組織の運営を支えるのは人びとの宗教へのニーズであり、このニーズは「現世利益」と「死者供養」の二つの側面を有し、宗教施設側がこれに応じた「商品」を提供することで利益を得て、活動をさらに活性化させるという市場原理の影響がみられることが指摘される〔黄 二〇一〇；池上 二〇〇八〕。

また広東省、福建省の仏教復興に関する研究〔ツー 一九九五；足羽 二〇〇〇；ワンク 二〇〇〇〕では、大規模な仏教寺院の復興が海外在住の富裕な移住者のネットワークに支えられて可能になったことが示されている。さらに寺院の活動は、海外からの投資に期待しつつも宗教組織の強大化を警戒する政府や、政府と寺院を仲介する仏教協会など、様々な組織の複雑な関係の中に位置づけられることが論じられた。そこで提示されたのは、宗教を復興し、存続していくための人材、資金、そして政治的な正当性が、地域を越えた多様な社会関係を通じて確保され、宗教実践の場が立ち上がっていく過程であった。

他方、国家の中で地理的な周縁に位置する「少数民族」の居住区域においては、宗教政策の影響を強く受ける中で人びとのエスニシティがいかに発揮されるかが問われてきた。中国のチベット族居住地域においては、復興した宗教がたどった道は平坦ではなかった。一九八九年のラサにおける戒厳令の実施と、それに続く一九九〇年代中盤の愛国主義キャンペーンによって、宗教活動に再び制限が課せられ、僧院・僧侶の登録や法令の遵守が要求された［Goldstein 1998a; 1998b］。そして二〇〇八年三月のラサを中心とする「三・一四事件」やその後の抗議活動の展開の中で、宗教は国家による管理と時に緊張関係をはらみながら、チベット社会の「伝統」の中核としての位置を現在に至るまで保持してきた。

一九九〇年代末から二〇〇〇年代初頭にかけて、中国のチベット社会と宗教に関する現地調査に基づいた、二つの重要な論集が公刊されている。人類学者と仏教学者による“Buddhism in contemporary Tibet: Religious Revival and Cultural Identity”［Goldstein and Kapstein 〈eds.〉 1998］は、一九八〇年代以降、チベット仏教が中国の政治的影響下においていかに復興・再構築されてきたのかに焦点をあて、それがチベット系の人びとにとってアイデンティティの強化と密接に結びついていることを描き出した。また、本書の対象でもあるチベット高原東北部の文化動態を扱った“Amdo Tibetans in Transition: Society and Culture in the Post-Mao Era”［Huber 〈eds.〉 2002］は、漢族の居住地域と接し相互交渉が絶えなかった同地域の歴史的特性を押さえた上で、宗教を含めた様々な「伝統」の復興や再構築を扱っている。

これらの論集に共通する問題意識は、改革開放以降、かつて公的には禁じられてきた「伝統」の復興、とりわけその核とみなされる宗教の復興へと舵を切ったかれらが、今度は市場経済の導入やインフラの整備、人の移動の活発化などを通じた急速な「進歩」への志向に特徴付けられる新たな「モダニティ」との遭遇という事態に直面しながらいかに生きているのか、という点である。これは“Amdo Tibetans in Transition”の序文で、編者のフーバーがHarrell〔2001〕を引用しつつ指摘するように、改革開放後の中国を対象とする多くの人類学的研究が共有している問題意識でもある。それらは、政策や開発との間で時に葛藤を生じながらも、種々の「伝統」が人びとの手によって復興され、かれらが「チベット人」として生きる上での軸になっている点が示されてきた。急速な変容にさらされるかれらの未来について、必ずしも楽観視はされていない〔e.g. Goldstein 1998b: 52〕ものの、こうした「伝統」は日常生活からチベットをめぐる政治問題に至る広い範囲で当面は重要な役割を果たし続けると位置づけられている。

こうした問題提起を受けて、近年のチベット社会の宗教に関する研究は、二〇〇一年から本格化した「西部大開発」を背景とするさらなる経済発展と社会変容の中での存続に焦点を合わせている。シュレンプは、二一世紀初頭においてチベットの宗教が直面する問題として、観光地化による僧院の公開と儀礼の変容、公教育の若年層への影響、都市部への人口流出を予測した〔Schrempf 2000: 339〕。また山田は、一通りの復興を終えた僧院が、組織と実践のさらなる強化を模索するという新たな局面に入ったことを指摘している〔山田二〇〇八：一二〕。

特に近年注目を集めたものとして観光地化がある。オークスは、一九九〇年代から中国の「少数民族」居住地区で進行している文化復興と民族観光が、アイデンティティの表出を促し、ローカルな人びとと外部が交渉しあう場が形成される〔Oakes 1993: 47〕と指摘しているが、その波がチベット社会にも押し寄せたのである。

筆者が四川省チベット社会の観光地の調査からも指摘したように、現地では急速に観光地化が進んでおり、「民族文化」を新たな観光資源として積極的に開発する傾向が顕著である〔小西二〇〇七a〕。しかしここにおいても、宗教と国家の緊張関係は形を変えて存続してきた。観光地化にあたって何を「民族文化」として外部に示すかという「表象のコンフリクト」をとりあげ、観光開発政策が「宗教」を前面に出すことなく、チベット文化を「草原の文化」と位置づけて宗教と民族的アイデンティティを切り離そうとする動きがみられると指摘する研究もある［Kolås and Thowsen 2005］。

一方で、観光地化が現地の「伝統」とどのように関わるかについても注目されてきた。例えば大規模化する聖地観光をとりあげた別所は、聖地巡礼を通じて仏教の「伝統」や固有の世界観に触れることで「仏教徒」としての自己意識や宗教観を活性化させ、結び合わせていく回路が保持されていることを論じ、これが過熱する観光地化とどのようなバランスを保ちながらいかにその血脈を保っていけるのかという問題を提起した［別所 二〇〇七：一八一―一八二］。また、僧院の観光地化をとりあげた上原は、僧院の環境を観光客や他民族と共存しながら保持するかという問題が浮上していることを指摘する［Uehara 2011］。

こうした先行研究が提示した問題を踏まえて、はじめに示した二つの視座を以下のように補強することができる。一つは、宗教実践の場をどのようにとらえるのかという問題に関わる。漢族社会の仏教復興研究が示したように、現代において宗教は単一の地理的領域としての地域に閉じたものとしてではなく、人・モノ・資本・情報などの移動が形成するネットワークの中で成立している。さらに、二〇世紀中盤以降その担い手や知識の離散を経験したチベットの宗教は、国家の枠組みに収まらない多くのアクターに支えられて復興してきた経緯がある。その一つの例が、中国において宗教活動が停止した時期に、伝統を再編し正統な「チベット文化」の発信源としての地位を築いてきた［山田 二〇〇七b］インドのチベット難民社会であった。こうした図式は、中国を含む東南アジア国境地帯の実践宗教研究から提出された、複数の政治・経済・社会関係を軸にしながら、空間や制度の境界を越えて柔軟に変動する関わり合いの場として宗教をとらえる視点［林編 二〇〇九］や、移動者を含めた人びとがマクロな政治社会状況に対応しながら主体的に形成する生活や宗教実践の場をとらえる概念として提出された「ミクロ・リージョン」［王二〇〇九〕概念とも呼応する。本書は宗教実践の場の成り立ちについて、これまでほとんど明らかにされてこなかった、ボン教徒の超地域的なネットワークを織り込んだ上で、宗教と地域社会の関係を捉えていく。

もう一つは、こうした「開かれた」側面に対して、比較的「閉じた」側面に焦点を合わせるものである。先行研究が示すように、観光地化は特に外部社会とのつながりの形成に重要な役割を果たした。ところが本書の事例では、近年僧院が観光客に門戸を閉ざし、村を中心とする小規模な集団を単位とする活動を強化している状況が観察される。その活動に着目しながら、宗教がいかに人びとに説得力を持って受け入れられているのかを明らかにする。その際には、様々な宗教実践がいかなる役割分担によって可能になっているか、そしてかれらがその活動になぜ関わるのかという点を、実践の身心への影響を踏まえながら記述していく。

四　ボン教研究の展開と僧院の民族誌

チベット高原東部の宗教の状況は、探検家としての人類学者の手によって、初めて西洋世界に紹介され〔Ekvall 1939; Rock 1956〕、大規模な僧院の様子や儀礼に関する報告がなされた。また、共産党政権の支配下に入るまでは、東チベットは歴史的に数々の小規模な領主がその勢力を保っていた地域であることが指摘されてきた〔タイクマン 1986〈1922〉; 小林 二〇〇六〕。また、宗教の面からみるとチベット仏教が大勢を占めるが、主流派のゲルク派以外の宗派が多くみられるという特徴があり、ボン教が継承される地域も本書で扱うシャルコクをはじめいくつかが知られている。

この地域の人びとの生活に関しては、中華人民共和国成立後、一九五〇年代中盤に政府によって行われた「少数民族社会歴史調査」が、その成果が近年再編集されて出版されるなど〔四川省編輯組　二〇〇九〕、当時の現地の状況を最も網羅的に扱った基礎資料であり続けている。近年の中国外の研究者による人類学的研究では、同じく四川省山岳部に住むチャン族とチベット族の民族誌［松岡　二〇〇〇］や、四川省と雲南省の境界域を対象に固有の宗教実践と民族意識の復興を扱った研究［Wellens　二〇一〇］を挙げることができるが、ボン教徒を扱ったものは数少ない。

ボン教の研究は一九六〇年代から西洋で本格化した。研究者の視点からは、ボン教はチベット文化の基層をなす要素であり、仏教流入以前の古い宗教の姿を残すものとして注目を集めてきた。その出発点は、英国のチベット学者スネルグローヴが一九六一年にロックフェラー財団の後援を得て、チベット本土からインドやネパールに亡命していた3人の僧侶をオックスフォード大学に招聘したことであった［Snellgrove 2010〈1967〉: v］。ボン教僧侶との共同研究を通じて、ボン教が過去の遺物ではなく、精緻な教義体系をもった現代に生きる宗教であることが西洋で知られるようになった。ノルウェーのペル・クヴェルネはボン教のテクストを翻訳し、その研究を広く進めてきた［Kværne 1971; 1973; 1974; 1985; 1987; 1995］。そしてこうした人びとが中心となってボン教を広く社会に紹介する概説書も出版された［e.g. Kværne 1985, 1995; Karmay and Watt 2007］。

また混乱期に民族・宗教研究が中断していた中国でも、北京の中国チベット学研究センター（中国藏学研究中心）や中央・西南・西北の各民族大学を中心に一九八〇年代以降研究が再開された。ボン教は「チベットの本土宗教」［才譲太二〇〇六］と位置づけられ、現地調査をもとにした報告がなされるようになってきた［e.g. 陳士杲一九八二：阿旺一九八三：趙　一九八六：白瑪措　一九九八：林俊華　一九九九］。これらは特にそれぞれの「伝統」の歴史的背景の記述や起源の探求に関心が向けられた。

日本においてはカルメイ［一九八七］など、上記の研究者の邦訳がわずかにみられたのみであったが、一九九〇年代後半から、国立民族学博物館を中心とするプロジェクトにより大々的に研究が進められ、仏教学、歴史学、言語学、人類学などの研究者による成果が出された［長野編　一九九九：Karmay and Nagano〈eds.〉2000］。また、チベット文化圏全域のボン教僧院のサーベイ［Karmay and Nagano〈eds.〉2003］をはじめ、テクストや図像、語彙集などが〝Bon Studies〟シリーズとして次々に刊行された。またボン教の重要な思想体系であるゾクチェンの解説書［Sharza Tashi Gyaltsen, et al. 2006］が日本人修行者の手で邦訳された他、国立民族学博物館において二〇〇九年に企画展「チベット ポン教の神がみ」が開催されるなど、一般向けにも知られるようになっている。

こうしたボン教研究の動向は、文献の読解による歴史や教義の研究が中心であり、仏教との比較も行いながら、その独自性と起源を問うことが大きな論点になってきた。他方、現地調査に基づいた実践の研究は限られている。その中には、除魔儀礼や運を呼び込む儀礼［Ramble 2000; 長野 二〇〇八］や聖山をめぐる儀礼と巡礼［Karmay 1998; Huber 2002］を扱ったもの、そして後述する僧侶と僧院の研究がある。本書ではボン教の特徴を踏まえながらも、その独自性のみを解明するのではなく、あくまでもチベット文化圏において仏教とともに価値観を共有して継承されてきた宗教のバリエーションとしてとらえ、その実践の形をとりあげるという立場をとる。

本書が主に調査対象とした、僧侶の生活と修行の場である僧院について、ボン教は仏教と大きな枠組みを共有している。チベット文化圏における僧院は祈りと学習の場であり、地域の中心としての役割を果たしてきた［Samuel 1995］。僧侶は僧院にとどまることなく、特に小規模な僧院では僧侶が日常的に集落の儀礼に参加することもある［Goldstein and Paljor Tsarong 1985］。これは自ら悟ることにとどまらずすべての衆生のために活動するという大乗仏教的な思想や、現世利益のための儀礼を伝承してきたボン教の影響など、複合的な要因からなる。かつて大僧院は地域における強力な政治力・経済力を持った組織として機能しており、所有する農地からの徴税や住民の寄付金によって利益をあげた他、僧侶自身が商業に従事したり、金を貸し付けたりといった事業を行うことによっても支えられてきたとされる。中国で一九八〇年代以降に再建された僧院は、土地やかつての収入源こそ失ったものの、地域の中心としての地位を回復していることが報告された［楊健吾 一九八八；楊亮升 一九八八］。こうした強力な政体としての性質は、僧院がかつて古い政治経済体制の象徴として破壊の対象になったことにも表れている。

実際に僧院がどのように運営されているのかについては、その研究は端緒についたばかりである。一九五〇年代以前の僧院の姿については、多くが当時のチベットに滞在した外国人や、亡命してきた人びとの回想や報告［e.g. 多田 一九八四；ツルティム・ケサン 一九八二；ゲシェー・ラプテン、ウォレス 一九八四〈一九八〇〉］によって知ることができる。こうしたケースを除いては情報が少なく、ボン教の僧院についてもほとんど知られていなかったが、近年の広範囲にわたるサーベイ［三宅 一九九九；Tsering Thar 2003］において、徐々に明らかにされつつある。特にTsering Thar［2003］は、各僧院の歴史、僧侶の数、教育課程、年中行事、僧院の役職、地元の人びとの生業といった項目について、チベット高原と周縁部におけるボン教僧院の網羅的な把握を目指したものである。また、東チベットのアムド、カム地方においては、人類学者による仏教僧院の広域調査も行われた［山田 二〇〇八］。こうした基礎資料の充実の一方、中国国内のチベット系社会においては、長期のフィールドワークに基づいて僧院の実状を明らかにする研究はいまだ少ない。

一方で、チベット高原の外縁部をなし宗教的にもチベットの影響を強く受けてきたヒマラヤ地域においては、僧院を対象にしたいくつかの民族誌的研究が蓄積されている。例えばネパール東部のシェルパ社会における僧院の建設と社会変容を歴史人類学的に描いたOrtner［1989］は、一九世紀以降ネパール王室や英国領インドとの関係の中で経済的な富を得たシェルパの人びとが新たにチベット仏教の僧院を設立する過程をとりあげている。オートナーは、本来成員間の対等を重視していたシェルパ社会の人びとが、経済的な富を得ることでそれを政治的影響力や社会的、宗教的威信に転化する競争に巻き込まれていく点を論じる［Ortner 1989: 148-149］。これは、僧院と世俗社会の関係について重要な論点を提示する。一つには、経済的な富を得ることと宗教活動が活性化することが矛盾することなく成立するという点、もう一つは僧院に富をつぎ込み、僧侶のパトロンとなることが社会的威信を生み出すという点である。しかしこの二点の前提となっている、なぜ僧院が社会の中心となるような求心力を持っているのかという点については十分に明らかにされてこなかった。

この問題について、僧院が地域社会においていかに権威を獲得するのかという視点から論じたのが、西チベット、ラダックのチベット仏教僧院を調査したMills［2003］であった。彼は調査地の人びとが、「仏教徒であること」よりも固有の神々を有する自らの土地に強くアイデンティティの軸足を置いている点を強調する。その上で、僧院を代表する高僧は秘儀的な力を背景に土地固有の神々に働きかけ、新たな儀礼のサイクルや秩序を生み出すことができる能力ゆえに権威を持つと指摘する［Mills 2003: 324-325］。

こうしたチベット文化圏における「僧院の民族誌」が提起する問題は、本書の議論とも密接に連関している。改革開放後の東チベットにおけるボン教僧院と僧侶の活動に関する研究には、本書と対象地域を同じくするフーバーとシュレンプによるものがある。Huber［1998］は一九八〇年代初頭の僧院の再建について報告し、Schrempf［2000］はチャム［'cham 仮面舞踊］を特徴とする儀礼の復興によって、僧院とそれを支える世俗の人びととの関係もまた復興したことを論じている。シュレンプの論点はオートナーのものと重なっており、僧院の儀礼への寄付を行うことが世俗の人びとの村落における社会的位置づけに関わっていることを論じている。

本書が掲げる二つの視座は、これらの知見とも接続している。「僧院の民族誌」は、僧院を支える地域社会について、国家や都市とは接続しているものの、それ自体は比較的流動性の少ない強固な村落共同体としてとらえた上で議論を展開している。それに対して、近年のチベット高原では、急速な経済発展が社会の流動性を加速し、地域に根ざした共同性を変質させつつある。本書は、こうした状況において宗教実践の場がいかに形作られるのかを、僧院と人びとの生活の変容から明らかにしていく。

宗教が人びとを巻き込んでいく過程を論じる上で、宗教指導者としての高僧は重要なアクターとなる。ミルズは、秘儀的な知識の運用と土地神への働きかけという点から高僧の権威が獲得されていることを論じた。本書はこれを踏まえた上で、高僧が僧院の復興に果たした役割や、人びとが彼の主導する様々な実践に関わる中で経験するより直接的な身心の変容に着目する。宗教の断絶は、指導者の継承の断絶も同時に意味している。復興後、新世代の宗教指導者がどのような「資質」によって登場し、人びとに受け入れられていったのかは、僧院を中心とするボン教の復興と存続を包括的に描き出す上でも不可欠な論点である。

ここまで述べてきたように、本書は宗教復興後の時代を生きる人びとを事例にして人間と宗教の関わりを多面的に問う人類学的研究であるとともに、中国内陸部、チベット高原東部の社会における宗教と地域社会を扱った先駆的な民族誌としての意義も持っている。

五　調査の概要

本書で使用される一次資料は、主に中国四川省阿壩藏族羌族自治州(アバチベット族チャン族自治州。以下、アバ州と表記)松潘県、チベット語でシャルコクと呼ばれる地域のS村とS僧院(仮名)における二〇〇五年七月から二〇一三年八月、のべ一八ヵ月のフィールドワークによって収集された。調査期間においては主にS村のワンジェ氏とその弟の僧侶トンドゥ氏の住居に住み込み、僧院の活動への参与観察やインタビュー、ビデオカメラによる記録などを行った。使用言語はチベット語シャルコク方言および漢語(普通話・四川方言)である。

また一次資料をもとにしたインタビューやテープ起こし、および統計資料や研究文献の収集を四川省成都市の西南民族大学に滞在して行った。さらに、ボン教の教義に関する専門的知見および調査地の歴史的背景について、シャルコク出身で現在フランス在住のチベット学・ボン教研究者であるカルメイ・サムテン・ギェンツェン(mkhar rme'u bsam gtan rgyal mtshan, Samten G. Karmay, 一九三六年生まれ）氏へのインタビューを行った。これは、カルメイ氏が二〇〇七年から二〇一〇年にかけて京都大学大学院文学研究科に招聘されていた際に断続的に行われた。

六　本書の構成

本書は全三部から構成される。

第Ⅰ部では本書が扱う「宗教」の輪郭とその復興を支える社会基盤について論じる。第一章では、シャルコクとS村、S僧院について概観する。シャルコクの歴史を踏まえて、改革開放後の村落共同体の再編と生業の多様化を記述し、二〇世紀中盤以降現在に至るまで人びとが経験してきたことについての見通しを得る。第二章では、チベットの「伝統宗教」としてのボン教の歴史と教義について概観するとともに、その地域的特性を論じる。ボン教は仏教との相互影響を経てチベットの宗教文化の基層を形成してきたが、その継承には地域固有の文脈が色濃く反映されることを指摘し、地域社会の共同性の核として僧院を位置づける。

第Ⅱ部では、一九八〇年代以降の僧院再建を、地域を越えた僧院ネットワークと僧侶組織の再構築という点から分析する。第三章では、いわば僧院のハードウェアにあたる建物をはじめとする活動基盤がいかに再構築されたのかをとりあげる。その中で、復興がS僧院だけではなく、地域を越えた僧院のネットワークに支えられたこと、そしてその後の観光地化を経て、村を中心とするよりローカルなまとまりの指向へと僧院活動が推移したことを論じる。第四章では、ソフトウェアにあたる僧侶組織をとりあげ、特に知識の継承にかかわる僧侶教育がどのように再構築されたのかを論じる。そして僧侶の出身地や活動範囲が多様化する一方、高僧から一般の僧侶まで、僧院の多様な成員が、現代においてどのように「僧侶であること」と向き合いながら生きているのかを論じる。第五章では、再建された僧院において行われる宗教実践をとりあげ、年間最大の行事である「マティ・ドゥチェン」(*ma tri dus chen*)が僧侶たちの多様な役割分担と協働によって遂行されることを示し、その過程自体が僧院を共同体として機能させていることを論じる。

第Ⅲ部では、宗教実践を世俗の人びとの視点から照射し、いかなる要素が人びとを宗教に巻き込みつなぎとめるのかを論じる。第六章では、世俗の人びとが僧院に集まって行う初歩的な修行「ゴンジョ」(*sngon 'gro*)をとりあげ、それが実践の結果としての身心の変容の共有と、指導者である高僧の人格や行動が体現する価値観への人びとの共感に支えられていることを示す。第七章では、村落を守るシンボルとしてのチョルテン(*mchod rten* 供養塔)建設を通じ、経済発展や地域再編と宗教実践の連関を扱う。人びとが現金収入の増加に伴って得た財を捧げることで生み出されるつながりを通じて、生業の多様化や出稼ぎの増加で希薄化しつつある村落の共同性が再認識されることを論じる。

以上を終章においてまとめ、シャルコクのボン教が、地域社会の枠組みと超地域的なボン教徒のネットワーク双方に接続しながら存続する意義を、宗教実践における身体や心に直接訴えかける要素に着目しながら解明する。

注

(1) 近年の日本語による研究では、チベット語ラサ方言の発音に従ってポン、ポン教と表記する例も多いが、本書ではボンと表記する。

●第Ⅰ部　シャルコクと「宗教」のかたち

第一章　シャルコクの人びと

一　シャルコクの歴史的背景

中華人民共和国の国民は、漢族に五五の「少数民族」を加えて五六の民族に区分されている。二〇一〇年に行われた国勢調査にあたる「人口普査」（人口一斉調査）によると、チベット族（藏族）は六二八万二一八七人で、チベット高原をほぼカバーする西藏自治区と青海・甘粛・四川の各省にその九六パーセント以上にあたる六〇七万六三三〇人、うち四川省には一四九万六五二四人が居住する〔国務院人口普査辦公室ほか編　二〇一二〕。四川省は漢族が多く暮らす四川盆地と、チベット族やチャン族、回族、イ族などの「少数民族」が分布する山岳部に大きく分けることができる。チベット族は後者のうち、主に北西部の高原地帯に居住する。ここは、チベット高原（青藏高原）の東端部をなす地域である。

いわゆるチベット文化圏は、チベット高原の範囲とほぼ一致しており、現代の国家でいうと東端は中国の四川省、西端はインドのカシミール地方にまで達する。この広大な範囲には、チベット系の言語と文化を共有する人びとが住むことから、研究者からは「民族誌的チベット」（Ethnographic Tibet）とも呼ばれ、ラサのダライラマ政権の直接統治が及んだ「政治的チベット」（Political Tibet）と区別される［Goldstein 1998a: 4］。

政治的チベットの中心は西藏自治区のラサやシガツェといった都市を含むウ・ツァン（*dbus gtsang*）と呼ばれる地域で、伝統的地域区分であるチューカ・スム[1]（*chol kha gsum*「地方・三」、ウ・ツァン、カム、アムド）の一つである。アムドはドメー（*mdo smad*）とも呼ばれ、チベット高原の最東部、黄河および長江支流（大渡河、岷江など）の源流域一帯を指す。現在の青海省東部から甘粛省西部、四川省北部の山岳・高原地帯を含んでいる。政治的チベットの中心から遠く離れたこの地域では、他民族との頻繁な政治的・文化的接触のもとで、現在チベット族と呼ばれる多様な人びとが独自の暮らしを続けてきた。本書で扱うシャルコクはアムドの東南端部にあたり［Karmay 1998: 523］、四川盆地からチベット高原への入り口に位置している。

かつてチベット高原に暮らしていた人びとの一部は、一九五〇年代以降の政治的混乱に伴って隣接するインドやネパールに移動し、さらに世界中へ拡散した。その動きを決定的にしたのが一九五九年のダライラマ一四世のラサ脱出であった。ほどなくダライラマ一四世を中心として北インドのダラムサラにチベット亡命政府が設立された。一方中国では一九六五年に西藏自治区が成立し、青海・甘粛・四川・雲南の各省にはチベット族自治州・自治県が置かれた。チベット系の人びとが少数民族の一つとして中国国家の枠組みへと統合されていく中で、ダラムサラはチベットのもう一つの政治的中心としての地位を確立していった。そして、亡命チベット人のコミュニティは、二〇世紀後半以降世界に向けてチベットの「伝統文化」を再編・継承・発信する場であり続けてきた。

こうした背景を踏まえると、現代におけるチベット文化と社会の状況を古典的な地域区分の内部のみからとらえることには限界がある。後に述べていくように、シャルコクの宗教復興は、まさに地域と国境を越えたネットワークにその一端を支えられて進行してきた。しかしここではまず、これまで行われた民族誌的調査やその他の文献資料から得られる知見に基づいて、シャルコクがどのような背景を持った場所なのかを理解することから始めたい。

いわゆる政治的チベットの中心地は、中央チベットを流れるヤルツァンポ（雅魯藏布）川流域の穀倉地帯である。ラサやシガツェをはじめとする都市は、現在でも西藏自治区の政治経済の中心地となっている。この地域を舞台に七世紀初頭から九世紀にかけて、吐蕃として知られるチベット初の統一国家が栄えた。八世紀以降王室は仏教を国教とし、最盛期にはチベット高原からシルクロードにわたる広大な版図に覇を唱え、唐の領域を脅かすほどの勢力を誇った。吐蕃の衰退後、一一世紀から宗教復興が起こり、チベット仏教の諸宗派が成立した。そこから一六世紀末に至ってゲルク派のダライラマやパンチェンラマを中心とする政体が成立し、形を変えながらも現代までその命脈が保たれている。

このように、中央集権的な政体が比較的優勢であったウ・ツァンに対して、民族誌的チベットの大部分を占めるチベット高原東部では、より小規模な政体の割拠が二〇世紀前半まで続いてきた。ヒマラヤ山脈東端部の褶曲地帯に金沙江・瀾滄江・怒江などの大河が深い谷を刻むカムでは、その急峻な地形ともあいまって大小の領主の勢力圏が点在し、清代に至るまで中央チベットの政権と四川の漢族勢力の間でバランスを保ちながらその命脈を保ってきた［小林　二〇〇六］。

チベット高原北東部の草原地帯を中心とするアムドは民族集団の流動性が大きく、吐蕃が栄えた七世紀頃のアムドでは鮮卑系の吐谷渾や、羌(2)をルーツに持つ党項などが勢力を持っていた。時代が下って、一七世紀にはモンゴル系オイラートのホショト（ホシュート）部から出たグシ・ハンが現在の青海湖周辺を拠点として台頭し、一六四二年にはカムからウ・ツァンに至る中央チベット全域を制圧してダライラマ五世に布施し、ダライラマ政権の安定化に寄与する。その後も彼の一族は青海地方に駐留して青海ホショトと呼ばれ、その影響はカム・アムドの広範囲に及んでいたが、その統治形態はおおむね各地の小規模な領主の割拠状態を温存する形をとった［手塚　一九九九：四一―四二］。

一八世紀に入ると、青海ホショトのロブサン・タンジンの乱とその鎮圧を契機として、金沙江以東のカム・アムドは清朝の統治下に入り、四川省と甘粛省の一部となったが、領主の多くは土司[4]として存続した。清朝末期、カムにおいては趙爾豊率いる四川軍[3]の進攻、それに続く西康省の成立、ダライラマ一三世のインドへの一時的脱出など情勢が緊迫化し、各地の領主たちもそれに巻き込まれていった。一方アムドでは一九一二年の中華民国成立後、イスラーム教徒の馬家軍と呼ばれる軍閥が台頭し、甘粛・青海[5]・寧夏のほぼ全域に影響力を持った。青海省では一九三一年に土司制度が廃止され、漢族や回族の行政官が置かれた［Huber 2002: xviii］。

このように二〇世紀前半までには、アムドのチベット系の人びとは北京を中心とする行政システムに徐々に接続されていった。これは、ラサの政権が中華民国成立後ダライラマ一三世のもとで近代国家としての独立を確保しようとしていた［デエ　二〇〇五：二五七―二六二］のとは対照的である。アムドの人びとは共産党の支配以前から中国の行政システムに慣れ親しんでいた［Huber 2002: xvii］との指摘があるように、多民族状況や漢族社会との地理的な距離の近さに起因して、民族間の多様な相互交渉が常にみられたことがこの地域のきわだった特徴である。中でもシャルコクは、アムドの南端部にあって漢族の勢力圏との境界をなしてきた歴史を持ち、この特徴を最もよく体現する場の一つだといえる。

図1―1に示すように、シャルコクは成都から岷江をさかのぼったチベット高原の東端部に位置する。シャルコクという地名がさす範囲について、最もよく聞かれたのは、岷江の源流域を北端とし、牟尼溝付近を南端とするものである[6]。多くの集落は、北から南流する岷江が刻む谷がなだらかになり、南北約三〇キロ、東西約五キロにわたって段丘状の地形が形成される部分に位置していた。谷底の標高は約三二〇〇メートル、谷の両側は四〇〇〇メートル以上の急峻な山々にはさまれている。松潘県の県政府が置かれる県城（進安鎮）は、歴史的に中国側の政権の最前線基地としての役割を担っていた。岷江沿いに北上する道は四川盆地からアムドに至る最短ルートだが、県城から

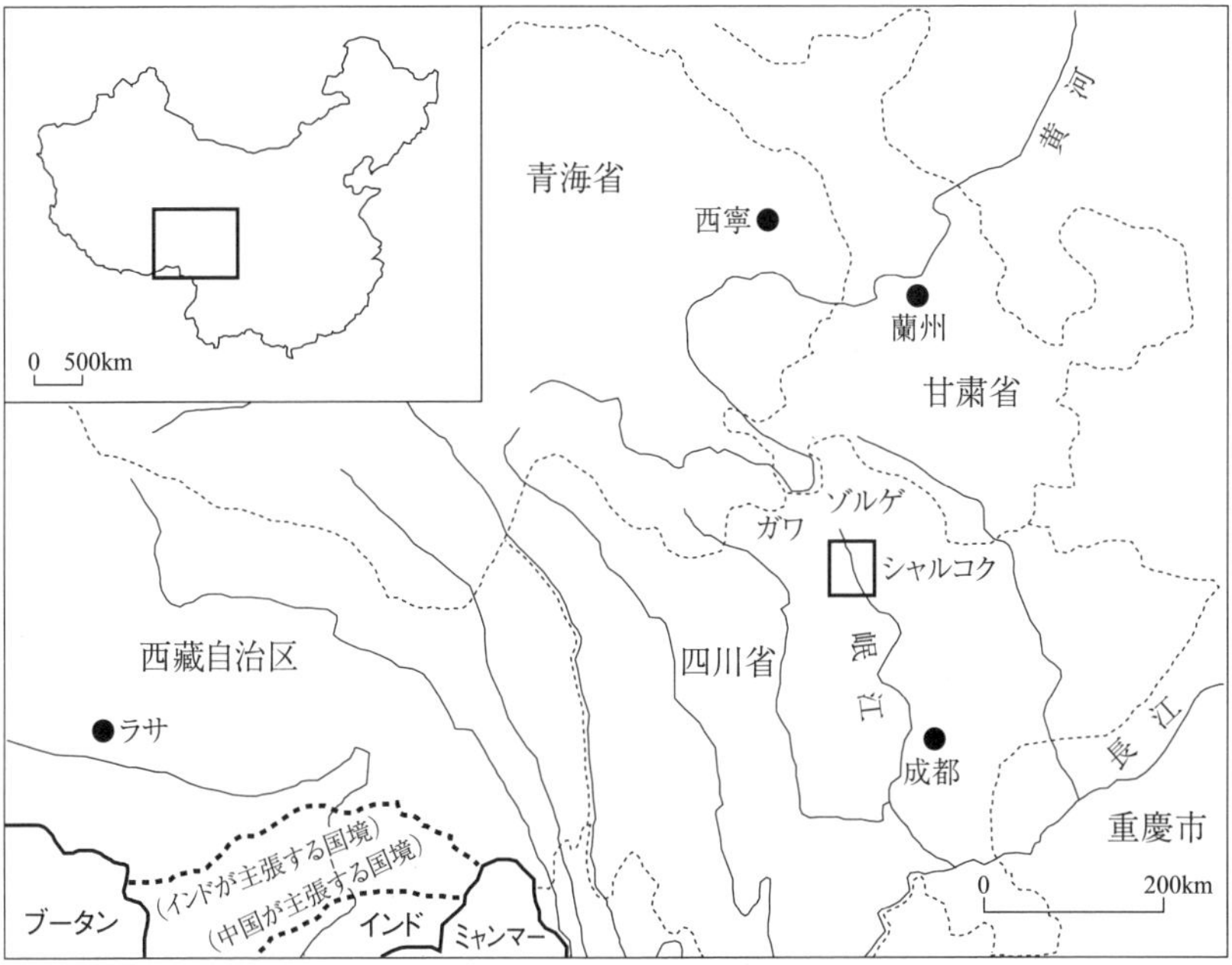

図 1-1　シャルコクの位置

先は、長く中央の統治システムの影響が直接及ばない地域として区分されてきたのである。

松潘の古称である「松州」の名は、唐の正史である「旧唐書」「新唐書」にはじめて登場する。中央チベットからシルクロードの諸国、中央アジアに至る広大な領域に覇を唱えた吐蕃のソンツェン・ガンポ王（?～六四九）は、チベット高原西部のシャンシュン王国を併合し、チベット高原東部にも勢力を伸ばしつつあった。この過程で、吐蕃は唐に対する降嫁の要求が拒絶されたことをきっかけに出兵し、唐との間に位置する親唐勢力の白蘭[7]、吐谷渾、党項などを攻撃、軍勢は松州に至って唐軍と直接対峙した［岩尾　二〇一〇：一八］。唐側の反撃によって吐蕃軍は退却するが、唐の皇帝太宗は降嫁を認め、文成公主が吐蕃に嫁ぎ両国の関係は安定した。当時から、この地域が唐の影響力が及ぶ境界であったことがわかる。

中華民国期に編纂された『松潘縣志』［張典ほか　二〇〇七〈一九二四〉：一四］によると、松州は七六三年に一旦断絶し、明代の一三七八年になって松潘衛が設置された。明代に描かれた地図を見ると、シャルコクには集落ごとに異なる民族・氏族名が記載され、多数の小規模な勢力の割拠状態とみなされていたことがわかる〔陳宗祥 一九七九〕。松潘衛の下、シャルコクの南端部に位置する漳腊《ジャンラ》に漳腊営が置かれ、以北の諸勢力に対する備えとした。背後の山に良質の金鉱を有していた漳腊の地名は現在も残っており、漢族や回族が居住し街道沿いに商店が建ち並ぶ集落になっている。

清代に入り、一七一七年にモンゴル系のジューンガルが中央チベットに出兵し、ラサを掌握した。これに対して康熙帝はダライラマ七世を奉じてラサに進軍し、ツァンのチベット軍とともにジューンガルを駆逐した。伴〔二〇〇六：一八―二三〕によると、この出来事と前後して、対ジューンガル防備のための清軍が松潘に進駐したが、松潘に近いテウォ[8]（*the bo*）のアムド・チベット人勢力と抗争が起きる。テウォは、現在では甘粛省甘南藏族自治州迭部県付近を指すチベット語地名であるが、当時は甘粛省の卓尼県・岷県の南部と迭部県全域、四川省若爾蓋県東部に相当する範囲を指していた[9]〔伴 二〇〇六：一九〕。この地域は松潘から北上し青海方面に抜ける道中にあたり、シャルコクのボン教僧院と関係の深い僧院が点在する。その後一七二三年に青海で起こったロブサン・タンジンの乱の際にもテウォとの間で抗争が発生した。この時清朝側は、テウォが青海への交通の要衝であること、テウォを統治していた青海ホショトの一族チャガン・タンジンがジューンガルとも関係が深い人物であることを理由に出兵し、反抗する勢力を投降させて土司制度を敷き、間接統治下に置いた[10]〔伴 二〇〇六：二〇―二四〕。シャルコクの各領主は既に一七〇三年に土司の位を受け〔張典ほか 二〇〇七〈一九二四〉：四三九―四四一〕、清朝の間接統治下に入っていた。シャルコクよりも北に所在する領主たちの多くは、この戦役を受けて一七二三年から翌二四年に土司の位を受けている〔張典ほか 二〇〇七〈一九二四〉：四二七―四九〇〕。このように、松潘を最前線の軍事的拠点[11]として、一八世紀の前半までにはこの地域は清朝の間接統治下に入ったといえる。松潘衛は一七六二年に松潘庁に改称し、その管轄範囲は松潘だけにとどまらず、現在アバ州の若爾蓋、紅原、阿壩、壌塘の各県から青海省果洛蔵族自治州にまたがる、アムド南部の広域に及んだ［四川省阿壩蔵族羌族自治州地方志編纂委員会編　一九九四：一九三］。

中華民国が成立すると、一九一四年に松潘庁は松潘県に改組された。当時は革命後の軍閥の割拠、それに続く国民党政府と共産党勢力の対立、日中戦争といった国家の枠組みを大きく揺るがす事態が続いていた。シャルコクは、国民党政府軍に敗れた紅軍（第一軍）が一九三四年から翌年にかけて行った長征の通り道となった。北の甘粛省方面に向かう紅軍を接待したという伝承がS村には残っている。これが共産党との初の接触であった。また一九四一年には松潘県城付近が日本軍に爆撃を受けたという事件があり［馬　一九八六］、現在でも人びとの日本人イメージの一端に残っている。民国期に土司制度は廃止されるが、聞き取りによると、一九五〇年代はじめまではかつての土司の一族が実質的に集落を治める体勢が続いており、後述するように僧院の活動も活発であった。近代国家の影響を受けながらも、それ以前から続く社会構造が維持されたのがこの時期であり、一九八〇年代以降に僧院が再建される際にもモデルとして参照されることが多い。

一九四九年の中華人民共和国建国とそれに続く一連の出来事は、チベット社会に大きな転換をもたらした。一九五〇年、政府は政治的チベットの「解放」を宣言して人民解放軍がラサに入り、一九五一年には北京で「平和解放一七条協定」が調印された。しかし混乱は続き、一九五九年にダライラマ一四世はインドへ脱出する。ラサでの情勢が緊迫化していた頃、シャルコクでは土地改革によって土司や地主の有していた土地が接収され、集団生産制が始まった。それに続いて反右派闘争をはじめとする階級闘争が始まり、宗教活動も制限を受けるようになった。ここにおいて、シャルコクはついに中国国家の統治システムの中に完全に組み込まれることになったのである。

二　村の暮らしと僧院

1　S村とS僧院

松潘県の総人口は二〇一〇年時点で七万四二一三人、民族別ではチベット族が三万二二八六人、漢族が二万二八五九人、回族が一万一二四〇人、羌族が七七五九人、その他が六九人であり、チベット族が約四三パーセントを占める［阿壩州人民政府編　二〇一一：四〇四］。シャルコクにはチベット族の集落が多くみられるが、県政府がある松潘県城や観光の拠点として開発が進む川主寺鎮などには漢族も多く居住し、周辺には回族の集落もみられる。シャルコクの谷の南端に位置する川主寺鎮の中心部には、漢語で「川主寺」と呼ばれるボン教のツォツァン（*gtso tshang*）僧院があり、周囲にはホテルや商店が建ち並ぶ。一九九〇年代以前は、鎮の中心は北に数キロメートル離れた漳腊であり、現在でもシャルコクの人びとの日常的な買い物先である。

松潘県内の漢語の地名は、S村の人びとも漢語で認識している。単に「松潘」といった場合、松潘県城、もしくは県全体を指す場合がある。同様に「川主寺」といった場合でも、僧院の名称、鎮中心部の集落、鎮全体の名など、指す対象に幅がある。以下では混乱を避けるため、「松潘県城」を表す場合は「県城」と表記し、松潘県全体を表す場合は「松潘県」とする。そして現在の川主寺鎮中心部を「川主寺」と表記する。

シャルコクの人びとは、一九五〇年代以降の民族識別工作によって、少数民族の一つ「藏族《ザンズー》（チベット族）」として登録された。現在最もよく用いられる自称は「べ」であり、漢語で会話する際には「藏族」と自称する。「べ」は「チベット」を表すプー（*bod*）の方言読みである。このように、かれらの帰属意識としてはチベットというまとまりが想定されている一方、その内部における差異も認識されている。

かれらは他地域のチベット族に対しては「シャルコクの人」を表す「シャルワ」(*shar ba*)と称することが多く、チベットの伝統的地域区分の一つ、アムドの住人であると称することは少ない。かれらにとって、アムドとは草原地帯に牧畜民が暮らす地域というイメージが強い。チベット高原の各地での出稼ぎ経験を持つシャルコクの男性（四〇代）は、「シャルコクはラサの人びとからみればアムドだが、アムドの中心地である青海省周辺の人びとからはアムドとはみなされていない」と語っている。また彼は、「自分たちは青海省のほうに行くと、人びとからジャ・シャルワ（*rgya shar ba*「漢族・シャルワ」）と呼ばれて、もう漢族化してしまったと言われることがある」と語っていた[12]。こうしたエピソードは、シャルコクが置かれた歴史的背景ともあいまって、そのアムドにおける周縁性を端的に示している。

こうした性質は、記述言語学の観点からも説明される。チベット語は、シナ・チベット語族チベット・ビルマ語派に属し、その中でも最も広範な地域にわたって話され、多くの方言を有する。シャルコクのチベット族が日常的にチベット族同士の会話に用いているのはチベット語シャルコク方言である。この方言はアムド・チベット語（牧区方言）とは異なる特徴を持つ。鈴木はこの言語が話される範囲として松潘県の岷江上流域や九寨溝県、若爾蓋県山間部の巴西地区をあげ、この言語の話者とアムド・チベット語話者との相互理解が困難なことを指摘する［鈴木二〇一二：一一八］。興味深いことに、これはS僧院と歴史的につながりを持つボン教僧院の分布範囲とも重なっている。

チベット語は文語と口語の差異が大きく、チベット文字を用いて表記する文語が読み書きできるのは、僧侶や高等教育を受けた者に限られる。特に、歴史書や小説などとは異なり、宗教に関わるテクストの読解は僧侶としての訓練や、師からの口伝を経なければ困難である。こうしたテクスト自体が特別な意味を持つものと考えられており、部屋の低い場所や足下に置いたり、またいだり踏んだりすることは禁じられるという規範が広く共有される。

他方、中国建国後に初等教育を受けた六〇代以下の人びと、特に男性は漢語四川方言で日常会話ができる。より

写真 1-1　S僧院とS村（右手奥）をのぞむ

若い世代、特に二〇代以下では男女ともに問題なく漢語で会話と読み書きができ、普通話（標準語）も多少のなまりはあるが流暢に話す。

本書の主要な舞台となるS村は、二〇〇九年時点で一〇九世帯、六八九人を有し、ほぼ全員がチベット族である[13]。S村の上位の行政単位[14]であるS郷は、S村を含めた五つの村からなる。共産党S郷委員会書記は漢族であるが、村長や村民委員会[15]の成員はチベット族である。村は、シャルコクの谷の中央部に位置し、岷江と並行する幹線道路に沿って耕地と集落が広がる。集落の南側にはS僧院の建造物群が建ち並ぶ。幹線道路に沿って、村の入り口である二つの門がある。北の門は集落に直結し、約五〇〇メートル南に離れたもう一つの門はS僧院へと続いている。

S僧院は、二〇〇九年時点で九四人の僧侶が所属する[16]僧院である。僧侶たちは僧院長を頂点として組織される。また、僧侶の教育にあたるロポン（*slob dpon*「主任教師」[17]）も、指導者としての役割を担う。二〇一二年時点で、僧院長をユンドゥン・ラマ（一九七〇年生まれ）、ロポンをアク・プンツォ（一九六八年生まれ）が務めている。

僧侶たちが共同生活をしながら学習・修行を行う場はゴンパ（*dgon pa*）と呼ばれる。ゴンパということばは、人里離れた寂しい場所や荒野という意味を原義に持ち［Jäschke 1985〈1881〉: 87］、転じて僧侶が世俗から離れて生活・修行する場所、すなわち僧院の意味を持つ。S村の人びとの間では、「ゴンパ」もしくは「S・ゴン」という言い回しでこの施設を指す。本書ではこの施設を「僧院」という表記で統一する。

またこうした通称とは別に正式名称も存在し、門に掲げられた額に記載されている。S僧院を含め、多くの比較

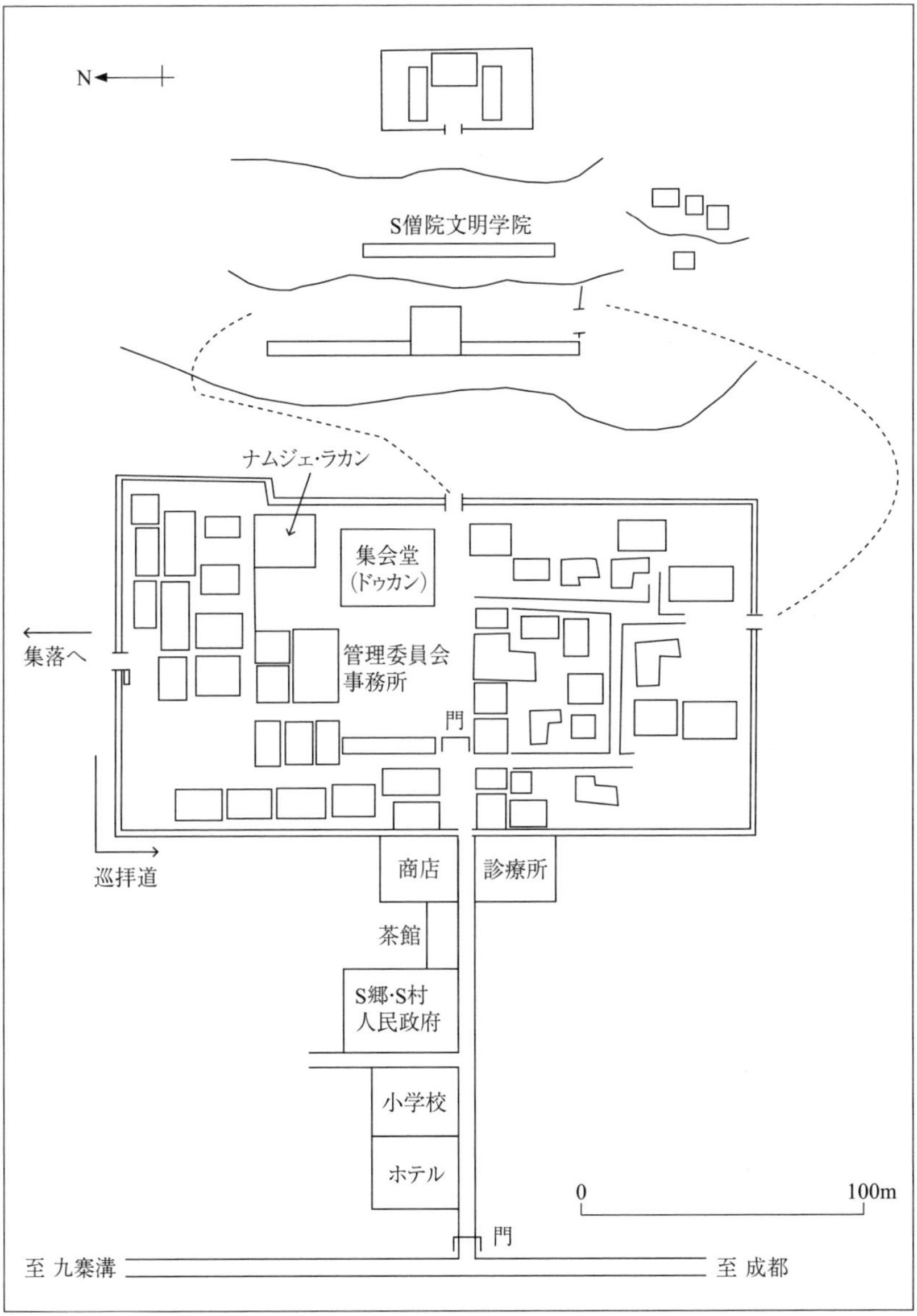
N
S僧院文明学院
ナムジェ・ラカン
集会堂
(ドゥカン)
管理委員会
事務所
門
集落へ
巡拝道
商店
診療所
茶館
S郷・S村
人民政府
小学校
ホテル
0
100m
門
至 九寨溝
至 成都

図 1-2　S 僧院の概念図

写真 1-2　S僧院のドゥカン（集会堂）と僧侶たち

的大規模な僧院の正式名称にはリン（*gling*）という接尾語がつくが、これは大陸や土地を原義とし［Jäschke 1985〈1881〉: 81］、転じて大僧院の意に用いられるようになったものである。また、僧院全体を指すことばであるゴンパと、建造物としての堂宇とは区別される。それぞれの堂にはカン[18]（*khang*「やかた」）という接尾語がつく。

図1—2に示すように、西を正面にして、南北約一六〇メートル、東西約一〇〇メートルの壁に囲まれた区域に、ドゥカン（*'du khang*「集会堂」）とナムジェ・ラカン（*rnam rgyal lha khang*）の二つの堂、そして僧院の管理委員会の建物を中心とする堂宇が広がる。ラカン（*lha khang*）は、特定のラ（*lha*「神」、尊格[19]）を祀った堂である。ナムジェ・ラカンには、ボン教をチベットに伝えたシェンラプ・ミボの化身の一つであるナムバル・ジェルワ（*rnam par rgyal ba*）が中心に祀られている。

僧院の敷地内には、行事の時以外はあまり僧侶がおらず閑散としている。集会堂の脇にはドゥプカン（*sgrub khang*）と呼ばれる部屋があり、アムチェ（*a mchod*）と呼ばれる僧侶が常駐している。集会堂の背後にある丘の上には、僧侶の教育施設「S僧院文明学院」の校舎である堂があり、修行中の若い僧侶たちが周囲の宿舎で共同生活を行っている[20]。

幹線道路からS僧院に続く道には、鉄筋コンクリート作りの小学校や村政府の役所、診療所などが建ち並び、二〇〇六年には五階建てのホテルも開業するなど、比較的新しい建造物が多い。商店もここに集まっており、茶と軽食を出す茶館は村の男性が集まり、雑談やトランプに興じる社交場である。集落の背後には段丘が立ち上がり、その上には二〇〇三年に開港した九寨黄龍空港の滑走路がある。のどかな谷と、時折離陸する飛行機の爆音が対照をなす風景が広がっている。

一九九九年刊の『松潘県志』によると、標高三〇〇〇メートルを越えるS村は高山気候に属するが、年間降水量は六八一・九ミリと、農業が可能な程度には湿潤である〔松潘県志編纂委員会編　一九九九：一二六〕。また平均気温は最高が七月の一二・九度、最低は一月のマイナス六・二度と冷涼である〔松潘県志編纂委員会編　一九九九：一三二〕。夏は寒暖の差が特に激しく、日中は日なたで三〇度近くに達することもある。日射しが強いため晴天の外出時には男性はサングラスをかけ、若い女性はマスクで顔を覆うことが多い。

写真1-3　S僧院のナムジェ・ラカン内部

S村の名称は、既に明代に描かれた地図の中にみられ〔陳宗祥　一九七九〕、その領主は清代、康熙帝の治世である一七〇三年に土司の位を受け、以後S土司となった。中華民国期に編纂された『松潘縣志』〔張典ほか　二〇〇七〈一九二四〉〕における各集落についての記述では、軍事指揮官である「土司」と行政官である「土官」という名称が混在するが、人びとはかつての領主を漢語では土官《トゥグゥアン》と呼ぶことが多い。また現地のチベット語では代々ゴワ（*go ba*「頭人」）といい、S村を治めたゴワはSゴワと呼ばれた。Sゴワの地位は世襲であり、S村に拠点を置いて、周囲の村落を統治していた。

ゴワが統治する範囲はショカ[21]（*sho khag*）と呼ばれる。かつてシャルコクには、計四つのショカとそれぞれを治めるゴワが存在した。ショカはデワ（*sde ba*）またはデカ（*sde khag*）と呼ばれる単位からなり、これは現在の行政村の範囲とほぼ一致する。Sゴワが統治していた領域は、現在S郷に属するS村・A村・B村に相当し、これはS僧院の僧侶の出身地ともほぼ一致している。三つの村はラ・デ・スム（*lha sde gsum*「三つの神村」）と総称され、村が僧院を支える施主となってきたことを示している。かつてはゴワのもとで、有力な俗人の地主たちが土地を分有し、その他の人びとは小作農や交易に従事していた。

シャルコクの行政区分が現在のものに定まったのは一九八三年のことである。ゴワたちの統治は一九五〇年に終焉を迎えた。この時期の資料は乏しいが、四人の土司がおかれていたシャルコクはまず一九五一年に三つの「藏族自治区」に整理された。この時点では、各自治区の名称はそれまでの土司の呼称を踏襲していたが、一九五六年に郷へと再編される際には、そのすべての名称が変更された。特に現在のS郷は、紅星郷というイデオロギー色の強い名称に変更された。これは、僧院の活動が縮小し、僧侶の還俗がはじまった時期と一致している。

シャルコクにおける人民公社の設立は文化大革命中の一九七三年になってのことであった。これは一九五六年に設立された郷の枠組みをそのまま踏襲したものであり、紅星郷は紅星人民公社と改称された。聞き取りによると、集団生産制そのものは一九五〇年代末から開始されており、特に一九五八年前後の大躍進運動の時期は共同で食事をとったことから「大鍋飯《ダーグォファン》」と呼ばれ、もっとも困窮した時期として語られる。

人民公社は、一九八三年に解体されるまで存続していたが、一九七八年の改革開放にあわせて、紅星人民公社はかつての名称をとってS人民公社と改称された。これが人民公社の解体後、現在のS郷になった。人民公社の痕跡は、S村の人びとが所属する三つの「村民小組」に残っている。これは人民公社時代に置かれていた「S生産大隊」の下にあった三つの「生産隊」の枠組みを引き継いだものであり、村の共同作業はこの区分に従って割り当てられる。

ただし、人民公社の解体による集団生産制の終焉によって、人びとは土地に根ざした生業にとどまらず、村外での出稼ぎによっても収入を得るようになった。近年の経済成長はその傾向に拍車をかけ、普段遠方で商売をして得た現金で村の自宅を新築し、ロサル[22]（*lo gsar*「新年」）前後の限られた時期にのみ全員が揃うという世帯が多く見られるようになった。集団生産制の解体は、生業を社会主義のイデオロギーから解放したのみならず、地縁的な共同性のあり方にも大きな変容を生じさせることになったのである。

村内では五つのカ（*khag*）と呼ばれる親族集団と、そこへの帰属意識が保持されている。これは二〇世帯からなるニロ・カ（*nyi rab khag*）、同じく二〇世帯からなるディデ・カ（*'bris sde khag*）、二八世帯からなるドンベ・カ（*ldang 'bar khag*）、一〇世帯からなるレンゲ・カ（*ri ga 'u khag*）、そしてロン・カ（*glang khag*）と称する。[23]

この区分は、S村における「家族」のあり方と関連したものである。同じカに属する人びとは、父系の祖先を同じくしているといわれているが、特定の人物としての祖先は二〇〇〇年代後半時点では記憶されていなかった。カは、主に葬儀の際の互助集団としての役割を持ち、死者が出た場合には同じカの人びとが儀礼の準備や埋葬の手伝いを行う。一九五〇年代以前には、カの結束は非常に強いものであり、例えば、同じカの人間が別のカの人間に殺害された場合には、カをあげて復讐したものだ、という話が伝えられている。またカごとに、山神の拝所であるラツェ（*la btsas*）を持っていたと伝わる。近年、ニロ・カの出身である僧侶の主導で、ニロ・カのラツェがS村の背後の山上に設置されたが、他のカは現在ラツェを持っていない。このように、カはクランのような父系の血縁グループという性格を持つが、少なくとも現在では外婚単位としては機能しておらず、カ内部での通婚は可能である。

それぞれのカはツォン[24]（*tshang*）と呼ばれる単位から構成されている。例えば「私は〇〇ツォンで、〇〇ツォンはニロ・カである」という言い方をする。ツォンは居住や家屋という原義を持ち［Jäschke 1985〈1881〉: 444］、ここでは外婚や居住の単位として用いられる基本的な概念になっている。チベット人の「家族」認識については、父系の血縁と、自分の属する「家」を基盤とする認識という、二つの要素が併存していることが指摘されている［中根 一九七〇：一四〇］。ツォンは、この二つの側面を併せ持つ概念である。

前者は、リュ（*rus*「骨」）の継承として知られるものである。リュは父との生物学的な血縁のつながりによって息子・娘に受け継がれ、婚姻によっては変化せず、同じリュを持つことは婚姻規制の基盤となる［川喜田 一九九七：三四二］。

S村では、ツォンは父方のキョウダイによって構成される単位ととらえられる側面があり、本家をチェ・ツォン（*che tshang*「大きなツォン」）といい、分家をチュン・ツォン（*chung tshang*「小さなツォン」）という。そして本家と分家同士はプ・ヌ（*phu nu*「兄・弟」）と呼ばれる。このまとまりの中での通婚は「リュを同じくする」ために望ましくないとされている。一方、カ内部の異なるツォン同士の通婚においては、近年リュが問題にされることはまずないという。[25]

これに対して、後者は財産や居住単位の継承ラインの保持を基盤とする概念であり、父から一人の息子（実子・養子を問わない）に受け継がれる性格を持つ［中根　一九七〇：一〇二］。S村では、狭義のツォンはこの「一つ屋根の下で暮らす」居住単位に対応しており、もし跡取りがいない場合には婿養子をとってツォンを存続させる。以下、本書ではこの狭義の単位を「世帯」（household）として記述する。この場合、婿に入った男性のツォンや所属するカも変化する。

人びとが普段名乗る名には、姓にあたる部分がない。ツォンには〇〇ツォンというように、屋号ともいえる名称がついている場合もある。これは、同じ住居に住む人にとどまらず、父系の出自を共有する人びと全体を指し示すことがある。また、似た名同士で紛らわしい時、区別するためにツォンの名称をつけて呼ぶことがある。S村でこうした名称を持っているのは、聞き取りから集計すると四〇世帯であった。複数の世帯で聞いた話によると、以前は各世帯のチュカン（*mchod khang*「儀礼・部屋」、仏間に相当する、僧侶が儀礼を行う部屋）に、その世帯を受け継いだ者の系譜を記したゴイ（*bsngo yig*）と呼ばれる布が保管されており、葬儀の時に高僧がこれを開いて死者の名を書き込んでいた。しかし、ゴイは一九七〇年代までの混乱期にほとんどが失われたため、世帯の系譜をたどることを困難にする一因になっている。

2　家族の成り立ち

本書の主要なインフォーマントであるワンジェ家[26]は、ワンジェと妻のリンジン、長男のベマジェとその妻のドマ、

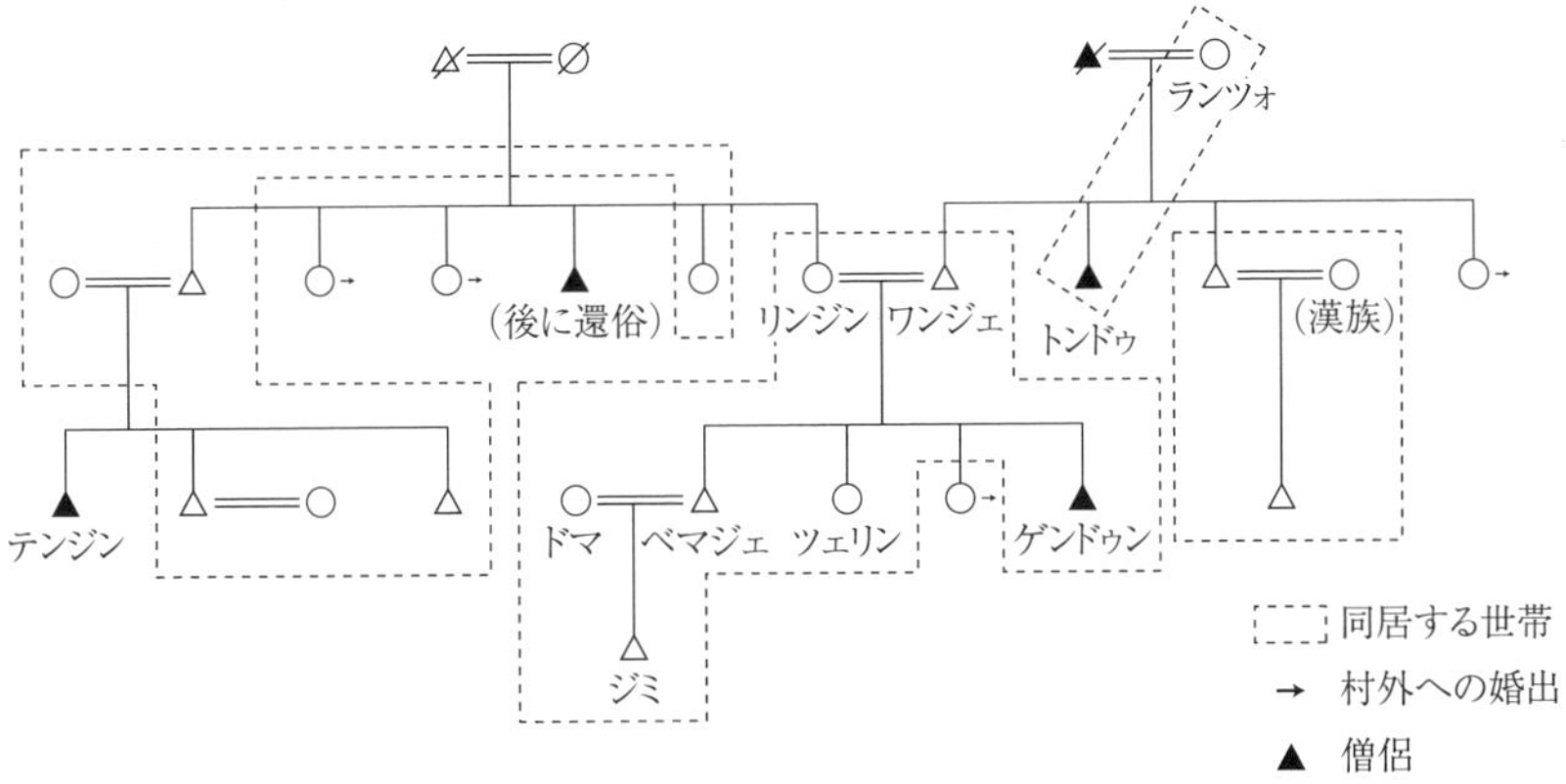

図 1-3　ワンジェをめぐる親族関係図

長女のツェリン、次男のゲンドゥンからなる世帯である。次女はシャルコクの別の村に嫁いでいる。ベマジェとドマには、二〇〇八年一二月に長男ジミが誕生したので、二〇一〇年時点で七人がともに暮らしていたことになる。ワンジェの弟トンドゥは僧侶で、母のランツォと二人で僧院の敷地内に暮らしている。図1―3に、ワンジェを中心とする家族構成を示した。

かれらが現在住んでいる住まいは一九九〇年代後半に新築したものである。S村の他の家屋と同じように木造二階建てで、壁はぶ厚く土で塗り固められ、窓は小さく断熱性が高い。普段の生活の場である二階にはかまどのある居間と台所、いくつかの寝室、儀礼を行うチュカン、そして日当たりのよい広いテラスがある。テラスの端には香木を焚く炉があり、毎朝そこでフバ[27]（*shug pa*）を焚いて煙を出し、住まいを清める。二階の隅には便所があり、床に開けた隙間から便が地上にそのまま落ちるようになっている。これを集めて保存し、肥料にする。一階にはもうひとつ居間があり、厳冬期に使用する。他には物置や食糧の貯蔵庫などがある。

大きなかんぬきがかかった一階の重い扉を開けて外に出ると、高さ五メートルほどのタルチョ（*dar lcog*　経文が書かれた旗）が幟のように立っており、足下には獰猛さで知られるチベット犬が番犬としてつながれている。そして周りには薪が塀のようにすきまなく積まれ、随時補充する。一階のもうひとつの扉は裏の耕地に直結しており、冬季に放牧しているウシを入れるための囲いもある。

かつてかれらの住居はS僧院の敷地内にあり、今は改築してトンドゥとランツォが住んでいる。戸籍上では、かれら二人を含めた九人が一家族として登録されており、行動をともにすることも多い。集落とは対照的に、僧院の敷地内にある家屋は多くが平屋建てである。ワンジェの父（一九二四〜一九九五）は僧侶であったが、僧院の活動が停止した一九五〇年代に還俗して結婚し、その後は俗人として生涯を終えた。ワンジェによると、彼のように一九二〇年代から三〇年代生まれで、五〇年代に還俗した僧侶の多くは結婚し、そのまま生涯を終えている。

通婚範囲の広がりは、基本的にシャルコクの内部にとどまっている。結婚後の女性は夫方に居住してその世帯の一員となるが、男子がいない場合は婿をとって継承させることもある。ワンジェと妻リンジンのキョウダイと子のうち、婚出した女性はすべてシャルコクのチベット族と結婚している。リンジンの妹の一人がS村に居住しているのを除いては、他の集落で暮らしている。また嫁いできた女性も、ワンジェの弟の妻を除いて皆シャルコクのチベット族である。

四人キョウダイの長男であるワンジェは、世帯の継承者として父から土地や財産などを受け継いでいる。弟（次男）のトンドゥはS僧院の僧侶であり、妹（長女）はシャルコク内の別の村へ婚出している。ワンジェは「チベットではできるだけ分家はしないものだ」と語るが、彼のもう一人の弟（三男）は川主寺出身の漢族と結婚し、現在は成都に住んで生計を別にしており、普段はほとんど連絡をとりあうことがない。異なる民族との結婚自体は現在では特段に珍しいことではないが、回族との結婚は宗教が異なるため忌避されると語る者もいる。

別居している弟についてワンジェは、「まだ分家はしていないが、彼は自分で仕事があるので別に住んでいる。もし仕事がなかったら、仕方ないが新たに家も建てて財産も分けることになる」と述べている。今のところ彼は村外に住み収入を得ているので、村内の土地や住居の分配を伴う分家にはあたらないという見解が示されている。リンジンの兄の息子たちのように全員がS村で同じ住居に住んでいる場合、息子は一人だけが結婚するのが望ましいといわれる。この三人兄弟は一人が僧侶になり、一人が結婚し、一人は独身を続けている。(28)

僧侶はチベット系社会の家族のあり方を特徴付ける存在である。シャルコクでは、僧侶は一般的にタパ（*grwa pa*）、特に年長（およそ三〇代以上）で修行を積んだ僧侶はアク（*a khu*）と呼ばれる。アクは父方オジに対する呼称と同じであり、経験を積んだ僧侶に対する尊称として用いられる。ワンジェ家の場合、僧侶はトンドゥとゲンドゥンの二人であるが、トンドゥに対しては家族以外の人びと（主に年下）もアク・トンドゥと呼んでいる。僧侶の社会的位置づけについては、本書を通じて検討することになるが、ここでは家族との関連についてのみ簡単に述べる。

かれらは僧侶としての戒律を守っている限り結婚できないため、世帯の継承には関わらない。複数の男キョウダイがいる場合、長男が世帯を継ぐのが望ましいと語る年配の男性もいるが、ワンジェは特に規定はないという。リンジンの兄の世帯のように、長男が僧侶になる場合もある。ワンジェは「僧侶は一家に一人いるのがよい」と語る。これを裏付けるように、ワンジェとリンジンの兄の世帯の各世代にはすべて僧侶が一人ずついる。しかしこれはすべての世帯に当てはまるわけではないことは、僧侶の数が世帯数よりも少ないことから推測できる。実際に、リンジンの妹の嫁ぎ先には僧侶がおらず、僧侶がいてもリンジンの弟のように還俗してしまう場合もある。

「僧侶になる」ということは「出家」と結びつけられがちであるが、僧院に隣接しているS村では、僧侶と他の家族との関係は、集中的な修行期間などを除いて断絶するわけではない。時に実家に帰ってともに食事をしたり家事を手伝ったりすることもある。第四章でみるように、修行中の若い僧侶の食料は家族が負担する。そして葬儀や婚礼などの人生儀礼は、その世帯出身の僧侶が無償で執り行う。他の家での儀礼や僧院の行事で得た収入は自分で管理し、家計とは別に扱う。他方でトンドゥは、兄の長男で肉体労働をしているベマジェの傷害保険料を出すなど、家族のために使う場面も多くみられる。このように、僧侶と家族が密接な関係を保持していることがS村の特徴になっている。

三　経済発展と生業の変容

1　伝統的生業とその変容

岷江が潤すなだらかな谷はそのほとんどが開墾されており、晩夏から秋にかけて黄金色のオオムギの穂が風にそよぐ豊かな風景をみることができる。また近年は少なくなってきたものの、山肌を望むと黒い点をまぶしたように放牧されたウシの姿をのぞむことができる。特筆すべきは、こうした自然環境を利用する形での生業を中心にしながらも、数々の商業活動がここに住む人びとの生活を支えてきたことである。

シャルコクは成都から甘粛・青海方面への交通の要衝であるが、このルートは「茶馬古道」の名を冠される重要な交易路でもあった。かつてシャルコクの人びとは、雲南方面から漢族の商人によって松潘にもたらされる茶葉を、ウマやウシでキャラバンを組んで高原の牧民居住地区へ輸送し、販売用のウマや羊毛、塩などを持ち帰るという、交易の仲介者としての役割を果たしていたことが知られている［Schrempf 2000: 324］。

カルメイ氏によると、一九三〇年代のシャルコクでは、裕福な世帯が大規模なキャラバンを編成し、北方に約五〇〇キロ離れた青海湖周辺の草原地帯との間を数ヵ月かけて往復していた。また、近隣のアバ州各地とも取り引きがあった。交易によってもたらされる物品は、松潘で漢族が現金で直接買い付けていたため、そこから莫大な利益が得られていた。ところが一九四〇年代になると、戦時中の混乱した状況のもと、松潘近辺のチベット人有力者が武装集団を結成してたびたび草原地帯の牧民を襲撃したため、次第に交易が下火になったという。そして一九五〇年代にはいると、村外での経済活動はほぼ消滅することとなった。かつて成都から峡谷を縫うように走っていた桟道は舗装路に変わり、物流の主役もトラックへと変化していった。

一九四〇年代までS村の土地はゴワと地主たちの管理下にあったが、一九五〇年に始まる土地改革を経て人びとに分配された。しかしそれもつかの間、一九五〇年代後半には農業の集団化が始まった。それが再び分配されるのは改革開放後、一九八〇年代に入ってからのことであり、現在S村の人びとが耕作や放牧を行っている土地は、この時に各世帯に分配されたものがもとになっている。[29] ワンジェによると、一九八一年に行われた分配では世帯ごとに「全労働」（一八歳から五〇歳で健康な者）には一人七ムー、[30]「半労働」（一八歳未満と五一歳以上、その他の年代で病気を持つ者）には一人二ムーで計算した面積が分配された。当時五〇代後半であった父や病気がちであった母、一七歳以下の弟・妹は半労働とみなされ、当時二二歳で唯一「全労働」だったワンジェは人民公社で担当していたウシと放牧地を引き継いだために耕地の分配量を減らされ、六人の世帯で得たのは計一二ムーであった。これに、以前からの自留地[31]約一ムーを加えて約一三ムーになった。農業の個人経営化と並行して八〇年代から九〇年代を通じて人びとの自主的な開墾が続き、ワンジェ家が耕作を行う面積は最大三一ムーに達した。その後、一九九九年以降に展開された「退耕還林」[32]政策によって減少し、二〇〇六年時点では二六ムー、二〇〇九年には二三・五ムーになっている。

農期は主として四月から九月であり、主食のツァンパ（*rtsam pa* 麦焦がし）の原料となるオオムギの他、ジャガイモ、ソラマメ、少量の野菜が栽培されている。S村では、オオムギはチベット語の方言でニー（*nas*）もしくは漢語で青《チン》稞《クー》、[33]ジャガイモは漢語の四川方言で洋芋《ヤンユ》、ソラマメは漢語で胡豆《フードウ》と呼ばれることが多い。オオムギとジャガイモ、野菜は自家消費用であるが、ソラマメは町でコメや小麦粉、食用油などと交換する。近年では高地でも栽培できる野菜を中心に、商品作物の導入も始まっている。これに伴って、ワンジェ家でもオオムギの全作付面積に占める割合が二〇〇六年の五七・六パーセントから二〇〇九年の二九・七パーセントへとかなり低下しているが、ツァンパは毎日食卓に上るうえ、儀礼の際にも用いられるなど、他の作物に比べて特別な位置づけを保持し続けている。

　四月に播種、八月下旬から九月上旬にかけて収穫されたオオムギは、家の前に丸太を組んで作られた高さ三メートルほどの台で乾燥させる。乾燥したものを脱穀し、煎った後に石臼で挽いたものが、ツァンパである。S村から幹線道路を横切って、岷江の川岸へ下っていくと、水力で動かす石臼を持った家が数軒あり、いくらかの謝礼を払って煎ったムギを挽いてもらう。初冬、一一月末頃にできあがる新物のツァンパは非常に香ばしく、翌年夏までのストックをこの時期に作っておく。

　かつて村のほとんどの世帯が農業に加えて小規模な牧畜を営み、背後に広がる台地の上で広く放牧が行われていた。集団生産制のもとでは、生産大隊の一部門でウシ科の家畜は一括管理され、乳製品の生産と加工が行われた。改革開放後に再び家畜と放牧地が分配されたが、近年その規模は縮小しつつある。大きな原因となったのが一九九〇年代後半から始まった九寨黄龍空港の建設であり、この時期に多くの人が放牧地の接収に応じた結果、二〇〇九年時点で、S村で牧畜を行うのはワンジェ家を含む八世帯にまで減少した。

　現在飼育されている家畜はウシとヤクおよびその交配種が中心であり、主として乳製品を利用する。現地では「放牧されているウシ科の動物」を指す一般名称としてゾ[34]（*mdzo*）、漢語では（牦牛《マオニュウ》）が用いられる。牡ヤクはヤ（*g.yag*）、牝ヤクはディ（*'bri*）、種ヤクはヤトゥ（*g.yag thub*）またはチュヤ（*khru g.yag*）と呼ばれ、牝ヤクと、バロン（*ba glang*）と呼ばれる牡ウシを交配すると牡はゾ、牝はゾモ（*mdzo mo*）と呼ばれる。さらにゾモとヤク、またはワロンを交配すると牡はガパ（発音）、牝はガモ（発音）と呼ばれる。仔ウシはビチュン（*be'u chung*）またはウィウ（発音）と呼ばれる。以前はヒツジやヤギの放牧もしていたが、近年はほとんどなくなったという。

　二〇〇九年時点で、ワンジェ家は牝ヤクとゾモを五〇頭、牡ヤクとゾを三〇頭、種ヤク六頭、仔ウシを一一頭所有していた。このうち搾乳できるのは二〇頭であった。毎年六月から八月中旬は、村からトラクターと徒歩で半日かかる距離にある標高約三五〇〇メートルの牧草地で放牧する。放牧地には簡単な小屋と囲いが設けられ、ワンジェとリンジンの夫婦が六月から九月の間生活する。かれらは主に牝ヤク、ゾモ、仔ウシを管理する。毎朝、搾乳をした後、夕刻まで近くで自由に放し、夜は仔ウシだけを囲いの中に入れておく。これは牝から乳をとられないようにするためだと説明される。この間、牡ヤクとゾは別の山に放しておき、時折様子を見に行くだけである。

かれらは八月下旬に一度帰宅してオオムギを収穫した後また山に戻り、九月中旬から一〇月まで少し標高の低い牧草地で過ごす。その後はウシたちを村のすぐ背後の斜面で放牧し、夜間は自宅の敷地内に連れ帰る。この時にはオオムギのワラを餌として準備し、集めた糞は翌年の肥料として使用する。乳は、専用の桶に入れて攪拌し、バターを分離した後、残りを乾燥させてチラ（*phyu ra* 固いチーズ）を得る。バターは自家消費する分を除くと一〇〇キログラムほどは余るといい、村の人びとに販売する。この他ワンジェ家ではブタ、[35]ウマ、[36]ニワトリ[37]が飼育されている。

農業・牧畜と並んで、人びとの生計を支えてきたのが薬用植物の採集である。民国期には松潘は各種薬草の集散地であった［羅縁春　一九八七：四三―四六］が、近年高級漢方薬として価格が高騰し、重要な現金収入源としての地位を確立している。採集は夏季に行われる。人びとは六月下旬から八月にかけてトラクターにテントや炊事道具、生活用品一式を積んで標高四〇〇〇メートル以上の山上に向かい、同じ村の者同士でテントを円形に配置してキャンプをする。そして毎日世帯ごとに出かけて採集を行う。主に採れるのは貝母[38]や雪蓮花[39]であり、まれに冬虫夏草[40]が見つかることもある。キャンプの周囲を採り尽くすと、適宜場所を移動する。採った貝母はテントのまわりに広げて乾燥させるが、雨が続く時は毛布の中に一緒に入れて寝る。早く乾燥させないと色がくすんでしまい、売り物にならないからだという。

こうした、自然環境に依存する生業の一方で、一九八〇年代以降、村外での経済活動が再び可能になると、村民の中には出稼ぎに出る者が増加した。具体的にどれほどの人数が村外で仕事についているのかは不明であるが、夏には薬草採集に出る人びとと合わせ、村がほとんど無人状態にみえるほどに閑散としていたこともある。出稼ぎ先は多岐にわたり、青海省西寧市や同仁県、西藏自治区のラサ市、那曲《ナクチュ》地区といったチベット族居住地区にとどまらず、四川省の省都成都市や、最も遠方の事例では成都から飛行機でも二時間かかる広西チワン族自治区の南寧市にまで及ぶ。出稼ぎ先では、ホテルや飲食店などのサービス業や、宗教用品や牧畜用品を扱うチベット族向けの商店の経営に従事することが多い。近年増加しているのは、電力インフラが乏しい牧畜地域で需要が高まっている太陽電池の販売である。

S村の男性（五〇代）は、一九九〇年代中頃から西藏自治区の那曲地区で家族と共にボン教のテクストや宗教用品の販売をしていたが、太陽電池を扱い出したことで収入が大幅に増加した。S村に帰るのは一年のうちロサル前後のわずかな期間だけであるが、老後に住むためにということで、二〇〇九年に鉄筋コンクリート三階建ての豪華な住まいを新築した。これは農耕や家畜の管理を前提とした伝統的な造りとは異なり、都市の家屋のような居住性を重視した造りになっている。こうした家屋は二〇一〇年時点でS村で一〇軒ほどみられ、さらに改築中のものもあることから今後増加すると推測される。かつてシャルコクの人びとは外部との交易によって莫大な富を得ていたといわれるが、それが形を変えながらも受け継がれていることがわかる。

2　松潘県における経済発展とその影響

S村の人びとの生計は村外への出稼ぎによって大きく支えられてきたが、人びとの現金収入の機会は今や出稼ぎにとどまらない。シャルコクの内部でも、政府の開発政策や観光地化の展開によって、様々な雇用が創出され、人びとに現金収入をもたらすようになった。本節では、シャルコクにおける近年の経済発展とその背景を概観し、それが人びとの生活にいかなる影響を与えたのかを見ていこう。

中国は、一九九〇年代以降、現在に至るまで飛躍的な経済成長を経験している。一九七八年に始まった改革開放は、当初経済面では人民公社の解体など、主に農村の生産構造改革に重点が置かれていた。これに対し、一九九二年の鄧小平の「南巡講話」と、それに続く中国共産党一四期三中全会での「社会主義市場経済」モデルの提示によって、計画経済からの転換が宣言され、政府のコントロールを維持しつつも、経済を自由競争と市場に大幅に委ねることとなった［天児ほか編 一九九九：一三七―一三九］。

その後、中国のGDPは一九九四年から二〇〇七年にかけて約五倍の伸びを見せ［中華人民共和国国家統計局編二〇〇七］、高い成長率を継続している。こうした中、一九九〇年代後半からは積極的な対外開放を背景に発展を続ける沿岸部と、遅れが目立つ内陸部の格差が問題化し始めた。そこでこの格差の解消を目指す目的から、二〇〇一年以降政府は「西部大開発」を打ち出し、四川省をはじめとする内陸部でインフラ整備や産業投資などの大規模な開発を進めた。この開発政策の対象となった地域には、チベット族をはじめとする「少数民族」の居住地が多く含まれている。

図1―4に示すように、人口一人あたりのGDPの推移をみると、四川省は全国平均の六〇～七〇パーセントの水準であるが、二〇〇〇年以降の一二年間で約六倍の伸びを示していることがわかる。また、四川省内部でも、省都の成都市が全国平均を大幅に上回る一方で、シャルコクを含む松潘県は全国平均の半分程度の水準で推移しており、相当の格差があることがうかがえる。特に、二〇〇八年の四川大地震は松潘県をふくむアバ州全体の経済に大きな打撃を与えたが、その後数年で生産が回復してきたことがわかる。

松潘県の経済発展を支えているのが、観光業をはじめとする第三次産業である。図1―5に示すように、松潘県の産業別GDPの推移をみると、二〇〇一年以降第三次産業が大幅に伸びている。一九九七年には県のGDPのうち約二九パーセントであった第三次産業は、その後の一〇年で五〇～六〇パーセントを占めるまでに成長している。

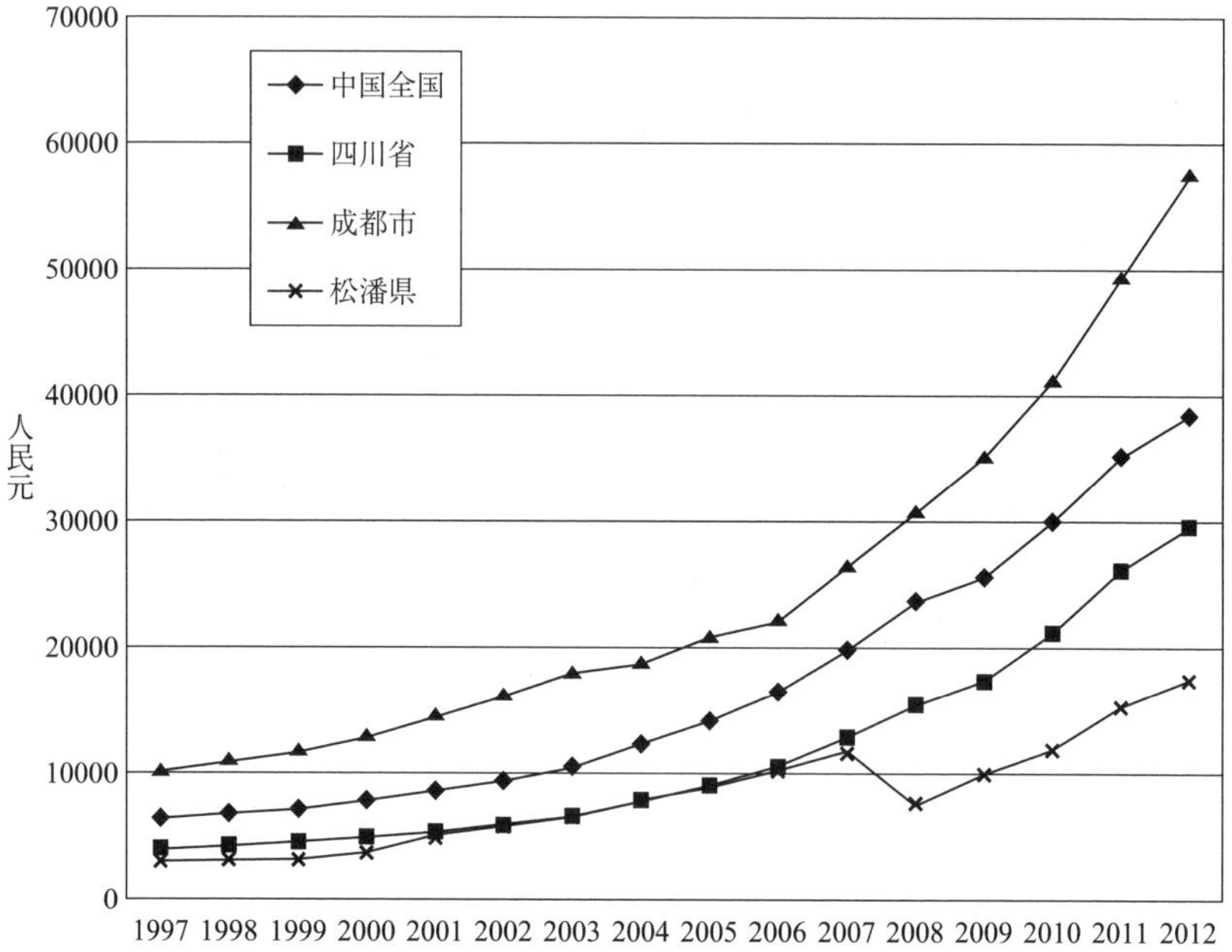

図 1-4　松潘県と主要地域における人口 1 人あたりの GDP の推移（1997 ～ 2012 年）
四川省統計局［2013］をもとに筆者作成

加えて、県のＧＤＰと第三次産業の生産高は、一九九七年から二〇一二年までで約一〇倍に達している。

アバ州の観光地化は一九九〇年代以降本格化し、二〇〇〇年代前半から大幅に拡大した。中でも一九九二年にユネスコの世界自然遺産に指定された九寨溝、黄龍の自然保護区は美しい自然景観を観光資源として国内外からの観光客を集め、特に中国国内ではトップクラスの観光地となっている。並行して交通インフラの整備も進み、道路の舗装が進展するとともに、二〇〇三年には九寨黄龍空港が開港したことにより、成都市と四〇分ほどで結ばれるようになった。九寨溝は州全体の観光のシンボルともなり、二〇〇三年以降、州内の観光地は「阿壩大九寨国際旅游区」の一環として開発が進められている。

その開発戦略では、九寨溝、黄龍、四姑娘山などの自然保護区と「民族文化」が重視されて

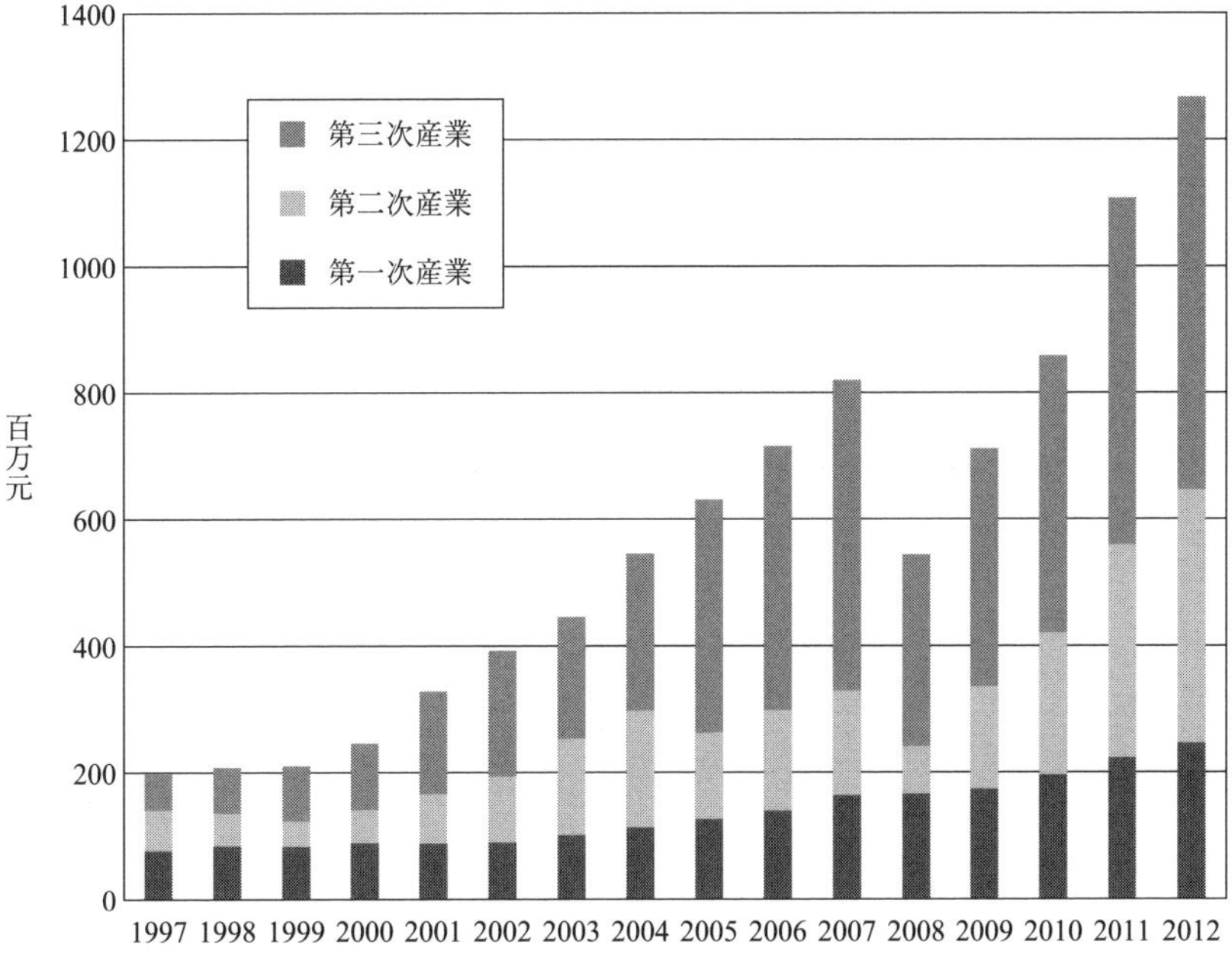

図 1-5　松潘県の GDP とその産業別内訳の推移（1997 年〜 2012 年）
四川省統計局［2013］をもとに筆者作成

いる。また、この地域が一九三〇年代に紅軍による「長征」のルートとなったため、中国全土で展開した「中国紅色旅游」キャンペーンの一環として、紅軍の史跡と関連した開発も行われた［中国紅色旅游課題組編　二〇〇五］。こうした開発に伴って観光客も増加し、二〇〇三年にはすでにアバ州の年間観光客数は三二三万人、観光産業の総収入は二一億元にのぼった［阿壩州人民政府編　二〇〇六：一四］。さらに二〇一一年には一四六四万人、一二四億元と成長が続いており［阿壩州人民政府編　二〇一二：五二］、観光産業は基幹産業として定着している。

　松潘県の観光開発は、黄龍自然保護区を中心に進められてきた。成都発のツアーでは、空路またはバスで九寨溝と黄龍をセットにして三、四日の日程で観光するのが一般的であり、経路上にある町や村にも参加者が立ち寄ることがある。また、黄龍よりは小規模であるが、県南部にある牟尼溝でも観光開発が行われている。

県城は、城壁に囲まれた旧市街が特徴である。松潘県政府は観光客向けに「唐代から続く古城」を掲げた宣伝活動を行っており、復元された県城の門には「大唐松州」の額が掲げられている。旧市街では商業が発達し、町の市場では各種野菜、果物、キノコ、牛肉などが販売されている。二〇〇四年には城壁や旧市街の店舗が「古城」をイメージした外見に改修された。この町並みともあいまって、チベット色はあまり濃くない。旧市街を南北に貫く道路に沿った一四四軒の店舗中、「民族用品」を看板に掲げ、宗教用品や民芸品を販売する店舗は一三軒であり、この他ヤク・ウシ類の肉やチャン(41)（*chang* 青稞酒、オオムギで作った酒）を販売する店舗が二軒あった。

松潘は、英語圏の著名な旅行ガイドブックである〝Lonely Planet〟でも紹介されており［Harper ed. 2009］、欧米人の旅行者が多い。いわゆるバックパッカーから家族連れまで多様な観光客がみられる。英語の看板を掲げ、欧米風の食事を提供するレストランも数軒ある。観光客の目的の一つはホーストレッキングであり、ウマに乗って数日間の日程で周辺の山々をめぐる。また岷江源流をめぐるボートツアーも開催されている。県城はこうしたツアーの拠点としての役割が大きいといえ、街自体の観光地化は一部にとどまっている。

川主寺は、黄龍や九寨溝といった観光地への中継点として発展している。空港が開港してからは、空港から最もアクセスが容易な町として重要性を増している。旅行会社のガイドは経費節約のためバスで川主寺入りし、空港に到着する客を待機することが多い。中心市街地のほとんどがホテルや観光客向け商店からなり、中心街の一つである尼瑪路では。二〇〇七年時点で四三軒の店舗のうち一〇軒が「民族用品」の看板を掲げていた。S村のある男性（三〇代）は筆者との会話の中で、「あなたがもし一九九一、九二年頃に川主寺に来ていたら、多分家は一軒もなかっただろう。本当に何もなかった。」と述べたが、これは市街地の変化の急激さをうかがわせる。

S村は、黄龍から川主寺を経て九寨溝に至る観光バスが通過する道に面しているものの、パックツアーの参加者が多くを占める観光客は、ごく短時間の訪問にとどまる。二〇〇〇年代前半、最初に観光客向けに開放されたのは

S僧院であったが、第三章で詳しくみるように開放の是非をめぐる議論が発生し、二〇〇七年までには観光客向けの活動を停止した。同時期に、村の入り口に外部企業の経営によるホテルが開業し、夏季にはツアー客の宿泊があるが、かれらは村自体を観光するわけではなく、村の人びともバスの到着に合わせて一〇人ほどがホテルの前で土産物を販売するだけであった。

このように、S村は九寨溝・黄龍やその中継点である県城、川主寺と比べて観光地として成功しているわけではない。その中で、本格的な観光地化を目指して動き出している人びともいる。S村の村民委員会書記であるソナム（男性、四〇代）は、親族や友人と共同で二〇〇六年から観光施設の建設プロジェクトを立ち上げた。数万元を出資して、村の約四〇世帯から道路に面した耕地を借りて土地を準備し、二〇〇九年の夏に乗馬体験ができる施設をオープンさせた。将来的には商業施設を誘致して規模を拡大したいが、時折訪れる個人客に頼っている状況で、経営は軌道に乗っていないという。

このプロジェクトが成功するかは未知数であるが、観光を一つのきっかけに人びとの経済に対する考え方の変化が現れ始めている。ソナムは、「もし観光がなかったら、私たちは企業を起こすことを知らなかっただろう。それまでのように、ただ小規模な商売、店での小売りをやっていただけだろう。荷物を運ぶ方法に例えると、昔のウマからトラクターになってそれがトラック、コンテナになるような発展は想像できるけど、それとは違って、全く新しい手段を作り出すという発想ができた。理念が変化したんだ。」と語る。

このことばを裏付けるように、観光施設の建設は単独のプロジェクトではなく、かれらが立ち上げた企業の事業の一つとして行われている。二〇〇一年に今の仲間と最初に着手したのは川主寺でのホテル経営であり、これがある程度軌道に乗ると他の分野にも手を広げ、S村での養豚場の経営も行うようになった。観光と地方経済の連関にふれて、彼は「ここの人たちが現金を稼ぐ時には、必ず観光が強く影響する。直接関わっていなくても、去年（二〇〇八

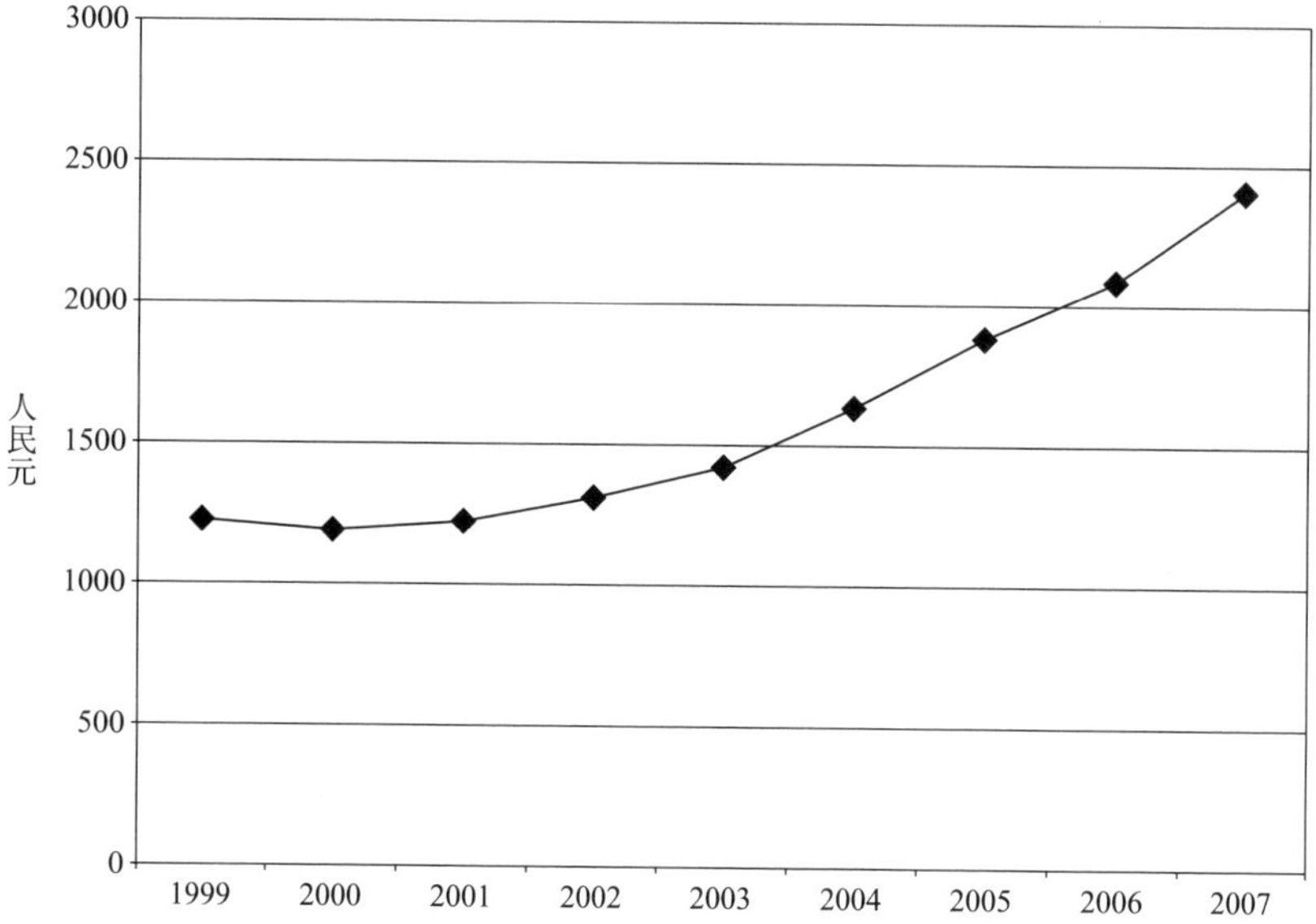

図1-6　アバ州農村部の1世帯あたり年間純収入額の推移（1999～2007年）
四川省統計局［2007］をもとに筆者作成

年）地震があって観光客が減って不況になったからみんな苦労した。」とも語る。

個人経営が主体であった経済活動にかれらのような企業が出現することで、現金収入の機会を拡大することにもつながる。S村で暮らす人びとの現金収入は、二〇〇〇年代を通じて増加してきた。図1―6に示すように、アバ州農村部の現金収入の一世帯あたり平均は二〇〇一年から二〇〇七年にかけてほぼ二倍に増加している。シャルコクでは、西部大開発に伴うインフラ整備が二〇〇〇年代初頭から進行し、特に二〇〇三年の九寨黄龍空港開港前後からは大規模な土木工事が展開した。携帯電話回線やインターネットが開通したのもこの頃であった。こうした状況の下で、土木工事やサービス業など、現金収入に直結する労働の機会が増加した。ここではワンジェ家の収入の推移についてみてみよう。

集団生産制の時代、主に牧畜を行っていたワンジェは、一九八三年ごろに土地を分配され、農業を始めた。農産物はほとんどが自家消費用であり、一九九〇年代半ばまでは唯一の収入源がウシの売却であった。相場は年によって変動があるが、牡の場合二〇〇六年は一頭一五六〇元、二〇〇七年は一頭二四〇〇元と、値上がりが続いてきた。二〇〇〇年前後から、これに薬草採集が加わった。採集した薬草は、高値で取り引きされる。二〇〇六年夏の場合、貝母は三〇斤（一斤＝五〇〇グラム）を一斤あたり六八〇元、雪蓮花は一〇〇個ほどを二〇〇元で売却した。また冬虫夏草はほとんど採れないが、この年ペマジェたちは二〇本採り、一本一五元で売却した。相場が上がるのを待って売る場合もあるため、少なくともこの年ワンジェ家には薬草だけで二万元以上の収入があったことになる。しかし薬草採集はリスクが大きく、年によって採れない場合や、入山が規制されることもあるという。S村の人びとが入ることの多かった山も二〇〇九年以降、資源保護の観点から入山が制限されたり、高額な入山料を課せられたりしたため、採集の機会は減少した。

薬草採集よりも少額であるが、安定した収入源として定着してきたのが土木工事や農場などでの労働である。空港の整備や道路の補修などの作業は、厳冬期の一二月と一月を除く毎月行われる。ワンジェの長男べｓマジェはS村の建設会社に雇われて、二〇〇九年二月から七月末までの約半年間、でのべ一一一日間働き、五五五〇元を得た。この他にも不定期の労働や、植林作業などがあり、ツェリンやドマも参加している。いずれも一日五〇元前後の給料が支払われる。

また、二〇〇八年にはS村の耕地を安徽省から来た漢族の企業が借りて、夏季にニンジンやエンドウマメ、カリフラワーなどの野菜の栽培を始めた。これらは併設された工場で冷凍食品に加工され、出荷される。ツェリンは二〇〇九年からこの企業で働いており、四月から七月の間、一日八時間の労働で約一五〇〇元を得た。

これに影響されるように、S村の人びとが行う農業の形も転換し始めた。二〇〇九年にはワンジェ家も、それまでソラマメを作っていた耕地のうち三・五ムーをオイ（リンジンの妹の息子）であるラガに貸し出し、萵笋[42]（ステムレタス）の栽培を行っている。ラガが借りた耕地は約一〇〇ムーに及び、収穫は漢族の企業にすべて売却し、成都市などへ出荷される。生産高はワンジェ家の土地だけで二〇〇八年は約一万三〇〇〇斤、二〇〇九年は約九〇〇〇斤であり、それぞれ一斤一角（一元＝一〇角）、一斤三角で売却された。これらはラガの収入になるが、ドマは夏季の出荷作業に参加して賃金数百元を得た。その他にラガから土地の借用代として約一〇〇〇元、またキズがあり都市に出荷できない分を別ルートで販売した分の収入もあった。上記の作業による収入を合算すると、ワンジェ家は少なくとも年間一万元近くを得ていることになり、これは二〇〇七年のアバ州農村部における一世帯あたり平均収入額の約四倍に達している。

前述したように、S村には外地での商売で利益をあげた富裕層も多い。ワンジェ家のS村での経済的地位を判断する一つの目安として、第五章で詳述するS僧院最大の行事「マティ・ドゥチェン」への寄付額をみると、五三世帯の平均額六九〇元に対して六〇〇元と、平均よりもやや少ない。とはいえ、ワンジェ家を含め、S村はシャルコクの中でも生活水準が高いととらえられている。筆者がシャルコクの他の僧院や村を訪れた時に、いまだ修復途中の僧院を前に「S僧院やS村の人たちは金持ちだからいいね」というようなやっかみを聞いたこともある。

ここまでみてきたように、二〇〇〇年代以降のS村をとりまく社会経済的状況は、観光を一つのきっかけとして、生業のあり方や、その背景となる考え方に大きな変容をもたらした。ここで人びとが生活を維持するのに必要な水準を超える収入、可処分所得を手にしたということは、後にみていくように、宗教実践の活性化とも密接に関連しているのである。

注

（1）大川［二〇〇三］は、チューカ・スムとチベット人の（伝統的な）居住域を同一視する概念が、二〇世紀中盤以降の政治状況の中、チベット本土と亡命社会の双方で同時に定式化され、膾炙したと論じ、研究者の分析概念としての「政治的チベット」と「民族誌的チベット」についてもその境界・外延は流動的である点を指摘している。チューカ・スムに限らず、本書で扱うことになる様々な「地域」を表すチベット語地名は、明確な地理的領域として歴史的に常に存在していたわけでなく、その意味する範囲も固定されているわけではない。Huber［2002: xiii］は、アムドは単一の独立した地理的領域として存在したことはないが、現在においては言語や歴史、生活様式やアイデンティティを共有するまとまりとして認識されている点を強調する。本書でも、チベット語地名が現在でもチベット系の人びとにとって自己の位置づけや空間認識の上で重要な役割を果たしていることを踏まえて記述を行っていく。

(2) もともと漢代に青海付近に居住した人びとへの漢朝側からの総称であり、現代中国の少数民族の一つである羌族（チャン族）とは異なる。後漢時代に陝西や甘粛へと移住させられた後も漢朝との間で衝突を繰り返した。羌をルーツとすると自称する民族集団は現在でも雲南のハニ（アカ）族など多く存在する。

(3) 地方行政単位としての「省」は清代初期に確立した。

(4) 土司制度は元代に起源を持ち、王朝側が民族首長との間に君臣関係を設定して官位を授け、その世襲を認め間接統治を可能にする制度［小林 二〇〇六：二〇］であり、平時は大幅な自治が認められていた。

(5) 青海省は一九二八年に甘粛省を分割して成立した。

(6) この他、都江堰を南端とする岷江沿いの峡谷すべてを指すという見解も聞かれた。これは松潘県以南の茂県や汶川県といった、現在羌族と呼ばれる人びとが多く居住する地域を含んでいる。

(7) 白蘭は党項と同じく羌の系統に属する集団であり、その位置については松州の西南部［山口 一九六九：一九七一］とする説などがある。

(8) 伴［二〇〇六］では「テボ」と表記される。

(9) この根拠とされている資料では、テウォの南端を「漳腊営所属の祈命三寨」としている。祈命（*chu mi*）はシャルコク内の地名であり、この戦乱にシャルコクの人びとが関わっていた可能性もある。

(10) 伴はこの紛争において、親清朝派でテウォの北方に本拠を置くアムド・チベット人勢力であるチョネ（*co ne* 卓尼）領主が清朝側について出兵し、鎮定後テウォを勢力下に置いたことを指摘し、この時期におけるアムド・チベット人勢力の政治的アクターとしての重要性を論じている。

(11) これは、松潘以南の地域がすべて清朝の直接統治下に入っていたことを意味しない。松茂道と呼ばれる、都江堰以北の現在の羌族が居住する地域にも多くの土司が存在した。

(12) このエピソードは、外見や生活様式が漢族に近くなっていることを揶揄されたものだと考えられる。実際にはシャルコクの人びとの言語や生活様式が周辺に住む漢族と同一になっているわけではなく、通婚による民族の混交もあまりみられないが、青海省を含む他地域と実際に顕著な差異が見られるのかどうかは、今後の検討を要する。メディアを通じた情報や消費文化などの漢族地域からの流入は続いているものの、民族への帰属意識に変容をもたらすという意味での「漢化」はおきていない。
(13) 漢族の男性とチベット族の女性の夫婦が一世帯あり、村の入り口で茶館を経営している。また、S郷人民政府の幹部とその家族、学校の一部教員は漢族であり、それぞれの施設内に居住する。自然村はチベット族から構成されているといってよい。
(14) 中国の地方行政組織には省・市・州・県・鎮・郷などのレベルごとに人民政府が存在するが、これと同時に各レベルの中国共産党委員会が存在し、これが地方行政上の実質的な最高意志決定機関となっている。
(15) 中国農村部における村民の自治組織。政府や共産党と村民をつなぐ末端部の組織として機能している。
(16) 第四章で述べるように、すべての僧侶が僧院の敷地内に常住しているわけではないため、全体の人数を把握することは容易ではない。第五章でとりあげるS僧院最大の行事「マティ・ドゥチェン」にはすべての僧侶の参加が義務づけられているため、この席順表から算出した。
(17) Snellgrove［2010〈1967〉: 2］は、'Chief Teacher' と訳すのが最良としており、これにならう。
(18) 他地域のチベット語ではカンと発音されることが多いが、現地の発音ではコンに近い。
(19) ラは英語では 'gods'［Jäschke 1985〈1881〉: 598］や 'deity' と訳される。本書では、ボン教の聖典に登場し、パンテオンを形成するラに対して尊格ということばをあてている。
(20) 教育施設は二〇一二年に規模を拡大して集会堂の南側の空き地に大半が移動した。
(21) カは、集住という意味を持ち、最も大きいカはシャルコク全体であり、その次にショカ、デカのまとまりがある。そしてここで述べるカは最も狭義のカである。同美氏私信、二〇一一年二月。
(22) 現在S村ではチベット暦ではなく中国の農暦（太陰暦）に従い春節の日にロサルを祝う。
(23) ロン・カについては世帯数を明らかにできなかった。
(24) 巣や居住地、住まいを表す［Jäschke 1985〈1881〉: 444］。他地域のチベット語では「ツァン」と発音されることが多い。
(25) 同美氏私信、二〇一一年二月。
(26) ワンジェ家には屋号はなく、ワンジェとともに住んでいる人びとを指してワンジェ・ツォンと呼んでいる。
(27) ビャクシンなどの針葉樹で、葉のついた枝を用いる。芳香がある。シュクパと呼ばれることも多い。
(28) こうした場合、チベット文化圏では兄弟が妻を共有する一妻多夫制がみられることが報告されてきた［欧潮泉　一九八五など］。シャルコクでは、一妻多夫の存在はあまり口にすべきことではないとされ、ほとんど存在しないことになっている。
(29) 中華人民共和国土地管理法第八条では、すべての土地は国家もしくは農民の集団所有に属すると規定されており［中華人民共和国中央人民政府ウェブサイト」個人の土地所有は名目上認められていないが、使用権の売買という形で実質的に独占的使用者が変化する場合もある。S村の場合土地は農民の集団所有物として村民委員会の管理下にあるが、各世帯は割り当てられた領域でおおむね自らの裁量で耕作を行っている。外部の企業への貸し出しも近年みられる。

(30) ムー（畝）は中国で用いられる面積の単位。一ムー＝約六六六・七平方メートル。

(31) 集団生産制の時期に、個人の裁量が及ぶ範囲として残された土地で、自分たちが食べる分の野菜の栽培などに使用されてきた。

(32) 山地部の表土流出や、草原部の砂漠化の阻止を目的に、耕作を停止して植林を行う事業。中国中西部で大規模に展開しており、「少数民族」の農業や牧畜に大きな影響を与えている。S村では、一ムーあたり二〇〇元の現金と木の苗が支給され、数年間は現金とコメの配給がある。チョディやワンジェによると、かつてS村周辺の山は森林に覆われていたが、これはゴワが管理していたため、人びとは自由に手を入れることができなかった。ところが共産党の統治下に入ってから急速に開墾が進み、村の周辺はほとんどが耕地化された。

(33) *Hordeum vulgare L. var. nudum Hook. f.*　六条オオムギの一種で、ハダカムギと呼ばれるカテゴリーに属する。実を覆う皮が剥がれやすく、中身を容易に取り出せる。

(34) 本来牡ヤクと牝ウシの交配種の牡を表すゾという呼称が「間違って」一般名称化している背景としては、集団生産の時代にウシ・ヤク類全体を指す牦牛という漢語が広まり、チベット語でウシ科の動物を指すカテゴリーも影響を受けた可能性がある。同美氏私信、二〇一〇年二月。

(35) 食肉用で、毎年子豚を漢族の行商人から購入し育てる。

(36) 駄獣として使用するが近年顕著に減少している。シャルコクで一九九〇年代に撮影された写真［Schrempf 2000: 347］からは、当時交通手段として一般的に利用されていたことがわかるが、調査時には既にほとんど乗用車、バイク、トラクターに取って代わられていた。

(37) もっぱら卵を利用し肉を食用にはしない。僧院で行われる儀礼において授与されることがある。

(38) 漢語の貝母《ベイム》の発音風にビモと呼ばれる。アミガサユリ *Fritillaria thunbergii Miq.* の鱗茎であり乾燥させて用いる。鎮咳、去痰などの効果があるといわれる。

(39) キク科トウヒレン属 *Saussurea tridactyla* の花。滋養強壮、関節痛などに効果があるといわれる。

(40) *Cordyceps sinensis.* 子嚢菌類バッカクキン目の菌類で、特定のガの幼虫などに寄生し成長する。チベット語ではヤル・ツァ・グン・ブ（*dbyar rtsa dgun 'bu*「夏・草・冬・虫」）と呼ぶが、現地では漢語で虫草《チョンツァオ》と呼ばれることが多い。古くから強壮剤として珍重されてきた。チベット高原、特に東部で多く産し、近年チベット族の代表的な現金収入源の一つとなっているが、シャルコクの山では見かけることが少ない。

(41) オオムギを主原料にした酒で、チベットの人びとが消費するのは醸造酒がほとんどであるが、瓶詰めの蒸留酒タイプも市販されている。

(42) キク科アキノノゲシ属のレタスの一種 *Lactuca sativa var: angustana.* で、中国ではよく市販される野菜。葉と、太く育った茎を食用にする。

第二章　シャルコクにおけるボン教の輪郭

一　チベットの「伝統宗教」としてのボン教

1 「ボン」の概念に関する概観

本書が扱う、僧院を核とする集団とそこを中心に行われる諸行為、およびそれをめぐる諸表象を規定している観念について、シャルコクの人びとはボン（*bon*）という名を与えている。そしてかれらは自らをボンポ[1]（*bon po*）と自称する。現地においてこれらのことばが射程に入れている範囲の輪郭を素描するのが本章の目的である。

欧州のボン教研究をリードしてきたペル・クヴェルネは、チベットにおいてボンということばは少なくとも三つの意味で用いられてきたと指摘する［Kværne 1985: 9-10］。

その一つは、七世紀の仏教伝来以前からチベット王家において行われてきた、供犠を伴う死者儀礼や未来の予見を特徴とする祭祀と諸儀軌の総称である。敦煌文献[2]には、古代チベットの有力な氏族であったム（*dmu*）氏が継承していた教えがチベット王家に伝わったという記述があること［石川 二〇〇九：一五］、また王家にはシェンポ（*gshen po*）と呼ばれる祭司がいたこと［Tsering Thar 2000: 417］などが明らかになっている。少なくとも、それは高度に体系化されたものではなく、またチベット高原以外にも、西チベットから現在のイラン付近に至る西方の諸国にもボンを奉ずる人びとがおり、相互に交流があったと推定されている［スタン 一九九三〈一九八七〉：二七九―二八九］。特に西チベットを中心に栄えたシャンシュン王国は、古代のボンの中心地であったという伝承がある［スタン 一九九三〈一九八七〉：二〇；スネルグローヴ・リチャードソン 一九九八〈一九六八〉：一一七］。

チベット王家による仏教の本格的な受容に伴い、この教えは抑圧され、衰退していったと伝えられている。八世紀、ティソン・デツェン王（七四二～七九七）が仏教を国教とし、最初の仏教僧院であるサムイェー僧院が建設された。この過程で、当時チベット政権内に少なからず存在したボン教徒の大臣や首長の反発があった［デエ 二〇〇五：五八―五九］。王がインドから招いた仏教の高僧シャーンタラクシタは、ボン教徒の抵抗にあって一旦チベットを離れるが、七七〇年代には論争によってボン教徒を打ち負かしたと伝わる［山口 二〇〇四：四三］。さらに、ウッディヤーナから招請された密教行者パドマサンバヴァが仏教に従わない土地神を調伏し、サムイェー僧院が無事に完成したことは広く伝えられている。

この時期にボン教の衰退を決定づけた事件として、現在のボン教徒に伝えられているのが、有力なボン教徒であったテンパ・ナムカ（*dran pa nam mkha'*）の仏教への改宗とテクストの埋蔵である。テンパ・ナムカはシャンシュン王国の王子として生まれ、チベットにゾクチェンなど、ボンの教えを広めたとされている人物である。彼は仏教徒との験比べにおいて敗北し、王や大臣の前で髪を切って仏教僧になったと伝えられる［三宅 二〇〇九：八八］。

仏教への改宗に先立ち、彼は多くのテクストを埋蔵したとされる。カルメイは、二〇世紀初頭に活躍したボン教僧シャルザ・タシ・ギェンツェン（*shar rdza bkra shis rgyal mtshan.* 一八五八～一九三四）が記した歴史書『レクシェ・ズー』（*legs bshad mdzod*）の分析から、この年代を七八五年のことと推定し［Karmay 1972: 94］、これが古代チベット王朝においてボン教が正式に廃された時期であると結論づけている［Karmay 1975: 183］。ただしこのテンパ・ナムカに関わる伝説は、当時のボンと現在のボン教との連続性を前提とした視点であることに留意する必要がある。

その後、九世紀半ばに王となったランダルマ（ウィドゥムテン、在位八四一〜八四二）は、仏教に反発するボン教徒勢力を後ろ盾として仏教徒を激しく弾圧し、最後は仏教僧に暗殺されたことが広く伝えられている［デエ 二〇〇五：六四］。これがそのまま事実であったのかは疑わしい［岩尾 二〇一〇：四〇—四二］が、いずれにせよランダルマの死後、王国は崩壊の道をたどって混乱期に入り、チベットの宗教が再び歴史書・伝承に姿を現すのは一一世紀まで待つこととなった。そこで登場するのが、二つめの「ボン」である。

それは、一一世紀にツァン地方においてシェンチェン・ルガ（*gshen chen klu dga'*, 九九六〜一〇三五）が、八世紀の迫害を逃れて隠された多くの典籍を再発見した、と伝わる出来事に端を発する。この再発見の時期は一〇一七年とされ、これを契機として、組織化された宗教としての「ボン教」が形成されてきた［Karmay 1975: 184］。これは「ユンドゥン・ボン」（*g.yung drung bon*「卍・ボン」、永遠なるボン）という名でも呼ばれる教えの継承と実践である。遅くとも一四世紀頃から、教義を記したテクストや僧侶の共同体としての僧院の仕組みが、仏教、特にニンマ派と相互に影響を及ぼしながらある程度体系化されてきた。これを古代チベットからの連続した伝統に位置づける立場からは、ギュル・ボン（*bsgyur bon* 変形したボン）とも呼ばれる(3)。

シャルコクの人びとが継承する教えも、多くがこの伝統に属する。本書で「ボン教」と表記する場合には、この「ユンドゥン・ボン」のことを指している。スネルグローヴによると、ボンということばは、現在では仏教徒がチュー（*chos*）ということばで表す「法」（サンスクリットの dharma）の意味を包含するようになっている［Snellgrove 2010〈1967〉: 1］。そして、ボンを含むコンチョク・スム（*dkon mchog gsum* 三宝）へのジャブジョ（*skyabs 'gro* 帰依）が説かれるようになった。コンチョク・スムは、サンジェー（*sangs rgyas* ブッダ）・ボン・セムパ（*sems dpa'*「心・恐れない」、ボサツ）の三つからなり(4)、ボン教徒が尊重する対象を示すキーワードである。これに加え、ラマ（*bla ma* 師）への帰依も重要視される。

後に述べるように、僧侶や世俗の人びとがボン教の教義を学び修行をする際にはラマの存在が不可欠である。

ユンドゥン・ボンは、高度に理論化かつ体系化された性質を持つが、古代のボンがその中にどの程度継承されているのかについては不明な点も多い［岩尾　二〇一〇：二四］。一方で、実践者のあいだでは古代からの連続性が信じられており、研究者の間でそれを実証しようとする動きもみられる。二〇〇八年にフランスで開催され、筆者も研究報告を行った国際会議に〝Bon, the indigenous source of Tibetan Religion and Culture〟（ボン、チベットの宗教と文化の土着の源）という名称が冠せられたのをはじめ、中国でもボン教をチベットの「本土宗教」と位置づける［才譲太　二〇〇六：二五］視点が提出されている。

そして三つめが、特定の体系に組み込まれずに人びとの間で継承されてきた信仰であり、占いや土地ごとの独自の神格、魂の概念などを含んでいる［Kværne 1985: 10］。これをスタンは無名の宗教（nameless religion）と呼び、かつて西洋の研究者たちは、この「ボン」と体系化されたボン教を、ともに「原始宗教」という名称で混同して表現したと指摘する［スタン　一九九三〈一九八七〉：一八八］。一方で、現地の人びとの実践を記述する際には、体系化されたボン教とはっきり分けられた形でこれを提示することは困難である。後に詳しく論じるように、体系化された共通の教義に従って行動しているかにみる僧侶の実践も、しばしば土地固有の要素と切り離せない形で成立している。

これら三つのボンは、相互に独立したものではなく、それぞれに影響しあって、多様な姿を形成してきた。次節では、S僧院で伝承されている教えの核となっている「ユンドゥン・ボン」について、その教義と歴史を概観する。

2　ユンドゥン・ボンとその教義体系

ユンドゥン・ボンをチベットに最初に伝えたとされるのは、シェンラプ・ミボ（*gshen rab mi bo*）という伝説的人物である。シェンラプ・ミボはトンパ・シェンラプ（*ston pa gshen rab*）とも呼ばれ、タジク（*rtag gzigs*）のウルモルンリン（*'ol mo lung ring*）という国の王子として誕生したと伝えられる。タジクは、西洋の研究者からは現在のペルシャ付近に比定される［Karmay 1975: 172］。そしてボン教徒にとっては、ウルモルンリンは遠く西方に位置する伝説的な聖地ととらえられている［Sharza Tashi Gyaltsen, et al. 2006: 140］。他方で、テクストに説かれるウルモルンリンの地理的特徴から、かつてシャンシュン王国の影響下にあった西チベットのカイラス周辺だと推定する説もある［Karmay 1975: 172-175］。いずれにしても、シェンラプ・ミボはチベットの外部から、ボンの教えをもたらした代表的な師であると位置づけられている。

　現在まで伝えられる彼の生涯や外見は仏教のブッダ、釈迦牟尼ことガウタマ・シッダールタのものに類似する面もある。御牧［一九九九］は一四世紀に著されたボン教教義の綱要書〝*Bon sgo gsal byed*〟（『ボン門明示』）に説かれるシェンラプ・ミボの三二の身体的特徴と、九世紀に編纂されたサンスクリットとチベット語の対照語彙集『翻訳名義大集』に記された釈迦牟尼の三二の身体的特徴を比較している。その結果、完全もしくは部分的に一致するものが多い反面、シェンラプ・ミボの身体的特徴にはチベット固有の要素が含まれることを指摘した。

写真 2-1　集会堂に安置されたシェンラプ・ミボ像

　シェンラプ・ミボは現世の衆生を救うため、自ら望んで地上に生まれたとされる。彼はガウタマと同様、王子として育った後に出家するが、これは人びとに出家者の生き方の模範を示すためであったと説明される。その後、八二歳でこの世を去るまで、シャンシュンやチベットなど多くの地で教えを説いたと伝えられている。現代に生きるボン教徒たちは、シェンラプ・ミボがチベットに伝えたとされる知識を完全に継承しているわけではない［Snellgrove 2010〈1967〉: 2］。しかし、この体系がインドから伝わった仏教とは異なるルーツを持つものとしてとらえられている点は重要である。シャルコクでは、ボン教徒に対して仏教徒をバンデまたはベンデ（*ban de*）と呼ぶが、これは元来「仏教僧」を指すことばである(5)［Jäschke 1985〈1881〉: 365］。

仏教徒の迫害を受けて八世紀に隠されたとされるボン教のテクストは、一一世紀に大量に再発見され、ユンドゥン・ボンの教義の中核になった。中でも重要視されるシェンラプ・ミボの伝記は三種類あり、それぞれドドゥー（*mdo 'dus*）、セルミク（*gzer mig*）、シジー（*gzhi brjid*）と呼ばれる。ドドゥーとセルミクは、この前後の時期に再発見されたとされるテルマ（*gter ma* 埋蔵宝典）であり、シジーは、一四世紀にロデン・ニンポ（*blo ldan snying po*）が八世紀のテンパ・ナムカから伝えられたイメージを受け取って記したとされる、ニェンギュ(6)（*snyan brgyud*）と分類される書物である［カルメイ 一九八七：三七二］。ドドゥーはシャンシュン語からの翻訳と伝わるが、現存するテクストが見つかっておらず、研究が進んでいない［カルメイ 一九八七：三七二］。セルミクは一部が英語訳されている［Franke 1924; 1926; 1927; 1928; 1930; 1949］。シジーについてもスネルグローヴとテンジン・ナムダクらの共同作業によって英語の抄訳が出版されている(7)［Snellgrove 2010〈1967〉］。これらの業績をもとに、セルミクやシジーを題材にしたタンカ（*thang ka* 掛け軸状の宗教画）の研究［Kværne 1986; 津曲 二〇〇九］から、シェンラプ・ミボの生涯が広く紹介されるようになってきた。

シェンラプ・ミボが説いたとされる教義について、カルメイ［一九八七：三七四―三七六］は、それを整理・分類する方法として伝えられてきた二つの体系を紹介している。

一つはゴシ・ズーガ（*sgo bzhi mdzod lnga*「四門と宝庫一棟、合わせて五」）［カルメイ 一九八七：三七四］と呼ばれる以下の五つの項目で、(1)から(4)までが(5)に至る門ととらえられている。このうちチャプ・カルとペン・ユルは、それぞれ仏教のタントラ（密教）とスートラ（顕教）の分類にほぼ相当する概念である［カルメイ 一九八七：三七五］。

(1)チャプ・カル（*chab dkar*「白い水」）　密教的な教義
(2)チャプ・ナク（*chab nag*「黒い水」）　種々の説話や儀礼
(3)ペン・ユル（*'phan yul*「ペンの国」）　顕教的な教義
(4)プン・セー（*dpon gsas*「手引き」）　ゾクチェンの瞑想体系
(5)ト・トク（*mtho thog*「頂上」）　他の四門から目指す到達点

もう一つはテクパ・グ（*theg pa dgu*「九のテクパ」）と呼ばれる、教義を九部門に分類するものである[8]［カルメイ一九八七：三七五］。チベット語のテクパということばはサンスクリットの yāna、「乗り物」（vehicle）の意味を持ち［Jäschke 1985〈1881〉: 235］、仏教用語として日本語に訳される場合は「乗」が一般的である。スネルグローヴはこれを〝**The nine ways of Bon**〟と英訳しているが、この場合テクパは覚りを得てブッダとなるための「段階」という意味が強い[9]。テクパ・グはスネルグローヴらの手によるシェンラプ・ミボの伝記「シジー」の英訳によると以下の九つからなる[10]［Snellgrove 2010〈1967〉: 9-11］。

①チャシェン・テクパ（*phywa gshen theg pa*「予言のシェンのテクパ」）
モ（*mo*「くじ占い」）、ツィ（*rtsis*「占星術」）、ト（*gto*「儀礼」）、チェ（*dpyad*「診断」）からなる。これらは予言によってコミュニティの日常的な問題を解決し、調和を確立するために行われる。
②ナンシェン・テクパ（*snang gshen theg pa*「目にみえる世界のシェンのテクパ」）
この世界に住む数々の神々や悪魔について説明し、それを様々な供物などによって打ち負かしたりなだめたりするための方法。

③トゥルシェン・テクパ（'phrul gshen theg pa「幻のシェンのテクパ」）
　あらゆる敵に対抗するための儀礼。
④シシェン・テクパ（srid shen theg pa「存在のシェンのテクパ」）
　衆生が死後に赴くとされる、生と再生の間にあるバルド（bar do「中有」）と、バルドからの救済の方法。
⑤ゲニェン・テクパ（dge bsnyen theg pa「ゲニェンのテクパ」）[11]
　十善と十波羅蜜多を守り、塔（チョルテン）を建設し崇拝する人びとの規範と実践。
⑥タンソン・テクパ（drang srong theg pa「タンソンのテクパ」）[12]
　僧侶が守るべき、禁欲的な規範と実践。
⑦アカル・テクパ（a dkar theg pa「清浄な音、白いアについてのテクパ」）
　マンダラなどを用いる、高度なタントラの実践。
⑧イェシェン・テクパ（ye gshen theg pa「原始のシェンのテクパ」）
　⑦に引き続いて、非常に高度なタントラの実践であり、サダク（sa bdag 土地神）を考慮したマンダラの作り方などを扱う。これらの実践には適切な師、適切なパートナー、適切な場所が必要なことを強調する。
⑨ラメー・テクパ（bla med theg pa「究極のテクパ」）
　シ（gzhi 存在の根本）を解き明かし、絶対的な達成について説く。ゾクチェンの実践に対応する。

　テクパ・グとゴシ・ズーガを比べると、前者のほうが成立年代は古いと推定されている［カルメイ 一九八七：三七五］。ゴシ・ズーガのうちチャプ・カルがテクパ・グの⑦・⑧、チャプ・ナクは①・②・③・④、プン・セーが⑨、ペン・ユルが⑤・⑥に相当するカテゴリーである［Snellgrove 2010〈1967〉: 18］。

テクパ・グはさらに三部門に分類して理解されることが多い［カルメイ　一九八七：三七五］。この分類は、筆者が最初にS僧院の複数の僧侶にボン教の教義について尋ねた時にも言及されており、かれらが共有している体系であるとみなすことができる。

1．「ギュ（因）のテクパ」（*rgyu'i theg pa*）：テクパ・グの①・②・③・④。
2．「デブ（果）のテクパ」（*'brag bu'i theg pa*）：テクパ・グの⑤・⑥・⑦・⑧。
3．ゾクチェン：テクパ・グの⑨。

ギュのテクパは主に現世利益に関わり、デブのテクパはよりよい来世や覚りに焦点をあてた教義と実践であるととらえられているが、両者の実践は深く結びついており、前者の実践が後者につながることが説かれている［Snellgrove 2010〈1967〉：12］。

いずれの体系でも最上のものとして位置づけられているゾクチェンは、日本語では大究竟、漢語では大円満と訳されることが多い。チベット仏教ニンマ派やボン教で受け継がれた、生きながらにして覚り、解脱するための思想であり、瞑想を中心とする身体技法との組み合わせからなる。ボン教の僧侶は一定期間この修行を積むことが望ましいとされる。

ボン教の教義と実践は、テルマとニェンギュという形で伝承されてきた。実際に過去に隠されたテクストがそのままの形で発見され、現在にまで伝承されているのかを証明することは困難であるが、そうした形で、古代からの連続性が示されていることが大きな特徴になっている。

教義を結集し整理したものがボン教の聖典[13]とされるテクスト群であり、シェンラプ・ミボが直接説いたと伝えられるカ（bka'）と、カに基づいた注釈や論書、美術、医学、詩学などに関するテクストであるカテン（bka' brten）からなる[14]。この中に含まれないテクストも多く存在するが、最も広く流通しているセットである。これは一五世紀中頃までに結集されたと推定されているが［Kværne 1974: 39］、現存する最古のものは一八世紀にギャロン（四川省アバ州金川県付近）において編纂・出版されたものである。一九六五年にインドで出版された目録は、中央チベットのメンリ（sman ri）僧院の第二二代座主ニマ・テンジン（nyi ma bstan 'dzin）がまとめたものである。ニマ・テンジンの作成した目録ではカは一一三、カテンは二九三の書物からなり［Kværne 1974］、カはド（mdo 僧院の戒律、宇宙論、聖人の伝説、祈願文など）、ブム（'bum ボン教版の般若経）、ギュー（rgyud タントラ、秘儀的な教え）、ズー（mdzod ゾクチェン）に分類されている。

こうしたテクストには、シェンラプ・ミボ以外にも多様なラ（尊格）が登場し、タンカや塑像などの形で、僧院や各世帯に安置されている。それらは、シウェ・ラ（zhi ba'i lha「静かなラ」、寂静尊）とチョウォ・ラ（khro bo'i lha「怒りのラ」、憤怒尊）の二つに大きく分けられる。

シウェ・ラは、シェンラプ・ミボに代表されるような穏やかな外見と性質を持った姿で描かれる。代表的なものとしては「四至上尊」（bder gshegs tso bzhi）と称されるグループがある［森 二〇〇四：四二六］。これはボン教の宇宙起源論とも深く結びついた尊格である。ボン教のテクストはこの世界と神々、悪魔が立方体状の「光の卵」とピラミッド型の「闇の卵」から生まれたという独自の説話を伝える[15]［Karmay 1975: 194］。光の卵を割って世界を生み出したティギェル・クンパ（khri rgyal khug pa）は、シェンラ・ウーカル（gshen lha 'od dkar）と同一視される［Karmay 1975: 194］。

シェンラ・ウーカルは、世界の上に様々な存在を作り出したシパ・サンポブムティ（srid pa sang po 'bum khri）、衆生を導く存在としてのシェンラプ・ミボ、すべての神々の母であるとされるサティク・エルサン（sa trig er sangs）を加えて四至上尊のグループを形成する。サティク・エルサンの名はシャンシュン語であり、チベット語のチャンマ（byams

ma）に対応するとする説もある［Karmay 1975: 194］。チャンマは、チベット仏教におけるチャンパ（*byams pa*　弥勒）と名前が似るが、チベット仏教の女尊ターラーに似た姿をとり、シャルコクでも非常に人気の高い尊格である。
チョウォ・ラは、怒りの表情を浮かべ背後に炎をまとい、持ち物などにもみる者に恐怖を抱かせるような特徴を多く持つ尊格である。非常に強い力を体現するとされ、これを本尊とする儀軌が多く存在する。護法神的な性格を持つとともに、人びとの生活に悪影響をもたらすものを防ぐとされる。著名なものとしては、セーカル・チョクガ（*gsas mkhar mchog lnga*「セー城の五神」）と呼ばれるグループがあり、ウェルセー・ガムパ（*dbal gsas rngam pa*）、ラゴ・トクパ（*lha rgod thog pa*）、ツォチョク・カンギン（*gtso mchog mkha' 'gying*）、ゲコ（*ge khod*）、プルバ（*phur ba*）からなる。この他にも多くの護法神が存在する。これらはカキョン（*bka' skyong*「ことばの守護者」）とも呼ばれ［Karmay 1974: 194-5］、女尊のシペ・ギェルモ（*srid pa'i rgyal mo*）をはじめとして多くの尊格が知られている。シペ・ギェルモは、シパ・サンボブムティとともに世界を生み出した女神と伝わるチュチャム・ギェルモ（*chu lcam rgyal mo*）が護法神の姿をとったものである［Karmay 1998: 196］。

　上で述べたようなラは、その基本形はある程度共有されているものの、土地や聖山に宿るラなど、各地域固有のものも多く存在し、厳密に体系化されているわけではない。また、かつての高僧や行者などが祀られていることも珍しくない。チベット仏教もまた、土着のラを吸収してその勢力を拡大してきたが、ボン教のラは仏教のそれと名称や外見の類似性を持ちながらも、完全に一致させることは避けられ、独自性が確保されている［森 二〇〇四：四四八］。これは言い換えれば、チベットの宗教という枠組みの中での共通性を持ちながら、独自のルーツを主張するボン教の立ち位置を示しているものとも考えられる。

　ボン教の聖典やラの体系の成立過程をつぶさに検証するのは本書の範囲を超えるが、少なくとも、ボン教徒たちは仏教と異なる要素を多く継承し、仏教との相互影響を経て、現在みることができるような、教義と聖なる存在の体系を形作ってきたことがわかる。以下では、これがどのような系譜をたどって継承されてきたのかをみていく。

3　中央チベットにおける教義の継承

一一世紀に膨大なテルマを発見したと伝えられるシェンチェン・ルガは、シェンラプ・ミボの直系の子孫とされるシェン（*gshen*）のツァン[16]（*tshang* 氏族）の出身である。彼は発見したテクストを解読し、弟子たちに伝えた。その中で有力だったのが五つのツァンである。かれらはそれぞれに異なる伝統を受け継いでおり、僧院や修行の場の強力なパトロンであると同時に、子息を僧院に入れ、僧院長に就任させることもあった［Martin 2001: 69-70］。ここにおいて、ツァン＝氏族を単位として継承されるボン教の性格が改めて立ち現れてきた。

シェンチェン・ルガの弟子たちについて、Karmay［2007］を参照しながらまとめると次のようになる。シェンチェン・ルガのもとを最初に訪れたのは、アムド出身のナグという隠者であったが、素性やその後の足取りは知られていない。次に、シュ（*zhu*）・ツァンのシュイエー・レクポ（一〇〇二～一〇八二）が学びにきた。彼は妻帯した行者であり、『チャンチュプセム・ガプパ・グコル』（*byang chub sems gab pa dgu skor*）というテクストからゾクチェンの教えを受け継いだ。ドゥ（*bru*）・ツァンのドゥチェン・ナムカユンドゥンは、『シペー・ズープク』（*srid pa'i mdzod phug*）というテクストからボン教の宇宙論を学んだ。彼の孫であるドゥチェン・ユンドゥンは一〇七二年にイェール・エンサカ（*g.yas ru dben sa kha*）僧院を設立した。この僧院は一三八六年に水害により失われたが、その流れをくむメンリ僧院は、出家者の共同体としてその伝統を継承し、現在に至るまでボン教の主流をなしている。他方、中央チベット、ツァン地方の有力者の家系となったドゥ・ツァンからは一七世紀から一九世紀にかけて、チベット仏教ゲルク派のパンチェンラマの転生者が二人も出たため、家ごとゲルク派への改宗を余儀なくされた。

その他には、パ（*spa*）・ツァンのパ・パルチョク（一〇一四～？）はシェンチェン・ルガの死の直前に弟子になり、

『チョウォ・ワンチェン』（*khro bo dbang chen ngo mtshar rgyas pa*）という儀軌書を教授された。シェンチェン・ルガの長子リンチェン・ギェンツェン（一〇三〇〜一一一〇）も、一族による教えの継承を続け、現在にまで家が保たれている。メウ（*rme'u*）の一族は直接シェンチェン・ルガからは教えを受けなかったが、メウ・ゴンゾ・リトーチェンボ（一〇三〇〜一〇九六）がシュとドゥの子孫に師事した。

これらのツァンの成員は、それぞれが固有の僧院を持ち、その管理権を継承してきた。こうした継承の方法はチベット語でドゥンギュ（*gdung rgyud*）と呼ばれる。ドゥンは、父系の血縁を通じて継承されるリュ（骨）と同じ意味を持ち[17]、父やそのキョウダイからの血のつながりを通じて地位が継承されてきたことを示している。

このうち、ギャロン出身でイェール・エンサカ僧院で学問を修めたシェーラプ・ギェンツェン（*shes rab rgyal mtshan*, 一三五六〜一四一五）が建立したメンリ僧院を中心に、血統を介さない教義継承の仕組みが確立された［Kværne 1985: 5］。メンリ僧院の長ティジン[18]（*khri 'dzin*「宝座を持つ者」、座主）は、世襲ではなく優秀な僧侶の中から選ばれるようになった。かつてドゥ・ツァンの中で継承されていた教えは、ラマと弟子との師弟関係を軸とする、僧侶共同体による継承へと切り替わったことによって、その普遍性を強めていくことになる。

メンリ僧院は、チベット各地から学僧が集まる教学の中心地という地位を確立した。シェーラプ・ギェンツェンはボン教中興の祖と位置づけられ、その塑像やタンカを祀っている僧院も多い。一八三四年には、メンリ僧院で学んだシャルコク出身のダワ・ギェンツェン（*zla ba rgyal mtshan*, 一七九六〜一八六二）がツァン地方にツェンニー（*mtshan nyid* 因明、ボン教論理学）の修練の場としてユンドゥンリン[19]（*g.yung drung gling*）を建立し、メンリ僧院と並んで教学の中心地となった。これらの僧院は他の地域とも相互に僧侶を派遣しあうなど密接な関係にあり［Des Jardins 2009: 235］、シャルコクでも特に一九五〇年代以前にはユンドゥンリンに学びに行く者が多かった。そして、二〇世紀中盤インドに移動したボン教徒は、メンリ僧院とユンドゥンリンの僧侶を中心として再組織された。こうしたことからわかるように、ドゥ・ツァンから始まる教義の継承ラインがボン教の中核をなす流れとして位置づけられてきたのである。

4　二〇世紀中盤以降におけるボン教徒の越境

一九五〇年代の混乱期において、多くのチベット人が国境を越えてインドへと移動した。かれらの中には多くのボン教徒も含まれていた。前節で述べたツァン地方のメンリ・ユンドゥンリン両僧院は、他のボン教僧院とともに破壊され、その活動の中心をインドに移した。一九八〇年代以降、中国でも両僧院は再建されたが、その規模は大幅に縮小している。

チベットの様々な地域からインドに移動したボン教徒たちは、他のチベット難民と同様に、新天地において多大な困難を伴いながら活動拠点を形成してきた。そして、ボン教が漠然とした「原始宗教」ではなく、体系化された現代の宗教として西洋世界に知られるようになったのもこの時期であった。

かれらのインドへの越境と定着の経緯を、現代ボン教の中心人物の一人テンジン・ナムダク（*bstan 'dzin rnam dag*, 一九二六年生まれ）の伝記［Sharza Tashi Gyaltsen, et al. 2006: 216-220］を中心にまとめよう。テンジン・ナムダクは、キュンポ地方（現在のチベット自治区チャムド地区丁青県）出身で、メンリ僧院でゲシェー（*dge bshes*「善知識」、博士に相当する学位）を取得し、一九五三年から一九五七年の間、若くしてロポン（主任教師）を務めていたが、ほどなく一九五〇年代末に、第三二代メンリ僧院座主であるシェーラプ・ロドゥをはじめとするメンリ・ユンドゥンリンの僧侶たちは、インド、ヒマーチャル・プラデーシュ州のクル・マンディ地区に移り住んだ。当時の居住条件は劣悪であった。資金不足から、僧侶たちは老若を問わず道路工事などの肉体労働に従事し、多くの僧侶が死亡したり深刻な病にかかったりした。テンジン・ナムダクは資金集めと定住地探しに乗り出し、カトリック救済事業などからの資金を得て、ヒマーチャル・プラデーシュ州ソラン近郊のドランジに土地を購入することができ、定住地〝Tibetan Bonpo Foundation〟（チベットボン教徒協会）を一九六七年に確立した。定住地には僧侶たちと、約七〇世帯の世俗のボン教徒が移住した。かれらの出身地は西チベットのカイラス近辺からウ・ツァンの諸地域、カム・アムドのデルゲ、ガワ、シャルコク、ギャロンなど、チベット高原でボン教が伝承されていた地域の多くを含んでいた。

ボン教徒が西洋世界と接点を持ち始めたのもこの時期であった。きっかけとなったのは、英国のチベット学者であるデイヴィッド・スネルグローヴが一九六一年にロックフェラー財団の後援を得て[20]、ボン教の僧侶を、ロンドン大学の東洋アフリカ学院（School of Oriental and African Studies）に招聘したことであった［Snellgrove 2010〈1967〉: v］。そこで選ばれたのが、テンジン・ナムダクと、ルントク・テンペーニマ（*lung rtogs bstan pa'i nyi ma*, 一九二九年生まれ）、カルメイ・サムテン・ギェンツェンであった。奇遇にも、後の二人はともにシャルコクの出身で、S僧院で修行した経歴を持っていた。

カルメイ・サムテン・ギェンツェンは、ロンドン大学で博士号を取得した後、一九八〇年から活動拠点をフランス、パリのCNRS（フランス国立科学研究センター）に移してチベット学研究者として活動している。一九九六年には国際チベット学会（International Association of Tibetan Studies）の会長に選ばれ、チベット研究の第一人者としての地位を築いた。二〇〇六年から二〇一〇年にかけて、カルメイ氏が京都大学文学研究科に招聘され、断続的に京都に滞在していたことは、筆者に奇妙な縁を感じさせるものであった。中国から入ってシャルコクに至った筆者と、シャルコクからインド、ヨーロッパを経て京都に至ったカルメイ氏の出会いは、ボン教徒が二〇世紀に経験した越境の歴史を象徴する出来事として筆者に強い印象を与えた。

ルントク・テンペーニマはヨーロッパ各地でボン教の研究活動に従事し、ノルウェーのオスロ滞在中の一九六九年に第三三代メンリ僧院座主に選出された。彼はテンジン・ナムダクとともに、僧侶組織の再構築に取り組んだ。特に力が注がれたのが、ボン教の聖典の出版事業と教育施設の整備であった。かれらがチベット本土から持ち出したテクストは限られており、ネパール、ドルポ地方に残された古いテクストを収集した。後に英訳されるシェンラプ・ミボの伝記「シジー」は、ドルポ地方のサムリン僧院からもたらされた［Snellgrove 2010〈1967〉: 4］。この時期に、多様な地域から知識が結集され、ボン教の知識が散逸しないよう、体系的に整理する作業が進められたのである。

かれらは一九七八年に僧侶教育のための組織、「ユンドゥン・ボン・シェードゥプ・ロプニェル・ドゥーデ」（*g.yung drung bon bshad sgrub slob gnyer 'dus sde* ユンドゥン・ボン顕密教育院）を設立し、九年間のカリキュラムに基づいた教育がはじまった。テンジン・ナムダクはここで一九八六年までロポンを務めた［Cech 1986: 10］。このようにして確立された活動拠点は、現在では、チベット高原をはじめヒマラヤ周辺地域出身の僧侶が学び、一大教育センターとしての性格を有している。知識の体系的な保全と、その継承システムの整備が、僧侶組織の再構築において重視されてきたといえる。

同時に、チベット難民社会においてボン教の地位を確保するための交渉が行われた。ボン教は、マジョリティのチベット仏教と対立関係にあった側面もあり、その影響は難民社会にも波及していたといわれる。チベット仏教ゲルク派を中核とする難民社会にあって、ボン教徒の社会的地位は曖昧なものであった。これに対し、テンジン・ナムダクは一九七八年にダライラマ一四世と会談し、ボン教の代表者として、ルントク・テンペーニマをチベット亡命政府が公認するよう求めた［Shenten Dargye Ling ウェブサイト］。この年からボン教はチベットの伝統的な宗派の一つとして認められ、亡命チベット代表者議会（The Assembly of Tibetan People's Deputies）に議員枠を獲得した。ここにおいて初めて、ボン教は一宗派としての公式の位置づけを獲得したのである。

ここまでみたように、中国で宗教復興が本格化する一九八〇年代には、ボン教徒たちはインドで教団と呼べるだけの組織を確立していた。そしてこの教団は、さらに国境を越えて拡大してきた。テンジン・ナムダクが関わったものでは、一九八七年にネパールのカトマンドゥにティテン・ノルブツェ僧院を［山口 一九九九］、二〇〇五年にフランスにシェンテン・タルギェリンを創建し、欧米の各地でも講演や修行の指導などが行われてきた。他にも、多くの高僧が欧米や日本での活動を展開している。

こうして、メンリ・ユンドゥンリン両僧院を中心とする僧院組織の再構築と、僧侶たちの活動を通じて、ボン教徒は移動先において一定の地位を確立した。現代において難民社会から発信される「チベット文化」は、かれらがチベットで継承していた伝統を基盤にしながら、より普遍的に「チベット人」としての帰属性を志向しながら再構成された点が指摘されている〔煎本 二〇〇五：八八；山田 二〇〇五：二〇〇七b〕。ボン教もまたその一翼を担う形で、活動範囲を広げてきたのである。

二　シャルコクにおけるボン教の展開

1　チベット高原東部のボン教

一一世紀以来徐々に確立されたユンドゥン・ボンの教義は、ドゥ・ツァンからメンリ僧院へと継承され、現代のボン教の中核となった。他方、チベット高原各地のボン教徒たちは、それに学びながらも、地域固有の要素を含めたそれぞれのボンを継承してきた。いわゆる民族誌的チベットに属する中国の西藏自治区、甘粛省、青海省、四川省のボン教僧院は計二一八カ所を数える〔Tsering Thar 2003〕が、シャルコクをふくむチベット高原東部では、中央チベットとは異なる地域性をみることができる。

例えばギャロンは、古代のボンの中心地の一つとされ〔山口 二〇〇四：六―九；石川 二〇〇九：一五―一九〕、多くの僧院や修行場が存在した地域であり、シェーラプ・ギェンツェンをはじめメンリ僧院で活躍した多くの高僧を輩出している。一八世紀には清朝との抗争や、チベット仏教ゲルク派への大規模な改宗を経験したが、ボン教は二〇世紀まで継承されていた［Karmay 2005: 7］。現在でも、聖山ムルド（*dmu rdo*）は巡礼と修行の場として多くの人びとを集めている。シャルコクでもムルドは、コンポ（現在の西藏自治区林芝地区）の聖山ボンリ（*bon ri*）や西チベットのカイラスとともに、ボン教徒なら必ず巡礼するべき場所とみなされている。

カムのザコク（四川省甘孜藏族自治州徳格県付近）出身のシャルザ・タシ・ギェンツェンは、一九世紀末から二〇世紀前半にかけて活躍し、現在までボン教徒に大きな影響を与えてきた人物である。彼はゾクチェンの成就者として知られ、死の際には成就の証としてジャリュー（*'ja' lus*「虹の身体」）を得て、肉体がほぼ消滅したことが伝えられている［Sharza Tashi Gyaltsen, et al. 2006: 26-29］。彼が修行していた小屋の傍には、死後弟子たちによって瞑想施設が開かれ、現在でもシャルザ・リト（*shar rdza ri khrod*）と呼ばれる一大修行地となっている。彼は学者、著述家としての顔も持っており、ボン教の歴史を説いた『レクシェ・ズー』をはじめとして多くの著作を残し、それらはS僧院の儀礼や修行でも使用されている。

彼が活躍した時期は、カムのチベット仏教僧を中心に、多様な宗派の教えを統合しようとするリメー（*ris med*「部分・ない」、不偏）運動が展開していた時期と重なる。この運動はチベット仏教カルマ・カギュ派のジャムゴン・コントゥル一世ロドゥ・タエ（一八一三～一九〇一）らを中心に起こり、ニンマ派も加わって展開した［デエ二〇〇五：二三二］。シャルザ・タシ・ギェンツェンはこの運動に参加し、多くの仏教僧と交流しながら自らの思想を練り上げていった。シャルコクのある僧侶は、「彼は高僧の転生でもなければ僧院長でもなく、普通の僧侶から成就者になり、修行を体系化して人びとに伝えた。だから彼の影響力は非常に大きい」と語る。シャルザ・タシ・ギェンツェンの存在は、メンリ僧院以外にも多様なボン教の継承の形があることを示す例でもある。

インドで再建されたメンリ僧院に対し、中国では一九八〇年代以降チベット高原東部にあたる四川省や青海省の僧院が存在感を強めている。ガワ（*rnga ba*　アバ州アバ県）のナンジ（*snang zhig*）僧院は、二〇〇〇年代前半時点で一〇〇〇人近くの僧侶を擁する、世界最大のボン教僧院として知られる。世襲で継承される僧院長の後継者は北京の高級仏学院で教育を受け、漢族のパトロンも多く獲得するなど、教学の拠点としての地位を確立している［Des Jardins 2009: 238］。他にも、レプゴン（*reb gong* 青海省黄南藏族自治州同仁県）のボンジャ（*bon brgya*）僧院やニャロン（*nyag rong* 四川省甘孜藏族自治州新龍県）のイェシェー（*ye shes*）僧院などが、大規模な僧院として知られている。これらの地域のチベット族の間には仏教徒も多いが、シャルコクは二一世紀初頭に至るまで仏教の影響をほとんど受けず、住民のほとんどがボン教徒であるという大きな特徴を持っている［Des Jardins 2009: 238］。

シャルコクのボン教は、一一世紀から一二世紀にかけてアムドで活動したボン教徒シャンパク（*skyang 'phags*）、ツォンパク（*gtso 'phags*）、ドンパク（*do 'phags*）の三人からはじまる。この三人は、パクパ・ナムスム（*'phags pa rnam gsum*「三聖人」）と総称される伝説的な存在で、多くの僧院や聖山を開き、アムドのボン教史の嚆矢をなす存在である。その影響は、シャルコクを擁するアムド南東部で特に大きい。一九九〇年代に作られた、アムド南東部のテウォ、ガワ、ゾルゲ（*mdzod dge* アバ州若爾蓋県）、シャルコクのボン教僧院や聖山の目録［A blong bstan 'phel 1995］に挙げられているボン教僧院三三ヵ所のうち、二九ヵ所がこの三人に由来する。ここからも、この地域のボン教へのかれらの影響の大きさをうかがい知ることができる。中でも、一二世紀に活躍したシャンパクは、前述の二九ヵ所のうち一五ヵ所の僧院の創建に関わったとされる。シャルコクの二カ所の聖山も彼の開山によるものである。

S僧院も、シャンパクにルーツを持つとされる僧院の一つである。シャンパクよりも以前の時代のことは伝えられていない。シャンパクが訪れる前からシャルコクやゾルゲにはボン教徒がいたといわれ、シャンパクはかれらを教化し導いたとされる［Dri med 'od zer 1999: 112］。S僧院は現在ではメンリ僧院を中心に受け継がれてきた教義を取り入れているが、このルーツは強く意識されており、それがS僧院の歴史と一九八〇年代以降の復興を支える要素にもなっている。

2　シャルコクにおけるボン教実践の場

シャルコクの主要な宗教実践の場は、僧院と聖山である。小高い丘に登って周りを見渡すと、夏でも雪を冠する雄大な山に囲まれた広い谷と、そこに点在する集落、そしてその中には必ずひときわ目立つ僧院の屋根を認めることができる。図2―1に示したように、シャルコクには僧侶数五〇人以上の比較的大規模な僧院が六ヵ所、そして人びとが巡礼に訪れるネーリ（*gnas ri*）と呼ばれる聖山が二ヵ所ある。

こうした空間において、シャルコクの人びとが最も素朴な形でボン教的な実践を行う方法は「めぐり、あるく」ことである。僧院や聖山の周りを、人びとは仏教徒とは逆の左回りに歩き続ける。時にシャ（*phyag* 五体投地の礼拝）をすることもある。そしてボン教の代表的なマントラ「オーンマティムイェサレドゥ」（*Om ma tri mu ye sa le 'du*）を唱えながら、マティコル（*ma tri 'khor*）を左回りに回す。マティコルは、仏教徒にとってのマニコル（*ma ni 'khor* マニ車）に相当するものである。筒の中に聖典が封じられており、一度回すとそれを一回読んだことになる。両手で回す大きなものから片手で持てるように取っ手がついたものまで多くの種類があり、S僧院の周囲をめぐる約六〇〇メートルの巡拝路には一六〇個あまりのマティコルが設置されている。

フィールドワークの初めのころ、毎朝息を切らしながら僧院の周囲を回り続けていた筆者に、ワンジェとトンドゥの母ランツォは笑顔で親指を立て、その調子だ、もっと回るほどいいんだよ、と声をかけてくれたものだった。彼女はまだ暗い朝の四時頃から、用事のない日は食事時を除いてほぼ丸一日、暗くなるまで回っており、その体力に驚くとともに、「そこまでする」のは一体なぜなのかという問いがごく自然にわきあがってきた。そして厳冬期に聖山の巡礼について行き、寒さと空気の薄さで意識が朦朧となる中、地面を踏みしめる足の感覚だけが確かなものとして残った。

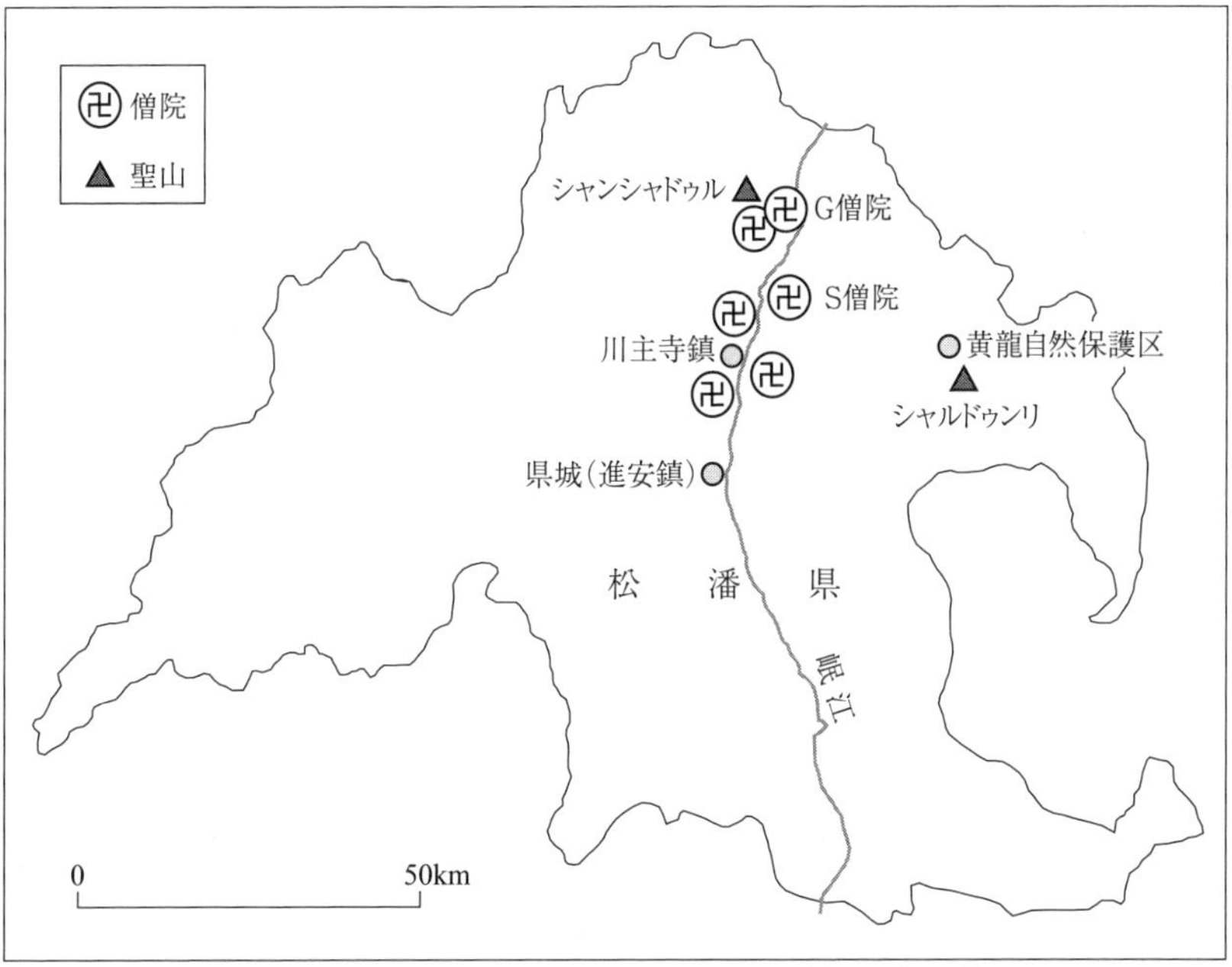

図 2-1　シャルコクにおける主な僧院と聖山（ネーリ）の位置

シャルコクには現在七つの僧院が存在し、そのうち五〇人以上の僧侶を抱える比較的大規模なものは、S僧院を含めて六カ所である［A blong bstan 'phel 1995; Tsering Thar 2003］。これらの僧院は、最も古いもので創建が一一世紀にさかのぼるという伝承を持つ。僧侶たちは僧院で修行に励みながら、時に世俗の人びととともに聖山を巡礼する。では聖山とはどのような場所であろうか。

シャルコクの谷を取り囲む山々には、宗教的な意味が付与されているものが少なくない。日本語の聖山にあたる山は、ネーリとギダ[21]（*gzhi bdag*）という、二種類がある。ネーリは、ボン教のパンテオンに含まれる尊格が宿る山であり、先述したギャロンのムルドやコンポのボンリなどのように、様々な地域からの巡礼者を集める。シャルコクには、標高五五八八メートルのシャルドゥンリ（*shar dung ri*）と標高四〇五〇メートルのシャンシャドゥル（*byang bya dur*）の二つのネーリがあり、それぞれマギュ[22]（*ma rgyud*）、プルバと関連する山であるとされ、多くの巡礼者が訪れるとともに、世俗を離れた修行の場としての歴史を有してきた。

シャルドゥンリは「東のホラ貝山」という意味を持ち、漢語で「雪宝頂」の名があるように、万年雪を頂く山頂が目立つ秀麗な独立峰である。シャルコクから東へ車で一時間弱、黄龍自然保護区に向かう標高約四〇〇〇メートルの峠から望むことができる。周囲には人家がほとんどなく、一周するには野営しながら一週間程度を必要とするため、気軽に赴くことはできない[23]が、僧侶の中には定期的に巡礼している者も多い。二〇〇六年に四川民族出版社から出版されたシャルコクの地方史『東方海螺聖山―雪宝頂』［澤仁扎西編　二〇〇六］にもこの山の名称が冠せられており、シャルコクを象徴する山としてとらえられていることがわかる。

シャンシャドゥルは、シャルコクの谷が北端で徐々に狭まるあたりに位置するずんぐりした岩山である。シャルドゥンリに比べて身近な存在であり、S村に住む人びとはロサルをはじめ、一年に数回は家族で必ず巡礼に向かう。山の中腹にはかつて高僧が瞑想修行を行ったと伝わる洞窟も点在する。麓には二つの僧院と集落があり、S村からは車で一五分ほどあれば到着する。この僧院の一つが、一九八〇年代に最初に復興したG僧院である。巡礼路の入り口にあたる道路脇には聖水がわき出ているという泉がある。この泉はジンチュ（*zing chu*）と呼ばれ、転じて松潘県のチベット語名「ズンチュ」（*zung chu*）になったという話が、カルメイ氏やシャルコクのボン教徒たちから聞かれた。この山が、シャルドゥンリ同様、シャルコクにとって重要な位置づけを持っていることがうかがえる。

巡礼路は比較的短い。以前はきちんと歩いて一周していたというが、二〇〇〇年代後半には、車道になっている部分は車で通過し、ジンチュの泉から山を半周してG僧院に至るルートが一般的である。このルートの場合、S村から早朝に出発すれば昼過ぎには降りてこられるほどである。巡礼路は狭く標高も高いため、慣れない者にとってはかなりの困難を伴うが、S村の人びとは軽くこなしてしまう。

一方、ギダは個別の村落と密接に結びついた山である。一つのギダがカバーする範囲は、かつてゴワが治めたショカの範囲とほぼ一致している。S村のギダは標高約四八〇〇メートルのドゴン（*gdugs wong* または *bdud gzhom*）と呼ばれる岩山である。ドゴンは村を守り恵みをもたらすが、頂上には近づくことは許されない。ドゴンはS村から直線距離で五キロほど離れているが、村の背後にぬっと突き出るようにその威容をのぞかせる、独特の存在感を持った山である。人びとは、村の背後の丘の上に設けられたラツェと呼ばれる拝所においてドゴンを拝する。ラツェは村を取り囲むように三カ所が設けられている。

S僧院の高僧アク・プンツォは、ネーリを巡礼することは来世のためになるのに対して、ラツェでドゴンを拝することは「病気がないように、農作物がうまくできるように、一家が平安であるように、今の家族の生活と自分自身を守るためである」と語る。ラツェには、木製の長さ二〜三メートルほどのダ（*mda*、「矢」）が納められている。これは毎年一〇月から一二月にかけて、S村の人びとが持ち寄るものである。伝統的には、ギダは世俗の人びとの領域であり、僧侶はかかわらないとみなされてきた。こうした固有の空間を踏まえた実践と、僧院を中心とする教義の継承が結びついて、シャルコクのボン教は形作られてきたのである。

3　S僧院の歴史的背景

S僧院は、一二六八年にゾルゲ出身のソナム・ザンボ（*bsod nams bzang po*）によって創建された。ソナム・ザンボは、シャンパクの血を引く六代後の人物とされる。彼はシャンパクの創建とされるアシ・シャンツァン（*a skyid skyang tshang*）僧院（若爾蓋県阿西茸郷）出身で、S村のゴワの招きに応じてシャルコクに移り、S僧院の創建に関わったと伝えられている［Tsering Thar 2003: 615］。

S僧院の僧院長の系譜には現在まで二一人が名を連ねている。二代目から六代目までは初代ソナム・サンボの子孫であり、親族関係に基づいた継承が行われていた。そしてその子孫が途絶えたために、僧院長は様々な出自を持つ者によって占められた。多くの場合、その決定権を持っていたのがゴワであり、時にゴワの家系から継承者が出ることもあった。ゴワは同時に、僧院の最大のパトロンでもあり、僧院長をラマとする弟子でもあった。このように、僧院と世俗の政治主体は不可分であった。以下では主に二〇〇六年に出版されたシャルコクの地方史［澤仁扎西編 二〇〇六］に依拠しながら、一九八〇年代以前のS僧院の継承について要点を記述する。

ソナム・サンボの家系が絶えたあと、僧院と世俗のすべての人びとが集まって七代目を選んだが、長続きしなかった。[24]そこで、ゴワは以下のように八代目を招聘した。

「ゴワのアギェルは、『私のこの寺には主が必要だ』といって、それから彼は聡明さと慈悲と能力の三つを持ったラマであるアシ・ユンドゥンプンツォクを招いて自らのラマになってもらった」［澤仁扎西編 二〇〇六：一三七］。

アシ・ユンドゥンプンツォク（一六世紀後半？）は、ソナム・サンボと同じゾルゲのアシ・シャンツァン僧院出身であり、シャルコクとゾルゲの緊密な関係をうかがわせる。次の九代目僧院長、ユンドゥン・テンジン（一六五四〜一七二三）はゴワの一族の出身であった。中央チベットの各地を訪れ、ユンドゥン・ボンの教学の中心であるメンリ僧院で学んだ後、シャルコクに戻った［澤仁扎西編 二〇〇六：一三八］。記録されている限りでS僧院から初めて中央チベットやメンリ僧院を訪れた人物であり、この後の僧院長には同じように中央チベット、特にメンリ僧院があるツァン地方や、聖山ボンリなどで修行し、テクストを持ち帰り教えを伝えるものが出た。

九代目から現在の二一代目ユンドゥン・ラマまでの一三人のうち、中央チベットを訪れた記録があるのは約半分の七人であり、宗教的知識がシャルコクを含むアムド地方だけにとどまらず、僧侶の移動を通じてより広く地域を越えて継承されていたことがわかる。

九代目はゴワの一族の出身であったが、その後子孫による世襲が行われたわけではなく、次のゴワの一族は二〇世紀中盤の一六代目まで現れなかった。僧院の継承者がどのように選ばれたのかについては詳しく記録されていないことも多いが、一〇代目以降でも目立つのはゴワの要請によるものである。ゴワたちは僧院を高名な僧侶や行者に捧げ、自らも弟子となった。世襲制が途絶えたのちも、誰が僧院の主となるかという問題に対してゴワは重要な決定権を持ち、それが二〇世紀中盤まで続いたのである。

僧院の場所は、災害や戦乱による破壊によって幾度かの移動や再建を経験している。現在の場所へ移されたのは一九一六年のことであり、二〇世紀前半に活躍した高僧のエピソードは現在まで語りつがれている。特に以下で取り上げるアンガ・テンパツルティム（*A sngags bstan pa tshul khrims* 一八四七～一九三二）とテンジン・ロドゥ・ジャムツォ（*bstan 'dzin blo gros rgya mtsho* 一八八九～一九七五）の二人の遺骨を納めたクドゥン（*sku gdung* 高さ二メートルほどの供養塔）は現在も僧院の集会堂に安置されている。彼らのもとで学び、混乱期を生き抜いた僧侶たちが、一九八〇年代の初頭にその知識をもって再建を主導したのである。

S僧院の歴史によると、アンガ・テンパツルティムは僧院に隣接する村に生まれ、子どものころから出離心（世俗をはなれて出家を志す心）や慈悲心などの素質にめぐまれていた。チベット高原各地で修行を積んだ後、四七歳で一五代目僧院長の地位についた。彼が七〇才の時に、当時の僧院が火災によって全焼し、現在の場所への移築を指揮した。学問よりも、瞑想修行において高い成就を達成したといわれ、様々な奇瑞を示したことが伝えられている。その一つが以下のエピソードである。

「七三歳のころ（一九一九年ごろ）、（彼は）重病にかかり危篤状態になった。その時には村の人びとにとどまらず、県城や漳腊にいた漢人の役人も彼のもとを訪れ、快癒を願った。するとご自身の口から、私には自由があって、髪が白いということがそれだ、とおっしゃると、今まで白かった頭髪が黒くなって病気は全快し、その後八六歳まで生きた。みな彼のことを、ツェワン・リンジン(25)の化身だと噂しあった」［澤仁扎西編 二〇〇六：一三八］［括弧内引用者注］。

ここでは、アンガ・テンパツルティムがS僧院周辺にとどまらず、漢族も含めたより広い地域の広がりの中で名声を得ていたことが示唆されている。その根拠となっていたのは、彼の常人離れした能力であった。彼は、テクストに基づく学問にはあまり関心がなく、瞑想修行に秀でていたと伝えられる。数々の能力は、その結果獲得されたものだと考えられていた。

現在でも彼は「アンガ・アク」と尊称で呼ばれるが、上記の「髪が黒くなった話」は彼についての話題で必ず人びとが言及するものの一つである。「アンガ・アクは、空を飛ぶこともできた。」という話もよく聞かれる。また、彼が僧院を現在の場所に移築する際に地面を触れると湧き出したと伝えられる泉が集会堂の脇にあり、二〇〇九年時点ではコンクリートで固められて蛇口が取り付けられていた。この水は僧院のあらゆる活動に用いられるほか、各世帯にほとんど水道がひかれていないS村の重要な生活用水の一つとして、毎朝水桶をもって水を汲みにくる人びとの姿がみられた。

さらに、彼は亡くなる際に、周囲の僧侶に対して「あなたたちは将来僧院から追い出されるだろう」という予言を行ったと伝えられている。年配の僧侶達は、それが文化大革命を予見したものだったと語っていた。こうした超人的な力を示すエピソードが伝えられていることによって、彼のカリスマ性もまた伝えられているのである。

一九二〇年代から一九四〇年代にかけては多くの高僧が集まり、僧院の活動は一つの最盛期を迎えた。そうした環境の中で僧侶となったのが当時のゴワの息子であるシェーラプ・テンペーギェンツェン（*shes rab bstan pa'i rgyal mtshan* 一九一〇〜一九五五）であった。彼はアク・オンボ（*dbon po*「オイ」「孫」、領主の一族のオイや孫を指す）と呼ばれ、一九二三年に老齢のアンガ・テンパツルティムに代わり、一三歳にして一六代目の僧院長に着任した。これは、彼の僧侶としての能力と、ゴワの一族という出自によって可能になったことであった。

シェーラプ・テンペーギェンツェンの死後、S僧院の中心人物となったのがテンジン・ロドゥ・ジャムツォである。彼はS村に生まれ、一八歳の時からチベット高原の各地をめぐって修行を重ねた。中央チベットのユンドゥンリンにおいて教理哲学の研鑽を積み、三〇歳の時にゲシェー・ドゥランパの学位を得た。三二歳になってシャルコクに戻り、アンガ・テンパツルティムの下で僧侶の教育に携わったが、四五歳から隠遁生活[26]に入り、テウォの聖山タク・サゲ（*brag bya rgod*）で瞑想修行を行った。一九五〇年、六二歳の時にS僧院に戻り、一七代目の僧院長とロポンを兼任して、文字通りS僧院の中心人物となった。現在でも、アク・ドゥランパの尊称で広く知られている。

写真 2-2　テンジン・ロドゥ・ジャムツォ（1889 〜 1975）

前の二人が、それぞれ超人的な能力と、血統を背景にして人びとに受け入れられたのに対して、彼はあらゆる学問に通じた学者として僧院長の地位についた。中でも、問答を通じて教義を体得するツェンニーの教育課程をユンドゥンリンから本格的に導入し、多くの弟子を養成したことが特筆される。その中には、ルントク・テンペーニマ、カルメイ・サムテン・ギェンツェンら、後に国外において活躍する人物や、一九八〇年代の僧院再建を支えた人物が多く含まれている。

これ以前のS僧院の僧侶達は瞑想修行を主にしていたといわれ、アンガ・テンパツルティムも瞑想や神通力にすぐれた人物として知られていた。一九〇八年に松潘を訪れたフランス人将校ドローヌは、多くのボン教徒が髪を長く伸ばした、行者の姿であったことを記している［ドローヌ　一九八二：一八八］。この時期の実際の僧侶の生活を知る資料は乏しいが、テンジン・ロドゥ・ジャムツォが体系的な僧侶教育を整備したことは確かである。そして彼が育てた弟子たちは、後に僧院の再建と宗教実践の再構築にも重要な役割を果たしてきた。

三　僧侶と世俗社会の関わり

1　僧侶とは

僧院を中心とした宗教実践と、地域社会をつなぐ存在が僧侶である。僧侶とは、基本的に出家して家族との生活を離れた者であり、仏教文化圏においては僧侶共同体である僧伽（サンガ）が広く形成されてきた。この共同体は、チベット語ではゲンドゥン（*dge 'dun*「善を望む人びと」）と呼ばれ、世俗社会と一線を画した僧院を拠点に修行生活を送るものである。

前章でも簡単にみてきたが、僧侶は通常タパやアクと呼ばれ、他の人びととは異なるカテゴリーに属するとみなされる。世帯の中で生活をし、生産活動に関わる在家の人びとはジクテンパ（*'jig rten pa*「物質的世界、世間の人」）もしくはキャボ（*skya bo*）と呼ばれる。筆者はこれを世俗の人びと、俗人と日本語訳している。両者の根本的な違いは、後述する戒律を守っているかどうかであるが、外見や日常の行動からははっきりとみてとれないこともある。

ジクテンは、しばしばボンやチュー（仏教の「法」）と対置されて用いられる表現である。第六章で扱う世俗の人びとに向けた講話の中で、アク・プンツォは来世のため、サンジェーに近づくために日々行うべき修行について「一つの手でジクテンのことをして、もう一つの手でボンのことをして下さい。」と人びとに語りかけている。S村の四〇代の男性からは「家の中では、左手がジクテンだとすると右手はチュカン（儀礼を行う部屋）だ」という発言が聞かれた。

ジクテンとボン、もしくはそれを行うチュカンの対比は、「宗教」と、「非・宗教」としての「世俗」という二元論的な表現ではない。ここでいうジクテンは、宗教の影響が及ばない領域を指すわけではなく、あくまでも宗教の枠組みの中で定義される、人びとが日々の暮らしを営む場である。例えばジクテン・ギ・ラ（*jig rten gyi lha*「世俗のラ」）という表現があり、これはギダや日常的な現世利益を願う儀礼で本尊とされるラを指す。このため、本書でジクテンパを世俗の人びと、俗人と表記する時は、外見および戒律面で「僧侶でない人びと」を指すが、かれらもまた様々な形でボンとのつながりを持っているのである。

僧侶は僧院を拠点に、各世帯での儀礼を行うことで生計を立てる者が多いが、彼らが宗教職能者としての役割を独占的に担っているわけではない。例えばガパ（*sngags pa*）と呼ばれる人びとは、僧院には所属せず、髪を長く伸ばした行者の姿をとり、時に妻帯することもある。アムド、特に青海省では多くのガパが活動している。かれらは豊富な知識を持つ存在として僧侶の活動に協力することもある。また世俗の人びとの中にも特定の儀軌に関する知識を身につけている者がいるといわれるが、S村では出会うことができなかった。こうした人びとの存在は、ボン教の実践の裾野の広さを示すものである。

赤い衣をまとった僧侶たちの姿は、一見しただけではチベット仏教の僧侶と見分けがつかない。古代のボン教徒は青や黒の衣をまとっていたという伝承があるが、チョディ（一九三五年生まれ）によると、一九五〇年代のS僧院では既に仏教とほとんど差はなく、ほぼ唯一、ゲシェーがかぶる蓮の花をかたどった帽子ペシャ（*pad zhwa*）だけが目立った違いと呼べるものだった。この帽子はメンリ僧院を設立したシェーラプ・ギェンツェンの図像にもよくみられるものである。

これに加えて、衣の下に着る袖のないベスト状の衣服であるトゥンガク（*stod 'gag*）の一部であるマセン（*smra seng* ギェンドゥク *rgyan drug* とも呼ばれる）に青色を配することが近年シャルコクの僧侶たちの間に広まっている。チョディは、これはインドでルントク・テンペーニマが提唱したことだと説明する。実際に、インドやネパール在住のボン教僧の間では一般的になりつつある。トゥンガクは、仏教徒用の赤と黄を配したものしか市販されていないので、僧侶たちが自分で青い布を縫い付けている。

また、高僧がかぶる帽子として、ボン教の代表的シンボルであるユンドゥン（*g.yung drung*「卍」）を配した宗教儀礼用の帽子ウシャ（*dbu zhwa*）も普及するようになった。これは八世紀のテンパ・ナムカに由来するとされる［rNga ba 'jam me 1998: 6］が、シャルコクでは以前は見られなかったものである。これもルントク・テンペーニマがS僧院を訪れた際にもたらしたものである。

シャルコクでは、外見だけで僧侶を見分けることは容易ではない。第四章で詳述するように、普段は僧侶の服を脱いで仕事をしている者も少なくないからである。しかしかれらがどのような姿をとるにしても、「僧侶であること」を根底で規定している条件は、師から戒律を受け、それを守ることである。本書では戒律と訳しているが、ボン教では仏教同様ドゥルワ（*'dul ba*）と呼ぶことが多い。身体、言動、思考に制限を課し、僧院生活の規範となる概念である。以下ではシャルコクで聞き取った解釈に基づいて、基本的な戒律についてみていこう。

戒律のうち最も基本的なものは、四項目である。（一）ソク・チューパ（*srog gcod pa*「殺生」）、（二）ミツァンバ・シェーパ（*mi tshang ba byed pa*「情を貪る」、結婚する）、（三）ズン・マワ（*rdzun smra ba*「嘘をつく」）、（四）グ・チョク・シェーパ（*rgu 'phrog byed pa*「ものを盗む」）の四項目を戒めている。これを逆に推奨される行為からみて、（一）ソク・ソワ（*srog gso ba*「生き物を大事にする」）、（二）マチャクパ（*ma chags pa*「愛慕や執着をしない」）、（三）デン・マ（*bden smra*「真実を話す」）、（四）マレン（*ma len*「所有しない」、自分のものにしない）とすることもある。この四つを基本として、これを守る者をゲニェンと呼ぶ。[27]

特に生活上の問題となるのはミツァンバ・チェーパ／マチャクパに関する項目である。これは、俗人にとっては婚外の性関係を持たないことと解釈される。このため俗人で結婚していても、戒律を受けてゲニェンとなる者もいる。これに対し、僧侶にとっては結婚してはならないという意味になり、結婚することは即還俗、僧侶であることを止めることになる。[28] 一度僧侶になることを決断すると、それは一生僧侶であり続ける覚悟を持つことを意味する。一九五〇年代以降の混乱期において、僧侶が労働に参加するのみならず結婚して子をなしたことで、「僧侶であること」の連続性が大きく損なわれ、復興後も一部の僧侶の中に深刻な葛藤を残した。

この基本的な戒律に加えて、僧侶は僧院生活をおくる上でより多くの戒律を守る。二五項目を守る者はゲツル（*dge tshul* 沙弥）、もしくはボン教独自の呼称でツァンツク（*gtsang gtsug*）と呼ばれる。これは食物の禁忌（酒、にんにく、肉、午後の食事など）、住む場所の禁忌（普通よりも高い場所に住むこと、高い椅子に座ること）、持ち物の禁忌（化粧をしない、金属の装飾品を身につけない）、着るものの禁忌（頭髪を剃る、身体をきれいに保つ、乱れた服装をしない、僧服を着る）、心に思うことや行動（人の陰口を叩かない、意味のないことばを口にしない、人を罵らない、やましい心を起こさない、人を悲しませない、やましい心で相手をみない、ゆっくり歩く）、そして後述する瞑想修行を終えた後の行動（師から与えられた名を名乗ること、黄色い袈裟を着ること）が定められている。

さらにより高度な段階として二五〇項目が定められており、これを守る者はゲロン（*dge slong* 比丘）もしくはボン教独自の呼称でタンソン（*drang srong*）と呼ばれる。シャルコクではゲロンの呼称が一般的である。

戒律とならんで重要なのが、日々の研鑽である。僧侶が習得すべき内容は、チベット文語の読み書きにはじまり、先述したボン教の教義体系すべてをカバーする。ゴシ・ズーガやテクパ・グが、聖典に説かれる教えの性質に基づいた分類であるのに対して、それを身につけるための方法に基づく分類としてシェータ（*bshad grwa*）とドゥプタ（*sgrub grwa*）の二つが知られる。前者は聖典の暗記と問答を主とし、集団で行われる。所定の年数を経て一定水準に達するとゲシェーの称号を得ることができる。

後者は個人修行に重きを置き、師であるラマ以外とは外部との接触を制限して行う過程であり、密教やゾクチェンの内容を修する。これは（一）ゴンジョ（*sngon 'gro* 加行）、（二）ゴシ（*dngos gzhi* 根本、本行）、（三）ジェジュク（*rjes 'jug* 後行）の各段階からなる。特にゴシは三年間堂に籠もり、僧院の敷地外へ出ることは許されない厳格なものであり、狭義のドゥプタはこれを指す。ドゥプタを修めたすぐれた僧侶はトクデン（*rtogs ldan* 覚者）という尊称で呼ばれる。

こうした過程を通して僧侶は自らを研鑽し、サンジェー（ブッダ）へと近づけていくのであるが、すべての僧侶が学問や修行を究めるわけではない。各世帯での儀礼を活動の中心とするジョンチョクパ（*grong chog pa*）と呼ばれる僧侶や、僧院運営の実務にあたる僧侶も、共同体としての僧院を支える重要な役割を果たしている。こうした点は第四章で詳しく検討する。

2　僧侶の社会的役割

出家者としての僧侶は、単に一人で籠もって修行をするだけではなく、そこで得た成果を周囲に施すことが社会的に価値ある行為とされている。ボン教徒が帰依するコンチョク・スムには、セムパ（ボサツ）が含まれている。セムパはサンジェーになることを目指しながらも、それを延期して人びとの間にとどまり、かれらの救済に務める存在であり、僧侶のみならず世俗の人びとにも利他的な行為をすることが望ましいとされる。

大多数の僧侶は、一定の修行期間を経ると人びとのために様々な儀礼を執り行うようになる。それは僧院において行われる集団的なものと、個人に対するものに分かれる。またいずれにも、定期的なものと不定期なものがある。

チベット文化圏では、俗人が施主（*sbyin bdag*）となって僧院または僧侶個人に対して金品などを贈与（布施）し、それに対して僧侶たちが儀礼を執り行う関係が結ばれてきた。

シャルコクのボン教僧院の運営は、かつてはゴワをはじめとする支配層によって支えられてきたが、現在では僧院の年中儀礼が人びとから資金を集める重要な場になっている。しかし、こうした行事からの収入のみですべての僧侶の生計を年間にわたって維持するには十分ではなく、生活のやりくりは個人の裁量に任されている。このため、僧院に住む僧侶の食糧を家族が負担することや、普段は他の生業を主として生計を維持する、いわば兼業の僧侶の存在が特徴になっている。こうした生活環境の下で、僧侶が俗人の要望に応じて個別に執り行う儀礼は、重要な収入源として僧侶の生活を支えている。チョディは、僧侶に俗人が多くの現金を支払うようになったのは村が裕福になった近年のことであり、一九五〇年代以前は貧しい農民はとても余裕がなかったと語る。

各世帯では、年に数回決まった時期に僧侶を呼んで儀礼が行われる。現在では初夏と晩秋、オオムギの播種が終わった旧暦四月から六月（「草が伸びた頃」とする者もいた）と、収穫をすませた旧暦九月から一〇月頃に行う。具体的な日時は一定ではなく、毎年僧侶が暦をみて決定する。初夏に主に行うのはシェンラプ・ミボの化身ナムバル・ジェルワを本尊とする儀礼である。トンドゥによると、穀物がうまく実ることを祈り、財を呼び込むことを目的としている。収穫後に行われる儀礼は、世帯ごとにかなりのバリエーションがある。近年は、出稼ぎをする世帯が増加したことからこの時期通りに行うことができず、人びとが村に戻ってくるロサル前後に行うことが多くなっている。

また、婚礼や葬儀などの人生儀礼においても、僧侶は不可欠な存在である。婚礼で通常行われるのはヤングー（*g.yang 'gugs*「ヤンを呼ぶ」）の儀礼であり、ヤン（富・幸運）を呼び込むものである。[29] また死者が出た時には、死後バルド（中有）を経て解脱する、もしくは生まれ変わるための期間とされる四九日間の儀礼が必須である。S村では土葬が一般的であるが、若くして亡くなった場合や不慮の死の場合は火葬にする。火葬にした場合、骨は後に所定の場所に散骨する。どのようなやり方で葬儀を執り行うかは、僧侶に判断が委ねられる。

定期的ではないが、僧侶が必要とされる重要な場面は病気への対応である。普段人びとは村の診療所や県城の病院を利用するが、原因がわからない場合や危篤状態の時には、僧侶を頼ることになる。S村の女性（五〇代）は、二〇〇九年一〇月に脳出血で倒れ、生死の境をさまよった。この時には病院には行かず、アク・プンツォら数人の僧侶を呼んで長寿を祈る儀礼ツェドゥプ（*tshe sgrub*）を執り行ってもらったところ、奇跡的に回復した。後遺症があったため、冬には寒いシャルコクから離れて、成都に住みリハビリ施設に通っている。年長の僧侶の中には、チベット医学の知識を身につけている者もおり、個人的に人びとの相談に乗ることもある。

各世帯での儀礼は、通常複数の僧侶を招いて行う。裕福な世帯ほど多くの僧侶を呼び、一〇人以上に寝食を提供して一週間続けて行った例もある。ワンジェ家の次男ゲンドゥンが二〇〇九年一月から三月にかけて参加した儀礼は一〇回であったが、僧侶数の平均は約四・三人であった。どの僧侶を呼ぶかは様々で、個人的に仲のよい僧侶に頼む場合や、僧院で僧侶の管理を担当するゲクに連絡をとって調整してもらうこともある。また親族に僧侶がいる場合は優先的に呼ぶ。ゲンドゥンが親族の家に行ったのは一〇回のうち六回であった。

逆に、ワンジェ家で儀礼を行う時にはゲンドゥンやトンドゥは必ず参加した。二〇〇九年時点で、S村の世帯で僧侶の儀礼に対する報酬は一人一日あたり四〇～五〇元程度が相場である。これは建設現場などでの肉体労働の日当とほぼ同じ水準である。なお僧侶が自分の世帯で行う場合には、報酬は支払われない。例えばゲンドゥンやトンドゥがワンジェ家のために行う場合は無償である。それ以外の親族の場合、例えばゲンドゥンがオバにあたるリンジンの妹の家で儀礼を行った際には報酬を受け取っている。

S村で行われる僧侶による儀礼は、ほぼすべてが聖典、テクストの読誦を伴っている。チョディは、日常的に儀礼を行う最も基本的な意味を、ケグ（*gegs*）とバーチェ（*bar chad*）を取り除き、人びとの身体や財産を守ることだと述べる。このケグとバーチェは、生活のすべての場面で出くわす可能性のある障害や危険を表す概念である。ケグは、あるものごとが順調に進むための自然なつながりが阻害されているという意味を含み、「数珠の珠が途中で抜けてしまって使い物にならなくなる」と例えられる。またバーチェは、それまでうまくいっていたことが突然の障害によって遮断されるという意味を含み、「テレビをみていたら突然停電した」と例えられるように予想外のトラブルの側面を強調する概念である[30]。

こうした儀礼は、人びとが現世を生きていく上で生じる諸問題とそれらへの対処と密接に結びついている。ボン教の教義では、先述したテクパ・グのうちの第一のテクパ、中でも「ト」といわれるカテゴリーがこれらの儀礼を説明している。トがカバーする範囲は多岐にわたり、結婚、子孫繁栄を祈る、寿命を延ばす、財を増やす、幸運をひきよせる、悪運を遠ざける、豊作を祈るなどが挙げられている[31]［Karmay 1975: 202; 1998: 246］。現世において生きていく上での様々な問題に対して、僧侶は儀礼を通じたサポート役となってきた。

これに加えて、僧侶の重要な守備範囲となるのが死者儀礼である。ゲンドゥンが僧侶になった理由の一つは「家族のために葬儀ができること」であった。調査中に筆者が立ち会った葬儀は、すべて僧侶の主導のもとに行われた。ボン教に限らないが、来世に関わることは、宗教実践が人びとを惹きつける非常に重要な部分として共有されている。

儀礼の手順は、テクストの中に詳細な規定がある。僧侶は僧院である程度までそれを身につける。若い僧侶の場合は、年長の僧侶とともに儀礼に参加し、供物の作り方などを見よう見まねで学ぶことも多い。高度な学問や修行に進まない僧侶でも、日常的な儀礼が一通り作法に則ってできるまでの水準に達することが期待されている。

S村の各世帯には、チュカンと呼ばれる、僧侶が様々な儀礼を執り行う部屋がある。ワンジェ家では、二階の最も奥まったところにあり、二〇〇六年の一一月から翌年にかけて改装し、壁面に鮮やかな装飾が施された。天井からは鮮やかな絹製のジェンツェン（*rgyal mtshan* 全長六〇～七〇センチの吹き流し様の装飾物）がつり下げられている。これは僧院の年中儀礼への寄進に対して授与される。正面には供物を捧げる祭壇があり、中央にはシェンラプ・ミボと各尊格の像やタンカ（掛け軸状の絵画）、高僧の写真などが掲げられている。ワンジェ家では、ルントク・テンペーニマをはじめ、一九八〇年代以降のS僧院の再建に大きな影響を与えた高僧の写真が掲げられている。そして祭壇脇の棚には各種の聖典、テクストが常備されている。裕福な世帯の場合はカやカテンに含まれるほぼすべてのテクストを揃えているところもあるが、多くの場合は通常読むものを中心に購入している。正面に向かって右側には僧侶が座るスペースがあり、儀礼の際に用いる楽器や道具が備え付けられている。僧院の集会堂と同様、祭壇の正面には向き合わず、横を向く形で座布団が配置され、複数の僧侶が座ることができるようになっている。ここが、基本的に日常的な儀礼が行われる場になる。

僧侶はそれぞれカンドゥン（*kha 'don*）と呼ばれる個人的なテクストのセットを所持しており、日課として毎朝チュカンで読誦する。すべての僧侶が一堂に会する機会が限られるS僧院では、毎日の大規模な勤行は行われていない。僧侶の多くは毎日自宅でカンドゥンに含まれるテクストを読誦している。筆者がみた限り、すべての僧侶が毎日行っているわけではないが、それぞれが独自に読むテクストを持っているのが特徴である。

チョディは、表2―1に示すように九部のテクストをカンドゥンとして持っている。これを「チャンマの礼賛」から「ツェワン・モンラム」までの六部と、残りの三部の、二つのグループにまとめて布で包み保管している。構成としては、チャンマやプルバといった各尊格を本尊とするもの、そしてツェドゥプと呼ばれる長寿を祈る儀軌をはじめとして現世の問題に対処するためのテクストが含まれる。このうちチョディが最も重視しているのが代表的な護法神の一つであるプルバ[32]の成就法である。

チョディは、毎朝六時半頃には起床し、二階のチュカンにこもった後、顔を洗うために一階の居間に下りてくる。毎日欠かさず読誦するのが、このプルバのテクストである。この理由について、彼は「師のテンジン・ロドゥ・ジャ

表 2-1　チョディのカンドゥンに含まれるテクスト

名称	内容
byams ma'i sngags gyi sgo nas bstod pa nyi shu rtsa gcig pa	チャンマの礼賛
kun bzang rgyal ba 'dus pa'i sgrub thabs a gsal gyi dbu phyogs bshugs so	クンサンギェルワドゥパの成就法
dbal phur nag po drag po gting rdzogs kyi spyi don nyi shu rtsa lnga'i gshung bshugs so	プルバの成就法
tshe sgrub g·yung drung 'khyil ba ces bya ba'i dbu phyogs bshugs pa legs so	ツェドゥプ（長寿を願う儀軌書）「卍の旋回」
tshe dbang mchog 'dus tshe'i sgrub gshung bya ri ma shes bya ba bshugs so	ツェドゥプ「シャリマ」
tshe dbang smon lam don 'dus rin chen pheng ba	ツェワン・モンラム（長寿を願う祈願文）
khod spungs drang pa 'chi med tshe'i rdzong chen gyi sgrub gshung g·yung drung 'khyil pa ba shes bya ba bshugs	ツェドゥプの一種？
sten kheb rdul phran dwangs ba ge ka sha'i mdog ldan dbu phyogs bshugs par dge	不明
tshe dbang gyi dug phyung tshan khrus bsang dkar thar glud dang bcas pa'i dbu phyogs bshugs so	ツェワンリンジンによる、ルー（*glud* 身代）を使って毒を出すための儀軌書

2010 年 8 月に記録。テクストの同定については三宅伸一郎氏の教示を得た。

ムツォが四五歳から一四年間にわたって隠遁修行をしていた時、守護神としていたのがプルバであり、その後も日常的に読んでいたので、自分も読もうと思って読み始めた」と説明する。彼によると、師に強制されたわけではなく、自分の意志で読むようになったものである。こうした形で受け継がれる尊格を、彼はロポン・ジュ・ギ・シュンマ（*slob dpon rgyud gyi srung ma*「ロポン・伝承・の・守護神」）と呼んでいる。

これに対して、世帯やツォンの単位で代々伝承されてきた尊格があり、パ・ニェ・ジュ・ギ・シュンマ（*pha myes rgyud gyi srung ma*「父・祖父・伝承・の・守護神」）と呼ばれる。チョディの世帯の場合は、タクラ・メーバル(33)（*stag lha me 'bar*）である。ただし、チョディは以前このタクラ・メーバルのテクストをよく用いていたが、一九八〇年代以降は師から受け継いだプルバを重視するようになった。チョディは、パ・ニェ・ジュ・ギ・シュンマは、八六種のチョウォ・ラと四五種のシウェ・ラを本尊とするテクストを選ばれると説明する。これは世帯によってバリエーションがあり、一つとは限らないが、調査できた限りでは来歴をはっきりと記憶している者は僧侶と俗人を問わずいなかった。日常的に行われる儀礼は、僧侶の裁量によってある程度柔軟に変化しうるものであることがわかる。

これに加えて、日常的に最もよく行われる儀礼のカテゴリーとして、ソカ（*gsol kha*「請願する・口」、祈願）がある。これは、様々な護法神に加えて、ギダなど地域固有の聖山を本尊とする儀礼である。ソカを説明する際に、トンドゥは「平安経を読む」という漢語をあて、特定の事件に対するものではなく、一般的に人びとを守り平安をもたらすという側面を強調した。このため、ソカは人びとにとって最も身近な儀礼のカテゴリーであり、様々な場面において行われる。例えば成都の西南民族大学で働くチョディの四男は、毎回S村から旅立つ際にはチョディを通じて、僧院に常駐するアムチェにソカを行ってもらうように頼んでいる。

何を本尊とするソカを行うかは、世帯によって異なる。パ・ニェ・ギュ・ギ・シュンマがある家はその護法神を本尊とするが、これに他のいくつかの本尊を加えて行うことが一般的である。その組み合わせは固定されている場合と、毎年変化する場合がある。ワンジェ家では毎年晩秋にトンドゥやゲンドゥン、テンジンら親族の僧侶が中心になって、ソンダ（*gsang drag*）、シドゥ（*shi 'dru*）、ドゴンと呼ばれる三つのソカを執り行う。ソンダとシドゥは広く知られる護法神であるが、ドゴンはS僧院の背後にあるギダで、村落と強い結びつきを持つラである。このように、様々なソカを組み合わせて、地域や世帯固有のセットを作っているのが大きな特徴である。

このドゴンの扱いからは、僧侶の役割の変化を読み取ることができる。カルメイ氏によると、もともとギダは世俗の人びとが儀礼を行う対象であり、僧侶が関わるものではなかった。しかし現在では、S僧院の僧侶は毎年旧暦一月に村のラツェに礼拝を行い、二〇〇九年には僧院にラツェを作るなど、聖山との強い関係を形成している。しかしこれは、少なくとも一九五〇年代にはあまりみられなかったことであるという。

「ドゴンのソカ」で用いられるテクストは、五つの異なるテクストが組み合わされた全二〇葉（フォリオ）からなるものである。チョディによると全体としては土地神へのトゥマ（*bstod ma* 礼賛）であり、ドゴンを対象とする部分と、ボンリなど他の聖山を対象とする部分に分かれる。

メインとなるテクストは〝*gdugs wong gsol mchod bsam pa myur 'grub*〟（「ドゴン祭祀、願いの速やかな達成」）であり、分量的にも半分以上の一一葉を占める。このテクストの奥書にはガワのナンジ僧院のテンペーニマの著とある。チョディは、彼は少なくとも一九世紀以降の人物で、ナンジ僧院と親族関係にある僧院がシャルコクにあることから、その関係で滞在していた時に書かれたものだと推測している。これに、シャルコクのドゥンギュラマの家系であるカルヤク・ガワン・ナムジェ著の〝*g.yul las rnam rgyal mchod bstod*〟（「戦い完全勝利の捧げ物」）、S僧院のシェーラプ・テンペーギェンツェン著の〝*gnas bdag yul lha'i brgul pa*〟（「地方の主ユラの教え」）を加えた一四葉が、ドゴンを主題とするものである。

後半は、ボン教の護法神やチベット高原各地の聖山に向けられたもので、クツァ・ダボ（*khu tsha zla bo*）による〝*bon skyong spyi yi mnga' gsol*〟（「すべてのボン教の護法神の力を受ける」）[34]とケーパ・ミシ（*mkhas pa mi bzhi*「四人の賢人」）著の〝*yul sa'i 'gras bsum*〟（「土地の好まないことを止める」）[35]である。後半部はシャルコクの外で発見されたテルマであり、前半部とは成り立ちが異なる。

S僧院を現在の場所に移したアンガ・テンパツルティムはドゴンを調伏（*dam la btags pa*）する儀礼を行っており［澤仁扎西編 二〇〇六：一四二］、この時期からドゴンは僧院の儀礼の対象に含まれていたことがうかがえる。しかしカルメイ氏は「ドゴンのソカ」の存在を記憶しておらず、少なくとも彼がS僧院にいた一九五〇年代前半までは、このテクストは読まれていなかったと語る。それゆえ、このテクストが本格的に読まれるようになったのは比較的最近、一九八〇年代以降であると推測される。これは、僧侶が関与する宗教実践の範囲が以前よりも拡大していることを示唆している。いずれにせよ、ドゴンは現在では村の多くの家で読まれる最もポピュラーなテクストの一つになっており、トンドゥも「いくらでもあるから」とコピーもせずに筆者に譲ってくれた。

このように、ソカは護法神やギダなど、多様な組み合わせからなる。チョディの家の場合、先述したプルバとタクラ・メーバルに加えて、毎年護法神を選ぶ。二〇〇九年一〇月には、チョウォ・ラからアセン、シペ・ギェルモ、ソンジャ、シドゥ、そしてシウェ・ラからはクンサン・ギェルワ・ドゥパ、シェンラプ・ミボ、シェンラ・ウーカルのものを選んだ。これは、他村に住むドゥンギュのラマに頼んで選んでもらう。このラマの家系は一九五〇年代以前からチョディの世帯に何かあった時には相談役となっている。こうした、村外のラマとの関係は、S僧院の僧侶がS村での儀礼を独占しているわけではないことをうかがわせる。

ここまで述べてきたように、僧侶は儀礼を通じて、人びとが世俗の世界で生きていく上での様々な問題に対処していく役割を持つ。かれらの実践は必ずしも均一のものではなく、それぞれの世帯やS村が置かれた固有の文脈に即したものである。シャルコクにおいて、僧侶と人びとの関係の基礎となるのは親族関係である。これは「出家者」としての僧侶とは矛盾するようにみえるが、日常生活の多くの部分を家族に支えられているS村の僧侶は、家族のために儀礼を執り行うことをその活動の基礎にしている。そして、修行を積んだ僧侶がこうした活動をより多くの人びとのために広げていくことで、声望を得て高僧と認められていくのである。

注

（1）ボンポは「ボンの人」、転じてボン教徒と訳される場合が多い。また形容詞的に用いられることもある。

（2）二〇世紀初頭に敦煌莫高窟から発見された古写本類の総称。唐代以前のものを多く含み、使用言語も漢語、チベット語をはじめ非常に多様であり、歴史学上の一級資料とみなされている。

（3）チベット仏教ゲルク派の学者トゥカン・ロプサン・チューキニマ（*thu'u bkwan blo bzang chos kyi nyi ma* 一七三七～一八〇二）著の *grub mtha' shel gyi me long*（『宗義の水晶鏡』、通称『トゥカン一切宗義』）のボン教の章では、ボン教の教義がドゥル・ボン（*brdol bon*「啓示のボン」)、キャル・ボン（*'khyar bon*「逸脱のボン」)、そしてギュル・ボンという、三段階の発展を経てきたことが述べられている。この著名な宗教解説書の影響によって、チベットの知識人にはこの三段階説が知られるようになった。しかしこれはボン教徒の間ではまったく認められておらず、一一～一三世紀以降に仏教徒によって考え出された分類だと考えられている［御牧　二〇〇三］。

（4）チベット仏教におけるコンチョク・スムは仏（*sangs rgyas*）・法（*chos*）・僧伽（*dge 'dun*）であり、同様にラマへの帰依も重視される。

（5）イェシュケはボンベン（*bon ban*）という形でボン教僧を指す事例をとりあげているが、現地では聞かれなかった。

（6）ニェンギュには、大きく分けて二種類あり［Karmay 1975: 188-189］、耳による伝承すなわち直接の口伝による継承と、霊的な交感によって過去の人物から直接ビジョンを受け取る場合とがある。後者はチベット仏教ニンマ派においてはゴンテル（*dgongs gter*「精神のテルマ」）と呼ばれる。

（7）これはロテル（*lho gter* 南方宝物版）と称されるバージョンの翻訳である。

（8）チベット仏教ニンマ派にも、同様に教えを九のテクパに分類する体系が存在する。その成立の経緯は、ボン教と仏教の教義の複雑な相互関係に起因している［カルメイ　一九八七：三七六］が、ここでは立ち入らない。

（9）熊谷誠慈氏私信、二〇一一年二月。

（10）スネルグローヴがシジーの一部を翻訳したものが広く知られているが、一四世紀に書かれたボン教教義綱要書 *"Bon sgo gsal byed*"（『ボン門明示』）中のテクパ・グを扱った部分が Mimaki and Karmay［2009］として英語訳された。この中には、シジーとは異なる記述が多く含まれている。

（11）サンスクリットの upāsaka、日本語の「優婆塞」に対応する。漢語では「居士」とされることが多い。

（12）タンソンはもっぱらボン教の僧侶に対して使われることばで、チベット仏教のゲロン（*dge slong*）、日本語では比丘に対応する。所定の戒律を守るなど、高位の僧侶としての資格を満たす者の呼称である。シャルコクの口語ではゲロンということばが二五〇戒を守る僧侶に対して使われ、タンソンはほとんど聞かれない。

（13）本書では、仏教の経典と区別するためにボン教の教義体系をなすテクストを聖典と表記している。チベット語では、細長い貝葉状の紙を重ねた書物をさす一般名詞ペチャ（*dpe cha*）もしくは個別のテクスト名で呼ばれる。

（14）チベット仏教大蔵経の区分カンギュル（経部）とテンギュル（論部）に相当する。

（15）こうした二元論に、ゾロアスター教などの古代宗教の影響をみる議論もある［Kværne 1987］。

（16）これは、S村における世帯やイエを表すツォンと同じことばであるが、チベット文化圏で広く共有される概念として、あえて区別してツァンと表記している。

(17) 同美氏私信、二〇一一年二月。

(18) 後述するように、S僧院の最高位も同様にティジンと呼ばれる。

(19) 大規模な僧院であるが、慣用的に用いられる名称「ユンドゥンリン」の中に僧院を表す「リン」が含まれているため、「僧院」をつけずに表記する。

(20) このプロジェクトは、インドやネパールに難民として身を寄せていたチベット僧を、チベット研究の拠点である欧米や日本の大学に招聘するというものであった［Snellgrove 2010〈1967〉: viii］。

(21) シダクとも発音する。カルメイ氏によると標準チベット語のユルラ（*yul lha*「土地神」）と同義である。

(22) チベット仏教のヘーヴァジュラと外見上の共通点を多く持ち、仏教では「母タントラ」の意味になる名を持つ尊格［森二〇〇四：四四六］。プルバと並んで、S僧院の儀礼で多く登場し重要な位置づけをされている。

(23) **Huber**［2002］は、この「アクセスの困難さ」によって、一九八〇年代以降シャルドゥンリの巡礼はシャンシャドゥルに比べて活性化しなかったと論じる。

(24) 「修行のしすぎで狂いが大きかった」［澤仁扎西編　二〇〇六：一三七］とあり、これについてチョディは、「修行をしすぎると頭がおかしくなることがあり、そういう人だったのでふさわしくないとみなされたのだろう」と説明した。（二〇〇九年八月のインタビューより）。

(25) 八世紀に活躍したボン教徒テンパ・ナムカの息子。

(26) カルメイ氏によると、テンジン・ロドゥ・ジャムツォがS僧院から離れたのは、もともと静かな地で瞑想修行を行いたいという願望を持っていたことに加えて、当時S僧院で展開していた教義をめぐる騒動を嫌気したためである。この騒動は、ユンドゥンリンで噴出したシャルザ・タシ・ギェンツェン批判に端を発する。当時ユンドゥンリンのロポンの地位にあったツルティム・ギェンツェンは、テンジン・ロドゥ・ジャムツォと同時期にゲシェーを取得し、後にテンジン・ナムダクの師ともなった学僧である。ツルティム・ギェンツェンは、シャルザ・タシ・ギェンツェンの著作が、チベット仏教ニンマ派とボン教を同根とみなすボンサルマ（新しいボン）の影響を受けているとして痛烈な批判キャンペーンを行った。その矛先は、シャルザ・タシ・ギェンツェンと交流があったシャルコクのR僧院のラマにも向けられた。テンジン・ロドゥ・ジャムツォはかつて自分が学んだユンドゥンリンの立場を代表してR僧院のラマを批判する書簡を送り、両僧院の関係は急速に悪化した。これに続いて、S僧院内でも教義をめぐる些末な論争が頻発したため、テンジン・ロドゥ・ジャムツォはS僧院を離れることを決断した。その後、隠遁中にシャルザ・タシ・ギェンツェンの著作を読んだテンジン・ロドゥ・ジャムツォは、シャルザの主張がボンサルマとは異なるという理解に達し、自分が批判キャンペーンに荷担したのを非常に後悔したと、カルメイ氏は語る。

(27) さらに一つを加えて五戒とする場合もある。もう一戒は、肉を食べない、僧侶の服を着るなど、様々な解釈がある。

(28) Arguillère は、メンリ僧院の設立者であるシェーラプ・ギェンツェンは、サキャ・パンディタやツォンカパといったチベット仏教の重要人物と同様に、根本的な四戒を破った場合には、即座に出家者としての地位を失うという見方を共有していたことを論じる。ここでの破戒は内面の考えではなく発言や行動などで表面化することによって定義される。しかし同時に、僧侶の姿をとらない修行者も多いボン教の場合はこうした規則を一般的には定義できず、個別に判断される性質のものであるとも補足している［Arguillère 2009: 97］。

(29) 必ずしも婚礼だけではない。アムドにおけるこの儀礼については長野禎子［2008］に詳しい。

(30) チョルテンジャブ氏私信、二〇一一年六月。

(31) Karmay［1998: 246］では、トに死者儀礼は含まれないと説明される。

(32) ボン教のパギュ（*pha rgyud*）の主要な尊格の一つであり、また五種の憤怒尊「セー城の五神」の一角をなす。インド由来と推測され、ニンマ派やサキャ派でも信仰されている［Karmay 1975: 197-198］。

(33) 代表的なチョウォラーの一つであるとともに、シェンラプ・ミボの息子としても描かれ、Kværne［1995: 117］によると行者と憤怒尊の中間に位置づけられる尊格である。

(34) Karmay and Nagano eds.［2001］の ID No.087-181。

(35) Karmay and Nagano eds.［2001］の、ID No.087-85 には同著者？が記した *yul sa zhi bar bcos thabs* というテクストがあるが、このテクストとの関連性は不明である。

●第Ⅱ部　改革開放以降のボン教僧院

第三章　僧院の再建とその社会経済的基盤

本章では、S僧院が二〇世紀中盤の混乱期における活動停止を経て、復興した過程を跡づける。まず、僧院のハードウェアともいえる建物の再建と、復興前からの連続性が確保される過程をとりあげる。そこからは、S僧院が単独で復興を遂げたわけではなく、シャルコクの他の僧院や、シャルコク外部、時には国外にまでわたるネットワークに支えられてきたことが浮かび上がる。そこでは宗教的知識の継承が最重要視され、高僧を中心にしてその継承ラインが確保された。また、ある僧侶のライフストーリーから、宗教活動の停止が個人にどのようにとらえられたかをみていく。これらを踏まえて、復興後のS僧院が、過去の再現にとどまらず、活動をさらに活性化させていく過程とその背景を論じる。

一　混乱期のS僧院

中華人民共和国が建国された一九四九年は、テンジン・ロドゥ・ジャムツォが一七代目僧院長兼ロポンとなる前年のことであった。その後、共産党政権の政策の影響は徐々にS僧院にも及び、一九五〇年代後半までには僧院は活動停止を余儀なくされ、僧侶の外部への脱出も相次いだ。この時期の記述は文献の中には非常に少ないため、一九七三年から一九九五年まで村長を務めたロジェ（一九三五年生まれ）や、S僧院の管理委員会主任として再建を支えたティボ（一九三六年生まれ）の話から再構成する。

ゴワや地主たちは、一九五〇年代初頭の土地改革によって土地や財産を没収され、村民への再分配が行われた。ゴワの家は破壊され、かつて地主が住んでいた住居は郷政府の施設となった。この頃までは僧院と僧侶たちに直接の影響はなかったが、一九五八年の反右派闘争(1)をきっかけに僧侶は反革命分子とみなされ、還俗が始まった。建造物が影響を受け始めたのは一九六二年のことである。その頃手狭になっていた郷政府の施設を移すため、かつてシェーラプ・テンペーギェンツェンが住んでいた僧院内の建物が接収された。文化大革命が始まってからの一九六八年には、僧院の中心であった集会堂が破壊され、その木材は漳腊に運ばれて礼堂(2)の建設に用いられた。

一九七〇年になると、集会堂の場所に新たに政府の建造物が建てられ、周囲の建物も政府施設として改装された。この際に、郷政府の施設となっていたシェーラプ・テンペーギェンツェンの住居は解体され、木材がこれらの改築に使用された。ティボは、一九五〇年頃のS僧院はシャルコクの中でも最も豊かで栄えていた、と語る。政府の施設がS僧院に設置されたことは、逆にS僧院の存在感を示すものであるといえよう。

この時代のS僧院について、一つの興味深いエピソードが語り継がれている。「解放軍のメモ」をめぐるこのエピソードは、僧院の破壊と復興について話を聞いた老齢の人びとから必ずといってよいほど聞かれるものであり、破壊に対する無念さと、共産党との複雑な関係を物語っている。それは次のようなものである。

長征の途中、成都方面から北に向かう紅軍の部隊がシャルコクに来て、S僧院に立ち寄った。かれらはとてもお腹が空いていて、僧侶たちは食事を提供して一日休ませた。部隊のリーダーは非常に感謝して、持っていた短冊にメモを書いて、小さな印鑑を押して、これをよく保存しておいてくれといって僧侶に託した。後になって、これを松潘県の政府に持って行くと、軍の宿泊にかかった費用などを全部出してくれた。しかしその時にメモを公安局に提出してしまったので、メモは手元に残らなかった。もし崩されるに時にそのメモがあったら崩されずに済んだかもしれない。ちょうどチベットの僧院みたいに。(3) シャルコクでは、S僧院だけが紅軍を厚遇したから、せっかくそのメモをもらえたのに。(二〇〇九年八月のティボへのインタビューより)

これがどこまで事実を反映しているのかは定かではないが、紅軍に協力的であったことが何らかの影響を及した可能性は否定できない。例えば、S僧院と同じくシャンパクをルーツとし、歴史的に関係が深いゾルゲのダチェン(*mda'chen*)僧院にある築二〇〇年といわれる集会堂は、破壊されることなく現在まで残っており、ダチェン僧院の僧侶は、長征の際に宿泊施設となったために破壊を免れたと説明する。いずれにせよ、長征の時期にはこのような交流が行われていたことを示すとともに、なんとかして破壊を免れたかったという無念さを示す事例でもある。

一九六六年に始まった文化大革命の影響は、僧院から離れていた高僧たちにまで及んだ。老齢のテンジン・ロドゥ・ジャムツォに代わって、一九五〇年代末から一八代目僧院長を務めていた僧侶は逮捕されて獄中で過ごし、文化大革命の終息とともに解放されたが、僧院に戻ることなく死去した。テンジン・ロドゥ・ジャムツォも一九六六年に大字報(4)によって批判され、紅衛兵によって漳腊に連行されて批判闘争を受けた。しかし、S村のチベット族幹部の一人が、S村でも批判闘争を行いたいという建前で、彼をひそかに連れ戻し、親族の家にかくまった。彼は文化大革命の終息を見ることなく一九七五年に死去したが、それ以上影響を受けることなく過ごすことができた。ティボは、これはその幹部と漳腊の政府内に個人的なコネがあったからできたのだ、と回想する。

建造物の破壊や、高僧の拘束、僧侶の還俗など、活動の基盤を失ったことで、S僧院は外見上その活動を停止していたように見えるが、上記の事例からもわかるように、高僧の求心力が完全に失われたわけではない。僧侶たちは家でひそかに修行を続けており、教育もインフォーマルな形で行われていた。例えば、現在S僧院の管理委員会主任を務めるガワン（一九七〇年生まれ）は、テンジン・ロドゥ・ジャムツォの弟子のもとで幼い頃からチベット語の読み書きや基礎的な学習を始めていた。他にも、ひそかに自宅で学んでいた僧侶は多かったといわれる。

また、各世帯での儀礼や、所定の儀軌に則った葬儀なども禁じられていた。S村ではもともと土葬と火葬が一般的であったが、儀礼を行わず埋葬のみが許された。この時期に最もつらかったのは葬儀ができなかったことだった、と元村長は述懐する。しかし屋内での儀礼はひそかに行われていたようである。この頃の状況について、ある老齢の男性は、「人びとは巡礼やマティ（ボン教のマントラ）を唱える勇気がなかった。でも、心の中の気持ちを抑えることはできなかった。堂々と坊さんに儀礼を頼むことはできなかったが、夜、まっくらな時、人がいない時にこっそり、いい坊さんを訪ねていったこともあった。その頃は豊かではなかったから、ツァンパを少しとか、一元とか五角とかを持ってきていた。たまにゴツェ（蒸しパン）を持って行く人もいた。他には何もない。開放後に何でもできるようになった。」と述べている。

このように、表面的にはその活動は姿をひそめたとはいえ、人びとがボン教から完全に離れたわけではなかった。また、様々な聖典、テクスト類や塑像、タンカが僧院から撤去されたが、人びとが分担して隠したため、現代まで残されているものがある。例えば、一九八〇年代の復興後最初の僧院長を務めたロゾン・ジャムツォ（*blo bzang rgya mtsho*. 一九二八～一九九三?-）が、一九五〇年代に中央チベットから持ち帰ったテクストは、失われることなくS僧院に保管されている。またテンジン・ロドゥ・ジャムツォをはじめとする高僧とその弟子たちも、ひそかな活動を通じて知識の継承と儀礼の実践をぎりぎりのところで可能にしていた。こうした活動が、埋もれていた種が芽吹くように、一九八〇年代以降の復興を支える原動力となったのである。

二　S僧院の再建と僧院ネットワーク

1　地域レベルでの復興と知識の継承

一九七六年に毛沢東が死去し、四人組の拘束によって文化大革命は終息したが、毛沢東の後を継いで共産党主席となった華国鋒は、当初毛沢東路線の完全な継承を掲げ急激な路線転換には消極的であった［姫田ほか 一九九三：二六〇―二六一］。それに対して「思想解放」と「実事求是」を掲げる鄧小平が徐々に主導権を掌握し、一九七八年の中国共産党第一一期中央委員会第三回全体会議（一一期三中全会）において、改革開放による経済政策の転換とともに、思想の開放と文革による失脚者の名誉回復が決議された。この決定をきっかけにして宗教政策が見直され、宗教復興が始まったと位置づけられている。

シャルコクでも、集団生産制の解体を受けて自由裁量の生産活動が可能になった人びとの間で、僧院の再建へ機運が高まった。還俗していた僧侶たちの中にも再び僧侶となる者が多く出た。早くも一九七八年には、空き地になっていたS僧院の敷地にテントを張って年中行事が再開された。一九八〇年にシャンシャドゥルの巡礼が再開［Huber 1998: 2002］されると、シャルコク全域から多くの人びとが参加した。それに続いて、いよいよ僧院の再建が現実味をおびてきた。

当時、松潘県での宗教施設の建設は、宗派ごとに一カ所のみ許可すると定められた。すなわち、ボン教、チベット仏教ゲルク派[5]、回族のイスラーム教に対して、一ヵ所ずつの建設が許可されたのである。かつて多くの僧院を有したボン教徒たちは、一つだけを選んで再建することが困難であった。そこで、S僧院を含む有力な五つのボン教僧院の僧侶たちが協議した結果、新たな僧院を建設することとなった。それが、シャンシャドゥルの麓に建設されたG僧院である。この地にはもともと僧院があったが、その正面にあたる、幹線道路に面した土地に集会堂が新設された。後に、以前の僧院も再建され、漢語で「G古寺」の名が冠せられた。現在この二ヵ寺は別の僧院として運営されている。

シャルコクのボン教僧院は、同じ谷にあるとはいえ、それまでは異なるゴワが治めるショカにあったこと、それぞれが異なるルーツを持つことなどから、相互の交流は少なかったといわれる。復興が一段落した現在でも、日常的に交流があるわけではない。当時、シャルコク全域のボン教のあり方を左右するこの事態に直面して、すべての僧院から僧侶がG僧院に集結し、復興へと足並みを揃えたのは空前絶後のことであった。

G僧院の中心メンバーとして迎えられたのは、混乱期を生きぬいた老僧たちであった。僧院長に着任したシェーラプ・ラマ（一九三四年生まれ）はS村の出身で、S僧院で修行した後、中央チベットのいくつかの僧院で学んだ。文化大革命の時期に拘留されたが釈放されて再び僧侶となり、その学識の高さと人格によって、人びとから推挙された。松潘県を代表して再建されたG僧院の僧院長は政治的にも重要な地位にあり、シェーラプ・ラマは長く県の仏教協会の幹部を務めるとともに、一九九九年には松潘県人民政治協商会議[6]（県政協）の副主席となった。現在でも、松潘県を代表する「活仏」としてガイドブックでも紹介されている［達爾基、尕讓他編 二〇〇二：一三］。

また僧院の実務を担当するG僧院管理委員会主任に着任したワンデン（一九三五年生まれ）はS村の隣村の出身で、S僧院で修行をし、一九五九年に一旦還俗していたが一九八〇年に再び僧侶となった。彼は後にS僧院の再建にも関わることになる。かれら二人はともにテンジン・ロドゥ・ジャムツォの弟子であり、ルントク・テンペーニマやカルメイ・サムテン・ギェンツェンといった人物たちとともに学んでいた。

教育を担当するロポンに着任したのはガゾン・タッジェ（*skal bzang dar rgyas*, ?～一九八四）であった。彼はシャルコクの南側に位置するR僧院の出身であり、R僧院で学んだ後に甘粛省のゲルク派の大僧院ラプランで五年間、さらにラサにあるゲルク派三大本山の一つデプン僧院で六年、またボン教教学の中心地ユンドゥンリンに三年滞在した学僧であった。彼がユンドゥンリンにいる頃に文化大革命が始まり、出身地の外にいることが許されなくなったため、実家に戻って生活していた。一九七八年頃からシャンシャドゥルの山中にある洞窟で瞑想修行を開始していたが、人びとに請われてG僧院のロポンとなった。この時に六〇人ほどの若い僧侶が彼の弟子となった。

かれらは改革開放後に最初に僧侶になった世代であり、その多くが、各僧院で二〇〇〇年代以降に中心的な役割を担うようになっている。S僧院のロポンであるアク・プンツォもその一人である。アク・プンツォは、ガゾン・タッジェがボン教のみならず、様々な宗派の歴史や教義に精通していたと語っている。またS僧院の僧院長ユンドゥン・ラマや、管理委員会主任のガワンもガゾン・タッジェの下で学んだ経験を持つ。

S僧院とR僧院は、創建者がシャンパクの系譜に連なるという共通点を持つ。しかしある僧侶によると、一九五〇年代には、教義をめぐる論争の影響もあって、両僧院の関係は必ずしもよいものとはいえなかった。それにもかかわらず両僧院出身の僧侶がG僧院の指導者として連携し、知識を下の世代に伝えたことは、個別の僧院という枠を越えてシャルコク全体の宗教復興が強く望まれたことを物語っている。

かれらをバックアップしたのが、ゾルゲのアシ・シャンツァン僧院長、ティメー・オーゼー（*dri med 'od zer*, 一九三五年生まれ）である。ティメー・オーゼーは、シャンパクの直系の転生とされる著名な高僧であり、学僧として著作も多い。S僧院の僧侶から「シャルコク、アバ、ゾルゲのすべてのボン教徒はアク・ティメーの弟子だ」という発言が聞かれるように、シャルコクよりも一段広いレベルの地域に広く影響を持つ存在であることがわかる。一九八〇年代初頭、彼は創建されたばかりのG僧院を訪れて僧侶たちに請われて灌頂を与えるとともに、特に不足していたツェンニー関連の文献を贈った［Dri med 'od zer 1999: 194］。ガゾン・タッジェが世を去った時にも、再びG僧院を訪れて弟子たちを励まし、活動を続けるように説いた。第五章でみるように、彼はS僧院における僧侶教育の再構築の際にも強い影響力を発揮している。彼の関与は単に地理的な近さに基づくものではなく、歴史的に構築された関係を踏まえたものであり、こうした関係が僧院の再建に伴って可視化されてきたことを示している。

ガゾン・タッジェの後、G僧院のロポンは空席となった。G僧院の集会堂内部にあるロポンの席には現在でも彼の写真が飾られており、その存在感の大きさを示している。これは適任者がいなかったというよりも、彼の死と前後して一九八〇年代中盤から他の僧院の再建許可が出されるようになったためである。僧侶たちは、多くが自分の出身僧院へ戻り、再建に従事した。G僧院の僧院長シェーラプ・ラマは、その後もシャルコクのボン教徒の指導的地位にあったが、高齢のため二〇〇七年頃引退し、R僧院出身の僧侶が新たに選ばれた。旧暦一月と六月には大規模な儀礼が行われ、五つの僧院が持ち回りで担当している。このようにG僧院は現在に至るまでシャルコクのボン教僧院を代表する地位を維持しているが、宗教復興の中心は各僧院と集落に移ったのである。

2　S僧院固有の文脈の顕在化

S僧院の再建が本格的に始まったのは一九八五年頃である。一九代目僧院長となったのが、ロゾン・ジャムツォである。彼はテンジン・ロドゥ・ジャムツォの弟子であり、幼い頃からS僧院で修行を行った後、チベット高原各地に遊学して、様々な宗派の僧院で学んだ。彼は一九七八年頃から、シャンシャドゥルの洞窟でガゾン・タッジェたちと瞑想修行をしていたが、人びとの求めに応じて山を降りた。彼は僧院再建の資金を集めるために奔走し、一九九〇年代に死去するまでに集会堂など僧院の中核となる施設の再建を指揮した。彼をはじめとするテンジン・ロドゥ・ジャムツォの弟子たちは、若い僧侶の教育にもあたり、一九九〇年代までのS僧院を支えていた。G僧院と同様、再建を支え、教義に関する知識の継承を進めたのは混乱期を生きぬいた年長の僧侶たちであった。

僧院の再建には、宗教的知識の継承だけではなく、政府との交渉や資材の調達など、実務的な作業が多く必要とされた。そこで大きな役割を果たしたのが、前節に登場した管理委員会主任のティボであった。彼は幼い頃にS僧院で修行をはじめたが、特に役職を持たない一般の僧侶だったので拘束されることもなく、文化大革命が終わるまで還俗して実家で暮らしていた。すぐれた建築・設計の技術を持っていたので、改革開放後はS僧院だけでなく、シャルコク内外のボン教僧院の再建に協力してきた。インドに移動した僧院とは別に、西藏自治区のユンドゥンリンの再建にも関与している。彼は僧院の再建にあたって、政府、村の人びと、僧院の調整役を担う存在であった。

ティボによると、再建はすべて人びとからの寄付によって賄われた。当時僧院には現金がほとんどなく、僧侶たちの食事はほとんどが湯で練ったツァンパのみであった。このような状況の中、ロゾン・ジャムツォたちは自ら寄付を求めて各地を訪れた。夏にはゾルゲの草原に向かい牧畜民からバターやチーズを、冬にはS村などの農民から穀物を分けてもらい、漳腊や県城などで売却して資金を集めた。交通事情も悪く、舗装されていない道をウマに乗って移動したが、ウマもやせ衰えてしまうほどだった、と彼は語る。また数は少なかったものの、比較的裕福な人びとや、文化大革命の際に財産を隠していた人びとからは直接現金が寄付された。特に多くの寄付をしたのはインド在住のルントク・テンペーニマの生家であり、当時としては破格の一〇〇〇元が提供された。他にも僧侶の親戚は、特に多くの資金を提供したといわれる。

この資金によって、まずティボは政府に接収されていた施設や物品を買い戻した。集会堂の脇にある、もともと僧侶の住まいだった建物は接収されて学校になっていたが、これを松潘県の文教局から取り戻し、のちに管理委員会が入る建物とした。またS僧院で最も古いといわれる、直径一メートルほどの銅製の大鍋も買い戻した。これは僧院の台所にあったもので、僧侶たちの食事を作るために用いていた。

一方で、僧院の中心となる集会堂の再建は木材不足のため困難を極めた。接収された木材は取り戻すことができず、一から集めることになったためである。山林の伐採権は県政府の管理下にあり、当初は許可が下りなかった。

この状況を救ったのが、当時の村長ロジェをはじめとする村の幹部であり、生産隊の倉庫（部屋が七つある大きなものだったといわれる）を解体してまるごと木材や瓦を提供したのである。この動きに合わせて、自宅の一部を壊して寄付する者が多く出た。これによって基礎の骨組みを組むことはできたが、木材はまだ足りなかった。そこでティボは粘り強く政府と交渉を繰り返した。県レベルでは埒があかず、国家レベルの幹部にまで話を通してやっと認められた、とティボは語る。伐採には僧侶たち自らが向かい、山から木材をトラクターで運び出した。これによって、徐々に資材が集められた。こうして徐々に進められた再建は、政府の公的な資金提供がある程度あったといわれるG僧院とは対照的である。

集会堂の再建には僧侶と村の人びとに加えて、村外から雇った漢族の職人が参加した。ティボはS村、A村、B村の村長に要請して、一世帯あたり一人の参加を義務づけてもらった。漢族の職人には給料を支払ったが、集落の人びとにまで払う余裕がなかったので、作業の最終日に僧院で酒食を提供して宴会を開いた。報酬がなくとも村の人びとがこの作業に参加したことは、この再建が単なる労働とはとらえられていなかったことを示唆している。作業は急ピッチで進み、一九八五年から一九八六年にかけての数ヵ月で完了した。

その後、僧侶たちの主導により堂内外の装飾が行われた。作業には、青海省などから来たチベット族の職人も参加した。外壁の壁画を描いたのはG僧院から招かれたバジンチョという僧侶で、描画の技術にすぐれていたために特に頼んだという。設計技術を持っていたティボもそうであったが、こうした技術を持つ人びとは特定の僧院にとどまらず、広範囲を移動してその技術を提供していた。このように、集会堂の建設は集落の人びとを中心としながら、政府や労働力としての漢族、技術者など多くの人びとが関与する中で進められてきた。

集会堂がその姿を整えるに従い、インドからの高僧の訪問が相次いだ。まず、七日間にわたる開眼法要が、当時インドのメンリ僧院でロポンを務めていたテンジン・ナムダクの主宰によって行われた(7)。この時にはシャルコクのすべての僧院から僧侶が一堂に会した。また、ルントク・テンペーニマも一九九四年と二〇〇四年の二回にわたってS僧院に「帰郷」している。こうした動きを通じて、S僧院はインドで形成されていたメンリ僧院を中心とするボン教教団との接点を持ち始めた。

対照的に、S僧院とシャルコクの他僧院との関係は限られたものになっていった。二〇〇九年の時点で、シャルコクの僧侶が一堂に会する機会はG僧院の行事に限られ、S僧院の僧侶が他の僧院で活動する事例は観察されなかった。S僧院の僧侶にもシャルコクの他僧院の出身者は一人も含まれていない。一方、ゾルゲやテウォなど、シャルコクの外部にあるシャンパクをルーツとする僧院から訪れる若い僧侶が増加している。かれらはS僧院の年中儀礼にも参加し、楽器の演奏など儀礼の役割を分担していた。この動きについては次章で詳しく扱う。

S僧院では、シャンパクの子孫による継承は六代目僧院長の時に途絶えており、シャンパクをルーツとする僧院の間に実際の親族関係はない。しかし、再建されたS僧院の集会堂にシャンパクの像が祀られていることからも、シャンパクから連なる継承が記憶され、再生したことがわかる。その記憶を共有する僧院同士の関係が再構築され、S僧院の再建に重要な役割を果たした。それは、シャルコクという特定の地域にとどまらず、地域を越えた移動や交流の累積としてのネットワークが、宗教実践の存続の重要な一端を担っていることを示している。

その後、S僧院の建物は徐々に整備が進み、破壊されていた門や周囲の巡礼道も再建され、最終的にもとの僧院の形をほぼ取り戻したのは二〇〇三年頃のことであった。これを経済的に支えたのは、人びとの生業の変容と現金収入の増加による寄付の増加、そして二〇〇一年から始まったS僧院の公開に伴う入場料収入であった。

ここまでみてきたように、宗教復興の場がG僧院からS僧院に移るにつれて、S僧院固有の背景が顕在化してきた。改革開放を経て、外の社会との接触が多少なりとも可能になると、S僧院はシャルコクに基盤を置きながらも、シャンパクやインドのメンリ僧院などを軸にして形成される、より広い僧院ネットワークへと接続されるようになったのである。

三　破壊と復興を生きぬいた僧侶

ここでは、第二章でも登場したチョディ（一九三五年生まれ）のライフストーリーをとりあげ、S僧院の復興を個人の視点から照射する。一九五〇年代以降、S僧院の僧侶たちは僧院の破壊と自らの還俗を経験した。かれらの多くは結婚して集団労働に従事し、中にはそのまま俗人として生を終えた者も少なくない。一方で、一九八〇年代以降、再び僧侶になることを選択した人びとは、僧院の再建において中心的な役割を果たした。かれらは、協力して僧院の再建に尽力したが、同時に還俗したことについて常に葛藤を抱えていたことも浮き彫りになる。

チョディはS村に生まれ、一九五〇年代以前のS僧院の姿を知る、数少ない人物の一人である。彼は一人息子で、母と二人暮らしであったが、一一歳の時に僧侶になり、一五歳になるとテンジン・ロドゥ・ジャムツォの弟子になった。当時テンジン・ロドゥ・ジャムツォはS僧院で本格的にツェンニーを教え始めた時期であり、チョディはカルメイ・サムテン・ギェンツェンやルントク・テンペーニマ、シェーラプ・ラマたち(8)とともに約二〇人が一組で、日夜議論に明け暮れた。彼にとって、テンジン・ロドゥ・ジャムツォの弟子であったことは大きな誇りになっている。それは、師が偉大な学者であったことだけではなく、同門の人物が国内外で様々な形で活躍しているからだ、と彼は語る。

チョディが僧侶になった一九四〇年代後半は、僧院は非常に豊かであり、二〇〇人ほどの僧侶がおり、楽器や法具もすべて銀製で、りっぱなものだったという。しかし、彼自身は一〇年近くの修行を通じてかなりのレベルまで学問を修めたものの、家が貧しかったためゲシェーの学位を取得するための資金を準備できなかった。当時の様子を彼は以下のように語る。

「ゲシェーの授与式では、すべての僧侶に銀を渡さないといけなかったが、家には母が一人だけで、キョウダイもいなかったから、用意できなかった。師匠も協力して資金を集めようとしてくれた。ルントク・テンペーニマは、兄が地主だったので、兄に資金を援助してもらえるように頼んでくれた。彼は、本来金はあってもなくても同じようなもので、絶対必要なものではないから出してあげてと頼んでくれた。しかしその後、彼の兄は土地改革で財産を没収されて、私を助けようにも助けることができなくなった。」（二〇〇九年八月二六日のインタビューより）

当時すでにS村は共産党政権の支配下に入り、僧院や村の生活にも大きな変化が始まりつつあった。チョディの家にはほとんど財産がなかったが、土地改革に伴ってチョディと母親はウマ一頭、ウシ二頭と土地を分配された。ほどなくして、ゲシェーを取得していたカルメイ・サムテン・ギェンツェンとルントク・テンペーニマは、それぞれ中央チベットへ移動し、その後インドへと脱出する。一九五五年頃のことであった。S僧院を離れる日の朝、暗いうちにカルメイはチョディの家まで来て、一緒に行かないかと誘ったが、チョディは母親がいるから置いては逃げられない、といって断った。その時のことはずっと忘れられないと彼は回想する。

彼がテンジン・ロドゥ・ジャムツォの弟子として修行を続けられたのは、一九五八年頃までだった。この時期に、S僧院の何人かで峨眉山に巡礼に行ったことが印象に残っていると彼は語る。峨眉山は四川省にある中国仏教の聖地であるが、ボン教の聖者ツェワン・リンジンとも関連があるといわれ、現在でもS僧院の僧侶には訪れる者が多い。政府によってS僧院の活動が停止させられると、僧侶は全員が実家に戻って労働に従事した。この時期には大躍進運動が展開し、老若男女を問わず集団労働に参加した。チョディは、「母は年老いており何もできず、自分も労働のことは何もわからなかったが、とにかく働いた」と語る。

彼は畑仕事をしたり、民兵をしたりして生活を続け、一九六三年頃には合作社の財務管理の仕事を得た。そして結婚することを選び、二九歳で結婚して五人の息子をもうけた。長男は村内の他の家に婿に入り、その後川主寺鎮政府の幹部になった。次男は現在S村村民委員会書記を務める。三男は早世したが、四男は現在成都の西南民族大学でチベット文学の教員を務めている。また五男は、ラサで政府に勤務したが若くして亡くなった。チョディは貧しかったため搾取階層とはみなされず、家族も公的な仕事につくことができた、と語る。

改革開放後も、チョディは一九八三年頃まで僧侶にならなかった。僧侶になることが恥ずかしく、葛藤を抱えてきたことを、彼は以下のように語る。

「坊さんにはなりたくなかった。以前坊さんになったが、結婚もしたし、いい坊さんではなかったから。シェーラプ・ラマは文化大革命の時に家に戻っていたが結婚はしなかった。だから私はいい坊さんではない。実際恥ずかしかった。だがロゾン・ジャムツォが坊さんになるようにと言った。あなたは学問もあるし、何でもわかるから坊さんになっていろいろ手伝ってくれ、と。だから、一九八四年頃から三年四ヵ月ほどG僧院に行って、若い人たちに教えるようになった。」（二〇〇九年八月二六日のインタビューより）

チョディは一九五〇年代以前からの知識を受け継ぐ一人として、G僧院で若い僧侶の教育に協力した。また、再建途中のS僧院に集会堂がなくテントのみだった頃、僧院最大の行事「マティ・ドゥチェン」を再開し、チャム（仮面舞踊）を演じた際にも尽力した。ロゾン・ジャムツォや他の僧侶たちとともに、彼の名前がS僧院の歴史の中に功労者として記載されている〔澤仁扎西編 二〇〇六：一五六〕ことは、彼の役割の重要性を物語る。

だがこの後も、彼は専業の僧侶となることにためらいを覚え続ける。一九八〇年代後半、S僧院の集会堂が完成した頃には彼はS僧院を離れ、県城に住んで生活用品を扱う小売店を経営するようになった。そして一九九五年ごろ、商売で得た資金をもとに、S村に家を建てた。その頃には成長していた次男に商売を任せるようになっていた。この次男が、第一章でとりあげた、乗馬体験施設を展開する企業のソナムである。

S村に戻ってくると、チョディは人びとから日々の儀礼を頼まれることが多くなった。そこで、ときおり僧侶の服を着て活動するようになった。チョディは人びとから日々の儀礼を頼まれることが多くなった。そこで、ときおり僧侶の服を着て活動するようになった。また僧侶になることは恥ずかしかった、と繰り返し彼は語り、「私はただのゲニェン（戒律を守っている俗人）だから……」と苦笑いする。とはいえ、その頃から彼は僧院の主要な行事にはすべて参加するようになり、S僧院の僧侶の最長老としての扱いを周囲から受けるようになった。若い僧侶に話を聞いている時、教義から村の歴史までわからないことがあれば「アク・チョディに聞いてくれ」といわれたことが何回あっただろうか。そして彼は非常にたよりがいのあるインフォーマントになった。かすれた声で長々と語られるその話は時に難解を極め、「カルメイにチベット人のいい弟子がいれば知識をすべて受け継いでくれるのになあ」という述懐を聞いた時は、筆者は自分の絶望的な「知識のなさ」を痛感した。しかし、彼の自分の持っているものを伝えたい、という強い意志は筆者の心に深く響きわたり続けている。

チョディが抱いていた、「僧侶であること」に対する複雑な思いについてもう少し述べよう。一度僧侶になると生涯戒律を守った生活を続け、還俗が一般的ではないかれらにとって、僧侶としての生を断ち切られたことは大きな屈辱、負い目として残っている。二〇〇九年の秋、京都大学文学研究科の研究室で、チョディが僧侶をしていることをカルメイ氏に話すと、「あいつはまだ坊さんをやっているのか」と驚き、苦笑いしながら懐かしそうな表情を浮かべた。カルメイ氏は一九八〇年代中盤に一度シャルコクに帰っているが、それ以来二人は会うことはなかった。チョディの求めに応じて、一度筆者は京都から国際電話をつないだことがあり、その時チョディは涙を流して喜んだ、と後に聞いた。

チョディは、自らは僧侶であることへの葛藤を抱える一方で、僧院の復興・存続に熱意を持ち続けた。S僧院はロゾン・ジャムツォの没後、後継者が決まらない時期が数年続いた。この頃のS僧院は本当に危なかったという発言が、多くの僧侶から聞かれる。当時チョディは、管理委員会の一員として会計などを担当し、僧院の運営の中核を担うようになっていたため、後継者問題にも深く関わることになった。

この頃のことを彼は次のように回想する。ロゾン・ジャムツォの後継者は、僧侶からの推挙で決定することになったが、誰を選ぶかで全く意見がまとまらなかった。まず、B村出身の僧侶が選ばれたが、すぐにやめてしまい、S僧院からも離れて隣の九寨溝県へ隠れるようにして去っていった。彼もまた還俗後僧侶に戻った人物であるが、自分には僧院の長は責任が重く、やる気が保てないといってやめてしまった。その後、一九九四年にS僧院に帰郷したルントク・テンペーニマがこの事態をみて、後継者としてランブン（一九四〇年生まれ）を指名した。しかし、彼もまた三年後には僧院を離れ、ギャロンの聖山ムルドの洞窟で修行を始めてしまった。この顛末にも、僧侶をやめたことに対する葛藤が関わっていた、とチョディは次のように回想する。

「当時私は、なぜまじめに務めないんだといってランブンを叱った。そうすると彼は、自分は結婚こそしなかったが、いい坊さんをしていなかったから、責任ある仕事だからできないといってやりたがらなかった。だから自分もそれ以上は何もいえなかった。ランブンが、文革中に労働改造を受けて大変苦労したことを知っているから。」（二〇〇九年八月二六日のインタビューより）

僧院長の地位はまた空位となったが、復興後に僧侶になった世代であるユンドゥン・ラマが選ばれて、ようやくこの問題は解決することになった。さらに、ユンドゥン・ラマと同世代のアク・プンツォがロポンに就任したことでS僧院は危機的状況を脱したといわれる。このエピソードからも、還俗後に再び僧侶になった世代がS僧院の復興を大きく支えている反面、かれら個人のレベルでは、還俗の経験と「良い僧侶であること」という理念との間で大きな葛藤を生むことになったということが示されている。この葛藤は完全に解消されることはなく、還俗を経験していない世代に僧院の主導権が移るまで、不安定な状態を生み出したのである。

一方でチョディの世代には、かつての知識を受け継いでいる最後の世代だという自負も強く残っている。チョディは、たびたび「自分たちの世代がいなくなると、もう本当の知識を受け継ぐ人がいなくなる。残念だ。」と述懐する。そして師であるテンジン・ロドゥ・ジャムツォの著作集の編集に協力したり、西南民族大学の教員である四男に文献の注釈を日常的に聞かせたりするなど、自分の持っている知識を可能な限り伝えようという姿勢を持ち続けている。還俗に伴う葛藤を経てなお、知識を伝えることが大きな意味を持って彼を突き動かしてきた。

生きているうちに旧友のカルメイ氏ともう一度会いたい、という思いを強く持っていたチョディは、早く帰ってくるようにという伝言をたびたび筆者に託した。それをカルメイ氏に改めて伝えたのは二〇一〇年夏、カナダ・バンクーバーでの国際チベット学会会議の会場であった。それに応えるように、彼は秋に北京の中央民族大学に客員教員として招かれた際、講義の合間を縫って帰省することになった。ようやく二人は会えるのだという感慨を持ち、筆者はバンクーバーを離れた。

そして数ヵ月がたった頃、筆者に届いたカルメイ氏からのメールは予想もしていないものであった。チョディはカルメイ氏がシャルコクに帰るわずか三日前、他の僧侶とともに離れた集落での儀礼から帰る途中、幹線道路を他の僧侶たちと歩いていたところ、暴走気味のトラックにはねられ、死亡したというのだ。ただただ悲しいと書かれたメールをみて、ことばを失った。チョディの遺体は遠くゾルゲの草原まで運ばれ、肉と骨のすべてをハゲワシなどの鳥に与える鳥葬により葬られた。S村では通常行われないことであるが、「最もきれいなやり方だから」とアク・プンツォらが決めたという。この結末がチョディ本人にとってどのようなものであったか、それを知るすべはもはやないが、少なくとも、彼が葛藤を抱えつつ、自分の役割を全うすることへの意志を常に持ちながら、S僧院の破壊と復興を生き延びてきたことは確かである。

四　復興からさらなる発展へ

1　S僧院の観光地化をめぐる葛藤

再建を遂げたS僧院は、ほどなく観光地化と経済発展の波を受けることになる。一九九〇年代後半以降の社会経済状況は、S僧院に新たな局面をもたらした。それまでは一九五〇年代を一つのモデルとして、その再現と知識の継承を行うことが人びとの大きな関心であった。しかしこの時期からは、僧院をとりまく急激な社会変容に対応しながら、いかに宗教実践を存続させていくのかが主眼になった。二〇〇〇年代中盤以降、僧院の活動はさらに活性化していくことになるが、その前段階として、観光地化を通じた漢族社会との大規模な接触を経験した。

シャルコクは常に漢族社会と接してきた歴史を持つとはいえ、それまでの接触は元来この地域に住んでいた人びとや商人、もしくは政策を通じた政府とのものに限られていた。それが、一時的な通過者としての観光客が絶えず訪れ、僧院に足を踏み入れるようになったのである。一九九〇年後半からアムドのチベット社会の僧院ではこうした公開が進んできたが、広く門戸を開くことは、いかにして僧院の環境を観光客や他民族と共存しながら保持するかという問題を生み出した［Uehara 2011: 190-195］。これは他方では僧院に定期的な現金収入をもたらし、設備の補修などが可能となるメリットがあるが［Uehara 2011: 195］、人びとは観光地化がもたらした利害関係をめぐって葛藤することになる。

一九九〇年代、九寨溝と黄龍自然保護区の観光開発が進むにつれて、その影響は僧院にも及ぶようになり、観光資源として僧院を活用する動きが出始めた。最も早い時期に外部に開放されたのはG僧院と、川主寺鎮にあるツォツァン僧院であった。Schrempf and Hayes［2009: 300］によると、G僧院では一九九六年時点で中国語・英語のパンフレットが配布されていた。ただし、これはまれに訪れる観光客向けであった。本格的なマス・ツーリズムの展開による観光客の到来は二〇〇一年頃であり、S僧院が観光客向けに公開されたのもその頃であった。シャルコクのボン教僧院のうち、公開されたのは幹線道路沿いにあるこれら三つの僧院であり、いずれもツアーの途中に立ち寄ることを前提とした「立地の良さ」が特徴である。

S僧院の公開は、最初は外部の企業による働きかけがきっかけとなった。二〇〇一年、四川省の楽山市(10)に拠点を持つ漢族の観光開発会社の社員が僧院を訪れ、公開業務を請け負うという話を持ちかけたことである。この契約では、公開に伴う収入のうち一年間で八万元が僧院の取り分になる代わりに、その他の収入はすべて企業のものになるというものであったが、結果的に入場料収入は八万元をはるかに越え、企業のほうが莫大な利益をえることになった。ある僧侶は、「当時我々は何も知らなかったので、外部の者に大もうけさせてしまった」と語る。二〇〇二年前後には、S僧院に限らず僧院と外部企業の間にトラブルが頻発し、政府の介入によって僧院の公開が停止された事例があったことが報告されている［白瑪措　二〇〇四］。

二〇〇二年頃のS僧院は、漢族や僧侶でない者が、一見僧侶に見える赤い服を着てガイドとして僧院の歴史を説明し、しかもその説明には誤りや誇張が多かった。また、僧院の集会堂周辺は観光客向けの香や護符の販売所と化していた(11)。さらに、販売されているものは市価よりはるかに高い値段で売られていた。この香や護符はS僧院で日

写真 3-1　僧院内に設けられた「平安符」の貼付場所

常的に使用される種類のものではなく、完全に観光客向けの商品であった。ツォツァン僧院でも巨大な香が一本六〇元で売られていた［Schrempf and Hayes 2009: 305］ほか、数元で用意できるバターランプも一つ六〇元であった。二〇〇九年の現地での物価（牛肉麺一杯五～六元、S村から県城までのタクシー代九元）からみても異常な高値であることがわかる。

　このトラブルを経て、S僧院では観光客向けの事業は僧院の直接経営に移った。二〇〇六年夏には約一〇名の僧侶がガイドを行っており、香や護符などの販売も続いていた。写真3―1のように、観光客が売店で購入した「平安符」を堂の脇に貼り付けるスペースが設けられていた。この習慣はシャルコクのチベット族の間には存在しないものである。また観光バスが乗り付ける駐車場では、S村の人びとが土産物を販売する姿が多く見られた。

　観光客の受け入れは、旅行会社との連携によって成り立っている。例えば一台の観光バスが来ると、僧院側はまずバスに同乗している旅行会社のガイドに三〇〇元を渡す。さらに入場券（一枚四五元）の売り上げおよび土産品売上額の三〇パーセントを渡す。それによって、継続的にバスがS僧院に立ち寄るという仕組みが成り立っている。ガイドをする僧侶は、僧院の歴史やボン教、建造物の解説などを行い、僧院の利益の四パーセントを受け取る。観光期間中は、ガイドにつかない僧侶でも、一ヵ月あたり八〇〇元を受け取るといい、貴重な現金収入源になっていた。これは、僧侶が一日の儀礼で受け取る報酬四〇～五〇元と比べると、はるかに魅力的なものであった。

　しかし二〇〇七年になり、観光客が撮影禁止の場所で写真を撮る、大声でさわぐなどのマナー違反や、村の人びとが僧院の敷地内で多くの店を出して商売をしていたことなどから、「僧院の静寂が乱されている」という問題提起が僧侶の中から出るようになった。上原が報告している事例では、入場料徴収と商売をする区域の分離とによって、特に問題化していた回族による僧院敷地内への無秩序な出店を抑止することに成功している［Uehara 2011］。しかしS村と近接し、人びとが自由に出入りできる上、時間を問わず観光客が押し寄せる状況では、僧院側は十分な対策を打ち出すことができなかった。

結局、この問題を受けてS僧院は原則として公開せず、夏季のわずかな期間のみ開放することが僧侶たちによって決定された。公開を停止するかどうかについては、僧侶の間でも葛藤があったという話が聞かれる。ある老僧は、「僧院としても、商売をしている村の人びとに強く注意するわけにもいかなかったから、いっそのこと開放しないことを決断した。そもそも観光客や女性が多く出入りする僧院は本来の姿ではない」と語っている。これは必ずしも僧侶だけの意見ではなく、S村の人びとの中にも僧院が観光地化されることについて否定的な意見を持つ者も少なくなかった。観光業に携わる三〇代の男性は、観光地化は僧院を汚してしまうとして次のように語る。

「ツォツァン僧院が公開された頃、バスの中で議論をしている二人の老人に出会った。黄龍でのイベントにチャムの衣装を貸し出すべきかどうかを話していた。衣装を貸して金をもらったら商品になるからよくないといっているのを聞いて、私は『僧院を貸し出したというのは僧院にあるものも全部貸し出したということではないのか』と口をはさんだ。すると二人は納得したのかだまってしまった。こうなってしまうと本当によくない。」

（二〇〇九年八月一二日のインタビューより）

フィールドワーク中、S僧院で見かけた観光客はほとんどが漢族であり、ときおり少人数の日本人や韓国人、欧米人のバックパッカーが訪れていた。観光客の中には敬虔な仏教徒も多い。かれらはボン教に対して関心を持つというよりもむしろ、見た目もほとんど変わらない僧院や像を仏教のカテゴリーでとらえて、高額な香をたき「拝仏」する人びとが多く見られた。かれらはしばしば僧院や僧侶の生活そのものにも関心を示し、トンドゥはよくそうした人を自宅に招き入れてツァンパ入りの茶をふるまっていた。

その一方で観光客の中には、僧院自体にはあまり関心をもたない人びとも多く見られた。筆者は二〇〇七年の夏、僧院裏手にある丘の中腹で、大声で叫び記念撮影をしているグループに出会ったことがある。その近くには瞑想修行のための施設があったので、思わず「そこで坊さんたちが修行しているから静かにしてください」と注意したのだが、彼らは意に介していないようであった。ある意味それは無理もないことであり、彼らにとってこの丘は素晴らしく見晴らしのよい展望台であり、近くにある修行施設や、山神の拝所ラツェ、風にはためくタルチョもその風景の一部に過ぎないのであった。同じ風景が、内部と外部から見たときにこれほど大きな差異を生じることに衝撃を覚えた瞬間でもあった。この差異が、観光地化をめぐるトラブルを引き起こした一因になったともいえよう。

その後、案内板や入場券売り場はほぼ撤去され、香の売り場の名残として「功徳香」と漢語で大きく書かれた額がS僧院の集会堂の脇にかかっているのをみることができるのみである。二〇一〇年時点では、人びとは村落の入り口にあるホテルの近くで土産物などを販売しており、そのホテルの宿泊客が朝夕に僧院を訪れることもあるが、集会堂には巨大な錠前がかけられたままになっている。

このように、結果的にS僧院は九寨溝や黄龍のように完全に観光地化されることはなく、観光客との接触も限られたものになった。とはいえ観光がもたらした収入は、僧院の活動を充実させる潤沢な資金基盤の形成に大きく貢献した。僧院が通年で公開されていた二〇〇二年から二〇〇六年までの五年間で得られた莫大な収入によって、新たな建造物の建設や補修が可能になったといわれる。さらにその後人びとの現金収入が増加し、観光に頼らずとも比較的安定した経済基盤を保持できるようになったのである。

二〇〇〇年代後半に新たに建設された建物のうち最も目立つのが、集会堂の背後に建てられたナムジェ・ラカン（ナムバル・ジェルワ堂）である。精緻な彫刻で覆われ、極彩色の塗装が施された荘厳な堂内には、シェンラプ・ミボの化身の一つであるナムバル・ジェルワの像を中心として、数々の尊格の像が並ぶ。もともとこの場所には、シェーラプ・テンペーギェンツェンの住居があったが後に政府に接収され、近年まで空き地になっていた場所であった。他にも、僧侶の教育施設の建造物などにも多額の出資が行われた。

二〇〇七年は公開期間が七月だけに限られたものの、S僧院の決算報告によると、それだけでも九万三一六三元の収入があり、総収入一九万八六二二元の約四七パーセントを占める。これは、S僧院最大の行事「マティ・ドゥチェン」に対する寄付額七万七四〇七元をも上回っている。二〇〇七年度には、堂の補修や道の舗装などで多額の出費があったため総支出は五三万四二四二元に達したが、これを賄ったのが前年度からの繰越金一四九万一〇四五元であった。これは観光によってもたらされたと、S僧院の会計を務める僧侶は説明する。彼は観光客への公開をとりやめたことについて、「これで村の人びとの収入が減るし、僧院の収入も減るが、仕方ないことだ」と述べていた。現金収入をもたらす観光は僧院の環境整備に大きな役割を果たしたが、皮肉にも僧院の「本来の形」をめぐる議論を発生させた。そしてそれは、僧院の活動を観光客から、再び村の人びとを志向したものへと転換していく契機となったのである。

2　S僧院を支える社会経済的基盤の拡大

観光地化は、間接的にもS僧院の僧侶の生活に影響を及ぼした。それを顕著に示すのが、隣接する九寨溝県への僧侶の「出稼ぎ」の増加である。S僧院の僧侶が儀礼を行う範囲は、元来S僧院周辺の、かつてのショカの範囲にあたる村落に限られていたといわれ、村外で儀礼を行うことは例外的な場合に限られた。それに対して、近年特に夏季の比較的長期間、住み込みで九寨溝県の村落に出向く僧侶が増加している。

九寨溝の自然保護区一帯には、保護区の中も含めてチベット族の村落が多くあり、シャンパクにルーツを持つとされるボン教の僧院も存在する。トンドゥは、九寨溝の村落で近年儀礼をするようになったが、現地の僧侶はほとんど活動をしなくなっており、儀礼のこともほとんど知らないと述べる。その原因としては、松潘県よりもさらに観光地化が進んだ九寨溝県では商業に本格的に従事する僧侶が増加したこと、また現地の僧院は規模が小さく改修中であり、有力な高僧もいないことを挙げている。

二〇〇九年の八月、観光客が集まる九寨溝のホテル街にある食堂でトンドゥと食事をしていた時、どこにでもいそうな商売人風の男性と挨拶を交わした。店を出た後トンドゥは、「あの男は実はもともと坊さんで、結婚もしている。こんなことはここ数年のことだ」と耳打ちしたものだった。後日アク・プンツォも、このことに触れて、「正直に言えば、九寨溝のあたりの坊さんはお金があるので働かない。今教えはかなり乱れている」と語っている。これがすべての九寨溝の僧侶にあてはまるかは不明であるが、いずれにせよ二〇〇〇年代前半から、S僧院の僧侶には特に九寨溝自然保護区周辺のチベット族から招待を受けて儀礼を行う者が増え始めた。そして九寨溝での活動は多額の謝礼を得られる新たな収入源として確立したのである。

トンドゥの場合、二〇〇九年は計七回（二月一回、四月一回、八月二回、九月二回、一〇月一回）、のべ約四〇日を九寨溝で過ごしている。各世帯で行うのは主に第二章で触れたヤングーの儀礼で、滞在先は観光客向けの産業に従事している比較的裕福な世帯が多く、確認できる限りではのべ四世帯で行っていた。複数の僧侶が必要な際には、彼は電話で知り合いのS僧院の僧侶に連絡し、予定を調整してもらう。S僧院からは約八〇キロ、車で一時間強の距離である。

二〇〇九年八月一六日から一七日にトンドゥが滞在した家は、九寨溝自然保護区の内部にある。自然保護区の管理局で働くゲンザ（四〇代）と、土産物店働く妻ユムツォ（四〇代）と息子三人の五人からなる世帯である。家屋は二〇〇六年に新築したもので、他にも成都などに計五戸の住宅を保有しているといい、かなり裕福な世帯である。

この世帯では、近年まで、S僧院のある老僧に来てもらっていたが、三年ほど前からトンドゥに儀礼を頼むようになった。ゲンザとトンドゥは以前から面識があり、ゲンザはドゥプタの修行経験のあるトンドゥに来てもらいたいということで、彼に声をかけた。トンドゥは個人的なつてを通じて九寨溝の人びとと知り合っており、巡礼中に知り合いになったことをきっかけに通うようになった世帯もある。

ユムツォは、来てもらう僧侶が信頼できるかどうかが最も重要であると考えており、「信頼している人に来てもらいたい。坊さんだからといってもすべていい人ばかりではない。悪い人もいる。うちは家に夫婦と子供しかおらず、昼間は誰もいないので、昔から信頼できる人しか来てもらわなかった。以前、松潘から坊さんを呼んだ家で物がなくなることがよくあったから。」と語っている。

儀礼の目的は、家族の幸福や、子供の健康、勉学の成功など、現世の利益が主である。二〇〇八年は、四川大地震で亡くなった人びとのために儀礼をしてもらった。三男が震源地に近い汶川の高校に通っており、学校には大きな被害はなかったが、知人が亡くなり、心を痛めたという。また地元の僧侶を呼ばないことについて、ゲンザは、「このあたりはみんな裕福だから、わざわざ家に来て経を読むことはないんじゃないか」と語る。ユムツォの父は九寨溝県のボン教僧院の僧侶であるが、かれらの家に儀礼を行う目的で来たことはない。またかれらの次男（一九九一年生まれ）は高校を卒業した後に僧侶になることを希望しているが、九寨溝県の僧院に行くかどうかは決めていないという。

僧侶への謝礼の相場は、九寨溝の方が松潘より高額である。ゲンザによると、謝礼の額は年々上昇しており、一九九〇年代前半なら一日一二元だったが、二〇〇九年時点では松潘の僧侶を呼ぶと一日五〇～六〇元を支払っている。なおS村の場合一日の謝礼の相場は約四〇元で、一九八〇年代中盤には一元五角であった。この他に、ゲンザの世帯ではトンドゥを通じてS僧院の年中儀礼に寄付を行っており、二〇〇九年は一二三〇元を寄付した。これはS村における一世帯あたり平均寄付額五四八元の二倍以上である。僧侶や僧院にとっても、経済水準の高い九寨溝は重要な収入源になっていることがわかる。

こうした事例の他にも、観光を通じて知り合った漢族がS僧院に寄付をしたり、僧侶と個人的なつきあいを継続したりしているという話も多く聞かれる。二〇一二年以降、都市部の漢族のもとを訪れて儀礼や講話を行う僧侶も出現するようになった。この動きはまだ小さなものではあるが、S僧院の影響が及ぶ地理的な範囲が復興当初より広まっていることは確かである。

S僧院は松潘県を代表する僧院の一つとして、多くの政府関係者や著名人も視察に訪れる。トンドゥは、現在アメリカのNBAで活躍するバスケットボール選手と一緒に写っている自慢の写真を、筆者にプリントしてくれるよう頼んだことがある。管理委員会のある僧侶は、二〇一〇年に視察に訪れた北京の統一戦線部長が個人的に一万元を寄付してくれたと誇らしげに語った。僧院を支える社会経済的基盤は、観光地化や開発政策を通じた人や資金の流れの変容からこのような形でも影響を受けてきたといえよう。

3　高僧による宗教活性化に向けた取り組み

二〇〇〇年代前半以降、S僧院の中心となったのは、復興後に僧侶となった世代であった。かれらはこれまで述べてきたような社会経済変容に対応しながら、人びとを教化し、大規模な協働を伴う宗教的プロジェクトとでもいうべき事業を実行に移していった。

一九九九年から僧院長を務めているユンドゥン・ラマは、一九七〇年にS村に生まれG僧院で修行を行った最初の世代である。ガゾン・タッジェのもとで学んだ後、トンドゥらとともに三年間にわたりドゥプタの修行を行った経験を持つ。彼はS僧院の代表として、松潘県やアバ州政府の会合に出席する他、政府関係者が視察に訪れた際には案内役を務めている。また他の僧侶とは異なり、村内外の各世帯で個人的に儀礼を執り行った際の報酬のほとんどを僧院の運営資金として計上する。ユンドゥン・ラマへの報酬は一般の僧侶の約二倍が相場とされている。村で「資金を集めてくることもラマの仕事の一つ」ともいわれる所以である。

一方、もっぱら僧侶教育と人びとの教化に関わる中で声望を得たのがロポンのアク・プンツォである。一九六八年にA村に生まれたアク・プンツォは、一三歳頃からG僧院のガゾン・タッジェのもとで修行を始めた。ガゾン・タッジェの死後、三年間のドゥプタを終えたアク・プンツォは、修行のためシャルコクを離れる。この時のことを彼は「G僧院で学び続ける理由がわからなくなって、ある日僧院にも実家にも告げずに出て行った」と語る。チベット高原の各地を回り、ラサのデプン僧院など、仏教の僧院でも修行した後、二〇代後半にはゾルゲのアシ・シャンツァン僧院に滞在し、瞑想修行を行っていた。

その頃、アシ・シャンツァン僧院のティメー・オーゼーは、S僧院の後継者がなかなか決まらず、若い僧侶を指導する人材が不足している状況を案じており、アク・プンツォにS僧院に戻ることを勧めた。最高の師の一人と仰ぐティメー・オーゼーのことばに従い、彼は三一歳にしてS僧院に戻り、ロポンに就任したのである。彼は自分の役割について、「最大の願望はいい僧院を造るとかいい仏の像をつくるとかではなく、いい坊さん、知識を持っている坊さんを育てて、人びとのためになるようにすること。そしていい（世俗の）人びとを育てること」だと語る。その後の活動を通じて、彼は徐々にその理念を実現しようとしてきた。

まず、彼を中心として僧侶教育の再構築が行われた。次章で詳しくとりあげる「S僧院文明学院」の設立によって、教義から瞑想修行までを体系的に若い僧侶が身につけられる環境が整えられた。これによって、S僧院はシャルコクの外からも多くの僧侶を集める教育センターとしての役割を持つようになる。そして二〇〇六年には復興後初めて四人の若い僧侶がゲシェーの学位を取得するなど、学僧として僧院の中核を担う僧侶が養成されてきた。

そして、S僧院が観光客への門戸を閉ざして以降、アク・プンツォは僧院や集落の人びとを対象にした様々な活動を本格化させた。二〇〇九年七月には、僧院の裏手に新たなラツェを設置した。もともとS村を取り囲むように配置された三つのラツェは村を守るギダを守ることを目的としているのに対し、これは主に僧院を守るためのラツェであり、村のギダであるドゴンと青海省の聖山アムニェ・マチェン[12]を合祀する形をとっている。

ラツェの建立に伴う儀礼は、アク・プンツォとユンドゥン・ラマの二人を中心にして行われたが、アク・プンツォの古くからの友人である青海省沢庫県出身のガパ（行者）も協力した。彼は様々な儀軌に通じるとともにタンカなど工芸の技術にもすぐれ、アク・プンツォの依頼に応じて巨大なシェーラプ・ギェンツェンのタペストリーを制作するなど、その関係は密なものになっている。

この儀礼にはかつての僧院長ランブンも参加していた。アク・プンツォは、僧院長を辞して山に籠もっていたランブンを呼び戻し、僧院内の瞑想施設で修行してもらうように取りはからっていたのである。こうした人物の参加によって、ラツェには僧院を守る強力な力がこめられたといわれる。

アク・プンツォの活動は、こうした僧院の環境整備と、世俗の人びとへの働きかけを並行して行っていることに大きな特徴がある。その最大のものが、二〇〇〇年以降冬季に毎年行っているゴンジョ（加行）である。これは、世俗の人びとが参加できる初歩的な修行と講話を行うもので、近年特に参加者が増加し、現在では最大二〇〇〇人近くの人びとを集める一大行事になっている。

加えて、二〇〇七年頃からは毎年六月にも短期間の講話を行うようになっている。こうした働きかけに呼応するように、二〇〇九年からS村の人びとを中心に、ラサへの五体投地による巡礼を実行する動きが出た。これはロサルが終わる頃にS村を出発し、片道約一五〇〇キロを五体投地のみで約六ヵ月かけて巡礼するもので、二〇〇九年以来毎年七〇人前後が参加している。こうした実践を通じた宗教指導者と世俗の人びととの関係については、第六章で詳しく論じる。

こうした実践は個人を対象にしたものなのに対し、村というまとまりに対して働きかけたのが、二〇〇七年以来相次いだチョルテン（供養塔）の建設である。アク・プンツォの発案で、S僧院を囲む三つの村に、それぞれ巨大な塔が築かれた。これは各村の村民委員会によって、村の事業として推進されたものであり、「村を守る」という位置づけのもとに、多額の資金・物資が投入された。この建設がいかに支えられたのかは第七章で詳しく論じる。

僧院で毎年決まった時期に繰り返し行われる年中儀礼は、その多くが一九八〇年代までに復興した。それに加えて、ここに述べたような新たな実践が行われるようになってきたのが二〇〇〇年以降の大きな特徴である。それは、S僧院を中心としたボン教の姿が、過去の再構築から、さらなる発展を目指した展開期に入ったことを如実に示すものである。改革開放と西部大開発を背景とする近年の社会経済状況は、S僧院にも外部との接触を余儀なくさせた。しかし、観光をめぐる葛藤を経て、無制限に外部に対して門戸を開くことは制限され、より親密なまとまりの中で宗教の活性化が目指されることになった。それを支える社会経済的基盤は、本書がとりあげる様々な事例に通底する重要な論点である。

注

（1）毛沢東によって展開された、共産党の「ブルジョア右派」への弾圧。右派の認定基準があいまいなものであったために、混乱を引き起こした。並行して、社会主義思想教育も強化された。現地では、一九六〇年代前半に展開した「政治・経済・組織・思想」の四項目から資本主義を一掃する「四清運動」とともに、僧侶の還俗のきっかけとして言及されることが多い。

（2）政治集会や、映画の上映などを行う施設。

(3) これは、西藏自治区の中でも破壊を免れたタシルンポ僧院など、一部の僧院を念頭に置いた発言である。
(4) 日中戦争期に始まった、プロパガンダ・キャンペーン色の強い壁新聞で、文化大革命中に特に奨励され、ニュースやスローガンを大書して壁に貼る、もしくは壁に直接書くなどの形をとった。
(5) 松潘県内の毛爾蓋地区や牟尼溝にはゲルク派の僧院がある。これはもともとボン教だったものが改宗したと伝わる。
(6) 中国共産党の指導下において各党派や団体から組織される統一戦線組織［天児ほか編 一九九九：五八七］。
(7) S僧院での聞き取りでは正確な日付が得られなかったが、フランスのシェンテン・タルギェリンのウェブサイトによると、テンジン・ナムダクは一九八六年にシャルコクを始め中国各地のボン教僧院を訪問している［Shenten Dargye Ling ウェブサイト］ことから、この時と推定される。
(8) 僧侶は、修行の段階や師によって異なる名を授かることが多い。例えばルントク・テンペーニマはメンリ僧院の座主になった時に現在の名を受けている。このため一九五〇年代当時の名前とは異なるが、混乱を避けるため便宜上現在の名前を用いる。
(9) アク・プンツォやS僧院の学僧たちが中心となって編集し、“*hor ba drung rams pa smra dbang bstan 'dzin blo gros rgya mtsho'i gsung 'bum*”（『ホルワ・ドゥランパ・テンジン・ロドゥ・ジャムツォ著作集』）として、成都市の四川民族出版社から出版された。カルメイ氏による前書きを収録し、著作のうち不足しているものをインド・ドランジのメンリ僧院から調達するなど、地域を越えた連携によって生み出された労作である。
(10) 世界文化遺産に指定されている楽山大仏で知られる、四川省の著名な観光都市。
(11) 三宅伸一郎氏私信、二〇〇九年九月。
(12) 青海省東南部に位置する標高六二八二メートルの山で、アムド地方最大の聖山とされる。

第四章　現代を生きるボン教僧侶たち

S僧院には二〇〇九年時点で九四人の僧侶が在籍していた。年齢別にみると、一〇代が一九人、二〇代が三八人、三〇代が一六人、四〇代が六人、五〇代が四人、六〇代が五人、七〇代が五人、八〇代が一人である。一〇代と二〇代の若い僧侶だけで四七人と、全体の半数を占めている。かれらの多くは、学僧として共同生活を行い、ロポンのアク・プンツォのもとで修行に励んでいる。

その他の一般の僧侶は、それぞれ独自に生計を立てていることが多く、全員が一堂に会するのは年に数回集会堂で行われる儀礼に限られる。また、一九五〇年代に生まれ、通常修行を開始する一〇代に混乱期を経験した現在五〇代の僧侶が最も少ないのも特徴である。六〇代以上の僧侶は、一九五〇年代以前の知識を受け継ぐ存在であり、儀礼などの相談役になることも多い。一九八〇年代以降生まれの若い僧侶の増加は、家族が男子を僧侶にし、僧院で教育を受けるというプロセスが復興してきたことを示している。

以下では、こうした僧侶の集まりがどのように組織され、存続しているのかをみていく。S僧院の僧侶一人ひとりにとって「僧侶として生きる」ことは多様な形をとる。僧院を代表する僧侶から、年に一度しか姿を見せない僧侶まで、僧院の一員として共有していることは何なのかを明らかにすることが、本章の目的である。

一　僧院組織の運営

1　僧院を代表する組織の成り立ち

僧院を代表し、その運営の意志決定を担う高僧たちは、一般の僧侶とは一線を画した存在である。チベットの高僧を表すことばとして、日本語と中国語でともに使われる「活仏」というものがある。これは、観音菩薩の化身として生まれ変わり続けると信じられるダライラマに典型的にみられる、「トゥルク」（*sprul sku*「化身」）のイメージから出たことばであるが、宗派を問わず、一般の僧侶とは異なる存在として社会的に位置づけられている僧侶を指すことが多い。かれらはしばしば僧院長として僧侶たちの指導的立場にあり、世俗の人びとから声望を集めている。一九八〇年代以降は、これまで見てきたティメー・オーゼーやシェーラプ・ラマのように、政府の役職につく者も出ている。このように、単に僧侶のまとめ役にとどまらず、世俗の領域にも影響力を及す存在である。

まずは僧院長がいかに選ばれ、継承されるのかについて見ていこう。シャルコクのボン教僧院の継承は、ドゥンギュとカギュ（*bka' rgyud*）の二つの形に分けられる、とアク・プンツォは説明する。[1] ドゥンギュはいわゆる世襲であり、特定の氏族（ツァン、ツォン）による継承の形である。シャルコクにある五つの大僧院のうち、二つはこれに該当する。S僧院は元来この形で継承が行われていたが、初代ソナム・ザンボの系譜は六代で途絶え、ゴワの家系との関わりも二〇世紀前半のシェーラプ・テンペーギェンツェンを最後に失われたことは先に見た通りである。

さらに、ドゥンギュと異なり、直接の血縁には基づかない継承の形に、トゥルクによる継承がある。これはチベット仏教ゲルク派やカギュ派に典型的に見られる形であるが、ティメー・オーゼーをはじめ、ボン教のトゥルクも多く存在する。こうした高僧たちは、その「血筋」や「ルーツ」をバックグラウンドに、伝統との連続性を確保し、実際の活動上も大きな存在感を示す。例えばティメー・オーゼーはシャルコクの宗教復興におけるキーパーソンになり、その後もアク・プンツォの帰郷を促すなど、重要な役割を果たしている。

一方、カギュは師匠と弟子の関係を基本とし、ゲシェーの学位を持つなど研鑽を積んだ僧侶が選出される形である。選出には様々なやり方があるが、儀礼的な手順を伴うくじ引きと、僧侶たちの合議による決定に大きく分けることができる。くじ引きについてはゲルク派において行われた「金瓶抽籤」がよく知られている。ユンドゥンリンでは、候補者名を書いた紙を練り込んだ団子を鉢の中に入れて振ることで占ったという記録がある〔三宅 二〇〇二：五八―五九〕。シャルコクでは二〇〇〇年代中盤にG僧院のシェーラプ・ラマの後継者を選ぶ際、くじ引きが行われた。この選出儀礼に参加した僧侶は、その様子を以下のように語った。

「新しい僧院長を決めるには少なくても一ヵ月が必要だ。人が選ぶのではなく、ラやサンジューが選んでくれる。候補者の名前を紙に書いて、山から採ってきた一番いい薬（薬草）でそれを包む。たくさんの薬、少なくとも三六〇種類を用いて包みを作る。それを供えておいて、僧院のすべての坊さんが一ヵ月の間、マントラや各種聖典を唱え続ける。そして最後に、包みをすべて銅のお椀の中に入れる。そして大ラマ、この時はシェーラプ・ラマがそのお椀を持って、無言でそれを揺らす。彼は袈裟などをすべて身につけて、きれいに着飾っている。その周りをさらに四人のラマが取り囲んでいる。これは、普通のラマにはその権利はなく、リンポチェ（宝）と呼ばれるような人でなければならない。かれらは手に金色の布を持っており、それがシェーラプ・ラマの手元につながっている。他のすべての坊さんが声を揃えて、みんなで念を集中する。これにはある程度の修行をした者しか参加できない。入る度胸がない坊さんもいた。そうしていると、お椀の中の包みがすべてひとりでに飛び上がる。祭壇には宝瓶が供えられていて、遠いところに落ちる包みもあるが、宝瓶の口のところに飛んだ包みが必ずある。それをすぐ取って、参加者一人ひとりにワン（灌頂）をする。その包みを頭に触れさせ、この人が選ばれることに同意し、尊敬することを誓う。この時には、まだ中に書かれている名前はわからない。それが終わると、すぐ包みを開けて、名前を確認する。結果がわかったら、その人がその場にいなかったとしても、すぐに迎えて来なければならない。」（二〇〇七年八月のインタビューより）

この手続きは、単なるくじ引きではなく、超自然的存在の介在が前提とされるものであり、それは選ばれた人物の能力も担保するものである。そのため、その拘束力は非常に強いものになる。同様の方法でメンリ僧院の三三代座主に選ばれたルントク・テンペーニマは、当時ノルウェーに滞在中であったが、テレックスで結果を受け取った後急いでインドに戻り、その位についた。このような手続きによって選ばれた僧院長は、合議によって選ばれた者よりも上位とみなされる。ある僧侶は、「S僧院のユンドゥン・ラマはあくまでラマであって、正式に選んだわけではない」と述べている。(2)

本書では、僧院の代表となる僧侶を便宜的に僧院長と読んでいるが、実際にはこうした選出のされ方によって区別されている。S僧院のデンラブ（*gdan rabs* 系譜）と呼ばれる記録には、創立から現代に至る二一人が名を連ねているが、ティジン（座主）と呼ばれる最高位についた者は限られている。メンリ僧院と同じ名称を持つティジンの地位についた者は、本堂の中に設置された宝座に座ることができる。宝座は、ロポンの座る席とともに、僧侶たちが座る列の最前部に設置されている。他の座席が、シェンラブ・ミボなどの像や祭壇のある正面に対し、九〇度横を向くように配置されているのに対し、この二つの席は正面を背にして、座っている僧侶たちを見下ろす形で配置されている。尊格の像と同じ視線の向きになるこの座席の特別な位置づけがうかがえる。

聞き取りによって明らかにできた限り、一九五〇年代以降ティジンの座についたのはシェーラブ・テンペーギェンツェンとテンジン・ロドゥ・ジャムツォの二人だけであり、一九八〇年代の再建以降現在に至るまで空席とされている。なおG僧院の最高位はティジンではなくケンボ（*mkhan po*）と呼ばれる。これはチベット全体でも僧院長を指して最も一般的に用いられている呼称の一つであるが、上で述べたように、選出には儀礼的な手順を踏む必要がある。S僧院では、一九八〇年代以降に僧院長になった僧侶はすべて単にラマと呼ばれており、ティジンとは明確に区別されている。このため、高僧に対する尊称である「リンポチェ」（*rin po che*「宝」）や、漢語の「活仏」という呼称をS村の人びとが用いることはほとんどない。

いかなる人物がティジンの座につく資格を持つかについては、何らかの「正統性」が確保されていること、さらに個人の資質によるところが大きい。シェーラプ・テンペーギェンツェンはゴワの系譜を受け継ぐ人物であったため、ティジンにふさわしい人物であるとみなされ、若くしてその座についた。トンドゥによると、シェーラプ・テンペーギェンツェンの転生とされる人物をS僧院のティジンとして迎えようとする計画があったが、頓挫している。彼はインドでルントク・テンペーニマに見いだされ、現在アメリカで活動しているため、シャルコクに戻ることは現実的ではなかった。

テンジン・ロドゥ・ジャムツォは、もともとすぐれた学僧であったが、人びとの強い求めに応じて僧院長とロポンを兼務し、ティジンの座にもついた珍しいケースである。人物によっては、こうした柔軟な解釈がみられる。チョディによると、ルントク・テンペーニマはS僧院に帰ってきたときにはティジンに座る権利がある。またシェーラプ・ラマも、政府によって認められたために、S僧院で儀礼を行う時にはティジンに座ることができるとされる。これは、シェーラプ・ラマが松潘県を代表する人物としての格を持つからだと考えられる。これに対して、再建時に最初の僧院長となったロゾン・ジャムツォや、現在の僧院長ユンドゥン・ラマは、人びとの推薦によって選ばれたためティジンには座れないとみなされている。ただし、いずれにしても僧院長とは認められ、僧院のデンラブには名前が残る。

ティジンの条件は、単に人びとがふさわしいと認めるだけではなく、特定の氏族に連なることや、儀礼的手続きを経ていることが必要とされる。また、テンジン・ロドゥ・ジャムツォのケースは、時にこうした基準から逸脱する資質を持った僧侶が出現する可能性を示している。僧院長に選ばれるためにはダク・メー（*bdag med*「無我」）が重要だ、という発言がよく聞かれる。これは、高い地位は自ら欲してのぼるものではなく、超自然的存在や周りの人びとなど、他者の力によってふさわしいと認定されるものだからである、とチョディは説明する。

2　僧院の運営にみる変化

僧院長は僧院で行われる各行事を主催する他、政府に対しては責任者としての役割を担う。ロポンは、僧院長とともに僧院を代表する存在であり、若い学僧を教育する責任者である。両者を中心として、僧侶集団は組織され、運営されている。図4―1に示すように、僧院長をトップとして組織される「S僧院管理委員会」は、全員が僧侶によって構成され、僧院の運営と、行政上の管理組織としての役割を果たしている。これは一九八〇年代以降に政府の宗教政策上の要請から設置されたものであるが、一九五〇年代以前から、選ばれた一〇数名の僧侶が合議によって僧院の重要事項を決定する仕組みは存在していた。

現在の管理委員会は一四人からなり、五年ごとに僧侶による選挙によって改選される。僧院長とロポンの下で、僧院経営の実務を担当するトップの僧侶は、通常漢語で管理委員会主任《ジュレン》と呼ばれる。彼と活動をともにすることが多いのが、会計の責任者であるダニェーワ（*bdag gnyer ba*）一名と、現金や物品の管理を行うシェワ（*spyi pa*）二名である。この四名は、年中儀礼の際にも堂内の儀礼には参加せず、寄付の管理や政府との折衝を担当する。一九八一年から一九九九年まで主任を務めたティボが、僧院の復興の際に資材を調達するなど重要な役割を果たしたことは前

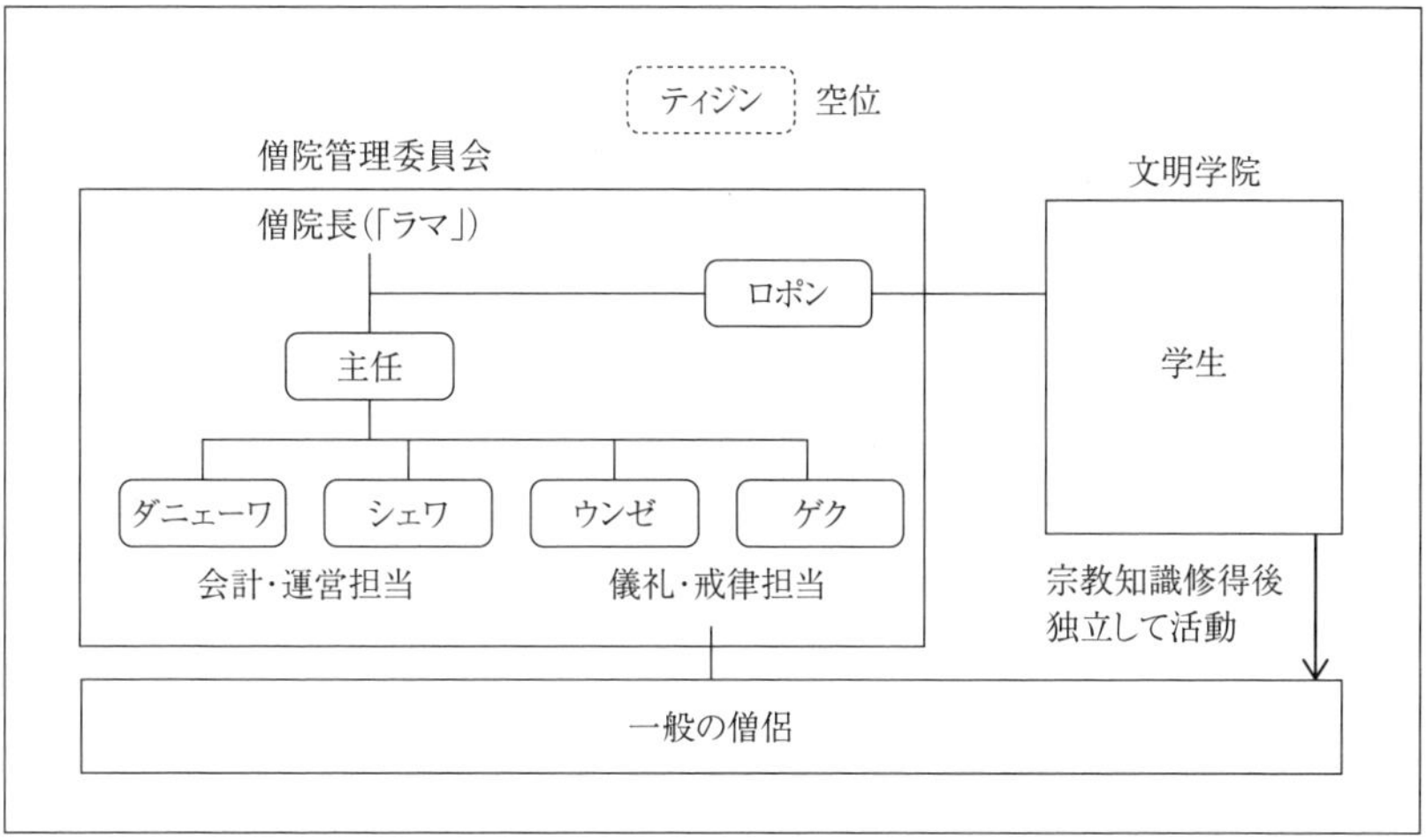

図 4-1　S 僧院の組織模式図（2000 年代後半）

章でみた通りである。かれらとともに、各分野の実務を担当する僧侶が数名選出される。二〇〇九年時点では、学校担当が一名、施設の補修担当が三名配置されていた。

　こうした「事務方」に対して、儀礼の際に僧侶を監督する役がウンゼ（*dbu mdzad*）とゲク（*dge bskos*）各二名であり、いずれも管理委員会のメンバーである。ウンゼは堂内の太鼓を打ち、読誦を先導する役割を果たす。ウンゼ・チェン（「ウンゼ・大きい」）とウンゼ・チュン（「ウンゼ・小さい」）に分かれ、前者は僧院長の側の席で、後者はロポンの側の席で太鼓を打つ。小を務めた後、大を務めることが一般的である。

　ゲクは、戒律や僧院での作法を管理する役割を果たす。集会堂の扉の脇にはゲクの席が設けられており、僧侶たち全体を見渡せるようになっている。そして衣装、食事の作法などが規律に則っているかをチェックし、指導を行う。また行事を欠席する際の罰金もゲクに対して支払われ、罰金を払った者のリストがゲクの署名とともに掲示される。

　管理委員会のメンバーは、旧暦二月に行われるS僧院最大の行事「マティ・ドゥチェン」をはじめとして、僧院の年中儀礼の前後に集合する。旧暦一月五日に会議を行い、マティ・ドゥチェンのチャムの担当者や堂内の席順などを決定する。また、マティ・ドゥチェンが終わった後にも会議を行い、決算報告と予算の作成などを行う。運営の年度はマティ・ドゥチェンを基準にして設定されている。その他にも、僧院について重要事項が決定される時には会議が招集される。例えば、二〇〇八年三月の三・一四事件後の状況に対する決定には、その都度会議が開かれたという。このように、管理委員会は、僧院運営の意志決定の母体となっている。

僧院に常駐しているのは、アムチェと呼ばれる僧侶である。アムチェは、老齢の僧侶が務めることが多く、二〇〇九年現在は七〇代、前任者も七〇代の僧侶が務めた。二〇〇九年時点のアムチェは、以前ゲクを務めており、こうした役職を退いた者がつくことが多いといわれる。アムチェは、集会堂の脇にあるドゥプカンと呼ばれる堂で生活し、毎日休むことなく儀礼を続ける。現在の任期は二年であるが、一九五〇年代以前は三年ごとに交代していたという。ある僧侶の話によると、アムチェのところには人びとが個人的に儀礼をしてほしいと頼みに来ることが多く、その謝礼は僧院ではなく個人の収入になるため、希望者が後をたたないといい、このため任期が短縮され多くの僧侶が務められるようにしたという。さらに、年中儀礼では一般の僧侶より多くの謝礼を受け取ることができるというメリットもある。

アムチェは各建物の鍵を管理し、施設に汚れや壊れた部分がないかをチェックする役目も負う。アムチェとともに、管理委員会によって割り当てられた僧侶が七人一組で一週間ごとに掃除など、日常のメンテナンスを行っている。

管理委員会に相当する組織は、共産党政府の管理下に入るまでにも存在し、ツォンドゥ・チュジェ（*tshogs 'du bco brgyad*「集まり・一八」）と呼ばれ、一八人から構成されていた。その内訳は、僧院長、ロポン、主任に相当するニェポン（*gnyer dpon*）、ダニェーワ一名とシェワ二名、ウンゼ二名、ゲク二名、チャム（仮面舞踊）を指導するチャム・ポン（*'cham dpon*）一名、さらに実務を担当する数名の僧侶が置かれていた。チョディによると、メンバーは選挙ではなく、僧院長、ロポン、ゲク、ウンゼが中心となって選出することになっており、僧院長とロポンを除いては三年でメンバーが交代した。これに限らず、僧院に関わることは三年を一区切りとして組織されていた。

ツォンドゥ・チュジェは、役割分担上は現在の管理委員会と変わらないようにみえるが、管理委員会の特徴としては、行政と強く結びついていることが挙げられる。管理委員会は漢語で「寺管会《スーグアンフイ》」と呼ばれることが一般的であるが、僧院の活動には「寺管会は関与しない」といわれるものがある。例えば、本堂の内部における僧侶の席順はゲクが決めるものであり、寺管会は関与しない。また、村の行事として行われたチョルテンの建設や、アク・プンツォが主催する行事にも関与していない。

「寺管会」は、行政の枠組みの中で僧院の運営を担う組織という意味合いが強い。寺管会が関与するのは僧院として行う年中行事に限られ、そうした行事においても儀礼の内容には関与しないと語られる。これに対して、管理委員会が僧院の窓口としての役割を果たす重要な機会は、政府関係者の視察である。確認できる限りで、二〇〇五年以降年に一回のペースで、松潘県からアバ州、四川省、そして北京から各レベルの政府幹部が訪れており、管理委員会のメンバーがかれらを接待している様子が、僧院の管理委員会室に飾られた写真から確認できる。

二　僧侶教育の現代的展開

1　S僧院における僧侶教育の変遷

新たな僧侶を生み出し育てるプロセスである教育は、僧院の活動の根幹を占めるものである。S僧院の僧侶教育は、一九八〇年代以降いくつかの段階を経て再構築されてきた。そして二〇〇一年に設立された「S僧院文明学院」において、所定の教育課程が確立された。

僧侶教育の場としての僧院がボン教の中で組織されるようになったのは、一四〇五年、中央チベットにメンリ僧院が創建されてからのことである［Kværne 1985: 5］。その後、メンリ僧院は一八三四年に設立されたユンドゥンリンと共に、ツェンニー（ボン教論理学）に基づく問答を通じて顕教を学ぶ場となり、多くの学僧を集めた。こうした学問僧院と並んで、少なくとも一九世紀以降ボン教僧侶が仏教の僧院で学ぶことは珍しくなかった(3)。それは現在に至るまで続いており、シャルコクで修行を始めた僧侶には様々な外地の僧院や聖地を訪れるために旅をする者が少なくない。

こうした旅は現在のほうがはるかに容易になった、とある若い僧侶は語る。それは交通インフラの整備のみならず、ボン教の置かれた立場の変化にも関連している。彼はボン教が仏教と同等の宗派だと認められるようになったことに触れて、「昔ガゾン・タッジェがゲルク派のラプラン僧院で修行していた時には、自分をカギュ派の僧侶だと偽って、ボンポであることを隠さないといけなかった。去年自分がラプランに行った時にはボンポだといってもそこにいることができた。それは一つには、カルメイ氏が国外でボン教が仏教よりも長い歴史を持つことを証明し、広めてくれているからだ」と語る。この発言には、国外におけるボン教の地位の変化が中国にも影響し、かつて対立関係もはらんでいた仏教との関係が変容してきたことが端的に示されており、それが僧侶の行動にも影響していることがわかる。

シャルコクでかつてどのような形で僧侶教育が行われていたのかは不明な部分が多いが、第二章と第三章でも述べてきたように、瞑想修行を主とし、組織だった教育は一般的ではなかったことが推測される。個人的に修行の師となるラマを選び、一対一ないし少人数での伝授という形が一般的であった。そうした中で、テンジン・ロドゥ・ジャムツォは、集団的かつ体系的な顕教の教育をS僧院に初めて取り入れたのである［Tsering Thar 2003: 615］。

しかし僧侶教育は一度断絶し、一九九〇年代まではチョディたち年長の僧侶が個人的に弟子をとって教育を行う形が一般的であった。こうした状況では、問答を軸とする教育は非常に困難であった。ティメー・オーゼーは当時の状況を回想して、S僧院には良い教師、特にツェンニーを教えられる者がおらず、僧院も乱れた雰囲気であったので、危機を感じていたと語る。当時、アシ・シャンツァン僧院で瞑想修行を行っていたアク・プンツォをティメー・オーゼーが説得してS僧院に戻らせたのには、こうした背景があった。

一九九九年、三一歳でS僧院に戻ってきたアク・プンツォは、同世代の僧侶など周囲の支援もあって、教育環境の整備に着手する。彼がロポンに着任してからの二年間は専用の施設はなく、集会堂などに若い僧侶を集めて指導を行っていた。その後、世俗の人びとからの資金援助によって、二〇〇一年に独立した教育施設である「S僧院文明学院」が設立された。これは、政府にも宗教教育の場として登録され、「学校」としての体裁を持っている。人びとの寄付によって運営されているが、S僧院とは別の予算を持ち、教育施設としての独立性を持っている。これは四川省宗教事務管理条例第七章において、宗教教育施設の運営が僧院自体と分けて扱われている［国家宗教事務局ウェブサイト］ことに起因する。こうした僧院内部における手続きと並行して、僧侶は政府への登録を行う必要がある。

現在シャルコクでは「阿壩藏族羌族自治州藏伝仏教事務管理暫行辦法」に基づいて、僧侶には一八歳以上の年齢制限があり、公的機関に申請書を提出した上で登録することが義務づけられている［阿壩藏族羌族自治州人民政府ウェブサイト］。申請書は僧院の管理委員会を通じて提出し、S村の村長と村民委員会書記、そして松潘県民族宗教局による審査を経る必要がある。こうして正式に登録された僧侶には、僧院の一員として行事への参加義務が発生し、不参加者については僧院に罰金を納める必要がある。

二〇〇九年時点でも個別に年長の僧侶が学生を指導する場合もあるが、入門の際は一括してS僧院文明学院に入学するという形がとられている。一九五〇年代以前のチベット仏教、特にゲルク派の大僧院は複数のタツァン（*grwa tshang*「学堂」）を持ち、様々な地方から来た僧侶が、出身地別の寮カムツェン（*khang tshan*）に所属して学習を行っていた［多田　一九八四：四一―四四］。ボン教でも、メンリ僧院やユンドゥンリン、ナンジ僧院などは同様に各地から修行者を集める大僧院としての歴史を有しているが、S僧院で学ぶ僧侶は比較的狭い範囲の出身者に限られる。それでも、近年ではシャルコクの外からこの学院を目指して来る者が少なからず存在する。

学院で学ぶ若い僧侶たちは、僧院の行事においては他の僧侶と同等に扱われる反面、普段は丘の上に住んでいることから「上の僧侶」と呼ばれ、一般の僧侶とは区別されている。文明学院は学校としての体裁を持ってはいるものの、僧侶たちは共同生活を通じて、様々な知識や技法を実体験の中から学んでいくのである。

文明学院では、僧侶が必要とするシェータとドゥプタの両方を学ぶことができる。シェータは随時新規に入門が行われるが、ドゥプタは三年を一単位として三年ごとに修行者が交代する。初めて僧侶になる者はシェータから学び始める。文明学院のチベット語での名称は、ゴンジー・ローイー・ロータカン（*sngon 'gro'i slob gzhir slob grwa khang*「ゴンジョの教科学校」）、通称ローカンと呼ばれている。ゴンジョは、ゾクチェンの修行に入るために済ませておくべき準備として位置づけられている修行の過程を指す。この名称は、シェータを入り口としながらも、最終的にドゥプタの完遂を目的とする教育の方針を反映したものである。

文明学院の施設は、僧院の背後にある丘の中腹に配置されており、集会堂の背後から坂道を登っていくとシェータの学びの場である堂が姿を現す。その前には小さな門が設けられているが、門の脇には外に向かって小窓が開かれた六畳ほどの部屋がある。この小さな部屋がアク・プンツォの住まいであり、彼は僧侶の教育に携わるだけではなく、この窓を通じて世俗の人びとの様々な相談にも対応している。堂の背後には学僧が共同生活を行う宿舎がある。そこからさらに丘を登っていくと、S僧院とS村全体を見下ろせる開けた頂上に出る。ここには二〇〇四年に設置された、ドゥプタのための参籠堂がある。周りに風雨を遮るものがなく、荒涼さと厳粛さを漂わせる建物である。

S僧院文明学院のシェータの課程では、現在一〇代から三〇代までの約四〇人[(4)]が学んでおり、ほとんどが宿舎に住み込んでいる。現在ではすべての僧侶が、一般の公立学校で数年の漢語教育を受けた後、僧侶になることを希望して学院に入る。僧侶のうち七人がゾルゲ出身、八人がテウォの出身であり、出身地には教師がいないためS僧院に留学している。これらの僧院は、前章でも触れたようにS僧院と歴史的に深い関係を持っており、そのために僧侶の移動が行われている。

2　学僧の暮らしと学び

僧侶が修行を開始するのは、一〇代からが多い。文明学院で学ぶ約四〇人の僧侶の中で、二〇代以上で僧侶の修行を始めたのは、確認できた限りで二人だけであった。新たに僧侶となろうとする者は、親に連れられてラマとなる僧侶（現在はアク・プンツォがほとんどである）のもとを訪れ、入門を志願する。そして入門が許されると、最初に基本の四つの戒律を守る。入門者は、最初にチベット語文語の読み書きを約三年間学んだ後、僧侶としてふさわしいかどうかの判断をラマから受ける。

ゲクを務めるゲンチュ（四〇代）は、「僧侶となる子供の人格が誠実であり、また自分から進んで僧侶になりたいと思っているかが重要だ」と述べ、「学問ができなくとも、誠意さえあれば僧院の中には様々な仕事があるからいられることがある。たとえ目が見えなくとも、誠意を持って一心に坊さんになりたいと思っていることが最も大切である」と語る。ここからは、僧侶としての修行を開始し、僧院の一員となることが、入門者の主体的な意志と、それを判断する先達としてのラマとの関係に委ねられていることが読み取れる。そのため、僧侶となることが許されない例も若干ではあるが存在する。二〇〇七年の八月、当時入門して数ヵ月が経過した一〇代の男子が、周りの同年代の僧侶とたびたびけんかをしていたため、実家に戻されたことがあった。

正式に僧侶となることを許されると、僧侶の衣を着て、より多くの戒律を守ることになる。二〇〇九年に新たに僧侶の衣を着たのは四人、二〇〇八年は三人であり、旧暦二月のマティ・ドゥチェンの際に披露される。この際には、親が衣服など必要な品を準備する。衣は松潘県内では販売しているところがなく、成都などの都市でまとめて購入する場合が多い。一着五〇〇元から一〇〇〇元が相場であり、購入したものはほとんど洗濯せず、長く着ることになっている。五年以上同じ衣を着ている僧侶も珍しくない。

そしてマティ・ドゥチェンの際、縁起のよいとされる日を選び、僧院にカタ（*kha btags* 供物となる絹布）とバター、菓子類、チャン（オオムギで作った醸造酒）を持参し、僧院長以下主だった僧侶に捧げる。またこの時、小麦粉で作った円盤状のパン⑸を持参し、僧院に集まった僧侶全員に分配する。その後、僧院長とロポンが新たに正式に僧侶となった者の首に、赤い守り糸であるシュンドゥ（*srung mdud*）を結び、新加入者の受け入れが僧侶全員に承認されるのである。

こうして僧侶になった者たちは、共同生活を行い、本格的な修行に入っていくことになる。宿舎では二人で一部屋を使用し、食事は部屋に備え付けのかまどを用いて各自で調理する。慣れた包丁さばきでかれらが作る料理は、一般の世帯の食卓のものと変わらない。アク・プンツォをはじめ、肉食を控えている者もいるが、大多数の若い僧侶は肉からインスタントラーメンまで多様な食事を摂る。これは野菜が不足しているという事情もあるが、アク・プンツォは、「若い人たちが肉食をするのは、修行の時の体力を持たせるためだ」と説明する。食糧は自分で調達する必要があり、S村などS僧院周辺の村出身の者には家族が定期的に提供する。また遠隔地の出身者には学院から支給される。燃料となる木材の切り出しは皆で分担して行い、学院へ続く道の両側には薪がうずたかく塀のように積まれている。

かれらは六日学び一日休むというサイクルを繰り返し、ロサルには休暇がある。また夏季には近くの草原へ皆で出かけて遊ぶこともある。普段は毎朝六時に起床し、朝食をとった後に自習をし、テクストの解釈などの講義を受ける。講義は九時半から一一時半、昼食をはさんで一四時から一八時に行われる。その内容は達成度によって分かれており、異なるレベルの者は堂の外で自習する。自習の際には年長の僧侶たちが教師役を務めることもある。

一八時半頃に夕食をとり、晩にも儀礼を続ける。そして二一時半頃に就寝する。

教室となる堂内の正面には、シェンラプ・ミボの大きな像が置かれている。また、ボン教中興の祖シェーラプ・ギェンツェンの巨大なタペストリーも所蔵されており、折に触れて掲げられる。かれらのシェータの学習は、テクストの暗記とその内容の解釈を理解し、それを踏まえた問答を通じて、ボン教の教学理論を身につけることが中心となっている。また種々の儀礼の実践を通じて、集会堂や村の各世帯で行う儀礼の基礎的な手順を身につける。また竹製のペンで書き取りや作文の練習も行う。この時用いるテクストや注釈書、文房具は各自で購入する必要があるため、かなりの出費になるという。また外地に出かけていた僧侶が貴重なテクストを持ち帰ることもあり、堂内の書棚には各地で出版されたボン教や仏教の書物が大量に並べられている。

チベット語の読み書きを終えた後、かれらは基礎科目を標準で六年かけて学ぶ。主要な科目はダイク（*dag yig*「綴りの正しさ」）、ツェンニー、ニェンガク（*snyan ngag*「詩歌」）、ゴンジェ（*mngon brjod*「雅語の使い方」）、スンタク（*sum rtags*「語法」）である。特徴的なのはダイクであり、僧侶教育ではまず文字の読み書きのみを徹底的に覚えさせ、それから初めて意味を教えテクストの意味を理解させるという手順がとられている。問答を通じて学んでいくツェンニーは、難関となっている科目である。残りの科目では様々な題材をもとに、文章や詩を書く訓練を受ける。各科目には試験があり、アク・プンツォの口頭試問に合格すると次の段階に進むことができる。これらの科目を学び、最小限の儀礼を行うことができるようになると、学問をやめて各世帯での儀礼を中心に活動を続ける僧侶が多い。

さらに上の段階の科目は、ゲシェーの学位を取得することを目標に行われる。ここではダリ（*sgra rigs*「音律学」）、ゾリクパ（*bzo rig pa*「工巧明」、タンカや仏具などの製作技術。希望者が学ぶ）、ツィカルナク（*rtsis dkar nag*「数学、暦学」）、パルチン（*phar phyin*「ボン教般若学」）、ウメータワ（*dbu ma'i lta ba*「ボン教中観」）、ドゥルワ・ナンジェ（*'dul ba rnam 'byed*「ボン教律」）、ズーデ（*mdzod 'grel*「ボン教宇宙論の解釈」）の各科目が設けられる。これらの科目を修了し、討論による口頭試問を経て、人格的にも優秀だと認められるとゲシェーを取得することができる。

ゲシェーの学位は、僧侶にとって大きなステータスとなる。一般に僧院長やロポンなど、僧院の指導的立場につく僧侶はゲシェーであることが望ましいとされる。そして、それは単にS僧院で所定の科目を修めたというだけではなく、より大きな教義の伝承の系譜の中に位置づけられることで効力を発揮する。それがよく表れているのが、二〇〇六年一一月二一日から二二日にかけて行われた、初のゲシェー授与式である。

授与式にはアク・プンツォの下で学んだ四人の僧侶が参加し、問答形式の試験を経て、ゲシェーを授与された。この時に、立会人として複数の高僧が出席した。その中で最高位の扱いを受けていたのが、西藏自治区ツァン地方のリ・ギェル（*ri rgyal*）僧院の僧院長ノルブ・ワンギャル（*nor bu dbang rgyal*）である。彼はシェンラプ・ミボの血を引くとされるシェン・ツァンの後継者であり、ボン教の継承にとって重要な意味を持つ人物である。ユンドゥン・ラマが終始付き従って身の回りの世話を行っていたことからも、この人物の重要な位置づけを読み取ることができる。また、アシ・シャンツァン僧院のティメー・オーゼーや、G僧院シェーラプ・ラマも参列していた。他方、シャルコクの他の僧院の僧侶はほとんど参加していなかった。新たなゲシェーたちは、ゲシェーを授与されることで、S僧院をとりまく僧院のネットワークにも接続することになる。

授与式の後、かれらはアク・プンツォを補佐して指導にあたる者や、ナンジ僧院など著名な大僧院で学問を続ける者、またごく普通の僧侶として生活する者など、多様な進路をとっている。かれらは一九歳から二五歳と、いずれもゲシェーとしては異例の若さであり(6)、高度な宗教知識を受け継ぐ僧侶たちがかなり駆け足で養成されていることがわかる。

ゲシェーを一つの到達点とするシェータに対して、ドゥプタの修行は全く異なる過程をとり、より個人的なものとなる。ドゥプタは僧侶にとって不可欠なものだとよく言われるが、あくまでも自分の意志で行うものとされている。ゲシェーを取得していなくても、強い意志さえあれば学ぶことができ、シェータを学んでいる途中の若い僧侶や、学校の外で暮らしていた年老いた僧侶が志願してドゥプタに入る様子もみられた。一方で、二〇〇六年にゲシェーを取得した四人はドゥプタの修行を行っていない。ある若いゲシェーは、まだ心も身体も準備ができていないので、後数年すれば行うことになるだろう、と語っていた。

S僧院でドゥプタを修する者は最大一〇人ほどに限られる。参籠用の堂には、各自の個室が併設されている。中央にはボン教のゾクチェンをシャンシュン王国から伝えたといわれるテンパ・ナムカの像が安置されている。三年の間、修行者は僧院の門の外に出ることは許されないが、文明学院の堂や集会堂までは下りてくることができる。二〇〇九年現在七人が修行しており、三年ごとに全員が入れ替わる。ドゥプタを修めることはゲシェーと並んで僧侶のステータスとなり、僧院内だけではなく世俗の人びとからもすぐれた僧侶とみなされる要素の一つとなる。

このように、文明学院の設立を通じて、僧院の知識的中核を担う人材を積極的に養成する基盤が、現代的な背景に対応する形で整備されてきた。教育は、僧院を構成する僧侶の生産に深く関わり、僧院の存続のための不可欠な要素になっている。しかしそこで生み出されるのは、ゲシェーをはじめとするエリートだけではなく、様々なレベルの僧侶からなる集団である。次では、僧院の中で生きる個人としての僧侶に焦点をあて、現代において僧侶として生きるとはどういうことなのか、そしてかれらが僧院というまとまりをいかに維持しているのかを見ていきたい。

三　「僧侶として生きること」の多様性と結節点

1　専業・兼業の僧侶とその位置づけ

これまで、S僧院の運営の中核となる組織の成り立ちと、僧侶を生み出す教育が現代においていかに機能しているかについて論じてきた。こうした記述は、例えば日本の禅寺のような、すべての僧侶たちが規律だった生活を行う場のような印象を与えるかもしれない。確かに、僧侶たちが学ぶ文明学院にはそうした性格がある。一方で、僧院の敷地内にあるトンドゥの部屋で寝起きしてみると、すぐに直面したのは僧侶がほとんど見あたらない、という状況であった。集会堂の門は儀礼を行う日以外は固く閉じられ、すべての僧侶が揃うのは大きな儀礼の時に限られる。チョディのような、僧院にとって重要と思われる人物ですら、普段は自宅で暮らし、僧院に姿を見せることは少ない。

さらに困惑させられたのは、「僧侶と思っていなかった人物が実は僧侶だった」という場面に幾度となく出くわしたことであった。ある時は松潘の服屋で働く、気のよさそうな青年が、またある時は川主寺の食堂で同席した一見がらの悪そうな男が、はたまたいつも外に漏れるほどの大音量で流行曲をかけ、夜になればバイクで町に繰り出すやんちゃな少年が、年中儀礼の時には僧侶の服をまとって集会堂に出入りする。さらには、遠く離れた町で商売をして暮らし、一年に一度しか戻ってこない者もいる。普段はほとんど僧侶として活動していないこうした人びとを、果たして僧侶と呼ぶことができるのだろうか。

Goldstein and Tsarong［1985］がラダックの仏教僧院の事例から報告しているように、小規模な僧院では、僧侶たちは僧院に常住することなく、村の中で暮らして人びとのために儀礼を行いながら生活することが知られている。また、Karmay［2003:2］では、ボン教徒の中には多くの戒律のうちいくつかしか守らず、特定の期間のみ僧院で過ごし、のこりの時間を実家で家事の手伝いをして過ごすセルキム（*ser khyim*）と呼ばれる〝semi-monk（半僧）〟について紹介している。シャルコクではセルキムの呼称は聞かれなかったが、この現象がボン教独特のものなのか、シャルコクの地域性によるものなのかについてはさらなる検討が必要である。

いずれにせよ、S僧院の僧侶全員をある程度まとまった集団として把握できるのではないかという目論見は、僧侶がどこにいるかを把握できないこと、そしてそれ以前に誰が僧侶なのかがわからないという状況に直面して一旦頓挫した。しかし、僧侶たちとのつきあいを続ける中で、かれらが様々な形をとりながらも、「僧侶であること」を維持していることがわかってきた。時にそこから脱落してしまう者がいるものの、かれらの多様な生き方を拡散させずに結びつけている要素は何なのか、そしてかれらが僧侶として生きるということはどういうことなのだろうか。

まず、かれらが俗人から「僧侶になる」際に基礎となっている要素について確認しておこう。第一章でみたように、僧侶はチベットの家族にとって重要な位置を占めている。ワンジェが言及した「僧侶は一家に一人いるのがよい」という理念が当てはまらない世帯もみられるが、子供が僧侶になるかどうかという選択には、家族のあり方に関わる規範が影響していることは否定できない。とはいえ、「僧侶になる時には人から言われるのではなく、『自分の意志で決断すること』が不可欠である」と、多くの僧侶が口にする。

なぜ僧侶になったのかという問いを若い僧侶に投げかけると、家での儀礼ができるように、という家族のための理由、また修行によってよい世界に生まれ変わる、といった来世のための理由、また僧侶の服がかっこよかった、という僧侶への単純なあこがれまで、様々な答えが返ってくる。こうした語りのレベルでは、僧侶になった理由は自分自身の意志に基づくものとして表明される。若い僧侶を指導するラマたちも、かれらが「自分の意志で僧侶になろうとしているか」を非常に重視する。自分が僧侶であるという根拠を自分以外に求めないことが、僧院に加入し僧侶としての生き方を始める上での基礎となっていることがわかる。

それがより具体的な規範に表れたのが戒律である。戒律を守ることは僧侶であることの最低条件とみなされている。最初に守ることになる戒律は四つであるが、僧侶が還俗する事例の多くがこの一つに抵触する結婚によるものであることから、僧院の一員であり続ける上で独身であることはほぼ不可欠な条件になっていることがわかる。これに加えて、僧侶の服を着て僧院の行事に参加する以上、少なくとも二五の戒律を守ることが必要とされている。

S僧院の僧侶の中で、普段から僧侶の服を着て活動しているのは確認できた限りでは九四人中五六人であった。このうち四〇人は文明学院で学んでいる学僧であり、残りの多くが一定の修行を積み僧侶としてのステータスを得ている者である。二〇〇九年現在、S僧院でドゥプタを経験した僧侶は一四人である。ドゥプタを経験した僧侶は、三年間の修行中二五〇の戒律を守りゲロンとして認められることが要求される。

これを象徴するように、ドゥプタを終えた僧侶は二五〇の小さな絹の布片が縫い合わされたチュギン（袈裟、文語ではクチュー *sku chos*）が授与される。これは普段は着ることがないが、各自が大切に保管している。かれらは年中儀礼で集会堂内の前列の席が与えられ、他の僧侶に比べて高い地位にあるとみなされる。この一人であるトンドゥは、「ドゥプタをしたら坊さんの服を絶対脱いではいけない」と述べる。

かれらはいわば専業の僧侶であり、それ以外の活動から収入を得ることはない。ただし、S僧院の敷地内に住んでいることが確認できたのはこのうち六人であり、他の者は出身集落や別の場所で暮らしている。例えばある三〇代の僧侶は、普段はシャルコクの別の村でタンカの制作をしている。

ドゥプタと並んで、僧侶のステータスとなっているゲシェーの数はさらに少ない。二〇〇六年にゲシェーを取得した四人のうち、二人はS僧院を離れて別の僧院で学問を続けている。かれらもまた常に僧侶の服を着て、S僧院の敷地内で暮らしている。

かれらは常に戒律を守っているわけではない、という話も聞かれる。チョディは、「現在S僧院でゲロンとしての二五〇の戒律を最も厳格に守っているのはアク・プンツォとランブンだけだ」と述べる。前章でも触れたが、アク・プンツォに呼び戻されたランブンはその後自室に籠もり、ほとんど外出することなく瞑想を続けている。僧侶としてのあるべき姿に近づくことが容易ではないことがうかがえる。

こうした僧侶に対し、普段は僧侶の服を着ずに生活し、僧侶としての活動以外から現金収入を得て生計を立てることは、二五の戒律を守る際に僧侶の服を着ることが義務づけられることからすれば、望ましいこととは考えられていない。アク・プンツォは戒律を守らない僧侶に触れて、「最近は偽の坊さんのような人が増えている」と嘆く。普段は別に仕事を持ついわば兼業の僧侶は三〇人前後に達する。しかし、かれらは僧院において必ずしも周縁的な位置にいるわけではない。

S僧院管理委員会の一四名のうち、常に僧侶の服を着て僧院の敷地内に居住しているのは半数の七名であり、残りは兼業の僧侶である。二〇〇九年時点の管理委員会主任ガワンは、普段砂利の採掘と販売を行う企業を経営しており、相当の収入があると噂される。ある僧侶は、「彼は金持ちだから僧院の金を着服する恐れがないので選ばれた」と冗談めかして語るほどである。また僧院での儀礼で重要な役割を果たすウンゼやゲクの中にも、普段は村外に生活拠点を置いている者がいる。

このように、戒律を守っていることや僧院に住んでいることは、僧侶であることの基礎をなす要素ではあるが、そのことだけがかれらの活動を存続させる動機になっているわけではない。以下では、こうした基盤の上にかれらがいかなる僧侶としての暮らしを生きているかを、いくつかの事例からみていきたい。

2　僧侶としての理念の追求――エリート僧侶の生き方

【アク・プンツォ（一九六八年生まれ）の事例】

アク・プンツォは、S僧院文明学院の門に隣接した部屋に住んでいる。部屋の一方の窓は外に向いており、訪れる人びとがいつでも彼に会えるようになっている。学僧を除けば、年中僧院を拠点として活動している、数少ない僧侶の一人である。普段もほとんど実家には帰ることがなく、人びとからの寄付で生活している。

しかし、彼は完全に家族との縁を断っているわけではない。彼の身の回りの世話をしている若い僧侶はオイ（姉の息子）である。二〇〇九年冬にその姉が病気で危篤に陥った際にはほぼ毎日その家を訪れていた。また、二〇〇九年二月、兄の息子が病気で亡くなった時には葬儀を執りしきった。普段はユンドゥン・ラマに比べて、僧院の外で儀礼を行うことは少ないといわれるアク・プンツォにとって、これは異例のことであった。

アク・プンツォがS僧院のロポンに就任して以来様々な活動を展開してきたのはこれまで述べた通りであるが、彼の修行時代の話を彩るのが多くの高僧たちとの関わりである。話を聞いている時、いつも耳にするのは、これまでに出会った師たちへの賛辞であった。彼が最初の出会いとして語るのは、一九八〇年代初頭のS僧院僧院長ロゾン・ジャムツォのことである。この時のことを「当時私はまだG僧院にいたが、アク・ソンガ（ロゾン・ジャムツォの呼び名）のもとに新年の挨拶に行くと、『あなたには前途があるから、必ずいい坊さんになって、S僧院に貢献しなさい』といわれ、勇気づけられた」と繰り返し語っている。その後各地をまわっていた時にも様々なラマに出会い、最大の師だというティメー・オーゼーに出会ったのである。

アク・プンツォは、豊富な教義上の知識を持ち、また戒律面でもゲロンの二五〇戒を守るなど、厳しい制限下に自分を置いており、そのことが彼がロポンに選ばれた理由の一つである。しかし自身はあまり乗り気ではなく、当初は修行を断念することと、人びとのために働くことの間で葛藤を抱えていたことを、「できれば（瞑想修行のための）洞窟にこもっていたかった。ラマになるのは、自分の勉強にはよくない。人と会うことも多いし、勉強の時間を浪費する」と語る。そのため、修行を優先して僧院長を辞したランブンを擁護することもある。しかしそれに続けて、理想の僧侶の姿について、「昔のいいラマは、自分の学習も、みんなのために働く（為人民服務）ことも両方できた」と述べる。「為人民服務」は彼が話す時にたびたび使う漢語のフレーズであり、共産党のスローガンからの引用でもあるが、それがロポン就任後の彼の活動を貫く軸にもなっている。

こうして他の人びとのためにも働く決意を固めたアク・プンツォは、僧侶教育にとどまらない活動を展開する。日常的には自室を訪れる世俗の人びとの悩みに耳をかたむけ、チョルテンの建設やゴンジョを主導してきた。一方で、政府とのやりとりや資金の管理などの大部分は他の管理委員会の僧侶たちが担当し、各僧院の代表が集まる会合などにも出席することは少ない。彼はこうした面で世俗の活動と一線を引いているが、修行三昧の日々を送る超越した存在ではなく、僧院や人びとのために働くという、僧侶としての理念を実現することでその地位を培ってきたのである。

【テンジン（一九八七年生まれ）の事例】

テンジンはアク・プンツォのもとで学ぶS僧院随一の俊英である。彼は小学校に数年通った後、一一歳から本格的な修行に入った。この時には既にアク・プンツォがロポンに就任しており、彼やゲンドゥンが文明学院で一から修行を行った最初の世代になる。僧侶になった理由を聞くと、「来世のためであり、次の世に悪い世界に生まれ変わらないため」という、いわば「模範解答」が返ってくる。三人兄弟の長男である彼は、来世のことを子供の頃から考えており、家のことは弟たちに任せて、出家することを第一に思っていたという。現在は、僧院の敷地内に建てた家に祖母と二人で暮らしており、村内の実家には折に触れて帰ることはあるが、ゲンドゥンのように、家の仕事を手伝うことはほとんどなく、専ら僧侶としての生活を送っている。彼の家屋の建設費用や、生活費は、実家がすべて負担している。

彼は同年代の僧侶の中では抜きんでた弁舌の才能の持ち主であり、毎週若い学僧が行う問答の時間をのぞくと、舌鋒鋭く相手を問い詰めていく彼の姿をみることができる。そして勉学の結果、二〇〇六年に弱冠一九歳でゲシェーの学位を授けられた。この時に学位を得た四人のうちでは最年少であったが、一年後にはチベット文字の筆記法に関する本も出版している。

その後、テンジンはアク・プンツォの依頼で若い学生の教育を担当することになり、個人的な弟子もつくようになった。しかしほどなく、彼はより深い知識を求め始める。二〇〇八年以降は、甘粛省のゲルク派の大僧院ラプランに留学したり、各地の著名な高僧を訪ねて教えを請うなど、シャルコクの外で知見を広げ始めた。二〇〇九年夏にはゾルゲのティメー・オーゼーの下で、師の著作をパソコンに入力する仕事を与えられていた。彼はパソコンの知識を持つ数少ない僧侶の一人である。チャットやゲームに詳しいゲンドゥンに対して、彼はチベット語の入力に習熟している。

そして、二〇〇九年から二〇一〇年にかけては、S僧院の一大プロジェクトであるテンジン・ロドゥ・ジャムツォの著作全集出版に取り組み、編集作業を中心となってやり遂げた。こうした作業を通じて、S僧院以外の多くの僧侶や研究者と交流したテンジンは、英語を学んで外国に行きたいという望みを持つようになった。

彼の日常生活は、非常に規律正しいもので、ほぼ毎日机に向かってテクストを読み、研究に没頭している。休みの日は、県城や川主寺に友人の僧侶と遊びに行くこともあるが、いつも茶を飲んだり買い物をしたりする程度で夕方には戻ってくる。学究型の彼は筆者と話す時間も長く、英語や日本語を教えたことも多かったが、多少才気走りすぎるところもあり、教義などの話をしているとどんどん話を先に進めてしまい、かみ砕いて説明することは苦手な一面もある。

こうした生活の一方、僧院の年中儀礼や実務にはあまり熱心に参加することはない。彼と同時期にゲシェーになった別の僧侶が、管理委員会の仕事を積極的にこなしているのとは対照的に、彼自身はこれからも学問に集中したいという思いが強いことをたびたび語っている。宗教的知識を探究することを、僧侶としての生き方の軸にすえているのが彼の特徴であるともいえる。

ここまで見てきた僧侶たちは、僧侶としての理念を追求することで、僧院の学問を支える中核になるとともに、人びとに対して求心力を持つ存在になっている。その一方で、彼らのような「エリート僧侶」のみによって僧院は支えられているわけではない。以下では僧院を支える様々なタイプの僧侶を見てみよう。

3 「僧侶であること」をいかに維持する／しないか――兼業の僧侶の生き方

【ゲンドゥン（一九八八年生まれ）の事例】

ゲンドゥンと出会ったのは、初めて訪れたワンジェ家であった。僧侶の服を着ていたがまだ顔つきは幼く、あどけなさが残っていた。機敏で人なつっこく、誰とでも打ち解けるが、少し人を食ったようなところもあり、冗談でまかせをいって相手を煙に巻くことがある。筆者が「坊さんは嘘をついちゃいけないんじゃないの」と突っ込んでも、「別にだましてないよ」と飄々としている。家族の中でも漢語がうまく、読み書きも得意で、携帯電話のメールやアプリを使いこなす。筆者がチベット語をある程度話せるようになっても、会った時の第一声はいつも「ニーハオ！」であった。

彼の話によると、初めて僧侶になろうと思ったのは七歳の頃であり、小学校に通いながら勉強を始めたという。その後一三歳で僧侶の服を着るようになり、アク・プンツォの下で本格的な修行を始めた。なぜ僧侶になったのかという問いに対して、彼は「家族のため」と答える。「家に僧侶がいれば、必要な時に自分が行けるから、葬式とか正月とか。」と語り、またそれが自分の意志であることも強調する。そのことば通り、ワンジェ家で行われる様々な儀礼の場には、彼は不可欠な存在である。年長のトンドゥやテンジンとともに儀礼を行うことも多いが、常に参加しているのは彼である。

文明学院でのゲンドゥンは、あまり模範的な学生ではない。皆がアク・プンツォの話を聞いている横で、こっそり講堂を抜け出して携帯電話をいじる姿からも、あまり勉強が好きではない様子である。しかし何か行事がある時には俊敏に立ち回り、行事の裏方として供物を運んでいたかと思えば、アク・プンツォの日よけ傘を持っていたりする。

まさにその機敏さ、身軽さを体現したかのように、マティ・ドゥチェンのチャム（仮面舞踊）では二〇〇四年から五年連続でシー（*spre'u*「サル」）の役に選ばれた。第五章で詳述するが、これはS僧院独特の演目で、本堂の屋上から下の広場に渡したロープを伝って滑り降り、ロープに逆さにぶら下がった状態で人びとが投げる「おひねり」を受け取るなど、チャムの中では最も派手な演出を持つ。こうした行事での彼の存在感は、彼の「家柄」ともいうべきものに影響されている部分があることは否定できない。彼の父方オジのトンドゥはS僧院の管理委員会の一員であり、従兄弟のテンジンは若くしてゲシェーを取得したS僧院で一、二を争う俊英である。しかし、それだけではなく、彼の「集団の中で目立つ」という個人的な特質にも起因するものであろう。いずれにせよ、二〇〇七年頃までの彼は、マイペースに僧侶としての生活を楽しんでいるようであった。

そうしたゲンドゥンに対してトンドゥは厳しく接することが多かった。家族がいる前で、たびたび彼は修行が足りないことを叱責され、涙ぐむことも多かった。結局、そのまま僧侶としての修行を続けることを彼は選ばず、二〇〇八年末には文明学院を去ることになった。この時のことをアク・プンツォは、「ゲンドゥンは卒業したわけではない。彼は、ちゃんと坊さんをやってない。彼は勉強を途中でやめてしまった。心の中で、いい坊さんになろうと思っていなかった。私は彼に、行かないで、もっと勉強していい坊さんになるように説得したんだけど。勉強したら、能力がついてくるから。今の世の中には、絶対知識が必要だと、ちゃんと話したのだけれど聞いてくれなかった。彼は、自分で稼ぐ仕事をしたくなったから。」と語っている。

こうしてゲンドゥンは、兼業の僧侶としての生活を始める。以前からオオムギの収穫など、家で人手が必要な作業がある時には手伝っていたが、本格的に土木作業などの労働にも携わるようになった。こうした時には俗人の服を着て、一見して僧侶とはわからない様子である。世俗の生活と並行して、僧院の行事への参加や村での儀礼など、僧侶としての活動も行っており、儀礼が始まる前には「今から坊さんに変身するよ〜」とおどけることもあった。ワンジェによると、彼は世俗の仕事で得た現金は家に渡し、僧侶の仕事で得た現金は自分で自由に使えるようにしている。ここでは、二つの仕事が明確に区別されていることがわかる。

そうしているうちに、ゲンドゥンの生活は、以前に比べて不規則なものになっていった。家族の行動を追跡しようとする時、最も行動を把握しにくかったのは彼であった。県城に遊びに行って、茶館やネットカフェに入り浸り、帰りの乗り合いタクシーがなくなってしまい、夜通し二〇キロ近くの道を歩いて帰ってくることもあった。もっとも、彼がパソコンのチャットソフトに習熟していたおかげで、筆者としては、日本にいる時でも現地の様々な情報を得ることができたのである。

こうした生活を送っていた彼に、再び転機が訪れる。それが二〇〇九年冬に行われたゴンジョ（加行）であった。これは第六章で扱うが、アク・プンツォの下に多くの世俗の人びとが集まって初歩的な修行をするものであり、ゲンドゥンは人びとの先導役として参加した。この参加の理由について彼は多くを語らなかったが、一ヵ月近くにわたる修行期間中、彼はトンドゥの家に寝泊まりし、トンドゥも陰ながら彼をサポートしているようであった。このゴンジョが終わった後、二〇一〇年一月にはさらに大役を得る。S村などの七〇人近くの人びとが行う、五体投地によるラサ巡礼に同行することになったのである。この時の役割はトラクターを運転し、物資を運びながら、巡礼者のサポートをするというものである。半年以上の期間を経て、二〇一〇年八月にS村に帰ってきた彼は、「もうネットカフェには行かないことにした。」と筆者に告げた。このように、彼は、僧院と世俗社会の間を揺れ動きながら、あくまでも僧侶として生きることを選び続けているのである。

ゲンドゥンのように村に住んでいる僧侶は、世帯の一員として暮らしながら、同時に僧侶であることを継続している。一方、シャルコクの生活とは離れていても僧侶として生きることを選択している者も多い。

【僧院から遠く離れて暮らす僧侶の事例】

スガ（一九八〇年生まれ）は、S村に生まれ、六歳から一八歳までS僧院で修行をしていた。まだ文明学院はなかったため、個人的に年長の僧侶について学んでいたという。その後は成都に移り住み、市内のチベット族居住地区で宗教用品を扱う商店を経営している。商品の仕入れなどで、ラサやネパールにもよく足を運んでいるといい、機会があれば香港やタイに旅行に行きたいと語る。普段は漢族の友人と過ごすことが多く、僧侶の服を着ることはないが、自分が僧侶であることは隠していないという。地元にいるのはあまり好きではなく、ずっと腰を落ち着けて修行はしていられないという。また僧侶としての活動で生活費を得ることもあまり好きではなく、実家で儀礼を行う際もほとんど帰ってこない。

彼が唯一僧侶として活動するのはマティ・ドゥチェンの時である。普段は髪を伸ばしているので、僧侶とは全くわからないが、この時は髪を短く刈り上げて（とはいっても坊主頭ではない）、飛行機に乗って九寨黄龍空港からS僧院に帰ってくる。ラサや広州から飛んできたこともあったという。彼はマティ・ドゥチェンについて、「休んだとしても二〇〇元ほどの罰金で済むけど、自分のために帰ってくる。参加することで、商売や自分のことが順調になる。いつもやっていないと忘れている部分もあるけど、それでも唱えている」と語る。

彼はマティ・ドゥチェンでもう一つ重要な役割を担っている。それがチャムの指導である。非凡な舞い手でもある彼は、子供の頃からほぼすべての演目を経験してきており、二〇一〇年には最も熟練した者が担当するとされる

「ゲ・チャム」を演じてチャムからは「卒業」するのだという。

彼のほかにも、普段は外地で暮らし、マティ・ドゥチェンの時にだけ帰ってくる僧侶は多い。管理委員会の一員で会計担当のバンチョ（四〇代）は、成都からでも飛行機で二時間かかる広西チワン族自治区の南寧市で商売をしている。彼は一年に一度だけ帰ってきて、多額の寄付金の整理を行うとともに、自らも多額の寄付を僧院に行う。このようにかれらは、一年にほぼ一回だけの活動を通じて、僧侶としての役割を維持している。戒律という観点からすると、かれらは最小限のものしか守っていないといえるかもしれない。それでも、僧院の一員として役割を果たすという意識を強く持っていることがわかる。

【俗人に戻る僧侶の事例】

一方で完全に世俗の生活を選択し、僧侶であることをやめてしまう者もいる。理由は様々であるが、一九五〇年代から一九七〇年代のような政治状況によるものを除けば、最も多いのは結婚だといい、S僧院が再建されてからは少なくとも一〇人ほどが還俗した。中には、ウンゼまで務めたが、その後九寨溝県で知り合った女性と結婚するために還俗した者もいる。還俗すると僧院に多額の罰金を払う必要がある上、生涯恥として笑われると、ある僧侶は語る。還俗した複数の男性に会った時も、彼らはそのことについては語りたがらなかった。

僧院から離れるうちに、自然消滅的に僧侶であることをやめてしまう者もいる。ノルブ（一九八八生まれ）は、S村に住んでおり、普段から実家に住んで時折農作業の手伝いをしながら暮らしている。音楽好きの彼の部屋からはいつも大音量で漢語のヒット曲が流れており、よく漢族のガールフレンドと県城に踊りに行くという。彼は僧侶として二〇〇八年まではマティ・ドゥチェンに参加していたが、二〇〇九年からはついに参加しなくなった。その後彼を村で見かけ、声をかけると恥ずかしそうに笑って逃げるようにバイクに乗っていってしまった。髪を長髪にしすっかり普通の若者になっているようであった。

多くの者は程度の差こそあれ、僧院と世俗社会との間を往復しながら生きていることがわかる。ただし、僧侶であるということは、それぞれの身に重くのしかかる。入門の際に、「自分の意志で決断すること」が非常に重視される理由は、この点にある。一度決心した以上、僧侶であることを引き受けうまくつきあっていくことになる。その分、僧侶をやめるということは、他者からの評判とともに、自らの決心に背くことになるため、大きな恥とされるのである。

4　世俗社会と関わりながら僧院を運営する――僧院の「裏方」の生き方

僧侶集団の存続という視点から見た場合に不可欠なのが、世俗の人びとの中に深く入り込み、実務に才能を発揮する僧侶の存在である。その代表格ともいえるのが、トンドゥである。

【トンドゥ（一九七〇年生まれ）の事例】

トンドゥは四人キョウダイの次男であり、父は大躍進運動の頃に還俗した元僧侶である。ユンドゥン・ラマやアク・プンツォとともに、一九八〇年代初頭の宗教復興最初期から、G僧院で僧侶としての修行を始めた第一世代にあたる。筆者がS村でフィールドワークをはじめた時、まず出会ったのは観光ガイドをしていた彼であった。流暢な漢語と、読み書きの能力、そして豊富な人脈を持ち、S僧院の外向きの顔ともいえるポジションにいる。時に激情的で、相手を自分の行動のペースに強引に巻き込んでいくことがあり、家族にも突然怒鳴ったりして眉をひそめられるなど、僧侶らしくないともいえる性格もあるが、どこか憎めない愛嬌をみせるところもある。

ゲンドゥンやテンジンのように、彼の生活も家族に依存した一面を持つ。生活用品や食費はすべてワンジェたちが負担するが、自身が儀礼の謝礼などで得た現金を自由に使うことができる。ただし自分の住居の改装は自身の現金で賄ったという。彼が自分で使う現金については、家族は口出しすることはほとんどない。例えば以下のような場面を紹介しよう。

ある日、筆者とドマ、トンドゥが三人で松潘の電器屋に自動パン焼き器（二〇〇九年頃から現地で流行しており、電熱式で「餅《ビン》」〈平たいパン〉を焼くことができる）を買いに行った。一台数百元する高価なもので、知人から頼まれた分も買ったので現金が足りなくなってしまった。そこでドマはトンドゥではなく筆者に、金を少し貸してほしいと頼んだ。トンドゥはその時懐に一〇〇〇元以上持っていたのだが、ドマは遠慮しているようであった。

（二〇〇九年八月一一日のフィールドノートから）

一方で、トンドゥも自分から家族の重要なことには資金を出すこともある。僧院の行事への寄付金や供物はトンドゥも出資する。またペマジェが危険な土木作業に従事しているため、トンドゥは傷害保険代を出してもいる。このように、彼は完全な出家者ではなく、家族との関わりの中で生活を送っているが、家族の枠組みからは時に逸脱することのあるマージナルな存在であることもわかる。

4　現代を生きるボン教僧侶たち

トンドゥは一〇代の頃、松潘の中学校で漢語を学んでいたことがあり、その頃は「かなり遊び回っていた」という。転機になったのは一九九七年、二七歳の時から三年間にわたって行ったドゥプタの修行である。この時、ユンドゥン・ラマたちとともに修行した彼は、修行を終えて二〇〇〇年にS僧院に戻った後もユンドゥン・ラマたちとともにチベット各地の聖地や僧院を巡礼するなど、積極的に宗教活動に身を投じていく。

先に述べたように、ドゥプタの経験は僧侶の能力の保証として、大きな意義を持つ。このため、彼は僧院の行事では常に前方の席を与えられている。若い僧侶たちを監督して時に叱りつけることもある。また、第三章でとりあげたように、彼は九寨溝県の人びとに頼まれて儀礼をしにいくことが多く、人びとからはトンドゥが「ドゥプタを経験していて、信頼できる僧侶」であるために頼んでいるという発言がよく聞かれる。

その一方で、彼は僧院での用事がない日はほとんどを茶館で過ごし、僧侶・俗人・民族の如何を問わず友人づきあいをし、トランプに興じる。そして厳冬期には山を下りて成都を訪れ、漢族の友人たちと火鍋を楽しみ、茶館で日がな一日過ごす。彼はしばしば友人たちに「松潘に来たら、なんでも世話をするから言ってくれ」と豪語する。こうした性格もまた、多くの人びとを惹きつけている。そうして培った人脈を利用して、彼は僧院の重要な「裏方」の役割を果たす。施設の改築に際しての村外の建設会社との交渉や、様々な物資の調達は、彼が一手に引き受ける。さらに、省の幹部からスポーツ選手、観光客まで、外部からの来客は率先して接待する。

彼は自分の今後について、「四五歳くらいまでは、いろいろなものを見て楽しんで、お金も貯めたい。その頃には、もう（同居している）母親もいなくなっているだろうから、この家を閉め切って、ずっと瞑想したり本を読んでいたい。自分は三年しかこもっていなかったから」という。彼の普段の「俗っぽさ」と、時折見せるこうした真摯な宗教心の共存は、世俗社会との関わりの中で僧院を運営していく僧侶の生き方を雄弁に物語っている。

僧侶たちは多様な生き方の中で、僧院やボンとの関係を維持している。かれらが「僧侶であること」は、戒律を守っていることによって保証されているが、何らかの形で僧院の一員としての役割を果たしたり、修行に励んだりすることによって、より強化されていることがわかる。かれらの多くは、現代の社会経済的状況に対応しながら、僧院と世俗社会を往復しながら生きている。守っている戒律の数やどこに住んでいるかといった要素によって僧院集団の構造をクリアカットに切り取ることはできない。ランブンのように、すぐれた修行者であっても僧院を一度離れてしまったケースもある。むしろ、どれだけ僧院から離れていようと、僧院の一員としての役割を果たそうとするかどうかという点に、多様な僧侶たちの結節点は見いだしうると言える。
そしてかれらが一堂に会する数少ない機会では、僧院は共同体としての姿をみせる。次章ではS僧院最大の行事マティ・ドゥチェンを事例に、僧院が継承し存続させてきた「伝統」がいかに組織され、人びとを結びつけるのかについて見ていきたい。

注

（1）中央チベットにおいては、ドゥンギュとラギュ（*bla rgyud* ラマによる継承）という区分がなされる［三宅 一九九九：七一―七二］。第二章でもみたように、シャルコクには、僧院の継承には関わらないが世襲で儀礼などを受け継いでいるドゥンギュ・ラマと呼ばれる僧侶がG僧院近くに現存する。かれらは僧院や村を問わず信望を集めており、S村でも個人的に儀礼を頼む世帯が少なくない。

（2）Tsering Thar［2003］によるサーベイのS寺の項目では、合議で選ばれる僧院長をゴンダク（*dgon bdag*「僧院・主人」）と記録しているが、調査中この呼称は聞かれなかった。

（3）ユンドゥンリンを設立したダワ・ギェンツェンはチベット仏教サキャ派の僧院で学んでおり、これは当時のメンリ僧院学僧の典型的な修行パターンであった［三宅 二〇〇二：五七］。

（4）外地から来た僧侶が短期間滞在する場合や、折に触れて実家に戻る僧侶がいるので、総人数は流動的である。

（5）シャルコクでは小麦粉から作る蒸しパン状の主食を一般的にゴツェと呼ぶが、これはその平たい形から漢語で餅《ビン》と呼ばれることが多い。回族が経営する食堂で一般的に販売されるもので、S村には毎日一回、昼過ぎに川主寺から回族が売りに来る。これは一般家庭でも食されるが、集会堂で儀礼を行う際、僧侶に食事として配られることが多い。

（6）チベット仏教ゲルク派では、最高位のゲシェー・ララムパの取得には少なくとも二〇年以上の研鑽が必要とされる。またボン教でも一六年前後は必要だといわれる。

第五章　年中儀礼が生み出す共同性

これまで、一九八〇年代以降僧侶たちの活動基盤がどのように確立してきたのかを明らかにしてきた。それは過去の単純な再現ではなく、現代の文脈に合った形で構築され、また経済成長を背景にしてさらなる発展が目指されてきた。本章以降では、これらを踏まえて、かれらが執り行う宗教実践がいかなる形で存続、展開しているのかを論じる。本章でとりあげるのは、S僧院で毎年決まった時期に繰り返し行われてきた儀礼である。特に旧暦二月に行われる年間最大の儀礼「マティ・ドゥチェン」に注目し、その存続を支えるメカニズムを分析する。

一　僧院の年中儀礼

S僧院の僧侶たちは、文明学院で学ぶ若い僧侶を除いては共同生活を営んでいるわけではなく、その生活は個人の裁量に委ねられている部分が大きい。普段はS僧院を離れて、俗人の服を着て働いている者が多いことは前章で見た通りである。こうした状況の中で、多くの僧侶が参集する数少ない機会になっているのが僧院で行われる儀礼である。

僧院に僧院長以下ほぼすべての僧侶が集まり、大規模な儀礼を行う日はドゥチェン（*dus chen*「時・大きな」）と呼ばれる。ドゥチェンの多くは、日時が定められたものである。行事の運営は管理委員会が統括し、現金の収支や寄付される物品を記録して県政府に提出するとともに、集会堂の前に置かれた掲示板に貼り出して公開する。僧侶にはドゥチェンへの参加義務があり、規律を担当するゲクが全員の名を記した席順表を作成して集会堂の前に貼り出す。六〇歳以下の不参加者には罰金が科される。罰金は一日一〇元であり、他の場所で葬儀に出席するなど僧侶としての仕事をしているため来られない場合は五元を支払う。また、他の僧院出身で一時的にS僧院に滞在している者や修行を始めたばかりで僧侶の服を着ていない者には罰金は適用されない。欠席する場合には事前にゲクに連絡し、後に罰金を支払う。欠席した者の名は、支払った罰金の額とともにゲクが記録し、これも集会堂の前に掲示される。

チョディは、ドゥチェンに欠席することは恥ずかしいことだと述べた後、最近は一九五〇年代に比べて管理が厳しくなくなったことに触れて、「昔は一日銀一枚を払わないといけなかったので、かなり負担になった。出席しないと罰金だけではなく、ゲクに叱られたりした。当時はほとんど現金収入がなかった。昔は上役の僧侶がもっと権力を持っていた。来ないと僧院から追い出されるかもしれないし、皆すごく恐れていた。今は、もし僧侶をやめさせたりして逆に政府に訴えられたら大変だし、厳しくない。罰金も非常に少額になったが、それでも払わない者もいる。」と語る。実際に、罰金は出席を義務づけるための拘束力としてはあまり機能していない面がある。管理委員会の記録によると、二〇〇八年三月のマティ・ドゥチェンでは、一五日間でのべ四三人の僧侶が計二三〇五元の罰金を支払っており、全期間出席した僧侶は全体の五四パーセントにとどまっている。

一方で、前章でみたように、参加することに意義があると考えて都市から帰ってくる僧侶もいる。普段僧侶としての活動をほとんどしていないかれらにとって、ドゥチェンへの参加は自分が僧侶であること、僧院とのつながりを実感できる数少ない機会になっている。

表5—1は、一九五〇年代頃のS僧院で行われた行事を聞き取りによって再構成したものと、二〇〇九年時点のものを整理したものである。かつてチベット暦に従って行われていた行事は、現在では中国で統一して用いられている農暦（太陰暦）に従って行われるようになった。年中儀礼は、ロサルの四日から二日間にわたって行われる、ボン教中興の祖シェーラプ・ギェンツェンの誕生日ニャメ・ドゥチェンに始まり、その多くが春と冬の農閑期に行われる。

一九五〇年代に行われていた行事のうち、すべての僧侶に参加義務のあるものは年間のべ四一日で、二〇〇九年は二九日と減少している。ある僧侶は、「昔から坊さんが忙しいのは年に一ヵ月くらいだ」とうそぶいていたが、僧院のすべての僧侶が集まる機会は実際に限られていることがわかる。

行事の構成をみると、一九五〇年代に存在したが現在は消滅したものに、二月に行われていたチャム（仮面舞踊）とツェンニーの集中的学習がある。チャムは主にマティ・ドゥチェンにおいて僧侶たちが舞うものであるが、現在ではマティ・ドゥチェンの直前に自主的に練習が行われている。またツェンニーについては、現在は文明学院においてほぼ年間を通じて学ぶ形に取って代わられている。これ以外の行事は期間が短縮されたものが多いものの途絶えたものはなく、一度断絶を経験したが主要な行事は存続していることがわかる。

他方、一九八〇年代から二〇〇九年までの間に追加された行事が三つある。そのうち二つが一九五〇年代以降に死去した僧院長の命日、一つがアク・プンツォによる講話である。この講話は、アク・プンツォが世俗の人びとに対して、教えや修行方法に関する基本的な解説と実践を行うものである。二〇〇〇年代中盤以降、不定期なものを含めて彼が主導する行事が増加している。特に一二月のゴンジョは、一九五〇年代には老人が参加する小規模なものであったが、現在では二〇〇〇人近くを集める一大行事になっている。

この中には、すべての僧侶の参加は義務づけられていない儀礼も含まれることに留意する必要がある。ゴンジョ

2009年		
日時	名称	概要
1月4～5日	ニャメ・ドゥチェン（*mnyam med dus chen*）	シェーラプ・ギェンツェンの誕生日
1月6日	特になし	S村のラツェ（山神の拝所）での儀礼
2月1～16日	マティ・ドゥチェン（*ma tri dus chen*）	チャムを伴う年間最大の行事
3月	ロゾンジャムツォ・ドゥチェン（*blo bzang rgya mtsho dus chen*）	ロゾン・ジャムツォの命日
3月28～29日	マギュ　（*ma rgyud*）	マギュを本尊とする儀礼
4月1～2日	ヤルシュン（*dbyar srung*）	「夏・守る」の意　断食し、口をきかない
5月の1週間	ゴンカ（*dgon khag*）	「寺・集まり」の意　シャルコクのボン教僧院すべての僧侶がG僧院に集まる。各僧院が持ち回りで運営を担当する
6月2日（新暦）	特になし	アク・プンツォによる世俗の人びとに対する講話。　2008年から開始
7月6日	マワンテンロ・ドゥチェン（*smra dbang bstan blo dus chen*）	テンジン・ロドゥ・ジャムツォの命日
10月7日	ジャプゴン・ドゥチェン（*skyabs mgon dus chen*）	ダワ・ギェンツェンの命日
10月28日	アンガトクデン・ドゥチェン（*a sngags rtogs ldan dus chen*）	アンガ・テンパツルティムの命日
12月1～21日（新暦）	ゴンジョ（*sngon 'gro*）	世俗の人びと向けの講話と修行。近年大規模化
12月29～30日	グトル（*dgu gtor*）	年末の除魔儀礼

の僧侶の参加は二五人程度にとどまっており、僧院長も参加しない。他に参加義務のない行事は、一月のラツェでの礼拝がある。ラツェにおいて拝されるギダには本来僧侶は関与しないという言説がある。また、四月のマギュに続くヤルシュンは、断食を主とする修行であり、現在は日程を短縮し、文明学院で学ぶ僧侶たちを中心に行われている。これは、僧院でなく各自で実践しても問題ないため、僧院に来ない僧侶も多い。

　こうした行事はドゥチェンとは呼ばれず、参加義務のあるドゥチェンとは区別されている。それでは、ドゥチェンはどのような目的を持った行事であろうか。ドゥチェンの多くを占めるのが高僧の命日であり、現在のS僧院にとって重要な役割を果たしたとみな

表 5-1　S 僧院で行われる主な年中儀礼と行事（1950 年頃と 2009 年）

1950 年頃		
日時	名称	概要
1 月 4 ～ 5 日	ニャメ・ドゥチェン（*mnyam med dus chen*）	シェーラプ・ギェンツェンの誕生日
1 月 6 日	特になし	S 村のラツェ（山神の拝所）での儀礼
1 月 20 ～ 29 日	特になし	チャムと論理学を集中的に学ぶ
2 月 1 ～ 16 日	マティ・ドゥチェン（*ma tri dus chen*）	チャムを伴う年間最大の行事
3 月 28 ～ 29 日	マギュ（*ma rgyud*）	マギュを本尊とする儀礼
4 月 1 ～ 5 日	ヤルシュン（*dbyar srung*）	「夏・守る」の意　断食し、口をきかない
不定期（約 1 週間）	ゴンカ（*dgon khag*）	「寺・集まり」の意　シャルコクのボン教僧院すべての僧侶が集まる。各僧院が持ち回りで運営を担当する
10 月 7 ～ 8 日	ジャプゴン・ドゥチェン（*skyabs mgon dus chen*）	ダワ・ギェンツェンの命日
10 月 28 ～ 29 日	アンガトクデン・ドゥチェン（*a sngags rtogs ldan dus chen*）	アンガ・テンパツルティムの命日
冬季（不定期）	ゴンジョ（*sngon 'gro*）	世俗の人びと向けの講話と修行
12 月 29 ～ 30 日	グトル（*dgu gtor*）	年末の除魔儀礼

注　日付表記は特に示さない限り太陰暦である。
　　網掛けをしたものは、僧侶全員に出席義務があり、欠席者に罰金が科せられる。

されている人物を記念する性格を持っている。現在行われているのはのべ五人に対するものである。メンリ僧院を設立したシェーラプ・ギェンツェンと、ユンドゥンリンを設立したダワ・ギェンツェンは、現在のボン教の枠組みを作り上げた人物であり、S僧院がその伝統に接続していることを示すものである。S僧院を現在の場所に建設したアンガ・テンパツルティムと、多くの弟子を育てたテンジン・ロドゥ・ジャムツォの二人は、現在のS僧院の礎を築いた存在として重要視されている。そして一九八〇年代の僧院の再建に際して僧院長となったロゾン・ジャムツォの命日もドゥチェンとなっている。

　ドゥチェンのもう一つの性格は、僧院と集落の平安を祈願するというものであり、旧暦二月のマティ・ドゥチェン、三月のマギュ、五月のゴンカ、一二月のグトルがこれにあたる。いずれも、僧侶たちが護法神を本尊とする儀礼を行う。このうちマティ・ドゥチェンは期間が最も長く、複雑である。ゴンカは、一九五〇年代頃には不定期に行われていた行事であり、シャルコクの有力な僧院が持ち回りで担当し、地域の僧侶が一堂に会する儀礼であった。一九八〇年代の宗教復興以降は、新しく設立されたG僧院に集合する形に姿を変えている。

ドゥチェンは、世俗の人びとから寄付を集める機会でもある。チョディは、昔は寄付が少なく、最も多いマティ・ドゥチェンの時でも一〇戸から寄付があればよかったと回想する。S村では二〇〇七年に四三戸、二〇〇八年には五三戸が計五万元以上の寄付を行っており、復興後人びとの経済的基盤が充実してきたことをうかがわせる。S僧院の会計報告書によると、二〇〇六年四月から二〇〇七年三月の間、行事に参加した僧侶たちに支払われた金額はのべ六万二六四三元であり、単純計算すると僧侶一人あたり約六六七元である。僧侶の生計の観点からすれば、行事に参加することから得られる収入だけでは生計を維持するには十分でないことを示している。これは、家族と比較的緊密な関係を保ちながら、日々の儀礼の報酬によって生活したり、俗人の服を着て世俗の仕事に従事したりする多くの僧侶の姿と呼応している。

このように、S僧院で行われている行事には、僧院長や管理委員会が関与する「公式」なものと、僧侶の自主的な参加で行われる「非公式」なものがある。前者の多くは、一九五〇年代以前から受け継がれてきたものであり、普段は閑散としている僧院が共同体としての姿をみせる場面である。僧侶たちはこの行事への参加によって収入を得るが、それが必ずしも生活に十分な額ではない点からも、かれらの参加が単に生活のためではないことがうかがえる。以下では、いかにドゥチェンが行われるのか、そしてドゥチェンを行うことが僧院や集落にとってどのような意味を持っているのかを見ていこう。

二　「マティ・ドゥチェン」の構造と意味

毎年旧暦二月一日から一五日にかけて行われるマティ・ドゥチェンは、僧院の名前を冠してSマティ、もしくは単にマティと呼ばれる。漢語では麻支慶、または「僧院の祭り」を意味する廟会《ミャオフイ》と呼ばれ、S僧院の年中儀礼の中では最大規模のものである。一五日間にわたって僧院の複数の堂内で多様な聖典の読誦と様々な儀礼、そしてチャムが演じられる複合的な形態を持つ。

S僧院では、一九八四年に改革開放後最初のマティ・ドゥチェンが行われた。この時は、残されていた衣装や仮面を使用したが、僧院の再建が進むに従って、新たに衣装や仮面が整えられ、今の姿に整えられた。

アク・プンツォによると、マティ・ドゥチェンはS僧院の一一代目僧院長プンツォ・オーゼー（*phun tshogs 'od zer*, 一八世紀頃）がツァン地方から持ち帰った儀軌やチャムの演目が起源になっており、代々受け継がれてきたものである。チョディによると、一九五〇年代当時と日程や内容については大きな変化はみられない。一九八四年、S僧院の敷地に建物が何もない状態だった頃にロゾン・ジャムツォやチョディらの手によって最初に復興されたのがこの行事であり、僧院にとってこの行事が最も重要だと人びとがみなしていたことがわかる。その後まもなく再建された集会堂が、僧院の最も重要なハードウェアだとすれば、マティ・ドゥチェンはソフトウェアの最も重要なものの一つであり、儀軌などの知識を持つ僧侶が集まることによって初めて実行可能になるものである。

1　行事の構成と目的

マティ・ドゥチェンの期間中、多くの僧侶たちは早朝から集会堂に籠もり儀礼に没頭する。堂の外では、寄付を行う人びとや給仕をする僧侶、物資を調達する僧侶などが行き交い、普段静かな僧院に慌しい雰囲気が漂よう。マティ・ドゥチェンが始まる頃は寒さが厳しく、シャルコクの谷も荒涼とした景色をみせるが、終わりに近づく頃には日射しに暖かさが加わり、春の気配を感じるようになる。ワンジェは、マティが終わったらオオムギの種を播く時期だと語り、この行事が季節の節目ととらえられていることをうかがわせる。僧侶たちはこの行事を、僧院やそこに集まる人びとにとっての障害、すなわちケグやバーチェを取り除くとともに、人びとのディクパ（*sdig pa*「悪行・罪」）を消し、ゲワ（*dge ba*「善行」）をなすように促すものであると説明する。

マティ・ドゥチェンは、強い力を持つラを本尊とし、僧侶たちが本尊と一体となってその力を発揮するという密教的実践を軸としている。この儀礼は秘儀的な知識を持つ僧侶を中心に行われ、余人に開かれたものではない。その一方で、儀礼の効果は、マティ（*ma tri*）と呼ばれるリルブ（*ril bu*「丸薬」）や、神々が顕現するとされるチャムなど、いくつかの具体的な形で集まった人びとに示される。

マティ・ドゥチェンは旧暦二月一日から七日までの前半と、八日から一五日までの後半に大きく分かれる。前半の期間、僧侶たちは主に集会堂と文明学院の二カ所に分かれて儀礼を行い、後半になるとほぼすべての僧侶が集会堂に集まる。それぞれ行う儀礼も異なり、最後の二日間には多くの人びとを集めるチャムが舞われる。

前半に行われる儀礼は、チョウォ・ラ（憤怒尊）のウェルセー・ガムパとプルバを本尊とするものである。こうしたチョウォ・ラの姿は、堂内に祀られているシェンラプ・ミボの塑像などのように、誰にでも簡単に見られるような形では示されない。その図像は掛け軸状のタンカに描かれるが、普段は覆いがかけられている。堂内の儀礼においてはタンカを掲げるとともに、本尊に捧げる供物を準備する。そしてその姿を僧侶たちが心の中で観想しながら、マントラを詠唱する。

両尊格は、ボン教の代表的なチョウォ・ラであるセーカル・チョクガ（セー城の五神）に含まれ、強い力を持つとみなされる。ウェルセー・ガムパは、青色の身体に一八本の腕を有し、それぞれの手には障害を破壊する武器を持っている形で描かれる。この名は「獰猛な大声の神」という意味を持ち、非常に強い力と獰猛な性質を持つ［Kværne1995: 77］。プルバは、下半身がプルブ（*phur bu* 三つの刃を持つ、先の尖ったくさび状の短刀）の形で描かれる。Karmay［1975: 199］によると、その儀軌は敵を降伏させることを主旨としている。これらの神々の力を借りて、僧院と集落の障害となるものを排除するのが目的となる。七日の午後、集会堂からドゥー（*mdos*）が運び出される。ドゥーは、高さ一メートルほどの木製の枠を、護法神の姿などを切り抜いた紙や糸などで装飾したもので、魔を寄りつかせる依代となるものである。これを集落の外の耕地に運び出して破壊することで、この儀礼は完結する。

後半になると、ほぼすべての僧侶が集会堂に集まり、マティ・ドゥチェンの名にもなっているマティの祈祷が始まる。マティは、ボン教の代表的なマントラである「オーンマティムイェサレドゥ」を指す。このマントラの力を表す砂マンダラ、マティ・リンチェン・ドンメー・チンコル（*ma tri rin chen sgron ma'i dkyil 'khor*「マティ・宝・灯の・マンダラ」）を制作し、集会堂の中にあるセーカン（*gsas khang*「厨子」）の中に供物とともに安置する。このマンダラの中心部にはシェンラプ・ミボを表すア（*a*）と、チャンマを表すマ（*ma*）の二つのチベット文字が書かれている。僧侶たちはこれらをはじめとする神々を観想するとともに、マントラを唱え続ける。筆者が僧侶とともに唱えた回数は一日三〇〇〇回余りであり、少なくとものべ二万回以上は唱えていることになる。

僧侶たちは長時間の祈祷によって僧院と集落の平安を祈るとともに、本尊の力を直径五ミリほどの丸薬に込め、加持（チンラプ *byin rlabs*）する。この丸薬もまたマティと呼ばれる。僧侶たちが小麦粉と数十種類の薬草を混ぜ、チャンを加え練って作る。薬草は一九五〇年代以前から受け継がれた木箱の中に納められており、少しずつ注ぎ足していくが、その配合を知る者は限られる。練ったものに着色料（以前は植物を使っていた）を加えて、赤と青の二色を作る。赤はチャンマを、青はシェンラプ・ミボを表すとされ、先に述べたマンダラと対応したものになっている。

この丸薬について、人びとは「本当に危ない時に、効力を信じて飲めば、心にサンジェーを思っていれば何にでも効く」「これは大切に保管しておくが、飲む時少しでも疑いがあると効かない」と発言する。通常の病気の際には市販の薬品を用い、西洋医学の病院を受診することが一般化しているS村の人びとにとって、危篤など特別な時に使われる意味づけを持った薬である。

それは、単に材料を混ぜ合わせるだけではなく、さらなる手順を経てその効力を獲得する。マティは、袋に詰められ、厨子に納められる。厨子の土台部にはマンダラが安置されており、各尊格を顕現させるための精密な装置が作られている。そこからは、五色の糸が儀礼を主導するユンドゥン・ラマとアク・プンツォの手につながっている。七日間にわたる儀礼を経てマティは厨子から取り出され、一五日の夕刻、集まった人びとの手に配られる。マティを配る際には、人びとが僧侶たちのもとへ殺到し、全員には行き渡らないほどの人気をみせる。このように、儀礼的な手続きを経ていることと、飲む側の意志が交差するところから、この薬の効力は生じてくる。それは、この行事の意義を堂内で行われる秘儀的な手続きだけにとどめることなく、世俗の人びとに具体的な形で示すものでもある。それはさらにチャムを通じても示される。

2　チャムを通じた「祓い」の可視化

堂内の儀礼で登場する尊格は、チャムの演じ手として人びとの前に現れる。チャムは、チベット仏教の各宗派とボン教で継承されてきた仮面舞踊である。仏教伝来以前のチベットでは様々な目的に応じて超自然の力を借りる手段として祭司による舞踊が行われており、こうしたチベット独自の要素に、仏教の尊格とそれに伴う密教的概念や儀礼が組み合わさって、現在の形になったものである［Nebesky-Wojkowitz 1976: 1-2, 65］。近年ボン教の僧院で行われるチャムは、仏教のそれには見られない尊格が多く登場するものの、仏教伝来以前に行われていた舞踊の姿をそのまま伝えたものではない。仏教のチャムと相互に影響しあいながら、後代に形成されたものであると推定されている[Nebesky-Wojkowitz 1976: 9-11]。

チャムが行われる時期は僧院によって決まっており、チャムの構成と内容は各僧院独自の要素が多く含まれ、同じ宗派や地域であっても全く同じものは存在しない［木村 二〇〇七：一〇］。シャルコクの五つの僧院にもすべてこうしたチャムを含む行事が存在するが、その名称やチャムの内容、行われる儀礼の種類はそれぞれ異なる。

チャムは単なる舞踊ではなく、堂内で行われる儀礼と密接に連携し、様々な尊格を具現化させる性質を持つとされる。チャムには、僧侶たちが儀礼の本尊となる尊格を含むマンダラを観想によって顕現させた後、さらなる観想によって自身が尊格と一体になる過程が含まれる［木村 二〇〇七：九］。こうした過程を経て広場に登場する演じ手は、尊格と同一視される。

チャムの舞台装置にみられる一般的特徴は、次の通りである［Nebesky-Wojkowitz 1976: 65-70］。広場の地面に、円や正方形のラインが、登場する尊格の種類に対応する形で引かれる。このラインに沿って演じ手はステップを踏みながら、仏教では時計回りに、ボン教では反時計回りに数周した後、堂内へと姿を消す。これを一単位としていくつかの演目が行われる。チャムが演じられる際には、広場の一辺に僧侶たちによる楽団が並び、ドゥンチェン（*dung chen* 長さ二メートル以上になる長いラッパ）、ジャリン（*rgya gling* 手持ちの小型のラッパ）、ドゥンカル（*dung dkar*「白いホラ貝」）、ガチェン（*rnga chen*「大太鼓」）などからなる音楽を奏でる。こうしたチャムの舞台の総責任者となるのがチャム・ポンと呼ばれる僧侶である。かれらは、チャムの儀軌書であるチャム・イク（*'cham yig*）を読解する知識と、舞踊の技術を持ち、演じ手たちを指導する。

S僧院では、マティが配られる旧暦二月一五日とその前日の一四日の二日間、集会堂の前の広場でチャムが演じられる。近隣の村から来た多くの観衆で賑わい、マティ・ドゥチェンはクライマックスを迎える。マティ・ドゥチェンのチャムは、一四種類の演目からなる。演目の詳細については後に詳述する。中には娯楽性の高い演目も含まれ、観衆が見て飽きないものになっているが、クライマックスに登場する尊格には、人びとは競いあうようにカタ（供物となる絹布）をかけて礼拝する場面をみることができる。チャムにおいては、人びとは修行を積んだ僧侶でなければ通常目にすることができない尊格を直接目にし、それに触れることができるとみなされる。そしてこの尊格は強力な祓い、浄化の力を発揮することが、様々なものを通じて具体的に示される。

チャムの途中、演じ手によって、ニャウォ（*nya bo*）と呼ばれるツァンパを練って作られた六〇センチほどの人形が破壊される。これは、観衆に大きなインパクトを与える場面である。ニャウォは旧暦二月一五日のチャムが中盤にさしかかった頃、集会堂から広場に運び出される。この時にはシジェ・ドゥドゥ（*srid rgyal dus drug*「シペ・ギェルモ・時・六つ」）と呼ばれる、六体の護法神が顕現するチャムが舞われている。彼らはプルブ（先の尖ったくさび状の短刀）を持ち、その力によって、ニャウォが切断される。補助役の僧侶二人が、堂内であらかじめ高僧たちの手によって切り刻まれているニャウォをさらに分けて、護法神たちが手に持っているトコ[1]（頭蓋骨で作った椀）に入れる。そして護法神たちはトコとプルブを持って舞い、浄化を行う。

チョディによると、ニャウォは僧院にとって悪いものすべてを象徴する。これは特定の悪霊や災いにとどまらず、嘘をつくなど戒律を守らない、コンチョク・スム（三宝）を尊重しない、因果を信じないなどをも表し、かれらに罰を与えるとみなされている。ただし、これは悪いことをしてもまだやり直せることを人びとに示すものでもあり、ニャウォを見ることで悪行を消し、また善行をなすことができるように願うものでもある。ワンジェ家の人びとは、「悪いことをしているとこの時に罰を受けるため恐ろしい」といい、皆あまりこのことについては語りたがらない。筆者が最初にこのものの意味を聞いた時にはなかなか教えてもらえず、滞在期間の最後になってようやく明らかになったほどである。これは、ニャウォを破壊する力と、そこで示される意味がかれらにかなりの説得力を持って受け入れられていることを端的に示している。

ニャウォのようには多くの人の目に触れないが、前日の午後にはリンガ（*ling nga*）が破壊される。リンガは、黄色の紙の上に人間の形を書いたもので、以前はこれを書くのに動物の血が用いられていた。八日に作成され祭壇に置かれた後、一四日に切って様々な場所に捨てる。一部は他の供物とともに堂の屋根の上に投げ、一部は堂の敷居に穴を開けてその中に入れる。チョディによると、リンガを破り捨てることもまた人びとから悪行を取り除くものである。

そして一五日のチャムの最後には、七日と同様にドゥーが持ち出される。護法神のマントラを染め抜いた旗を先頭に、舞い手と他のすべての僧侶が行列を組んで村はずれの耕地に向かい、ドゥーの破壊を行う。この際には爆竹が鳴らされ、興奮した雰囲気があたりを覆う。多くの観衆がこれを見守った後、僧院に戻ってマティを受け取り、マティ・ドゥチェンはほぼ終わりを迎える。

マティ・ドゥチェンでは、多様な形態をとりながら、一貫して敵や災い、悪行などを祓うための行為が行われる。堂の中で僧侶によって行われるものには、限られた者しか関わることのできない秘儀的な部分も多いが、ここまで見てきたように儀礼の目的を世俗の観衆に可視化するような要素もある。僧院と、行事に関わるすべての人びとが祓いを受け、リフレッシュするというモチーフが繰り返し登場するのである。

マティ・ドゥチェンは人びとに冬の終わりを告げる時期であり、僧院にとっても一年の大きな節目となる。マティ・ドゥチェンは新年度の始めであり、管理委員会の活動・会計報告はこの時期に作成される。また若い僧侶が認められて初めて僧侶の服を着るのもこの時期であり、新たにドゥプタの修行に入る僧侶が三年間の参籠を開始するのもマティ・ドゥチェンの初日である。僧院内に立つ古くなったタルチョや装飾はすべて取り替えられ、僧院は新たに生まれ変わったかのような姿をみせる。このように、僧院の一年のサイクルや人びとの農期にマティ・ドゥチェンは対応している。同時に、尊格の力がチャムやニャウォの破壊において人びとに示される。そして最後にこの力は丸薬に込められ、危機的状況を救うものとして人びとに配布される。こうした具体的な要素を通じて、人びとは儀礼の目的を直感的に受け入れることができるのである。

三　儀礼を支える経済基盤

マティ・ドゥチェンでは、僧院の年中儀礼で最も多くの寄付が集まる。人びとは世帯単位で寄付を行い、管理委員会が世帯の代表者と寄付内容を記録する。寄付は、現金によるものと、物品、僧侶への食事の提供に大きく分かれる。現金一〇〇〇元以上はティ・チェン（*khri chen*「座・大きい」）、一〇〇〇元未満はティ・チュン（*khri chung*「座・小さい」）と呼ばれる。寄付した世帯の代表者には、最終日のチャムの際に集会堂の前に席が設けられ、ティ・チェンを行った者が中央近くに座って観覧する。そしてマティ・ドゥチェンが終わると、ティ・チュンに対してはジェンツェン（勝幢）と呼ばれる、絹布製の吹き流し状のカラフルな装飾品が、ティ・チェンに対してはそれを一回り大きくした形状のウドゥ（*dbu gdugs* 宝傘）が授与される。

これらは、サンジェーの力を表し幸福をもたらすとされる八つのシンボル、タシ・タッジェ（*bkra shis rtags brgyad*「吉祥・シンボル・八」）に含まれるもので、マティ・ドゥチェンの期間中は集会堂の軒先に掲げられ、鮮やかな色彩を見せている。人びとはこれらを自宅のチュカンの天井からさげておく。それゆえ、チュカンにいくつジェンツェンやウドゥがあるかをみれば、その世帯の寄付歴が大まかに把握できる。

S僧院管理委員会の資料によると、二〇〇七年三月のマティ・ドゥチェンで世俗の人びとが行った寄付は計九八世帯、現金総額は五万三四二五元であった。これは、S僧院の二〇〇六年四月以降の総収入六万六四一〇元の八〇・五パーセントを占めている。二〇〇八年の寄付は計一〇七世帯、現金総額七万一五八〇元に達し、世帯数、金額ともに増加している。S村だけでみると、二〇〇七年に寄付を行った世帯は四三世帯、現金総額は二万三五九五元であり、寄付を行った一世帯あたりの平均金額は五四八・七元であった。また二〇〇八年にはS村で五三世帯が寄付を行っており、現金総額は三万六五七〇元、寄付を行った一世帯あたりの平均金額は六九〇元である。ワンジェ家の寄付はこの年六〇〇元と、平均よりは少ない額だが、世帯の月収の半分近くに相当し、決して小さな金額ではない。

寄付を行う世帯の分布範囲は、一九五〇年代以前はS僧院周囲の三つの村にとどまっていたといわれるが、近年では徐々に拡大する様相をみせている。二〇〇八年に寄付を行った一〇七世帯のうち、三つの村で八四世帯、シャルコクの他の村が一三世帯、九寨溝県が九世帯となっている。チャムが演じられている時に、S村では見慣れない服装を着た人びとが集会堂の周りに座っているのに気がついて、傍らの僧侶に聞くと、「九寨溝から来た人で、最近九寨溝に儀礼をしに行く坊さんが増えたので来るようになった」と説明してくれた。この動向は第三章でふれた僧侶の「出稼ぎ」の拡大と対応している。

図5―1に、二〇〇八年に各世帯が行った寄付金額の分布を示した。左の縦軸は寄付した世帯数である。このうち、寄付額が一〇〇元未満の世帯は、現金ではなく、バターやボン教の聖典などの物品を寄付している。五〇〇元未満の世帯はすべて物品と現金を組み合わせて寄付しており、五〇〇元以上の世帯は現金のみである。一〇七世帯のうち約七〇パーセントにあたる七五世帯が五〇〇元から六九九元までの範囲にある一方で、一〇〇〇元以上のティ・チェンも二二世帯あり、最高額は一二六〇元であった。ティ・チェンのうち半分の一一世帯はS村である。この六〇〇元前後と、一〇〇〇元以上の二つの価格帯に寄付額の「相場」が形成されていることがわかる。

現金の寄付は一五日間いつでも受け付けており、人びとは集会堂の脇にある管理委員会の建物を訪れその旨を申し出る。現金は多くの場合僧侶に直接分配される。来た者が男性であれば、自ら堂内に入って僧侶たちに直接手渡

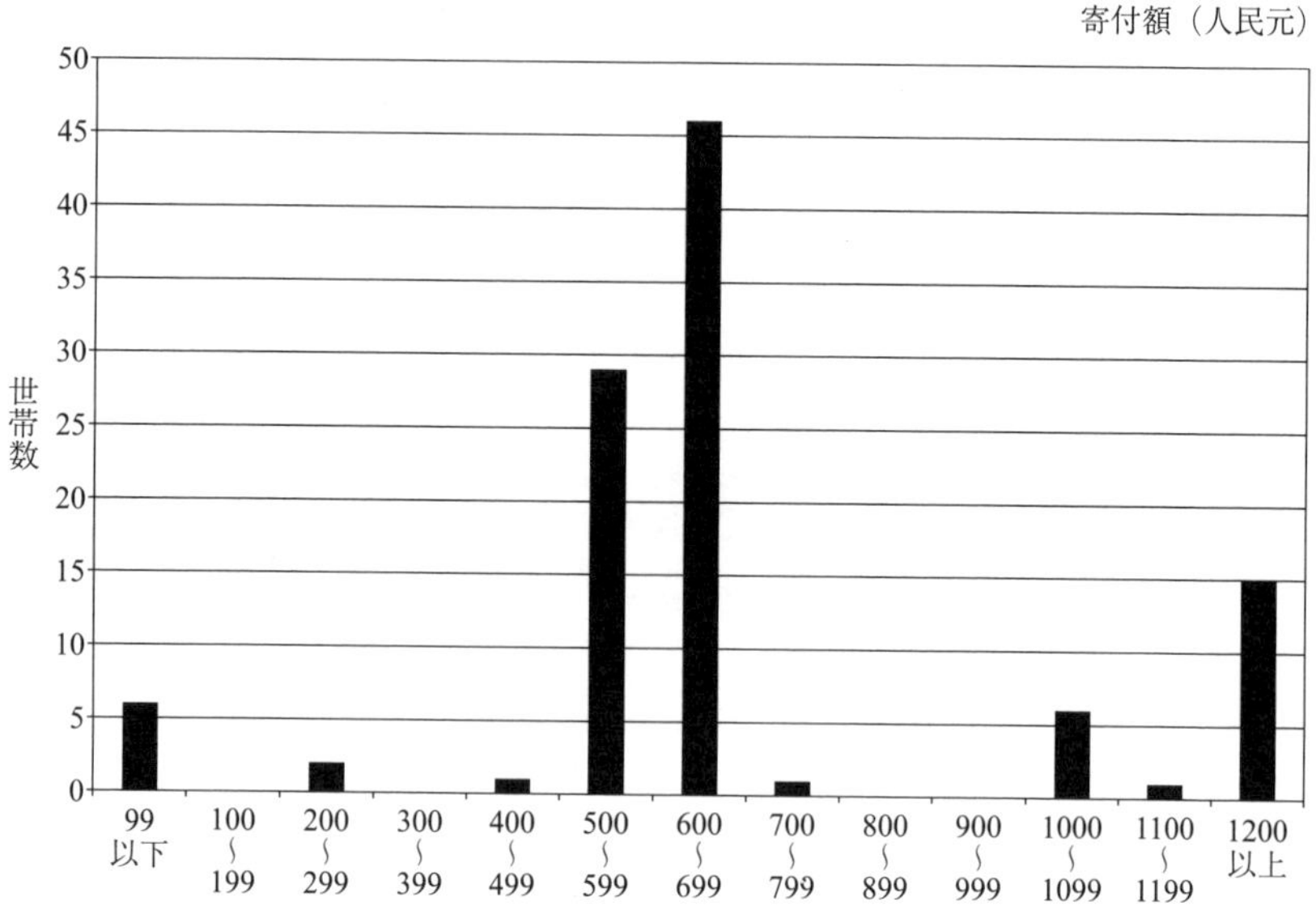

図 5-1　マティ・ドゥチェンへの世帯あたり寄付金額の分布（2008 年）

す。女性は堂内に入れないため、会計の僧侶に渡してその日のうちに配ってもらう。現金を寄付する人びとは、あらかじめ全額を銀行で新札の五元札に両替しておき、札束を持参する。そして一人五元を最低の単位として、堂内で儀礼に参加している僧侶一人ずつに渡す。金額は僧院長とロポンが一番高く、ウンゼとゲク、ドゥプタの経験者、その他の僧侶の順に低くなる。その他の僧侶が得る金額は、年齢を問わず一定である。ゲンドゥンは、二〇〇九年のマティ・ドゥチェンの期間中、計六五〇元の現金を毎日受け取った。最も多かったのは旧暦二月八日で二一〇元であった。

　寄付者が直接手渡しする場合、現金と数枚のカタを手に持ち、案内に従って一人ずつ僧侶たちのいる堂内に入る。集会堂の場合、まず一番手前の席に座っている若い僧侶にカタを一枚かけて、奥に向かって五体投地を行う。そしてシェンラプ・ミボの像が安置されている場所を回ってから、僧院長からはじめて全員に現金を配っていく。カタは僧院長やロポン、ウンゼたちに捧げられ、余った分はゲクに手渡される。納められたカタは管理委員会の事務室に集められる。カタの一部は再利用され、持参しなかった者は堂内に入る前に受け取ることができる。

ワンジェ家の寄付金は、長男のペマジェが僧院に持参し、僧侶たちに直接手渡した。その手順は次の通りであった。二〇〇九年三月二日（旧暦二月六日）の午前、ペマジェは管理委員会の事務室を訪れ、会計の僧侶に寄付に来た旨を伝えた。この時、カタを持ってきていなかったので、事務室にあったものを受け取った。そして、誰にいくら渡すか、カタを誰に渡すかを相談した後、儀礼の場に向かう。まず集会堂の中に入ったところでカタを一旦ゲクに預け、五体投地を三回する。そしてゲクからカタを受け取り、奥のシェンラプ・ミボ像に礼拝した後、ユンドゥン・ラマから順番に一人ずつ現金を渡す。その後、アムチェが常駐しているドゥプカン、文明学院の順に回り、僧侶たちに現金を渡した。まず五体投地をしてから渡す作法は同じである。この日、ペマジェはのべ一一一人の僧侶に現金を渡した。ユンドゥン・ラマ、アク・プンツォ、アムチェ、ウンゼ二人の計五人には一人あたり一〇元、他の僧侶には一人あたり五元であった。六〇〇元のうち二〇元残ったが、管理委員会に預けた。これは後にまとめて僧侶に分配される。また、カタを渡したのはユンドゥン・ラマ、アク・プンツォ、アムチェ、ウンゼ二人、ゲク二人の計七人に対してであった。

渡し方には、微妙な差異が見られる。例えば、ペマジェと同じ日に計一一六〇元を持参したＳ村の三〇代の男性は、アク・プンツォたちのいる文明学院には行かず、かれらに渡す分を管理委員会で預けた。渡した額は僧侶一人あたりペマジェの二倍の一〇元であり、そしてユンドゥン・ラマ、アク・プンツォ、アムチェの三人と、この年は出席していないシェーラプ・ラマに対しては二〇元を出した。彼は僧侶だけではなく、チャムの衣装の修繕をしていたテンジンの父にも現金を渡していた。そして渡し終わった後、会計の僧侶からカタの巻かれた瓶入りの酒を受け取った。これはティ・チェンを行った者に与えられるものである。

彼は普段は村外で商売をしており、マティ・ドゥチェンのためだけにＳ村に帰ってきた。ティ・チェンは、村外で稼いでいる人びとや、村民委員会の幹部などを中心に近年増加している、と会計の僧侶は語る。二〇〇八年のティ・チェン二二世帯のうち半分がS村、三村でみると一八世帯を占める。近年九寨溝県からの寄付が増加したが、個別にみると、高額の寄付は僧院周辺の人びとによって行われていることがわかる。そしてその中には、商売で成功した者や社会的地位の高い者が多く含まれる。

現金以外の物品の寄付は、マティ・ドゥチェンが始まる前日である旧暦一月三〇日に僧院に持参する。この時にも会計の僧侶が受付をする。多くが集会堂の儀礼に対するものであり、ツァンパやバターは供物作りにも使われる。ワンジェ家も、ツァンパやバターなどを持参したが、これらは集会堂ではなく、脇にあるドゥプカンで行われる儀礼に対しての寄付であった。ワンジェによると、ドゥプカンで行われている儀礼は、別の機会に頼んで自宅でしてもらう予定だったが、できなかったので今回自分たちの分も祈ってもらえるように寄付を持ってきたという。このように、僧侶が集まる場所ごとに物資が集められて儀礼の準備が進んでいく。

僧侶たちへの食事の提供はモジャと呼ばれ、かつてはすべての材料を持参したといわれるが、現在は人びとが現金を僧院に持参し、その現金で僧侶が材料を買い出しに行くという形が一般的である。二〇〇八年のマティ・ドゥチェンでは一五日間でのべ一八人、計二二二〇元の寄付があった。このうち一〇人は現金のみで一五〇元を持参し、その他の八人は現金とバターなどを組み合わせて持参した。会計の僧侶によると、食費は一日一五〇元を基準として、足りない分は僧院の経費から出すと語っていたが、人びとからの寄付のみでほとんど賄っていることがわかる。モジャ一八件のうち、S村が六件、A村三件、B村四件であり、三村で三分の二以上を占める。またS郷政府からも一五〇元が食事代として提供された。

このように、世俗の人びとからの現金と物品の寄付というバックアップによってこの行事は運営されている。近年の経済成長に伴って寄付される現金の額は年々上昇している。ただし、現金の移動に注目してみると、僧院自体に現金は残らず、僧侶の手に直接わたることが大きな特徴になっている。僧侶はよく、マティ・ドゥチェンで人びとから得られる現金を漢語で「工資《ゴンツ》」（給料）と表現する。ここで寄付される現金は、集落を祓い平安を祈る僧侶たちに対する感謝と尊敬を込めた報酬という意味合いを強く持っている。

筆者がマティの祈祷の途中、トンドゥの隣に座って「オーンマティムイェサレドゥ」のマントラを繰り返し唱えていると、ある男性が筆者の手に五元札を握らせた。筆者が恐縮して返そうとすると、トンドゥは、「お前はずっとマティを唱えていたから、この人はお前を坊さんだと考えて尊敬してこれをくれたのだ。とっておきなさい」と諭したのであった。こうした世俗の人びとと僧侶の関係は、普段の儀礼でも見られる。しかし、マティ・ドゥチェンでは寄付をしたことがジェンツェンやウドゥという形で人びとの手に残り、チャムの際に接待を受けるなど、僧侶個人ではなく僧院との関係を強く印象づける仕組みを見いだすことができる。

四　僧侶による儀礼の場の形成

本節では、マティ・ドゥチェンの儀礼の場を役割分担に注目して記述し、複雑な協働によって儀礼が可能になることを論じる。もととなる一次資料は、二〇〇七年から二〇〇九年の三回にわたるマティ・ドゥチェンで記録した。以下の記述で登場する日付は特に注釈がない限りすべて農暦（太陰暦）であり、太陽暦に換算するとおおよそ二月下旬から三月下旬にかけての出来事である。

1　準備段階——ロサルから一月三〇日

ロサルが近づくと、長距離バスに荷物を満載して出稼ぎ者たちが成都などの都市から帰ってくる。厳寒期が続く中、県城や川主寺では商店はシャッターを下ろし人影がまばらになるが、S村の家々ではロサルの準備や久々の再会を喜ぶ人びとなどで賑わう。僧院では一二月二九日のグトルが終わると文明学院も休暇に入り、遠方から来ていた若い僧侶は実家に帰る。僧院の装飾も取り替えられることはなく、新年の雰囲気には乏しい。S村の僧侶たちは、実家で過ごす者や巡礼に出る者など、思い思いに時間を過ごす。テンジンの実家で、普段はほとんど村の家々を訪れないアク・プンツォが談笑しているのに出くわしたのもこの頃である。

一月四日は、離れて住んでいる家族が一堂に会して宴会が行われることが多い。僧院では、メンリ僧院の設立者シェーラプ・ギェンツェンの誕生を記念するニャメ・ドゥチェンが二日間にわたり行われる。二日目の一月五日には管理委員会の会議が行われ、マティ・ドゥチェンで行われるチャムの配役が決定され、僧侶たちに告げられる。ここから、マティ・ドゥチェンは動き出す。この時期は、出稼ぎ先から帰ってきている人びとが多いため、僧侶への儀礼の依頼も多い時期であり、僧侶たちにとっては忙しい毎日が続く。

一月も後半になってくると、集会堂の前の広場では僧侶たちがチャムの練習をはじめる。普段あまり顔を見かけなかった者や、俗人の服を着て一見僧侶とはわからない者を多く見かけるようになる。前章でとりあげたスガもその一人で、彼は普段成都で商売をしているが、この時だけはシャルコクに帰ってくる。彼は、普段から僧院に住んでいるチミと二人でチャムを統括するチャム・ポンを務める。楽器の伴奏にあわせてかれらは若い僧侶たちに所作の手本を示し、確認をしていく。複雑な演目については、個別に練習が続けられた。チャムの伝承については次節で詳しく検討する。二〇〇九年の練習は一月二四日に始まり、舞い手全員が集まる練習は一月二七日、三〇日と続いた。

同じ時期、チャムを演じる僧侶以外にも動きが出始める。管理委員会の建物の二階にある部屋には、管理委員会主任と会計の僧侶ら五人が常駐するようになる。かれらは、寄付の管理や物品の調達などを担当し、堂内で行われる儀礼には関与しない。ゲクが作成する集会堂の席順表にはかれらの名が記載されているが、ほとんどその席に座ることはない。かれらは寄付に訪れる多くの人びとに対応し、時には手早く俗人の服に着替え、車を運転して町に買い出しに行くなどめまぐるしく動き回る。

同じ建物の一階では、ミシンを操る人びとの姿がみられるようになる。かれらはチャムの衣装の補修、ジェンツェンやウドゥの制作を担当している。二〇〇九年は六〇代の僧侶二人とテンジンの父親の計三人が、チャムの衣装の補修や、寄進者に配るジェンツェンなどの制作を担当した。テンジンの父親は、縫製の技術を持っているので、僧侶ではないが毎年頼まれて来ている。前節で見たように、こうした人びとに対しても、寄付に訪れた人びとは現金を渡すことが多い。完成したジェンツェンなどを若い僧侶が集会堂の軒先にとりつけ、集会堂は華やいだ姿へと変貌する。

S村の各世帯では、僧院に寄付する物品の準備が始まっている。ワンジェ家では、二〇〇九年に本堂の前に掲げるタルチョを準備した。タルチョには赤、青、緑、白、黄の五色があり、一色につき五二枚、全部で二六〇枚を川主寺の商店で購入する。それをロープに縫い付け、僧院に持参する。これはトンドゥが準備したいと希望したもので、彼は「これは多くの人が希望するが早い者勝ちだ」と得意げに語っていた。家の二階のテラスで、昼間の暖かい時間帯にリンジンやドマがミシンを使って準備を進めていた。このように、ロサルの余韻を残していた集落と僧院の雰囲気が、一気にマティ・ドゥチェンへと移っていくのがこの時期である。

一月三〇日、マティ・ドゥチェンの前日になると、それまで姿を現さなかった他の僧侶も僧院に集まり、翌日から始まる儀礼で用いる供物の準備を始める。これは、人びとから寄付されるツァンパやバターなどを用いて作られるもので、ここではトルマ（*gtor ma*）とツォク（*tshogs*）の二種類に区別されている。

トルマはツァンパとバターを練って造る供物で、高さ一五センチほどの円錐状のものが多いが、大きさや形は読むテクストや本尊によって細かい規定があり、整形したバターなどで華やかに飾られたものもある。大量に作られて堂内に安置され、儀軌に登場する尊格に捧げられる。そして儀礼の進行とともに堂の外に少しずつ持ち出されて捨てられ、僧院や集落にとって障害となる悪鬼をはじめ、あらゆる衆生に施される。集会堂の前にある広場にある大きな香炉の上に、トルマを捨てるためのスペースが設けられる。

　これに対してツォクは、直径約一〇センチの団子状に固められたもので、尊格に捧げられるのは同様であるが、儀礼の途中で切り刻まれ、その後人びとに分配される。僧侶の手を通して入手する場合や、集会堂の前に自主的に集まった人びとに分けられる場合がある。時間は前後するが二月四日の夕刻、ゲンドゥンがツォクを一つ持ち帰り、ワンジェ家の人びと全員で分けて食べた。作ってから時間がたっているためにすえたにおいが鼻をつくが、ゲンドゥンは、「これは神のご飯で、なかなかもらえないから非常に嬉しいこと。まず額に少しつけて、神とともに食べると考える。そして口に入れて、体の悪いところなどが治るように念じる。味は気にしちゃだめだよ」と説明する。丸薬などと同様に、これもまた儀礼の効果を世俗の人びとに実感として伝える要素になっている。

　一月三〇日には、周辺の村から、人びとが様々な物品を僧院に持参する。持参したものは集会堂の入り口に集められる。そしてその中からツァンパと油[2]、チャンを用いて、僧侶たちがトルマやツォクを制作する。大きなたらいにツァンパを入れ、油とチャン、水を加えて練り、一つずつ粘土細工のように整形し、所定の文様を刻んだ型に押しつけて作っていく。トルマの中には、溶かしバターに薬草の一種であるドゥモ[3]（*'bri mog*）の色素を加えた、血を表す赤い染料で色づけされるものもある。

　完成したトルマを置くための板を、水を含ませたビャクシンの枝で清め、その上に一つずつ並べていく。二〇〇九年にこの作業を担当したのは計一一人である。ツァンパを一〇代の若い僧侶二人が練り、他の九人が整形を行う。この九人中七人は、六〇代以上の僧侶たちであった。かれらは、儀礼の細部に関する知識を有しているとみなされており、特に準備において若い僧侶とともに働く姿がみられた。

こうした作業は昼までに終了し、午後には、ゲクの一人とトンドゥ、管理委員会のメンバーである四〇代と五〇代の二人の僧侶が堂内の掃除を行った。こうした作業は、事前に厳密に割り振られているわけではなく、自発的に希望者が集まって行われるものだ、とトンドゥは語る。しかし、役職についている者など、ある程度は中心になるメンバーが決まっていることが読み取れる。雑用は必ずしも若い僧侶だけに任されるわけではなく、有力な僧侶を中心にして、儀礼の場が整えられていくのである。

2　儀礼の場の構成と僧侶の配置——二月一日から六日

マティ・ドゥチェンの期間中は、すべての僧侶が定められた衣服を着て、僧院の敷地内で寝泊まりするべきだとされる。僧院の敷地内に住居を持たない僧侶たちは、実家から毎朝僧院に通う。そして毎日、午前から夕刻にかけて儀礼を行う。複雑な儀礼を進行させていくためには、緻密な役割分担が必要になる。堂内の席順や、どの役割に僧侶たちを割り振るかの大枠はゲクが決定する。

二月一日から七日は、集会堂、集会堂脇のドゥプカン、文明学院の三ヵ所に分かれて儀礼が行われる。集会堂ではユンドゥン・ラマら三六人がプルバ、文明学院ではアク・プンツォら約四〇人がウェルセー・ガムパを本尊とする儀礼を行っている。そしてドゥプカンでの儀礼は、儀礼の場そのものを保護するという重要な役割を持っている。ドゥプカンの二階は立ち入りが制限され、筆者に対しても写真撮影を禁じるなど、最も厳粛な雰囲気で儀礼が行われる。ここでは一〇人の僧侶が七日間にわたって、ボン教の教えと僧院を守るために様々な護法神を本尊とする「ボン・ション」(*bon skyong*)の儀礼を行う。ボン・ションが行われる部屋の隣にある小部屋は二月六日と七日の二日間二人の僧侶が詰め、「プルベー・シュンドク」(*phur ba'i srung zlogs*「プルバの守護・(悪いものの)排除」)を行う。トンドゥは、これは集会堂でのプルバの儀礼をサポートするために不可欠なものであると説明する。

写真 5-1　集会堂内の僧侶の座席

儀礼が行われる場所には、修行を積んだ僧侶が分散するように配置される。配置を決定するゲクによると、特にドゥプタを経験した者は、「やり方をよく知っている」ので重視される。かれらは修行を通じて儀軌をよく理解し、尊格を観相する技術にもすぐれているとみなされるため選ばれる。ドゥプタの経験者以外にも、僧院の役職にある重要な僧侶もそれぞれの場所に配置される。

集会堂では、僧院長のユンドゥン・ラマが儀礼を主導する。彼の隣には、太鼓を叩いてテクストの読誦を先導するウンゼと、同じくシンバルを持ってウンゼとともに読誦のリズムを作るツェンダクの二人が座る。ウンゼは、管理委員会の一員でもある重要な僧侶である。ウンゼとツェンダクはともに大（チェン）と小（チュン）の二人ずつがいるが、ここで集会堂に詰めるのはウンゼ・チェンとツェンダク・チェンの二人である。若い僧侶は、楽器を担当する数人以外は多くが文明学院で儀礼に参加するが、この年初めて僧侶の服を着ることが許された新入の僧侶四人は集会堂にいる。マティ・ドゥチェンは新たに正式に僧院に加わった者が披露される場でもある。

文明学院では、普段若い僧侶が学んでいる最も大きな堂にロポンのアク・プンツォ以下、計四〇人が集う。ドゥプタ経験者はアク・プンツォを含めて六人であり、儀礼の主導的役割を果たす。ドゥプカンに詰めている一〇人には、アムチェ、ゲシェー一人、ドゥプタの経験者一人、さらにウンゼ・チュンとツェンダク・チュンの二人が含まれている。またプルベー・シュンドクを二日間行う僧侶については、特別な儀礼なのでドゥプタの経験を積んだ僧侶でないと務められないとゲクは説明する。この年はトンドゥと、かつて彼とともにG僧院でドゥプタを完遂して気心の知れている、三〇代の僧侶の二人が選ばれた。

このように、儀礼の遂行のためにバランスよく熟練の僧侶が配置されているが、儀礼の場を維持するためには、雑用係を務める僧侶が不可欠である。かれらは、文明学院で学んでいる若い僧侶から選ばれる。管理委員会の建物の一階には厨房があり、ここに四人の僧侶が詰める。二〇〇九年はS村出身の二二歳と二一歳、B村出身の一九歳と二一歳の僧侶が選ばれた。この選び方についてゲクは、なるべく年の近い者を選ぶようにしており、そして出身地もできるだけ均等になるように配慮するが、実際にはA村の出身者が少ないため、S村とB村の出身者で二等分することが多いと説明する。かれらの主な役割は茶や食事の給仕であるが、儀礼の進行に従って道具の準備や片付けなど様々な裏方の役割もこなす。

また、各儀礼の場所に一人ずつ、トルマなどの供物を屋外に捨てる役割の僧侶がいる。これも若い僧侶の中から選ばれ、口を白い布で覆い、儀礼の進行に従って所定の数を屋外に持ち出す。そして、もう一つの重要な役割として、儀礼が一段落した時に、クジャクの羽を使って水を座っている僧侶たちに振りかけるというものがある。これによって時間の区切りが示され、僧侶たちは初めて席を立つことができる。

こうした僧侶たちの一日は、おおむね次のとおり進行する。六時、まだ暗いうちに集会堂の楼上に設置された鐘がならされ、僧侶たちが集まってくる。各堂では太鼓の音に合わせて読誦の声が響きわたり、その進行にあわせてラッパやシンバルが激しく打ち鳴らされる。堂内の僧侶たちは一〇時、一二時三〇分、一六時の三回休息をとる。日によって異なるが、大体一八時三〇分には終了し、夕食をとってから解散する。このうち一二時三〇分の休息は一四時までと長く、僧侶たちは各自で準備した昼食をとった後、堂の外に出て談笑するなど思い思いに過ごす。

昼食は、自宅で準備する者が多い。トンドゥとゲンドゥンはマティ・ドゥチェンの期間中僧院の敷地内にあるトンドゥの家で寝泊まりしているが、昼食はワンジェの家でリンジンたちが弁当を作る。豆腐や野菜などを炒めたおかずと、ゴツェを金属製の弁当箱に入れて、毎朝九時頃に家族が集会堂に届けに行く。堂の閉じられた扉の前に弁当箱を置き、雑用係の僧侶に名前を告げると、まとめて取り次いでもらえるようになっている。また、一日五回、茶とバター、チラ（乾燥させたチーズ）、砂糖が配られ、僧侶たちは自分の茶碗に受けて飲む。これは人びとが寄付したものを管理委員会でまとめたものである。二月一日には、新しく僧侶になった者たちの家族が寄付した餅《ビン》も午後に配られた。

夕食は、毎日人びとの寄付によって賄われる。近年は食事そのものではなく、夕食代として現金の寄付が増えたので、午後になると僧侶が買い出しに出かける。これは管理委員会の僧侶たちが担当する。ある日の買い出し内容は、炭、白菜、春雨、牛肉、ジャガイモ、セロリなどであった。こうしたものを、雑用係の僧侶が厨房で調理し、儀礼が終わった一八時三〇分に配布する。これを食べると長かった一日は終わり、僧侶たちはそれぞれの部屋に戻って休む。

文明学院での儀礼は六日間続き、二月六日の夕刻に終了する。同じ日の夕刻には、ドゥプカンから雑用係の僧侶が水牛の角に詰めた供物を持って村はずれに向かい、埋める。これはダ・ドゥプ（*dgra sgrub*「敵・修する」）と呼ばれ、悪行や敵を僧院から追い払うための儀礼の一つである。これが終わると、ドゥプカンでの儀礼も一段落する。役割を終えた僧侶たちは、しばしの休息をとる。夕刻になると集会堂からも僧侶たちが出てきて、打ち解けた雰囲気の中でチャムの練習が始まる。特に目立つのはセンゲ（*seng ge*「獅子」）の練習であり、大きく重い仮面に見立てた板を持って広場をゆったりした、しかし雄壮なしぐさで移動する。この年選ばれた僧侶はドゥプカンの雑用係になっていたが、それまでの練習にあまり顔をみせなかったため、ここで経験者のトンドゥによる「集中講義」を受けていたのである。

3　マティの祈祷に向けた準備――二月七日の砂マンダラとトルマの制作から

二月七日は、ドゥプカンの小部屋と集会堂で儀礼が続く一方、他の僧侶たちは翌日からの儀礼の準備にとりかかる。若い僧侶たちは、箒で広場を掃き清め、集会堂の飾り付けを行う。集会堂の入り口では、マティの祈祷において中心的な役割を果たす砂マンダラ「マティ・リンチェン・ドンメー・チンコル」の制作が行われる。

マンダラ制作に使用する白い砂は、一月二九日にユンドゥン・ラマが僧院の背後の丘にある決められた場所から掘り出す。掘り出した砂の前でマントラを唱え、薬草の入った水を撒くなどして清めた後、すりつぶしてパウダー状にしておく。これに染料の粉を混ぜて、色つきの砂を作る。二月七日の一〇時二〇分から、四人の僧侶によってマンダラの制作が始まる。このうち一人は五〇代で、一九八〇年代にティボからマンダラ作りを教わった経験を持つベテランである。彼のパートナーになるのがチャム・ポンでもあるチミである。彼はドゥプタの経験やゲシェーの学位がなく、役職にもついていないが、こうした手先の技術を必要とする場面には必ず顔を出しその器用さを生かしている。かれら二人が主導し、若い僧侶二人に指示を出しながらマンダラの制作を進める。

まず、約八〇センチ四方の木板で作った土台の上に白い砂を敷き詰め、その上から黒い炭の粉をまんべんなく振りかける。そこに、糸と木製のコンパスを使って枠線を描いていく。二人で糸をぴんと張って土台に押しつけると、炭がとれて下の白い砂が露出し、線が描かれたように見える。描いている僧侶は、マンダラは平面上に僧院を表したもので、枠線は柱と梁に相当すると説明する。これに、色つきの砂を用いて肉付けを行っていく。僧侶たちは、色つきの砂を根もとが漏斗状、先端が尖った金属製の筒に入れる。片手にこの筒を、反対側の手に空の同じ筒を持ってこすり合わせると、少しずつ砂が先端から出るようになっている。

砂マンダラの制作は、色のついた砂を定められた順序に配列し、文様を描いていく非常に精密な作業である。中央部にはシェンラプ・ミボを表すア（*a*）と、チャンマを表すマ（*ma*）の文字を重ねて書き、周囲を五色の砂で囲んでいく。これは世界を構成する元素チェンボ・ガ（*chen po lnga*「五大」）と総称されるサ（*sa*「地」）、チュ（*chu*「水」）、メ（*me*「火」）、ルン（*rlung*「風」）、ナムカ（*nam mkha'*「空」）を表すもので、このマンダラでは黄色が地、青色が水、赤色が火、緑色が風、白色が空に対応する。これらの色を使い分けて、建物を表す四角形の枠、四方に設けられた門とチョルテン（仏塔）、それを取り囲む円形の枠を描く。さらにその上にユンドゥン（卍）、ペマ（*pad ma*「蓮華」）、リンポチェ（*rin po che*「宝珠」）、コルロ（*'khor lo*「法輪」）などのシンボルを描いていく。

作業中、僧侶たちは時折絵に描いた同じマンダラを参照して色の順序などを確認するが、砂で完全に絵と同じ形を再現できるわけではないので、細部は描き手の僧侶の記憶と技術に依存する。時に思わぬ失敗が発生し、熟練した僧侶がアドバイスをして描き直すこともある。若い僧侶は比較的簡単なベタ塗りの部分を担当し、先輩の描き方を見て学んでいく。マンダラは三時間ほどで完成し、一三時過ぎには集会堂の中に運び込まれた。マンダラとともに供えられるトルマなどの供物もその脇で作られる。これも同様に、年長の僧侶を中心に、それを若い僧侶が見ながら作るという形をとった。

一七時過ぎ、厨房に詰めていた四人の僧侶が集会堂からドゥーと高さ三〇センチほどの最も大きなトルマを持ち出し、僧院の門を出て茶館の近く、村の入り口にあたる耕地に向かう。続いて、集会堂の中にいたユンドゥン・ラマたちが出てくる。ユンドゥン・ラマは、祭壇に供えられていた、薬の入った水を満たした柄杓を手に持ち、その場に集まった僧侶や村の人びとはその水を受けて頭にかけ、口をゆすぐ。ほどなく、僧侶たちは二人のゲクを先頭と最後尾にして、行列を組んで村の入り口の耕地へ移動する。この行列には、他の場所で儀礼を行っていた僧侶は参加しない。

播種前の耕地は、むき出しの地面が広がっている。そこに置かれたドゥーは、四人の僧侶によって破壊され、木の骨組みだけになっている。耕地を通るあぜ道の上にトルマが置かれる。行列を組んでやってきた僧侶たちはこの道に沿って一直線に並ぶと、ユンドゥン・ラマが前に進み出てトルマを耕地の中へと数十メートルほど運んで捨てる。そして僧侶たちは集会堂まで戻り、ユンドゥン・ラマが集会堂の入り口の軒にバターをつけ、オオムギを撒いて清めると、すべての儀礼が終了したことになる。

それまでの六日間に比べて、この日は僧侶たちが複数の場所で同時進行的に動いており、僧侶たちが何を焦点としてまとまっているのかがつかみにくい。僧侶たちの動きは、筆者が初めて見てから三回目、三年目にしてようやく意味をもってとらえられるようになった。僧侶たちの多様な役割分担は、翌日から始まるマティ・ドゥチェンの中核ともいえるマティの祈祷と、チャムに向けた場をつくり整えるという一つの方向に向かって収斂していくのである。

4 マティの祈祷と僧侶の序列

「二月八日からが本当のマティ・ドゥチェンだ」という発言が、多くの僧侶から聞かれる。この日までに、僧院に立つタルチョはすべて新しいものに取り替えられ、集会堂もジェンツェンなどで華やかに装飾される。この日からは僧侶は定められた服装を着るべきであるとされ、それまで防寒用にダウンジャケットなどを羽織っていた者も、すべて赤い衣だけをまとうようになる。そして衣の下には、ボン教徒のシンボルである青色を配したトゥンガク（ベスト）を着ている者が多い。前日に僧院での儀礼が終わった後、ワンジェ家にゲンドゥンと仲の良い一〇代の僧侶がやってきて、皆で彼の少し伸びた髪を剃っていた。こうした身だしなみからは、この日からの儀礼が僧侶たちにとってより一段と厳粛なものとしてとらえられていることがうかがえる。

二月八日の朝八時三〇分から、トギ（*tho bzhi*「ト・四」）と呼ばれる儀礼が行われる。これは、僧院の東西南北の端にトと呼ばれる護符をとりつけるものである。まず僧侶全員が集会堂の前に集まったところに、集会堂の正面に向かって左からユンドゥン・ラマが、右からアク・プンツォが広場に入場する。これは集会堂での儀礼の際に行われる正式な方法である。そして集会堂からは、四つの方角を守護する尊格を表す仮面をつけた四人の僧侶が出て舞う。

これは、西を守護するドゥー（*'brug* 龍）、東を守護するセンゲ（獅子）、南を守護するトン（*dom* クマ）、北を守護するパ（*phag* ブタ）を意味する。かれらとともにすべての僧侶が僧院の周囲の巡礼道を反時計回りに一周し、四方に設けられた巡礼道の切れ目にビャクシンの枝とカタを巻きつけた護符を結びつける。この儀礼には管理委員会主任と会計をのぞく僧侶全員が参加する。アク・プンツォは、これによって僧院の内部を神聖な領域として結界し、平安に保つ意味があると説明する。ここで、改めて儀礼が行われる場が画定されるのである。

この日からは、ほぼすべての僧侶が集会堂に詰める。前日までは欠席して罰金を払っていた僧侶たちもいたが、この日以降初めて僧院に姿を現す僧侶も少なくない。ゲクが作成した席順表には、S僧院に所属するすべての僧侶の名前が書かれている。集会堂に入ると、扉の脇に二人のゲクが座る机と席がある。儀礼が行われる途中、ゲクたちはここで寄付への対応や、僧侶たちが正しい作法で儀礼を行っているかを監視する。

正面に目を転じると、薄暗い堂内に僧侶の座席が奥に向かって伸びているのがみえる。板張りの床が一段高くなった部分に絨毯が敷かれ、席が作られている。ユンドゥン・ラマとアク・プンツォ、そして二人のウンゼが座る場所には仕切りがあるが、その他の席には絨毯の模様によって座る位置が大まかに示され、ちょうどあぐらをかくことができるほどの面積が確保されている。その奥にはティジンとロポンの座席があるが、普段は空席になっている。

集会堂の中では、丸薬の作成とマントラの詠唱を中心に儀礼が進められる。一方集会堂脇のドゥプカンでは、六日まで儀礼を行っていた僧侶たちはアムチェを除いて集会堂に合流する。アムチェは普段毎日籠もっているドゥプカン一階の部屋に移り、平安を祈る護法神のソカを執り行う。ドゥプカンの二階にはワンデンと若い僧侶二人、合わせて三人が籠もる。テンジン・ロドゥ・ジャムツォの弟子であるワンデンは、一九八〇年代からG僧院の管理委員会主任を長く務め、マティ・ドゥチェンの際には出身地のS僧院に戻ってくる。ともに儀礼を行う若い僧侶たちは、彼からテクストの読誦の仕方、特に声調や抑揚を学ぶために、同席することを志願したと語る。また、集会堂の後方にあるナムジェ・ラカンにも六〇代の僧侶二人が配置される。集会堂を取り囲む場所で行われる儀礼は、すべて集会堂でのマティの祈祷が順調に進行するように保護するためのものであり、それまで同様、経験豊富な僧侶がこれにあたる。

堂内の儀礼を支える若い僧侶たちの数も増加する。厨房に常駐する若い僧侶の人数は四人から七人になり、茶の給仕やトルマの廃棄、堂内の掃除など、様々な用事をこなす。集会堂の座席表にはかれらの名も記載されているが、実際にはほとんど席につくことはない。管理委員会主任や会計の僧侶たちと、チャム・ポンのチミとスガの二人も同様である。こうした役割分担の中で儀礼が進められ、一四日と一五日のチャムでクライマックスを迎える。

写真 5-2　集会堂で祈祷する僧侶たち

儀礼が行われている時には、各堂の門は閉ざされているが、俗人が寄付に訪れた場合には開かれる。集会堂の外で五体投地の礼拝を繰り返す人びとや、ユンドゥン・ラマやアク・プンツォが堂から出てくる際に、頭に数珠や聖典をあててもらうために集まる人びとが多く見られるようになり、僧院周辺は賑わいをみせる。休憩時間に外に出る僧侶たちに話を聞いていた筆者をいぶかる世俗の人びとが増えたのもこの時期であり、他村の人びとや普段はS村にいない人びとが多くなったことがうかがえる。

堂内の僧侶の配置には、僧院の枠組みと、僧侶の序列が明示され、確認される側面がある。二月八日の一三時から始まる場面をみてみよう。八〇人近くの僧侶が座り、バターランプや香が焚かれているため外気よりもずいぶん暖かく感じる集会堂で、皆が昼食を済ませた頃、二人のゲクが威厳を含んだ足取りで席の間をゆっくりと歩き回る。この時ゲクは〝*rgyal ba mnyam med kyi bca' yig*〟(『勝利者ニャメのチャイク』)というテクスト[4]を読みあげる。これは僧院内の規律に関するテクストであり、トンドゥによると、これを読むことで規律を皆に示すとともに、ゲクが罰則などを行使する権利を得るものである。

この後、雑用係の僧侶によって堂内が清掃され、線香を手に持った一人がそれぞれの席の前で線香を左右に揺らし、煙をかけて清める。その際、席によって清め方が異なる。最も奥にあるティジンの席（空席）の前では線香を一三回、「腰の高さ」で往復させる。その脇のロポンの席（空席）では九回、「腰の高さ」で往復させる。その後実際に座る者がいる席に移り、ユンドゥン・ラマとアク・プンツォの席はそれぞれ九回、「胸の高さ」で往復させる。そしてウンゼとゲクの席では五回、「首の高さ」で、その他の席は三回、「目の高さ」で往復させる。これが、その後一五日まで毎日儀礼の始まる六時と、昼食が終わる一三時に行われる。線香の「高さ」は、実際に線香を持つ僧侶が説明したものであり、高さと左右に往復させる回数が席に座る僧侶の地位を反映していると考えられている。

集会堂の席順からは、こうした地位をはじめとする僧侶たちの関係が読み取れる。

図5―2は、集会堂内における僧侶の座席を示したものである。この図では、上が堂の奥になっている。そしてAとB、CとD、EとF、GとHの間には柱があり、僧侶たちは柱を背にして背中合わせに座る。すなわち、BとC、DとE、FとGの列の僧侶たちは向かい合って座っていることになる。以下、各僧侶の座る位置は、列番号（1～13）と、席次（A～H）によって書き表す。例えば、一列目の左端は1Aとなる。

席順を決定したゲクのゲンチュは、「席順は僧侶のレベルによって決めており、前の席にはレベルの高い僧侶が座る。若い僧侶と年長の僧侶をともに座らせて学ばせることもある」と説明している。これを手がかりに、最前列にあたる1Aから1Hについてみると、1Dに座るのがユンドゥン・ラマ、1Gがアク・プンツォであるが、かれらを含めて八席中六席がドゥプタの経験者で占められている。1Eに座るのは文明学院でアク・プンツォの補佐役を務めているゲシェーである。つまり、先頭に座る僧侶の多くが、他の僧侶に対して修行面で上位とみなされる要

	A	B	C	D	E	F	G	H
1	○	●	●	▲	○	▲	▲	◆
2	○	○	○	△	▲	▲	○	◇
3	○	○	○	△	▲	▲	△	◇
4	○	○	○	◇	◇	▲	▲	◇
5	○	○	○	◇	◇	△	△	△
6	○	○	○	◇	▲	○	◇	△
7	○	○	○	○	○	○	○	▲
8	○	○	○	○	△	△	△	△
9	○	○	○	○	△	○	○	○
10	○	○	○	△	○	○	○	○
11	○	○	○	○	○	○	○	◇
12	○	○	○					△
13	○							△

注　○：10～20代　△：30代～40代　◇：50代以上　●▲◆：ドゥプタの経験者

図5-2　マティ・ドゥチェンにおける集会堂の席次（2009年2月8～15日）

素を有していることがわかる。他のドゥプタ経験者も、二人を除いて、四列目より前に座っている。

次に年齢と席次がどのような関係にあるかを列ごとにみる。各列のAからCは、すべてが文明学院で学んでいる二〇代以下の僧侶であり、他の列とは区別されている。中央のDは、ユンドゥン・ラマを先頭に、ウンゼ・チェンとツェンダク・チェンの二人が続き、三列目までが三〇代であるが、その後ろに五〇代以上が三人続く。隣のEでも、先頭のゲシェーは二〇代でそれに続く二人のドゥプタ経験者に続いて五〇代以上が二人続く。アク・プンツォを先頭とするGでは、ウンゼ・チュンとツェンダク・チュンの二人の後ろ、6Gに座るのが七〇代である。そしてその隣のHでは、先頭から四人五〇代以上が続いている。このように、五〇代以上の一〇人のうち、ほとんどの時間ドゥプカンで儀礼を行っているワンデン（11H）を除く九人が六列目よりも前に座っているが、ドゥプタの経験者やウンゼなどの役割を持つ者が優先されていることがわかる。一方、役職やドゥプタの経験などがない四〇代以下の僧侶で、五〇代以上よりも前の列に座っているのはG5の一人のみである。五〇代以上の僧侶は一九八〇年代の復興以前からの知識を直接受け継いでおり、供物の準備などでアドバイス役を果たし他の僧侶から尊敬を集めているが、こうした「年功序列」的な面もドゥプタの経験や役職の次に席順に反映されている。

しかし他の年齢層に注目すると、必ずしも年齢順に並んでいるわけではなく、DからHではいずれも三、四〇代がかなり後方の列まで若い僧侶に混じって座っている。これはゲクも言及した通りであるが、僧侶たちはテクストを置くための机を二〜三人で一つを共有して使う。そのため若い僧侶はどこをどのように読むのかを隣の年長の僧侶に聞きながら儀礼について行く場面が多く見られる。文明学院で学んでいない若い僧侶には、普段はほとんど僧侶としての活動をしない者が多いので読み方がわからないものが多い、とある僧侶は説明する。このような僧侶の構成や関係を反映した場において、僧院全体を挙げた祈祷が続けられるのである。

五　宗教舞踊チャムの継承

1　チャムの演目

一四日と一五日に行われるチャムは多くの観客を集め、マティ・ドゥチェンのクライマックスをなす。チャムは広場で演じられる舞踊を指すことが多いが、堂内で人びとには公開されることなく行われるものも多い。二月八日のトギもチャムにカテゴライズされる。トギの後に集会堂の中で行われるナン・チャム（*nang 'cham*「内・チャム」）は部外者が見ることを許されており、集会堂の入り口には多くの人が詰めかけ、堂内を旋回しながら高速で反時計回りに周回する四人の舞い手を拝する。ナン・チャムは、供物のツォクを切り裂くなど重要な役割を有し、特に熟練の舞い手が選ばれる。二〇〇九年はチャム・ポンの二人と、かれらと同様豊富な経験を持つ二〇代の僧侶二人が担当した。以下では一四日と一五日の演目に注目し、演じ手の選択にはどのような要因があるのか、チャムを演じることが僧侶にとってどのような意味を持っているのかを論じていく。

この両日は、楽器を持った僧侶たちが広場をはさんで集会堂と向かい合う場所に陣取り、その周りを観衆が埋め尽くす。一五日には集会堂二階のテラスにユンドゥン・ラマとアク・プンツォが座る。近年は老齢のため参加しないが、二〇〇七年まではG僧院のシェーラプ・ラマも参加していた。楽隊が奏でる音楽は堂内のものと同様、比較的単調な旋律からなり、太鼓とドゥンチェンの「ボォォォ」という重く大きな響きが目立つ。この音楽は、広場に祝祭的な高揚感と儀礼の厳粛な雰囲気の双方をもたらす。

舗装された広場を縁取るように、白墨で四角形の枠と円がいくつも描かれる。チョディによると、これは堂内の儀礼で用いられるマンダラに合わせたものであり、その上で舞うことで尊格の顕現が表現される。それぞれの演目では演じ手は集会堂から出て、この線にあわせて広場を大きく反時計回りに数周し、また堂内に戻ることを基本の動きとする。一般にチャムの舞踊は、踏み足（ステップ）と旋回を主とする身体技法に加えて、演じ手が演じる尊格を観想し、手で尊格の印を結び、真言を唱えることで成り立つ［木村 二〇〇七：八］。S僧院の演目も、旋回の動きが非常に目立つものが多く、重い仮面と衣装をつけて片足でバランスを保ちながら旋回を続けるのは容易ではない。

二日間の演日を、演じられる順番に表5―2に整理した。それぞれの演目の意味は、僧侶への聞き取りと、シャルコクのチャムの演目を総覧的に記述している白瑪措［一九九八］などの文献に基づいて述べる。

二月一四日は、午前のみ広場でチャムが行われる。最初に集会堂からすべての僧侶が出て、行列を組んで広場を一周する。その最後尾について、二人のガル・チャム（アラガラ *a li ga li* とも呼ばれる）が登場する。ガル・チャムは手にシャーヒン（*phyag shing*「手・木」）と呼ばれる棒を持っている。これはシェンラプ・ミボの持ち物であり、チャムが行われる土地を浄化し、これから登場する神々の、露払い的な役割を持つ［白瑪措 一九九八：八六］。ナム・ジェは八人の僧侶が手にダマル（*da ma ru* でんでん太鼓）を持って舞うものである。これは神々の世界に住む天女を表す［白瑪措 一九九八：八六］。この二つの演目は、仮面をつけることなく行われる。

表 5-2　マティ・ドゥチェンのチャム演目

	演目名	人数
2月14日	ガル・チャム　*dgar 'cham*	2
	ナム・ジェ　*rnam brgyad*	8
	ゼマ・グ　*zer ma dgu*	9
	マギュ　*ma rgyud*	8
2月15日	ゲ・チャム　*ge 'cham*	1
	ナム・ジェ　*rnam brgyad*	8
	マギュ　*ma rgyud*	8
	アザラ　*a tsha ra*	8
	シー　*spre'i*	2
	センゲ　*seng ge*	2
	センジ　*seng rdzi*	4
	シジェ・ドゥドゥ　*srid rgyal dus drug*	6
	ドゥルク　*dur khrod*	4
	ハ・チャム　*shwa 'cham*	2
	シェンラプ・グ・チャム　*gshen rab dgu 'cham*	9
	ジャセン　*grag seng*	1

注　日付は農暦（太陰暦）。この他の日に行われるものは略してある。

次のゼマ・グ（「ゼマ・九」、ゼマの九姉妹）は、いずれも動物の頭部を模した仮面をつけた九人からなる。その内訳はドゥー（*'brug* 青い龍）、ルー（*sbrul* 緑色のヘビ）、キュン（*khyung* ガルーダ）、セン（*seng* 白い獅子）、テ（*dred* 黒いクマ）、シャン（*spyang* オオカミ）、タク（*stag* トラ）、チャンカ（*lcang ka* 赤い嘴を持つカラス）、チュジン（*chu srin* 水中に住むけものの一種）である。Karmay［1998: 195-196］によると、これはボン教の宇宙起源神話と深く関連した演目である。世界の生き物を創造した女神チュチャム・ギェルモ（護法神の姿をとった時にはシペ・ギェルモと呼ばれる）がある時二七の卵を産み出し、そのうち最初に九つの卵から生まれたのは人間の胴体と動物の頭を持った姉妹であり、後に護法神となったものがこの演目で登場する神々だといわれる。

マギュは、仮面はつけず頭に金属の飾りがついた黒い帽子をかぶる八人からなる。踊り手の顔はこの大きな帽子のつばに隠れて見えにくくなっている。これはチベット仏教のチャムにおいてシャナグ（*zhwa nag* 黒帽咒師）と総称される演目に外見が似る。これは堂内で秘密裏に行われる儀礼で顕現するマギュの尊格を表したものである。聖山シャンシャドゥルはマギュの山とされているため、シャルコクの土地にも関連の深い演目である。

二月一五日の冒頭に登場し、単独で舞うゲ・チャムは、「これを舞えばチャムは卒業」といわれるほど難易度の高い演目であり、全員が演じられるわけではない。外見はマギュと同様に黒い帽子をかぶる。これは儀礼のすべての本尊の力と一体化して悪を断ち、世界を浄化する役割を持つ〔白瑪措 一九九八：八六〕。続いてナム・ジェとマギュが前日と同じ舞い手によって演じられる。その後は、しばらく娯楽性を持った演目が続く。アザラは、どこかユーモラスな表情の仮面をかぶり、滑稽なしぐさを交えながら舞う。これはインドの密教行者を表すといわれる。

ここで昼食の休憩をはさみ、シー（サル）が演じられる。これは、S僧院独特のスペクタクル要素の強い演目である。一九二三年に、テンジン・ロドゥ・ジャムツォとともにシャルコクを訪れたユンドゥンリンの僧院長シェーラプ・ロデン（一八八二～?）によって、S僧院に伝えられた。シェーラプ・ロデンがS僧院のドゥプカンで瞑想していると、護法神シェルキャプチェン（*Shel khyab can*）がサルの姿で出現するというビジョンをみたことから、この演目がはじまったと伝えられている。

写真5-3　マギュのチャム（2007年マティ・ドゥチェン）

休憩時間に、若い僧侶たちが集会堂の屋上から広場の中心に立てられた五メートルほどの柱に向かってロープをはる。ほどなく、集会堂の屋根にサルの仮面と、羊毛で作られた着ぐるみをまとった演者が姿を現す。かれらは二匹のサルのように、屋根を動き回りながらあたりをうかがう。そして一人ずつロープを伝って下に下りてくる。広場には観衆がカタに包んだ現金を手に待ち構えている。ロープを両足の間にはさんで座ったり、ロープに両足をからませて逆さにぶら下がったりと曲芸なみの身のこなしをみせる。圧巻は逆さにぶら下がった状態で、人びとが下から投げる現金を受けとめる場面である。他の僧侶も堂内から出て見守っており、広場は熱狂的な雰囲気に包まれる。

次のセンゲ（獅子）とセンジ（獅子使い）は六人が一緒になって演じる。シーが終わった後、再び僧侶たちは行列を組んで広場を一周するが、その後につ

写真 5-4　シのチャム（2007 年マティ・ドゥチェン）

いて登場する。センゲは、二人がかりで演じる獅子舞のような形態をとるもので、口が開閉でき、子供がかんでもらうとよいとされる点も類似する。センゲはセンジに付き添われて広場を三〇分ほどかけて非常にゆっくりしたペースで回り、人びとからカタを受け取る。

センゲが終わると、チャムは徐々にクライマックスへと向かう。シジェ・トゥトゥは女神シペ・ギェルモの六つの姿を現したもので、六色の仮面をかぶった六人が演じる。この演目の際に堂内からニャウォが運び出されて刻まれ、悪行が浄化される過程が観衆に提示される。次のドゥルク（墓場の主）も、観衆に大きなインパクトを与える演目である。骸骨を模した仮面と、骨格が描かれた白い衣装を身につけた四人の演じ手が全身をふるわせ、手を不自然な方向に折り曲げたり、飛び跳ねたりと不気味さを感じさせる動きをしながら登場し、広場を走り回り、観衆に急に近づいて驚かせる。トンドゥは、これは生前に死後の姿をみておくことで、死後恐れることなく良い来世に生まれることができるという意味を持つと説明する。この意味はワンジェたち世俗の人びとからも聞かれた。

ハ・チャム（「鹿・チャム」）は長い角を持つ鹿の仮面をつけた二人が演じる。これは鹿の姿で人びとを見守り殺生を戒める護法神ツェン（*btsan*）の姿を現す［白瑪措　一九九八：八六］。これに続いて、護法神の仮面をつけた九人からなるシェンラプ・グ・チャム（「シェンラプ・九・チャム」）が登場する。これはメンリ僧院を設立したシェーラプ・ギェンツェンが、瞑想の中で九体の神々がマンダラの周囲を舞っているビジョンを得たことからチャムの演目となったものと伝わる［Karmay 1998: 198］。

シェンラプ・グ・チャムの舞が一段落すると、最後に集会堂からS僧院の守護神であるジャセン（ジャクパ・センゲ *grag pa seng ge*）が登場する。これはジェンツェンを手に持ち、袈裟をまとい帽子をかぶった姿をしている。ジャセンは他の演目とは異なり、舞うことはなく人びとからカタを受け取る。この尊格はもともと仏教僧であったものがボン教の護法神になったという特殊な来歴を持つ。Karmay［1975: 200］によると、チベット仏教カルマ・カギュ派の第一〇代シャ・マルパ（*zhwa dmar pa*「紅帽」、カルマ派の指導者）であるチューダク・ギャムツォ（一七四二〜一七九二）は、一七九二年に起こったグルカのチベットへの進攻に関係したとされてチベット政府から財産の没収や以後の転生の禁止を受け、死後悪霊となったのを、メンリ僧院座主シェーラプ・ゴンギェル（一七八四〜一八三五）が調伏したものである。

アク・プンツォはこの演目を「彼はもともと高僧であったが、傲慢になって狂ってしまい、悪霊になってしまった」と、歴史的な面ではなく、倫理的な面から説明する。彼によると、アンガ・テンパツルティムが僧院長だった頃、ジャセンをS僧院の護法神として祀るようになったところ僧院は発展し様々な奇跡が起こった話が伝わっている。この演目は仮面をつけず素顔で演じられるが、それはジャセンがもともと人間だったからだ、と人びとは説明する。

ジャセンに加えて、この日の最初に登場したゲ・チャムも再登場し、シェンラプ・グ・チャムの九人とともに人びとから大量のカタを受け取った後、僧侶たちと共に僧院を出て村の入り口の耕地に向かい、ドゥーやトルマの破棄に立ち会う役割を負う。

2　演目の割り当てからみるチャムの存続

二日間にわたって行われる一四種類の演目に要する人数は、単純に数え上げるとのべ六六人に達するが、二〇〇九年には、それを二一人の僧侶で分担した。舞い手となるのは、全員が三〇歳未満の若い僧侶であった。これは、重い衣装をつけて長時間旋回するなどの身体的負担が大きいことに加えて、チャムを踊ることそのものが僧侶の修行と位置づけられていることとも関連している。

演じ手を統括するチャム・ポンを務めるチミは、「すべての演目を舞って、最後にゲ・チャムを舞えばチャムは卒業になる」と説明する。本来一つの演目について最低三年、チョディによれば、一九五〇年代以前は三年間演じることが望ましいとされていた。これに従えばすべての演目を終えるには最低でも二〇年前後を要するが、実際には期間の短縮や、いくつかの演目は舞わないことが多い。チミは、一一年間で一四種類のうちガル・チャムとシを除く一二種類を演じ、二〇〇八年と二〇〇九年にゲ・チャムを演じて引退した。彼は「自分は学問があまりできなかったから、チャムの勉強を始めた。自分から上手な年上のラマに学んだ」と語る。もう一人のチャム・ポンであるスガも、一二年間でシーを除く一三種類を演じ、二〇一〇年と二〇一一年にゲ・チャムを演じて引退した。彼が普段は成都で俗人の服を着て商売をしていることは第四章で見た通りである。

このように、チャムを演じることは、僧侶の学びの軸とされるシェータやドゥプタとは異なる階梯として位置づけられている。逆に、学識や修行経験の豊富な僧侶であっても、演じ手にならない者も多い。例えば、ゲシェーの学位を持つテンジンは二〇〇七年までの七年間でナム・ジェとアザラの二つしか演じず、あまり得意ではないということで二〇〇八年からは舞わなくなった。マティの祈祷では最前列に座っていたもう一人のゲシェーは、チャムを演じたことがないと語る。またドゥプタの経験者の中にも、チャムを演じたことがないものが多くいる。二〇〇九年の演じ手には、ゲシェーやドゥプタの経験者は一人も含まれていなかった。

一方で、演じ手の中には普段は僧院から離れて暮らしている者が多い。ジミやスガは、教義の学習や瞑想では能力をあまり発揮することがなかったものの、チャムの演じ手としては、その上達を修行の階梯として、達成に向かって生きてきたのであり、マティ・ドゥチェンの中に僧侶としての居場所を見いだしているといえる。ここからは、

表5-3　チャムの演目割り当て（2009年旧暦2月14日～15日）

日付	演目名	人数	演じた僧侶
2月14日	ガル・チャム	2	シンペ　ゲリ
	ナム・ジェ	8	シンペ　ゲリ　ロサ　ニマ　ロンジン　ヨンヨン　アジェジェ　ドンツ
	ゼマ・グ	9	**チミ　スガ　ジャムツォ　レンチン　ディンジュ　ゲンサ　ゲンディ　ガゾン　ゲンドゥン**
	マギュ	8	**チミ　スガ　ジャムツォ　レンチン　ディンジュ　ゲンサ　ゲンディ　ガゾン**
2月15日	ゲ・チャム	1	**チミ**
	ナム・ジェ	8	シンペ　ゲリ　ロサ　ニマ　ロンジン　ヨンヨン　アジェジェ　ドンツ
	マギュ	8	**チミ　スガ　ジャムツォ　レンチン　ディンジュ　ゲンサ　ゲンディ　ガゾン**
	アザラ	8	**ディンジュ　ゲンサ　ゲンドゥン　シンペ　ロサ　ナンガ　ラジン　アゼン**
	シー	2	**ゲンサ　ゲンドゥン**
	センゲ	2	ゲンガ　ロサ
	センジ	4	ゲリ　ニマ　ロンジン　ヨンヨン
	シギェ・ドゥドゥ	6	**チミ　スガ　ジャムツォ　レンチン　ゲンサ　ガゾン**
	ドゥルク	4	**ゲンサ　ガゾン　ゲンドゥン　ロサ**
	ハ・チャム	2	**チミ　スガ**
	シェンラプ・グ・チャム	9	**チミ　スガ　ジャムツォ　レンチン　ディンジュ　ゲンサ　ゲンディ　ガゾン　ゲンドゥン**
	ジャセン	1	シンペ

注　太字はゼマ・グを演じた僧侶。

単純に僧院内でステータスを持つ僧侶が重要なチャムを演じるという構図ではなく、個人の適性にあわせて演じ手が選ばれることがうかがえる。以下では、この演目の割り当てについて詳しくみてみよう。

割り当ては毎年一月五日の管理委員会の会議によって決定されるが、その決定に関わる僧侶は、基本的には年齢順に割り当てると説明する。年齢からみた場合、各演目は、年少者が演じるべきとされるもの、熟練者が演じるべきとされるものが区別されている。

表5―3に、二〇〇九年の演目の割り当てを示した。この割り当てからは、チャムを演じる二一人の僧侶に大きく二つのグループが形成されていることが指摘できる。その一つはゼマ・グを演じた九人であり、一九歳の一人を除いて全員が

二〇代である。またナム・ジェを演じた八人は、二〇歳の一人を除いて全員が一〇代である。マギュ、シジェ・トゥトゥ、ハ・チャム、シェンラプ・グ・チャム、そして最高峰のゲ・チャムといった、重要な神々が顕現する演目の担当はすべてゼマ・グの九人に含まれている。一方、ナム・ジェを演じる八人には、ガル・チャムとセンジの担当が含まれる。これらの演目は回転や複雑な動きが少ないため難易度が比較的低く、また小柄な者が演じるのがふさわしいとされる。このように、この二つのグループは年齢や熟練度によって分けられている側面があることがわかる。

さらに、チャムを演じる僧侶の聞き取りから、演目の中には熟練度によって区分されるものと、それ以外のある種の「適性」が要求されるものがあることがわかってきた。これに従うと、一四の演目は以下のように分類することができる。

①初心者、若い僧侶が演じるもの。

ガル・チャム、ナム・ジェ、センジ

②熟練者、比較的年長の僧侶が舞うもの。

ゼマ・グ、マギュ、シジェ・トゥトゥ、ハ・チャム、シェンラプ・グ・チャム、ゲ・チャム

③娯楽性の高いもの

アザラ、シー、ドゥルク

④その他

センゲ、ジャセン

多くの僧侶が、①のカテゴリーからチャムを始める。担当した演目の履歴を聞き取ることができた一七人のうち、

表5-4　3人の僧侶が演じたチャムの演目の変遷

	1年目	2年目	3年目	4年目	5年目	6年目	7年目	8年目	9年目	10年目	11年目
ガル・チャム											
ナム・ジェ	○△□	△□	△□	□							
センジ	△□	○△□	□	□							
ゼマ・グ				△		□	△	△	○△	○△	○△
マギュ			○	○△	○△	○△	○△	○△	○△	○△	○△
シジェ・ドゥドゥ			○	○△	○△	○	○	○	○	○	○
シェンラプ・グ・チャム				○△	○△	○□	○△	○△	○△	○△	○△
ハ・チャム				△	△	△	△	△	○△	○△	○△
ゲ・チャム							△	△	△	○△	○△
アザラ		○			□	□					
ドゥルク		○		△	△□	△□					
シー	□	□	□	□	□	□					
センゲ			△	○	○	○	○	○	○		
ジャセン	○										

注　○：チミ（1999～2009年）　△：リンチェン（1997～2007年）　□：ゲンドゥン（2004～2009年）

一年目にガル・チャムを演じたのは三人、ナム・ジェが一〇人、センジは二人であった。一方、体が大きかったために、これらの演目はできなかったという例もある。②のカテゴリーは、何年にもわたって担当し、最終的にゲ・チャムを舞うことを目指すものである。現在チャム・ポンとなっている二人や、既に引退して若い僧侶の指導にあたっている者はこの経験者が多い。

表5―4に、三人の演目の変遷を整理した。チミの演目をみると、ナム・ジェに始まり、徐々に難易度を上げてゲ・チャムに至っている過程がわかる。また、チミの前任のチャム・ポンで彼の前にゲ・チャムを演じ、二〇〇七年に引退したリンチェン（三〇代）の演目の変遷も同じような流れをたどっている。彼は今でも練習にたびたび顔を出し、若い演じ手の指導にあたっている。

かれらのように、ゲ・チャムにまで到達できる僧侶は多くない。聞き取れた限り、二〇〇九年時点で、マティ・ドゥチェンに参加している僧侶でゲ・チャムの経験者は四人のみであった。こうした僧侶は、指導者として練習においても中心的役割を果たすことになる。しかしその一方で、このようなチャムのいわばエリートコースをたどった僧侶たちが演じていない演目もあることに注目したい。チミはシー、リンチェンはアザラ・シ・ジャセンを演じていないのである。こうした演目は、単なる難易度とは異なる性格を持ったものである。

③に分類した演目では、儀礼としての厳粛さというよりは、観客に働きかける娯楽性が強く表れる。他の演目とは異なり、いずれも滑稽なしぐさや曲芸ばりの動きなどが要求されるため、こうした動作が得意な者が選ばれるという説明を耳にする。特にシーは、ロープから宙づりになるなどかなりの身軽さを必要とするため、演じられる者は限られる。シーは、チミやリンチェン、そしてスガがともに演じていない唯一の演目であった。

対照的に、身軽なゲンドゥンはシーをいわば十八番にしている。彼の場合、一年目から六年連続で演じていることが最大の特徴である。また、彼が演じるドゥルクは予測不可能な動きで観客席に飛び込み、時に子供を驚かせ泣かせることもある迫真のものである。普段から彼のおどけた性格とサービス精神をみていれば、これは納得のいく配役であった。

また異なる条件が必要とされるのが④のカテゴリーのセンゲとジャセンである。センゲは、ダイナミックな動きが身上であり、特に二人のうち頭部に入る者は迫力を出すためにかなりの身長が必要とされる。また獅子の頭はかなりの重さになるので、腕力も不可欠である。それゆえ、比較的小柄なスガはこの演目を経験していない。二〇〇九年にこの役を担当した二〇代の僧侶は、普段は村外で働いており、チャムへの参加自体初めてであったが、一八〇センチ以上の大柄な体格で、他に適任者がいなかったために選ばれた。同じく大柄なトンドゥはセンゲを八年間演じており、彼に熱心に個人指導を行っていたが、逆に小柄さが要求されるガル・チャムやナム・ジェはできなかったと回想する。さらに、最後に登場するジャセンは精通前の子供が演じるとされるため、一〇代の若い僧侶が選ばれることになる。この演目に限っては、演じるのは一年限りであり、経験していない僧侶も多い。

このように、僧侶一人ひとりの特徴や、世代構成を考慮した上で演目の割り当てが行われている。そして、チミやスガのような経験豊富な者を中心としながら、特に重要な演目では年齢が近い僧侶がまとめて担当し、ともに練習する姿がみられる。

ここまでみてきたように、マティ・ドゥチェンとチャムが体現する災いの除去や祓いといった要素は、堂内で行われる儀礼をその大きな裏付けとしている。それを担うのは、高い修行段階に達した僧侶たちであり、集会堂の席順にはかれらを頂点とする僧侶の序列が反映されていた。しかしチャムが演じられる場に注目すると、そこには堂内とは異なるまとまりが見られることに気づかされる。チャムを担当する者は、堂内の序列が高い者に限らず、普段は僧院から離れている者や、席順が後ろのほうであったり、雑用係をしたりしている者も含まれる。かれらは各自の経験や適性に応じて演目を分担しながらチャムを継承するまとまりを形成している。かれらは堂内で儀礼を続ける僧侶たちとともに、マティ・ドゥチェンの目的を達成するために不可欠な両輪となっている。それぞれの持ち場で役割を果たすことが、複雑な儀礼の遂行を可能とし、多様な背景をもつ僧侶を僧院共同体の一員としてつなぎとめてきたのである。

注

（1）トパ（*thod pa*）やカパラ（*ka pa la*）と呼ばれることも多い。

（2）溶かしバターが正式なものとされるが現地では市販の食用油（なたね油）も用いる。

（3）*Onosma echioides.* ムラサキ科オノスマ属。染毛剤として工業用にも使用される。

（4）このテクストは、メンリ僧院で編纂された僧院生活の規範を説いたテクスト〝*bkra shis sman ri'i bca' yig gser gyi thig shing*〟（『吉祥メンリのチャイク、黄金のものさし』Karmay and Nagano eds.［2001］のID 190-71）とほぼ同じものと推測される。

●第Ⅲ部　再編される地域社会と宗教の役割

第六章　人びとを巻き込む宗教実践

第Ⅲ部では、僧院を中心とした宗教実践が、地域社会の急速な変容の中で人びとをいかに結びつけているのかをみていく。この章でとりあげるのは、僧院の年中行事のように僧侶が執り行う儀礼ではなく、ゴンジョ（「前・行く」、加行。ゴンド）と呼ばれる、世俗の人びとが集団で行う修行である。ゴンジョは農閑期に入る一〇月初旬から始まり、厳寒の一二月中旬にクライマックスを迎える。伝統的な衣服を着込み、マティコルを手に持って回しながら集まってくる人びとによって、僧院周辺は静かな興奮に満たされる。ここで扱う事例は、主に二〇〇九年一二月に観察したものである。

一　ゴンジョの活性化

1　ゴンジョの概要

ゴンジョとは、より高いレベルの修行に入るための前段階に必要な実践の総称である。S僧院文明学院のチベット語名が「ゴンジョの教科学校」であることからもわかるように、ゴンジョは、僧侶を含めた人びとがサンジェー

（ブッダ）の境地に近づくために不可欠とされる下準備である。本来、ゴンジョは三年間のドゥプタの修行に入るための準備段階である。しかし、三年間の修行は専門的な知識と技法が必要であり、身体への負担も大きいことから、比較的容易とされるゴンジョのみが行われることがある。これが本章でとりあげる、世俗の人びとが参加するゴンジョである。(1) ワンジェ家の人びとは、ゴンジョの話題になると「ゴンジョはチベット人なら一度は経験するべきだ」とよく発言する。ゴンジョは専門的な修行を行う僧侶のみならず、世俗の人びとにとっても重要な実践であることがうかがえる。

ここでとりあげるゴンジョは、ゾクチェンの修行に入るための前段階である。ゾクチェンと総称される思想と技法は、主にチベット仏教ニンマ派やボン教によって受け継がれてきた。ボン教のゾクチェンは、仏教やインド思想、中国禅など「外来」の思想には還元できない要素を多く含んでいることから、仏教伝来以前にチベット高原に存在した思想の流れを受け継ぐものと考えられている［Karmay 1988: 205］。

またゾクチェンは、宗派を問わずチベットの宗教の根底にある思想だと考えられてきた。一九世紀の超宗派的運動であるリメー運動では、ゾクチェンを一つの核にして諸宗派の伝統の融合が図られた。ボン教のシャルザ・タシ・ギェンツェンもこの運動に関わり、彼が著したゾクチェンに関する書物は、現在の修行者にとって主要な手引きになっている。

ボン教のゾクチェンには様々な系統があり、その代表格はア・ニェン・ゾク・スム（*a snyan rdzogs gsum*「ア・ニェン・ゾク・三」）と総称される。これはアティ（*a khrid*）、ゾクチェン・ヤンツェ・ロンチェン（*rdzogs chen yang rtse klong chen*）、シャンシュン・ニェンギュ（*zhang zhung snyan brgyud*）の三つの系統である。この他にも、イェティ・ターセル（*ye khri mtha' sel*）とよばれる系統もある。近年ではボン教僧侶による相伝が世界各地で行われるようになっているが、その思想と実践の研究は端緒についたばかりである。

ゾクチェンの思想を象徴し、その継承の起点となる尊格が、クンツ・サンポ（*kun tu bzang po*）である[2]［Karmay 1988: 201-205］。その思想は様々な形で継承された。代表的なテルマ（埋蔵宝典）が一一世紀にシェンチェン・ルガによって発見された『チャンチュプセム・ガプパ・グコル』である。このテクストには、八世紀のボン教徒テンパ・ナムカの手によるとされる注釈書『テルシ』（*'grel bzhi*「根本の注釈」）がある。テンパ・ナムカはゾクチェンの教えをシャンシュン王国から古代チベットに伝えた人物として重要視される。S僧院の僧侶がドゥプタを行う参籠堂の正面に彼の像が祀られている。

これに対して、主にニェンギュ（口伝やビジョンの伝達）によって伝えられてきた、秘儀性の高い体系がシャンシュン・ニェンギュである。シャンシュン・ニェンギュにはボン教独自の概念が多く含まれるとされる。カルメイ氏が一九八五年にS僧院の調査を行った際に廃墟の中から発見した図像から、一九五〇年代以前にこの伝承が行われていたことが明らかにされた。この図像はシャンシュン・ニェンギュの体系に含まれるコルロ・シ・ダク[3]（*'khor lo bzhi sbrags*「四つの輪の結合」）の思想をテーマにしたものである。ゾクチェンの熟達者が中心に描かれ、彼の頭頂部から上部に発せられた五色の光（白・黄・緑・赤・青）が解脱の境地を表し、身体の各部分から下部に発せられた五色の光が輪廻の状態を表す［Karmay 1988: 204-205］。こうした、世界が光によって構成されているという思想はボン教独自ののものとされる。

こうした思想は、修行を積んで知識と技術を身につけた僧侶や行者が実践し、伝承してきたものである。他方、世俗の人びとでも比較的簡単に実践できるゾクチェンの系統がアティである。アティは、本格的なゾクチェン思想への橋渡しをする入門的性格が特徴であり、高度な技法を用いなくとも実践できるという間口の広さがある。S僧院で現在行われているゴンジョは、このアティを軸にしたものである。

Kværne［1973］によると、アティはシェンチェン・ルガから教えを受けたドゥとシュの一族の子孫に師事した、メウ・

ツァンのメウ・ゴンゾ・リトーチェンボ（*rme'u dgongs mjod ri khrod chen po*，一〇三八～一〇九六）が説いた教えに始まる。彼はシェンラプ・ミボの説いたとされるト・ギュ（*khro rgyud*）と呼ばれる体系に、自らの霊的な交感によって得られたテルマを加えて、独自の教えを形成した。これを体系化したのが、ドゥ・ツァンのドゥ・ギェルワユンドゥン（*bru rgyal ba g.yung drung*，一二四二～一二九〇）である。彼はアティを、ゴンジョを含むアティ・トゥンツァム・チョンガ（*a khrid thun mtshams bco lnga*「アティの一五のセッション」）という一五段階に整理した。

ドゥ・ギェルワユンドゥンは、イェール・エンサカ僧院の長を務めた後、隠遁生活に入り多くの著書を残した［Karmay 2007: 65］。アティの体系は現代に至るまで伝承され、二〇世紀には東カムでシャルザ・タシ・ギェンツェンがそれをもとにしたゴンジョの解説書『カルン・ジャムツォ』（*bka' lung rgya mtsho*）を著した。

S村の人びとは、各世帯や僧院の儀礼において、現世や来世をめぐる様々な利益を願う。ゴンジョは特に人びとの自発的な参加が不可欠である。一般向けとはいえ、自ら厳しい修行に入ることは、死後にバルドを経てよりよいツェシマ（*tshe phyi ma*「来世」）に生まれ変わること、そして理想的にはサンジェーの境地に近づくことにつながる、とアク・プンツォは説明する。

シャルコクのボン教徒の間では、仏教と同様に衆生が生きる世界を六つに分類し、その中で生まれ変わりを繰り返す、いわゆる六道輪廻の考え方が共有されている。それは、ニェワ（*dmyal ba*「地獄」）、イダク（*yi dwags*「餓鬼」）、ショソン(4)（*byol song*「畜生」）、ラ（*lha*「神」）、ラミン（*lha min*「非天」修羅）、ミ（*mi*「人間」）からなる。ニェワ・イダク・ショソンはゲンソン・スム（*ngan song gsum*「悪い行き先・三つ」、三悪趣）、ラ・ラミン・ミはトリ・スム（*mtho ris gsum*「高い世界・三つ」、三善趣）と総称される。サンジェーの境地に至ることで、この転生の連鎖から解脱することが理想とされるが、それができなくとも、できるだけよい世界に生まれ変わることが期待されている。

ゴンジョは、一人だけで行うことができる実践ではない。教えを伝え、技法を指導する師の存在が不可欠である。修行に際しては、すぐれた能力を持ち経験を積んだ師による個人的な指導が不可欠であり、それを欠いた修行は破滅につながる危険なものであるとみなされる［Sharza Tashi Gyaltsen, et al. 2006: 18］。ゴンジョの師はザウィ・ラマ（*rtsa ba'i bla ma*「根本のラマ」）と呼ばれる。ザウィ・ラマは、修行者を支え導く非常に重要な存在である。修行者はザウィ・ラマに帰依し、その姿を思い描きながら、教えに従って修行を進める。

S僧院のゴンジョでは、アク・プンツォが人びとのザウィ・ラマとなる。ゴンジョが成功するかどうかは、ザウィ・ラマの個人的な能力や人格にも大きく左右される。ゴンジョは、人びとが心と身体を変容させていく場であると同時に、指導者となる高僧への信頼が問われる場面でもある。そのため、ゴンジョの事例をとりあげることは、宗教実践が身心に与える影響をとらえると同時に、なぜ二〇〇〇年代以降アク・プンツォが人びとの間に大きな求心力を持つようになったのかを探ることにもつながるのである。

2　アク・プンツォによるゴンジョのはじまり

S僧院でいつからゴンジョが行われるようになったのかは定かではないが、チョディによれば、一九五〇年代以前はもっぱら老人が少人数で行うものであった。一九六〇年代から途絶えた後、一九八〇年代にG僧院の僧院長シェーラプ・ラマがゴンジョを再開した。当時、シェーラプ・ラマはS僧院だけではなく、シャルコクの五つの僧院を巡回してゴンジョの指導を行っていた。しかし、当時の参加者は四～五〇人程度であった。二〇〇〇年代に入り、アク・プンツォがS僧院でゴンジョを主催するようになると、参加者は飛躍的に増加し、現在では老若男女が参加する冬の一大行事といえるほどにその規模は拡大している。

S僧院の年中儀礼の参加者は、マティ・ドゥチェンでも最大三〇〇人程度であり、一〇〇〇人以上を集めるのはゴンジョのみである。ゴンジョはS僧院の年中儀礼ではなく、あくまでアク・プンツォが中心となり、自発的な参

写真 6-1　ゴンジョに集まった人びと（S 僧院提供）

加者によって構成されていることが大きな特徴になっている。このため、ユンドゥン・ラマや管理委員会主任は参加せず、僧侶の参加義務もない。直接観察できた二〇〇九年のゴンジョでは、最も多い日（一二月一三日）でも僧侶は二五人ほどであり、集会堂前の広場は世俗の人びとで埋め尽くされていた。

アク・プンツォは二〇〇〇年以降、S僧院の活動に大きな役割を果たしてきたが、ゴンジョは、彼が僧侶たちの教師にとどまらず、世俗の人びととの接点を持つようになった重要なきっかけであった。当初は彼自身が望んだわけではなく、当時のS僧院が置かれていた状況に大きく影響を受けていた。

一九九〇年代末のS僧院はロゾン・ジャムツォが死去し、後継の僧院長も長く務めることができない状態が続いていた。トンドゥによると、当時G僧院のシェーラプ・ラマも高齢になってきており、五つの僧院を巡ってゴンジョを指導することが困難になってきていた。復興を支えた世代、すなわち文革以前からの知識を受け継ぐ世代が死去、もしくは第一線を離れ始めていたが、それを受け継ぐ世代はまだ僧院の中心とはなっていなかったのである。

第四章でもみたように、S僧院の僧侶の構成は、一九六〇年代前半以前に生まれた世代が少なく、復興後僧侶になった世代、すなわち一九六〇年代後半から一九七〇年代前半にかけて生まれた世代へと一気に世代がとぶことになる。その世代が、アク・プンツォ、ユンドゥン・ラマ、トンドゥらであった。当時G僧院でドゥプタの修行を行い、二〇〇〇年にS僧院に帰ってきたトンドゥも、S僧院の将来について心配しており、年長の僧侶と相談して、アク・プンツォにゴンジョの指導をしてもらえるように依頼した。当時の様子について、トンドゥはアク・プンツォが難色を示しながらも受け入れた様子を以下のように語る。

「当時、アク・プンツォは帰ってきたばかりで、まだ名声はなく、僧院の裏手の山に住んでいた。まず私たち二人で訪ねていって、お茶を飲みながら、やってくれないかと言ったが、難色を示した。とてもできないと言って。結局その日は帰った。数日後、二人で訪ねていってその話を出したが、できないの一点張りだった。私は、あんたは本が読めないのか、と強い口調で言うと、読めるよとは言ったが、やるとは言ってくれなかった。さらに数日後、今度は一人で行って説得した。アク・プンツォは、そんなことをしたらシェーラプ・ラマが気を悪くするんじゃないかと言っていたが、シェーラプ・ラマにはちゃんと私から伝えておくと約束した。アク・プンツォは、じゃあやろう、その代わりみんな手伝ってくれ、と私に言った。その後、人を集めて、一二月八日にするとか、どのような段取りにするのかを決めた。それが二〇〇〇年頃だった。」(二〇〇九年一二月のインタビューより)

このようにして始まった新しいゴンジョは、トンドゥによると当初は活発ではなく、初めての年に集まったのは七〇人くらいであり、参加者もあまり熱心ではなかった。その時トンドゥが、「あなたたちのためになるからこれをやっているんだ。絶対にあなたたち自身のためになることなのだよ」と人びとを叱ると、アク・プンツォも彼に続いて、「トンドゥはこのことのためにこんなに尽力している。だからしっかりやろう」と呼びかけた。このようにして、アク・プンツォは徐々に指導者としての役割を引き受けていった。

3　修行の過程

ゴンジョは、畑でのオオムギの刈り取りが終わり、農閑期に入る一〇月初旬から開始され、一二月下旬にかけて

表6-1　2009年S僧院のゴンジョ日程

日付（太陽暦）	場所	内容	参加者数
10月6日	文明学院前の広場	アク・プンツォによるゴンジー・ブングの講話	130人
10月14日	文明学院前の広場	アク・プンツォによるゴンジー・ブングの講話	130人
10月22日	文明学院前の広場	アク・プンツォによるゴンジー・ブングの講話	130人
10月30日	文明学院前の広場	アク・プンツォによるゴンジー・ブングの講話	130人
11月	特に定めず	ゴンジー・ブングの各項目の実践（主に五体投地とマントラの詠唱）	
12月1～7日	文明学院前の広場	マンテー（マンダラの供養）５日の夕刻にツェタル（放生）を行う	130人
12月8～10日	集会堂前の広場	アク・プンツォの講話とマントラの詠唱（主にドゥティス）	約1000人
12月11日	集会堂前の広場	アク・プンツォの講話とマントラの詠唱（主にマティ）	約1200人
12月12日	集会堂前の広場	アク・プンツォの講話とマントラの詠唱（主にマティ）	約1800人
12月13日	集会堂前の広場	メトク・チューバ・ブルワ（花を献上する）ニュンネー（断食）僧侶による祈願文の詠唱と儀礼	約1800人
12月14日	集会堂前の広場	アク・プンツォの講話とマントラの詠唱（主にイクジャ）	約1800人
12月16日	文明学院前の広場	アク・プンツォによるポワについての講話	146人
12月17～19日	文明学院前の広場	ポワの実践	201人
12月20日	文明学院前の広場	アク・プンツォが参加者の頭にカシャラをさす	201人
12月21日	シャンシャドゥルと文明学院前の広場	シャンシャドゥルを巡拝し、最後にアク・プンツォの前でマントラを詠唱	201人

行われる。その大まかな流れを示したものが表6―1である。

ゴンジョへの参加者は、大きく二つのグループに分けることができる。その一つは、いわゆる熱心な参加者であり、すべての期間を通して参加し、激しい身体的負担を伴う修行に身を投じる人びとである。もう一つは、一二月八日から一四日までの一週間、S僧院の集会堂の前の広場で行われるアク・プンツォの講話に参加する人びとである。全期間の参加が望ましいとされるが、講話だけの参加でもしたほうがよいといわれる。

二〇〇九年の全期間を通した参加者は一三〇人で、うち男性四三人、女性八七人と、女性が三分の二を占める。かつてのゴンジョは老人が参加するものというイメージがあったが、近年は

表 6-2 「ゴンジー・ブング」の参加者が行う項目

名称	内容	詠唱文など
セムジェ (*sems bskyed*)	発心文の詠唱	*ci ltar rgyal ba 'phags pa ci bzhin du* || *'di sogs dus gsum dge ba'i mthu dpal gyis* || *sems can sangs rgyas thob par bya ba'i phyir* || *bdag ni byang chub mchog tu sems bskyed do* ||
ジャブジョ (*skyab 'gro*)	帰依文の詠唱	*bla ma la skyabs su mchi'o* || *sangs rgyas la skyabs su mchi'o* || *bon la skyabs su mchi'o* || *sems dpa' la skyabs su mchi'o* || *yi dam rgyal ba'i dkyil 'khor gyi lha tshogs rnams la skyabs su mchi'o* ||
ニンポ・ナムスム (*snying po rnam gsum*)	３種類のマントラの詠唱	*A a dkar sa le 'od a yang Om 'du* *Om ma tri mu ye sa le 'du*（通称　「マティ」） *a dkar a rmed du tri su nag po zhi zhi mal mal swA hA* （通称「ドゥティス」）
シャ　(*phyags*)	五体投地の礼拝	（セムジェやジャブジョを唱えながら行う）
マンテー (*maN Tal*)	立体マンダラに穀物を捧げ供養する	*e ma 'byung lnga'i steng du ri rab ri bdun dang* || *gling bzhi ling phran phyi nang 'dod yon bcas* || *ni zlas brgyan pa bye ba phrag brgya 'di* || *bdag gi blos blangs 'bul lo bzhes su gsol* ||
イクジャ (*yig rgya*)	百音節のマントラの詠唱	*bswod dmu ra ta ham wer ni brum hrun* | *mu tre mu tre dmu ra mu tre* | *mu ye mu ye ha ra mu ye* | *mu spros mu spros wer ro mu spros* | *mu ni gyer to* | *ye khyab khar ro* | *spros bdal hri hro* | *wer ni wer ro* | *shud la wer ro* | *na hur ta ka* | *shud dho shu ho* | *du shud dho yA* | *sa le sa le tri sa le yA* | *sang nge sang nge su sang nge yA* | *dmu ra ta han khri rtse drung mu* | *ha ha brum brum* | *ho ho lam lam hUM hUM phaT phaT* ||
ラメ・ネンジョル (*bla ma'i rnal 'byor*)	師を観想し、祈願文の詠唱	*spyi gtsug bde ba chen po'i pho brang du* || *drin chen rtsa ba'i bla ma la gsol ba 'debs* || *sangs rgyas sems su ston pa rin po che* || *rang ngo rang gis shes par byin gyis rlobs* ||

注　詠唱文はＳ僧院の『ゴンジー・ガンドゥン』より抜粋。

若い世代も参加しており、一三〇人のうち二〇代以下の者は一八人であった。参加を決心したかぎり途中で抜けることは望ましくないとされ、脱落者は一人もいなかった。講話への参加者はこの一〇倍以上の人数に達した。一二月一三日には、目視で確認できる限り一八〇〇人以上が集まり、広場は満員電車なみの押し合いへし合いの人混みになった。

全期間を通した参加者が行う修行は、マントラなどいくつかの定型文の詠唱と、決まった身体の型の反復に特徴がある。そしてこうした身体の動きと並行して、思考の上では様々なビジョンを思い描くことが要求される。この過程の核となるのは、ゴンジー・ブング（*sngon 'gro'i 'bum dgu*「ゴンジョの九〇万」）と呼ばれ、九つの項目を一〇万回ずつ繰り返すのが理想的とされる。ゴンジー・ブングの内訳と唱える文言を表6―2に整理した。

一〇月初旬から、僧院の背後にある丘の上、文明学院の門前にある小さな広場に人びとが集まる。一〇月は一週間に一度、アク・プンツォがゴンジー・ブングの内容について講話をする。人びとは聞いた内容をもとに、各自が自宅で修行をする。五体投地をチュカンで行い、日常生活の様々な場面でマントラを唱え続ける。一一月に入っても修行は各自で続けられる。ゴンジー・ブングの中で、できる項目は一〇万回を達成しておくのが望ましいとされる。

一二月になると、再びかれらは文明学院の門前に集う。一二月初旬の一週間で、まずマンテー（マンダラの供養）が行われる。マンテーには専用の器具や大量の穀物が必要とされるため、集団で行う。一二月中旬になると舞台は集会堂前の広場に移り、参加者も増加する。彼らはともにアク・プンツォの話を聞き、マントラなどを唱える。この期間が終わると、再び文明学院の門前で、ポワ（*'pho ba*「転移」）の修行が行われる。これはゴンジー・ブングには含まれないが、死後自分の魂をよりよい来世に生まれ変わらせるために必要な身体技法である。ポワが終わると、人びとは聖山シャンシャドゥルを巡礼し、ゴンジョは一区切りを迎える。

4　S僧院独自の要素

S僧院のゴンジョは、テクストに説かれた内容をそのままなぞるのではなく、省略や別の項目の追加などがあり、独自の構成をとる。アク・プンツォは、本来ゴンジー・ブングのすべての項目を一〇万回行うのが望ましいと考えているが、ある世俗の男性が「すべての項目をするのは難しすぎるので、誰もやらない」と発言しているように、額面通り計九〇万回行われるわけではない。また項目によっても、よく行われるものとそうでないものに分かれる。ニンポ・ナムスムと総称されるマントラでは、マティ（*ma tri*）とドゥティス（*du tri su*）の二つが特に多く唱えられる。マントラの詠唱や五体投地は一〇万回を越えて行われることもある。

アティのゴンジョについて説いたテクストの中で、修行の意味や方法などを平易に説いた代表的なものが、シャルザ・タシ・ギェンツェン著の『カルン・ジャムツォ』である。チョディによると、一九五〇年代以前のゴンジョでもこのテクストが使用されていた。これに加えて、アク・プンツォは二〇〇八年から、シャルザ・タシ・ギェンツェンの弟子であるダトンツンパ・ガゾンテンジェー（*dbra ston btsun pa bskal bzang bstan rgyal*）著の〝*sgrib sbyong sgor bzhi'i sgom bzlas tshogs khrid kyi rim pa gsal bar bkod pa gshan phan nyi ma'i 'od zer*〟の一部を用いるようになった。アク・プンツォによると、このテクストの特徴は、『カルン・ジャムツォ』では抽象的で簡潔に述べられているマントラの意味や細かい技法が、具体的に説明されている点にある。それゆえ、彼は人びとに教えを伝える際にはこの本が非常に有用であると考えている。

しかし、このテクストは『カルン・ジャムツォ』に比べて普及しておらず、正式に出版もされていない。その理由の一つが、人びとにこの内容を説くためにはルン（*lung* 口頭による伝授）を受けることが必要とされ、ルンを行うことのできる人物が限られている点にある。アク・プンツォは、以前から交流のあったニャロンのイェシェー僧院の高僧がS僧院を訪れた際に伝授を受けた。この高僧の兄は、テクストの著者から直接ルンを受けており、亡くなる前に弟に伝えていたという。S僧院とイェシェー僧院の間には主だった僧侶の移動もなく、普段は全く交流がないといってよいが、このような個人的なつながりをもとにして、地域を越えた知識の伝承が行われている。この新しいテクストの導入をはじめとして、現在S僧院で行われているゴンジョは、アク・プンツォの手によって様々な形でアレンジを加えられてきた。

ゴンジョの内容は、アク・プンツォが編纂して配布する小冊子『ゴンジー・ガンドゥン』(*sngong gro'i ngag 'don*「ゴンジョの念誦」)に記載されている。内容はチベット語で記されているが、チベット文字が読めない人びとのために漢字でルビがふられている。この冊子はS僧院独自のもので、ゴンジー・ブムグのほかに様々な祈願文を含んでおり、参加者は適宜指示にしたがって詠唱する。

この冊子の冒頭部は、過去の高僧たちに対するソンデ(*gsol 'debs*「祈祷」)から始まる。カルメイ氏によると、この一部はかつてテンジン・ロドゥ・ジャムツォが書いたものを引用しており、これに、近年新たに加筆した部分を加えて現在の形になっている。表6—3は、祈祷の対象となっている尊格や人物を整理したものである。

ソンデはシェンラプ・ミボに対するものから始まり、テンパ・ナムカ、シェーラプ・ギェンツェン、メンリ僧院やユンドゥンリンのラマなど、ボン教(ユンドゥン・ボン)の歴史の中核をなす人びとが並ぶ。そして、アムドのパクパ・ナムスムの三人をはじめとして、シャルコクとS僧院独自の系譜に連なるラマたちがそれに続く。アンガ・テンパツルティム、テンジン・ロドゥ・ジャムツォなど、S僧院の主要な高僧に加え、シャルコクのドゥンギュ(世襲)のラマも挙げられている。特筆すべきは、インド在住のメンリ僧院座主ルントク・テンペーニマが、S僧院で修行していた時の名であるシェーラプ・ナムダクとして登場することである。この名前はS僧院でしか通用しないものであり、この冊子が他の文献の単なるコピーではなく、S僧院独自の背景を反映したものであることがわかる。

アク・プンツォはソンデの対象となるラマたちのエピソードを、ゴンジョの期間中人びとに繰り返し語る。そし

表6-3　冊子『ゴンジー・ガンドゥン』の冒頭で祈祷の対象になる人物（抜粋）

名前	備考
ジェルワ・シェンラプ　(*rgyal ba gshen rab*)	ボン教の祖師シェンラプ・ミボの別名。
ニャチェン・リシュタクリン (*snya chen li shu stag ring*)	ゾクチェンをウルモルンリンから伝えたとされる。
トンギュン・トゥチェン (*stong rgyung mthu chen*)	シャンシュン王国で活動したボン教の師のひとり。
テンパ・ナムカ　(*dran pa nam mkha'*)	ゾクチェンをシャンシュンからチベットに伝えたとされる。
ツェワン・リンジン　(*tshe dbang rig 'dzin*)	テンパ・ナムカの息子のひとり。
ペマ・トンドゥル　(*pad ma mthong grol*)	テンパ・ナムカの息子のひとり。チベットの伝説的密教行者パドマサンバヴァと同一視されることがある
シャンパク　(*skyang 'phags*)	アムドのパクパ·ナムスム（３聖人）のひとり。子孫がＳ僧院を創建。
ドンパク　(*do 'phags*)	アムドのパクパ·ナムスム（３聖人）のひとり。
ツォンパク　(*gtso 'phags*)	アムドのパクパ·ナムスム（３聖人）のひとり。
ジェツン・リトーパ　(*rje btsun ri khrod pa*)	メウ・ゴンゾ・リトーチェンボ（アティの思想の創始者）の別名。
シェーラプ・ギェンツェン (*shes rab rgyal mtshan*)	メンリ僧院を創建したボン教中興の祖。
シェーラプ・ゴンジェ (*shes rab dgongs rgyal*)	メンリ僧院の高僧。
サンジェー・ミズクトゥル (*sang rgyas mi gzugs sprul*)	ダワ・ギェンツェン（ユンドゥンリン創建者）の別名。
ギェルワ・ワンデン　(*rgyal ba dbang ldan*)	ナンジ僧院の高僧。
ケルサン・ニマ　(*bskal bzang nyi ma*)	ユンドゥンリンの座主。
プンツォク・ワンジェ (*phun tshogs dbang rgyal*)	ユンドゥンリンの座主。
ンガワン・ナムジェ　(*ngag dbang rnam rgyal*)	シャルコクの世襲ラマ家系「カルヤク」のひとり。
マンカ・ウェルシ　(*mang kha wer zhi*)	シャルザ・タシ・ギェンツェンの別名。
ツルティム・ナムダク　(*tshul khrim rnam dag*)	シャルコクの世襲ラマ家系「カルヤク」のひとりで、ユンドゥンリンの高僧。
ルントク・ジャムツォ (*lung rtogs rgya mtsho*)	テンジン・ロドゥ・ジャムツォの師のひとり。
シェーラプ・ロデン　(*shes rab blo ldan*)	テンジン·ロドゥ·ジャムツォの師のひとりで、ユンドゥンリンの座主。
テンパ・ツルティム　(*bstan pa tshul khrims*)	アンガ・テンパツルティム。僧院を現在の場所に移築。
マワン・テンロ　(*smra dbang bstan blo*)	テンジン・ロドゥ・ジャムツォの別名。
シェーラプ・ナムダク　(*shes rab rnam dag*)	メンリ僧院現座主ルントク・テンペーニマがＳ僧院で修行していた時の名。

注　登場順に表記。人物の同定についてはサムテン・カルメイ氏の協力を得た。

て人びとは、かれらの名前を繰り返し詠唱する。特に最後のポワでは、数日間にわたってかれらの名前が読みあげられる。アク・プンツォは、「かれらの名を称えることは、この僧院の歴史を知ることでもある」と説く。修行の中にはこうした高僧たちを観想する（イメージとして思い描く）プロセスが多く含まれているので、S僧院にとって重要な人物を人びとが実感を持ってイメージすることができる。すなわち、S僧院をとりまく歴史を確認し共有することが、ゴンジョには織り込まれているのである。

二　参加者と家族

ゴンジョは僧院の公式な行事ではなく、また郷や村政府もこの行事には関わっておらず、参加制限もない。この行事は、ほぼ自発的な参加によって成り立っている。寄付の金額も僧院の他の行事に比べて非常に少なく、必要最小限の物品が中心になっている。

参加者の出身地は、S僧院周辺の三村にとどまらない。シャルコクの他の村々はもちろん、九寨溝県やゾルゲの草原地帯など、多様な地域から人びとが集まる。これは、マティ・ドゥチェンに対する寄付の範囲よりも広い。参加者は、確認できた限りでは全員がチベット族であった。

参加者が多いとはいえ、全期間参加する人はその一部分であり、世帯全員が全期間参加することはまずない。ワンジェ家でも、世帯の人びとが毎年交代で参加してきた。二〇〇九年のゴンジョに参加したのは、リンジンとゲンドゥンの二人であった。ゲンドゥンは初の参加だったが、全期間にわたり僧侶として参加者を先導する役割を担った。彼はアク・プンツォを除いては全期間参加した唯一の僧侶であった。リンジンは通算五回目の参加であり、ワンジェ家の中では最多の参加数である。ワンジェ家の他の人びとは、いずれも一回ずつ参加したことがある。一二月中旬のアク・プンツォの講話には一家がそろって参加するが、他の期間はそれぞれ家事などがあり、普段と変わらない生活をしている。

ゴンジョの時期は農閑期にあたり、降雪があり道路も凍結するために、人びとが従事する生産活動はほとんどない。道路工事などの労働もほとんどなく、家や茶館で過ごす者が多い。一二月一日から七日までのワンジェ家の行動をみると、ワンジェは二日間近くの放牧地にウシの様子を見に行った他は茶館か家で過ごしていた。ペマジェも、ウシの見回りが二日、薪採りが三日間であり、あとの二日は休んでいた。ツェリンとドマは二日間ペマジェとともに薪を採りに行った以外は、家で炭焼きや穀物の整理などを行っていた。トンドゥも、一二月七日まではゴンジョに参加せず、家や茶館を往復しながら過ごしている。このように、比較的人びとの動きが少ないこの時期であるが、皆がゴンジョだけに集中しているわけではない。

それでも、ゴンジョは世帯の全員にとって大きな関心事となっている。ゴンジョを五回経験しているリンジンに対して、ワンジェや子供たちは、その体力と精神力は本当にすごい、と賞賛する。普段から、彼女は頻繁に頭痛に見舞われ、筆者はワンジェ家を訪れるたびに頭痛薬を手土産として持参している。家族の中では口数も少なく、目立たないが、時折感情を大きく表に出すことがある。後に述べるが、ツェリンが階段から落ちて頭を打ち意識不明になってしまった時、彼女は泣き叫び、失神してしまった。こうした内に秘めた激しさと、普段口の中でマントラを唱えながら黙々と家事をこなしている姿の対比が印象的である。

ゴンジョに対する金銭の寄付は、僧院で行われる他の年中行事に比べて非常に少ない。現金は多くても一人五〇元ほどで、あとは穀物や菓子類などが中心である。これは、この行事が僧院の収入になるとは考えられておらず、また僧侶の参加も自発的なものになっていることに起因する。僧侶に寄付金が支払われることもない。ワンジェ家が、アク・プンツォに納めたのは、飲料と菓子、そして一二月一日から七日の「マンテー」に用いるオオムギとコメあわせて七〇斤であった。

これに加えて、ゴンジョに参加する世帯同士でも一二月初旬から物品の贈与が行われる。知人の家族が一人でも参加している場合は、菓子や飲料、食品を贈る。ワンジェ家ではドマが県城や川主寺で大量に食品を買い込んできて配っていたが、届け先は村のほとんどの世帯に達したという。このように、個人的な実践であっても、ゴンジョは人びとの紐帯が意識される集団的な側面を持つことがわかる。

一二月八日からの一週間、行事の規模は一挙に拡大し、それまでの参加者の一〇倍近い人びとが集会堂前の広場に集まる。ワンジェ家でも、ウシの世話をする者を除いて全員が参加する。この期間中は遠方からも親族が集まり、僧院周辺は祭りのような雰囲気に包まれる。ゴンジョには、マティ・ドゥチェンのような複雑な役割分担は少ないが、他の行事にもまして大きな興奮と一体感を感じることができる。

僧侶たちのゴンジョへの関わりは限定的である。大半の僧侶たちは僧院に姿を現さない。若い僧侶も普段通りに学習を続けている。一二月一三日に行う儀礼を除いては、僧侶たちは中心的な役割を果たさない。これが他の年中儀礼とは異なる点であるが、ゴンジョの場は世俗の人びととアク・プンツォを中心にして、熱気と厳粛さが同居する独特の雰囲気に包まれる。

三　反復が生み出す達成感と一体感

ここではゴンジョの一〇月から一二月初旬の期間を時系列順に追いながら、ゴンジョに参加することが人びとにとっていかなる意味を持つのかを検討する。一〇月から一二月初旬までの時期に、参加者はゴンジー・ブングなどの過程を達成することを目的として、膨大な反復実践を行う。それは集団的な修行の場だけで完結するものではなく、日常生活にも浸透していくものである。

ゴンジー・ブングのうち、一〇万回の達成が特に求められるのは五体投地とジャブジョ、イクジャである。ジャブジョは五体投地をしながら唱えるべきとされ、ザウィ・ラマとコンチョク・スム（三宝）を中心に、諸尊格への帰依が表明される。帰依は、ゴンジョで必要とされる最も基本的な態度である。

アク・プンツォは「帰依というのは、あなた以外には何もないということ。それを心に思っていなければ、何を唱えても意味がない。心はあなたのことだけを考えているということ」と人びとに説明する。帰依の対象にすべてを投げ出すという姿勢を、身体を投げ出すという動きを通じて、文字通り「身につける」のである。

リンジンは一〇月一日から一二月一日までの約二ヵ月間で、五体投地とジャブジョを九万九七〇〇回、イクジャは二万回を終えていた。自宅のチュカンには、詠唱の際に観想するイメージを描いたタンカが掲げられており、この前で朝から五体投地を繰り返す。家事をしている時にも、口の中で詠唱を続ける。イクジャは一〇万回を唱え終わることができなかったが、リンジンは時間のある時、ウシを山に連れて行く時などに唱えて、翌年までには唱え終わると語っていた。

ゴンジー・ブングの反復量の多さは想像を絶する。リンジンの五体投地は一日あたりに換算すると一六〇〇回のペースになるが、多い日で二〇〇〇回はできるという。これがいかに大変なものであるかは、この年初めて参加したA村の女性（二〇代）の以下の語りからもうかがえる。

「私は朝五時に起きて、まず寺の周りを一〇周ほど回ってから始める。もっと早くに起きる人も多い。姉は去年夜中の一時、二時から起きて、一〇万回を終えた。本当にすごい。私はそんな時間には起きられない。最初は一日五〇回から始めて、だんだん増やしていく。やっと最近はできるようになったが、今（一二月初旬）はま

だ六万回しかできていない。」（二〇〇九年一二月のフィールドノートより）

五体投地の他にも、様々なマントラの詠唱が必要とされる。これらは日常生活の様々な場面で、ほとんど聞き取れないような声で繰り返されている。興味深いのは、唱えた回数を多くの人びとがかなり正確に把握していることである。一般にかれらは数珠を繰ることによって回数を数える。筆者も別の機会にマティを約三〇〇〇回唱えたことがあるが、その時も数珠を繰ることで数えることができた。しかし、実際には家事などをしながら唱えることが多いため、大体何分間唱えると何回、という数え方をする場合もあるという。

回数の話題は、参加者同士の会話によく登場するものの一つである。誰がもう一〇万回達成したとか、あと三〇〇回、といった発言が多く聞かれる。修行を数字ではかることはできないともいわれるが、人びとの間で回数は大きな関心事になっている。実際のところ、すべての項目を一〇万回実行できる者はほとんどいない、と多くの参加者が口にする。リンジンのように、達成できなくても、他の機会に続けるという者も多い。修行は特定の区切られた場においてのみ行われるのではなく、日常の時間にも浸透していくのである。

ゴンジョにかかる身体的負担は相当なものである[5]。特に五体投地は屈伸運動を繰り返すため、膝などに大きな負担をかける。長く続けていると、地面につく額の部分が固く角質化してしまうこともある。ほとんど経験のない者（例えば筆者）がやろうとすると、一〇回ほどで息が上がってくる。

マントラの詠唱も決して容易ではない。筆者がマティを三〇〇〇回連続で唱えた際には、最初の一〇〇〇回くらいで声が出にくくなり、口の中でほとんど声を出さずに繰り返すことになった。日常的に唱えている人びとも、何を唱えているかをはっきり聞き取れないほどの小さな声で繰り返していることが多い。これに続く期間でも、ドゥティス、マティ、イクジャをそれぞれ数千回以上は唱えていることになり、他にも冊子の内容の詠唱もあることから、相当の身体的負担がかかることになる。特にこの期間は節をつけて比較的大きな声で歌うように詠唱するため、一日座っていると極寒とあいまってかなりの苦痛を伴う。しかし、このような過程を積み上げていくことが参加者にとって大きな目的となり、しばしばかれらは苦痛よりも喜びを口にする。

一二月の個人的な積み重ねを経て、一二月に入ると修行は集団的なものになっていく。この期間は、大きく三つに分けることができる。第一の期間（一二月一日～七日）には、マンテーが行われる。マンテーはチンコル（*dkyil 'khor*「マンダラ」）と同義である。リ・ラプ（*ri rab*　メール山、須弥山）とその周りに広がる多くの世界を象徴する、高さ三〇センチほどの金属製の輪を組み合わせた塔（これ自体がマンテーと呼ばれる）が準備され、これに手で穀物をかけ、取り除くことを繰り返す。この際には、所定のフレーズや手の所作が必要とされる。これによって、この世以外の様々な世界に対して供養を行うことができるとされる。

マンテーは、一二月一日午前に説明が行われた後、午後から本格的に始まる。所定のフレーズを、所作を交えて唱えながら、穀物をマンテーにかけ、終わると穀物を脇に寄せるという動作を一つの単位とし、それを繰り返す。参加者は、文明学院の門前のアク・プンツォの居室に面した場所に、男性を前、女性を後ろにして座る。このためマンテーに穀物をかけるのは男性である。リンジンは後ろのほうに座り、詠唱と手の動きだけを行う。全体をリードするのはゲンドゥンであり、その横にはドマの父の姉の夫で以前僧侶だった男性が座る。アク・プンツォは説明が終わると自室に戻るため、こうした少し知識のある者たちが主導する。

二日目以降は終日マンテーを続ける。一二月二日には、九時～一二時の間、一〇時二〇分～一〇時三五分の短い休みをはさんで二五二回、一四時～一六時四五分まではペースが上がり、一五時二〇分～一五時四五分の短い休みをはさんで三二二回繰り返し、この日だけで五七四回行った。これは、参加者が持ち寄った穀物を使い尽くすまで行われる。一二月四日まででオオムギを終え、一二月五日から七日にはコメが用いられた。そして一二月七日の午前、通算約三五〇〇回に達した時点でコメが使い果たされた。

マンテーは一二月七日の午前中に終了した。最後にアク・プンツォが参加者に、「みんなは私の話をよく聞いてくれて、けんかもせず順調に終わってよかった。明日からは、あなたたちは他の人の先にたたなければならない」と語りかける。ここまでの参加者は、翌日から集まる人びとのおよそ一〇の一を占める。かれらはより段階の進んだ者として他の参加者より上位に位置づけられ、集団的な実践を動かす原動力になっていく。マンテーでは、それまでの期間では個人的なものであった修行が集団的なものになる。ここでは、統制のとれた反復が、一体感を生み出していく。そしてアク・プンツォの語りからわかるように、かれらは一種の「エリート集団」となるのである。

四　講話が示す価値観

1　講話に集まる人びと

一二月八日から一四日の一週間、ゴンジョに参加する人びとの集まりはそれまでとは少し異なる様相をみせる。この期間は、ゴンジョはより広い参加者に開かれ、アク・プンツォの講話がかなりの時間を占める。アク・プンツォは、S僧院管理委員会の建物の二階に設けられた席に座る。そしてマイクを使い、集会堂前の広場を埋め尽くす人びとに話しかける。機材の設営を行うのは若い僧侶たちであり、また参加する世俗の人びとも広場の掃除や片付けなどを自発的に行う。僧侶も自由参加であり、一二月八日は、ゲンドゥン、ゲンチュ、トンドゥ、チョディの四人のみが参加していた。かれらも、大半の期間は世俗の人びととまったく同じ実践をしている。トンドゥは、近年は毎年参加しているわけではなかったが、この年は自分の体調がよくないため、参加したという。

一二月一三日には僧侶だけが行う儀礼があり、モンラム・タイェー（*smon lam mtha 'yas*）と、クスム・モンラム（*sku gsum smon lam*）と呼ばれるモンラム（祈願文）を唱える。いずれもシャルザ・タシ・ギェンツェンの著したものであり、参加者の無事と解脱を祈るものである。カルメイ氏によると、このモンラム自体はアティとは直接関係がないが、内容的には唱えても違和感はないという。この時、布で作った即席のセーカン（厨子）の内部に祭壇を作り、トルマなどの供物を配置する。これは専門的な技術を必要とするものであり、この儀礼を一般の参加者が見ることは許されない。

しかしこれを除いては、アク・プンツォ以外の僧侶たちが存在感を発揮することは少ない。これは他の年中儀礼と対照的な点である。一二月一三日は、最も重要な日の一つとみなされており、メトク・チューバ・ブルワ（*me tog mchod pa 'bul ba*「花を献上する」）と呼ばれる。人びとは造花の花束を持ち寄り、アク・プンツォと祭壇の前に掲げた後、持ち帰ってチュカンに飾る。この日にはニュンネー（*smyung gnas* 断食）があり、朝と晩は茶だけをのみ、昼食のみ菜食で食べることが許される。ワンジェ家をはじめ、集会堂の前に集まった人びとの多くが世帯全体でこれを行っていたようである。以前は丸一日茶を飲むことすら許されなかったという。

人びとは、地面に座るための座布団を各自持参する。チベット式の袖の長い分厚い衣服を着て、手には小型のマティコルを持っている者が多い。チベット式の衣服の着用は義務だと考えられており、普段それを決して着ないような若者でさえ、着て参加している。ある僧侶は、それは行事に対する尊敬を表すといい、ゴンジョが「正装」で参加すべき厳粛な側面を持つことを示している。

参加者の流動性は比較的大きい。この季節は最低気温がマイナス一〇度以下に達する厳寒期に入っているため、「午前中は寒いので参加せず、午後になってから来る」という参加者も多い。ワンジェ家の中でも、朝から来ていたのはリンジンとゲンドゥンだけである。一二月八日の参加者は、午前は約八〇〇人、午後は約一〇〇〇人と、午後のほうが多い。参加者が最も多かったのは一二月一三日であり、約一八〇〇人であった。熱心な参加者、特に一〇月から参加している人びとは前のほうに集まっているが、それ以外は出入りも多く、アク・プンツォの講話をあまり聞いていない者も多い。しかし、マントラを読む声は整然と揃い、その場に独特の一体感を作り出す。この合唱のような音に自分の声を重ねていると、自分の声と場の声の境目がなくなるような感覚に襲われる。

マントラの詠唱は、アク・プンツォによる講話の合間に行われる。講話が一区切りつくと、アク・プンツォが皆に「冊子の～ページ、～を読もう」と指示を出す。そしてこの講話の中では、ゴンジョを支える価値観が様々な形で示される。以下では講話の内容の分析から、その一端を示したい。

2　ゴンジョの意義

一二月八日の朝、アク・プンツォはゴンジョの意義について語り出すことから講話を始める。

「まず、自分で自分のことを理解しなければならない。自分の心には、いろいろな雑念がある。人に良くないことをするものを、きれいにしないといけない。自分の利益だけを考えること、お金を稼げないとか、病気で死ぬこととか、全部自分のために考えるのはよくない。『自分のためだけの善行』（*dzin skyob kyi dge ba*）は、しても意味がない。来世に悪い世界に生まれるのを恐れて、自分のためだけに修行をしても意味がない。他人のために行わないと、結局悪い世界に落ちてしまう。自分のためだけを思ってはいけない。」

ここでは、修行をめぐって現世で指針となる「（自分一人のためではなく）他人のために行う」ことと、それが来世にも直結しているという基本的な枠組みが示される。

これに続いて、他者への態度としてのニンジェ・セム（*snying rje sems*　慈悲心）の説明が行われる。そして慈悲心を起こし、セムジェ・ナムバルダクパ（*sems bskyed rnam par dag pa*「完全に清浄な発心」）を得ることが成仏につながるのであり、そしてこれから行う修行こそがまさにその道のりとなる善行に他ならないということが、明快な筋道で語られる。

「自己中心的な考えは、みんなが持っているもの。私を含めて、自分のことだけを考える心を持っている。自分でそれに気づかないといけない。それによって、慈悲心が出てくる。心には、いろいろある。良い心もあれば、清浄でない動機（*kun slong ma dag pa*）もある。一番のことは、自分でその区別を認識すること。私がいろいろ言っても仕方がないけれど、全部本の中に書いてある。この慈悲心を持っていれば、人はサンジェーになることができ、すべての困難から解放される。今日、この会に参加する意味を、心に置いて考えなさい。そして、どうやってすべてのセムチェン（*sems can*「心あるもの」、有情、すべての生物）を救うことができるかを考えなさい。そして、今日ここに来た目的は、ここで善いことをすることである。それによって、セムジェ・ナムバルダクパを得ることができる。」

チョディは、「セムジェ・ナムバルダクパとは生きとし生けるものすべてを自分の母のように考えるということだ」と説明する。自己中心的な考えを取り払って利他的な態度を持つというこのテーマは、様々なレトリックやたとえ話によって補強されながら、数日間にわたる講話の通奏低音になっていく。そして、二〜三分の話の後にマントラを約三分間にわたり約二〇回全員で唱えることが繰り返される。以下はその話の一例である。

「どのようにお金持ちであっても、役人であっても、助けることができないことがある。死んでしまえば、財産や権力があっても何も役にはたたない。人の人生は短い。あなたはどんなに地位が上であっても、夕日のようにすぐ終わってしまう。自分ではそれは決められない。あなたたちが死ぬ時には何も持って行くことができない。あなたたちが持って行けるのは、善行だけである。親が亡くなった時に泣く人がいるけど、それも効果がない。マティなどを唱えたほうが、親に感謝をするためには効果的である。その時には善い心を持って唱えなければならない。唱える時には、自分のこと、家族のことだけではなく、全世界のこと、人のことを考えなければならない。全世界の人びとに、悪いことがないように。ここはまだ住み心地が良い。他のここより住み心地の悪い場所のために、天気の良くない場所、戦争が起こっている場所、時間を無駄にしてしまう場所のために、唱えなければならない。」

このように、死や来世と関連づけながら一貫して利他的な人間像が説かれていく。後にみるように、アク・プンツォはここで説かれる理想を体現した人物として人びとにとらえられている側面がある。そして話はより具体的なエピソードに入っていく。様々な人びとが善行を行った、あるいは行わなかった結果たどった道を説明し、善行を為すとはどういうことかが説かれていく。

「ある女性は子供を産んだが、夫のことがあまり好きではなくて、その後また別の男性と結婚して、子供を捨てた。子供も彼女をうらんだ。近所の人には親切にされていたが、彼女は逆に親切にはしてあげなかった。それで彼女は死んだ後、悪い世界に生まれ変わった。あなたたちも、食べるものも着るものも人にあげるのを惜しんでいたら、死後に餓鬼の世界で腹が大きくふくれ、口が山椒みたいに小さくなって、手足は草のように細くなる。だから、現世ではよく人に与えて、人が求めてきたらあげるようにすれば、死後そのような苦痛を受けなくなる。」

「ある家族は、父親はとてもいい人で毎日マティやマンテーを三回ずつ唱えていたが、母親はそういうことをしない人であった。すると死んだ後父親は上の世界に生まれ変わり、母親は下の世界に生まれ変わった。子供は死後上の世界に生まれ変わったが、その時父親はある家の主人になっていて、母親はその家の犬になっているのをみた。そして母親はさらに生まれ変わって魚になった。父親が子供に母の状況を教えたら、子供は母親を助けにいった。すると母親はまた人間界に生まれ変わり、その後上の世界で家族三人幸せに暮らした。」

時には、以下のように、冊子の特定の箇所を参照して、イメージを描けるようにする。

「〜の部分をこれから唱える時には、雑なことを考えてはいけない。ここを唱える時に、雑念があれば、ここに描いてあるような、足で踏まれた鬼のようになって、地獄に落ちて、ちょっとずつ切り刻まれていく。もし悪いことを考えなかったら、〜ページに描いてあるような、サンジェーの世界に行くことができる。」

また以下のように、聴衆にとって身近な話もとりあげる。

「中央テレビの『動物の世界』はみんな見ていると思う。かれらは食べ物がなくて、自分の仲間や子供でも食べてしまう。それと比べれば、私たちのここは神の世界のようで、食べ物をいろいろ見つけることができる。」

このように、現世での行動が来世での自分の姿に直結し、行動次第では悪い世界で苦しい思いをするということ、よりよい来世のために善行をなすことがゴンジョの主旨であると、様々な喩えを用いて語られるのである。

3　日常生活の規範への接続

続いて、善行をなすということは単にマントラを唱えるだけではなく、心と行動が一致することが重要であると説かれる。話の内容はより規範的な雰囲気を帯び、日常的な行動のあるべき姿について言及される。

「あるラマが亡くなる時に、彼が大事にしていた花瓶を持ってきてくれと言った。弟子は、もう死ぬのだから意味はないだろうと思って持ってこなかった。それで彼は怒って、私が死んだら花瓶はお前のものになるのにと言って亡くなった。そうしたら、彼は死んだ後にヘビになってしまった。火葬した中からヘビが出てきた。地獄に堕ちたのだ。彼は一途に修行をしてきたが、最後に花瓶のこと、他のことを思ったから成仏できなかったのだ。逆に、テウォのある坊さんの話をしよう。その坊さんは文字がほとんど読めず、周りからは役立たずだと思われていたが、その人の心はとても良く、マティなどを覚えてずっと唱えていた。その坊さんが亡くなった後、骨がとてもきれいに焼けた。これはサンジェーになったということである。」

「いくら普段からマティなどを唱えていたとしても、悪いことを考えたり、行ったりしたら、地獄に堕ちるだろう。自分の周りの人には嘘を言わないこと。出稼ぎの時も嘘をできるだけ言わない。事実を言う。自分の友達や近所の人などをだましてはいけない。もし嘘をついていたら、どんなに唱えていても意味がない。また、巡礼には若い男女だけで出かけてはいけない。何をするかわからないから、それでは意味がない。」

ここで強調されるのは、内面と行動の一致である。また、「マントラを唱えることによって心の中の悪いものを流す」という言い方もなされる。修行を形式的なものに終わらせず、より規範的な側面と結合させることが繰り返し強調される。その裏付けとなるのが、「来世」や「サンジェー」といった強固な観念である。

最後に、参加者同士が助け合うことの重要性が語られ、修行の共同的側面が示される。修行は一人で成就するものではなく、他者のための実践が強調される。そして以下のように、利他的、平等的な価値観が説かれていく。

「ラマの下で修行をする人たちは、皆友人である。かれら友人のために唱えるのである。五体投地をする人に食べ物をあげたり、遠くから来た人を助けたりすることも自分のためになる。何万回も五体投地をする人は、自分のためだけにしているのではなく、私たちのためにしているのだから。」

「この集まりには、非常に遠くから来た人もいる。もしかれらにあげるご飯があれば、あげて下さい。かれらの中には、親戚がある人もない人もあるだろう。いない人はどうする？　それは大変だろう。明日から、かれらと一緒にご飯を炊いて、助け合って下さい。このようなことをするのも、また善行である。遠くから来た人を助けるのは非常にいいこと。善行は別に僧院だけにあるのではなく、あなたたちの身近なところにある。遠いところから来た人が帰る時は、道も悪いだろうし、心配している。ちゃんと帰れるように願っている。みんなが平安であるように。火の元には気をつけて。つけたままにしておくとよくない。老人には、若い人はよくしてあげなさい。かれらに不便なことがあったら、ほっておかないで助けてあげなさい。これもまた善行である。来る時には、焦らないで、老人や子供を押したりしないように。人はそんなに多くないから。子供の面倒をよく見てあげなさい。道に飛び出したりしてけがをしてはいけない。目を離さないで、よく見てあげなさい。」

「あなたのことを助けてくれた前世、現世の人が、もしかしてどこかで苦難の日々を送っているかもしれない。かれらのためにマティやドゥティスを唱えよう。私たちチベット族、漢族、チャン族たちはみんな兄弟で、違いはない。そして、ボン教とゲルク派も兄弟である。ボン教は兄であって歴史が長いけど。かれらを自分の親のように見なさい。今は親ではなくても、前世や来世はあなたの親かもしれない。」

ゴンジョはボン教の伝承に従って行われているものの、そこで語られる内容は、利他や平等といった、他宗派にも通じ、日常生活に直結する規範に訴えかけるものである。僧侶たちが行う複雑な儀軌に対して、ここでは平易なことばで日常における生き方が語られていく。そしてそれは、現地で日常的に共有される価値観へも接続していくのである。

五　身体に刻み込まれる修行

1　ポワの実践

講話が終わると、再び参加者の集まりは小さなものになる。かれらは一〇月から続いてきた修行の仕上げとしてポワを行う。ここまで来ると、みなが達成に向けて突き動かされるように、前にも増して熱心に、一心不乱になる。そしてこの「達成への意志」は、頭頂に草を挿すという劇的な場面へと向かう。ポワの意義について、アク・プンツォは以下のように参加者に語りかける。

「ポワとは何か。それは、自分の身体に関することである。死んだ後に、めぐってくることである。死んだ後にラマをどうやって見つける？　見つかってもよいし、見つからなくともよい。もしポワを学んでいれば、自分で自分を救うことができる。自分で力を発揮することができる。だから、生きている時に自分で学んでいれば、地獄に堕ちることはない。たとえ善行を積んでいなくても、ポワを学んでいれば大丈夫だ。それは、自分で自分を救うための方法なのだ。」

ポワの特徴は、それまで繰り返し語られた善行や解脱といった理念から離れ、死後どのような経験をし、何をすべきなのかを具体的に訓練することにある。参加者は、自分の意識が身体から抜け出て転移するイメージを、繰り返し強く思い描くことが要求される。それは次のように語られる。

「イゲ（*yi ge* チベット文字）がわかる人は、ཨ（ア a）の字を思い浮かべて、また文字がわからない人は、白いガラスの玉を思い浮かべて、それが自分の心臓のところにあると考えなさい。そして自分がウマに乗って尻を叩いているように、〝*hig ka hig ka hig ka*〟という声に合わせて、ウマの尻を叩いてウマを走らせるように、そして自分の身体が存在しないと考え、アの字がサンジェーの場所に行くと想像しなさい。」

「自分の身体を一本の茎が貫いているように思って、頭の上に、花が開いているように想像しなさい。またドゥンチェン（大きなラッパ）のように、頭の上に向けて口が開いていることを想像しなさい。そして、身体の中に、バターランプのように明るいものを想像し、自分の身体をとてもきれいなガラスのようだと思いなさい。」

表 6-4　ポワにおいて祈祷の対象となる尊格や人物の名前

名前	説明
クンツ・サンポ　(*kun tu bzang po*)	ゾクチェンの教えを象徴する尊格。
マワ・センゲ (*smra ba'i seng ge*)	護法神のひとつ。
シェーラプ・ギェンツェン　(*shes rab rgyal mtshan*)	メンリ僧院を創建したボン教中興の祖。
シェーラプ・ゴンジェ　(*shes rab dgongs rgyal*)	メンリ僧院の高僧。
ダワ・ギェンツェン　(*zla ba rgyal mtshan*)	ユンドゥンリンの創建者。
ガゾン・ニマトンギェン (*bskal bzang nyi ma ton rgyan*)	アムドのボン教僧。シェーラプ・ゴンジェとダワ・ギェンツェンからポワの教えを継承した。
ナムジェン・プンツォクワンジェ (*rnam 'dren phun tshogs dbang rgyal*)	シャルコクの高僧。
シェーラプ・ロデン　(*shes rab blo ldan*)	テンジン・ロドゥ・ジャムツォの師のひとりで、ユンドゥンリンの座主。
テンペー・ギェンツェン (*bstan pa'i rgyal mtshan*)	シャルコクの高僧。
ルントク・テンペーニマ (*lung rtogs bstan pa'i nyi ma*)	メンリ僧院現座主。
ポティ・ギュペーラマ　(*'pho khrid rgyud pa'i bla ma*)	ポワの教えを相伝するすべてのラマ。
ジンチェン・ザウィラマ　(*drin chen rtsa ba'i bla ma*)	大恩あるザウィ・ラマ。ここではアク・プンツォを指す。

ここでは、心臓に意識をチベット文字のアの形で観想し、それを身体の中央部を通っている「ツァ・ウマ（*rtsa dbu ma*「中央脈管」）」を通じて頭頂部へと押し出し、また戻すという観想を行う。〝*hig ka*〟（実際の発音はヘィ！と聞こえる）という声は意識を移動させるかけ声であり、*hig* で上、*ka* で下に動くようにイメージする。この背景となる身体観は、身体にはツァと呼ばれるエネルギーの経路が張り巡らされており、中心部を貫く形で中央脈管とその左右にある二本の管があるというものである。そして頭頂部からこの管が「花が開くように」「ラッパのように」上へと開いているとイメージされる。人びとに配布される冊子には、クンツ・サンポの身体にこれらの管が描かれた図像が記載されている。

さらに、これを行う際には、人びとに配られる冊子に記された、代々のラマに対する祈祷を行う必要がある。ポワの効果は、これらのラマを心に描くことで得られるとされる。そのイメージを得るため、代表的なラマの経歴が、修行を始める前にアク・プンツォから説明される。表6―4は、冊子に記載されているポワの際に祈祷する対象一覧である。

この系譜は、S僧院の歴史をなす人物たちとは少し異なり、クンツ・サンポとマワ・センゲの尊格に始まりアク・プンツォに至る、ポワの教えを伝えてきた人びとが言及されている。シェーラプ・ゴンギェルとダワ・ギェンツェンは、ともに一九世紀に中央チベットで活躍した高僧である。アク・プンツォによると、当時ある人が生前に殺生など数々の悪行をなして死後ドゥー（*bdud* 悪鬼）になってしまい、それを救ってほしいとの依頼を受けてかれらが現地に向かう途中、虹の中にシェーラプ・ギェンツェンが現れ、ポワの秘儀を授けた。その教えはアムドのガゾン・ニマトンギェンに伝わり、後にシャルコクの僧侶たちに受け継がれてルントク・テンペーニマに伝わり、彼がS僧院を訪れた際にアク・プンツォに伝えられた。ルントク・テンペーニマの前のテンペー・ギェンツェン（シェーラプ・テンペー・ギェンツェンとは別人）は、シャルコクの他の僧院の長であり、この系譜が個々の僧院ではなく教えの伝達に重きを置いたものであることがわかる。

そして、かれらを心に念じてポワを行うことが、死後自分を救うための唯一の方法である点が説かれる。それは死の状況を疑似体験し、その際の心構えを説くものである。例えば以下のようにアク・プンツォは語る。

「死ぬ時に、すごく怖がる人がいるし、全く怖がらない人もいる。怖がらない人はとてもよい。何か、自分のしたこととか、子供のこととかを心配して、怖がる人がいる。子供のことは、かれらは自分でちゃんとできる。怖がらずに、ポワをすること。自分のラマを思い浮かべれば、サンジェーになれる。もう自分のやるべきことは終わった、もう何も思い残すことはないと思って、怖がらない人がサンジェーになれる。怖がったり、子供のことを心配したりしてはいけない。医者にかかっても、マティを唱えても、どうにもならない時は、自分で決心しないといけない。自分で覚悟を決めないといけない。そうすれば、必ずサンジェーになれる。死んだ後、子供のことは、自分でしっかりやれよ、と思っていればよい。あとはラマたちのことを思っていればよい。子供が泣いているのをみて、それを気にしたら地獄に堕ちてしまう。」

こうした形でポワの意義が説得的に示される。そして人びとは非常に真剣な面持ちで、アの字を強く思い描き、それを頭頂から出し入れする観想を数百回にわたり繰り返す。

2　修行の成果としての身体の変容

ポワの結果は、「頭頂に草がささる」という身体の劇的な変容に結びつけられている。人間の頭頂部には大泉門と呼ばれる頭骨の隙間があり、成長と共に閉じていくことが知られている。それと対応するように、修行を続けるとその部分が「盛り上がり」、そこに草を挿すことができるというものである。この草はカシャラ[6]（*ka sha la*）と呼ばれ、細く尖った茎が特徴である。これをさらに剃刀で削り、先端部を尖らせて用いる。ポワを行うことそのものが、実際の身体の生理的な変化と連関しているかをここで詳細に検討することはできないが、次のように、この現象をアク・プンツォの能力に対応させる発言が聞かれる。

「アク・プンツォが *hig ka hig ka hig ka* と唱えると、誰の頭にも赤い斑点ができる。少し柔らかくて、押すと痛い。これは人間に限らない。その時ヤギを連れた人が傍を通りかかったら、そのヤギの頭にできたこともある。傍にいる動物すべてにもできる。」（二〇〇九年一二月のフィールドノートより）

これを裏付けるように、かけ声を側で聞きながら観察していた筆者の頭頂部にも、「赤い柔らかい斑点」ができていると、頭をみながらワンジェ家の人びとは指摘した。斑点はポワの期間が終わると消えることが多いが、修行を続けると盛り上がったままになるという。そしてこの変化は当然のもので、恐れてはいけないとアク・プンツォは説く。ここで興味深いのは、身体の変容の要因が、自分の修行のみならず、ザウィ・ラマであるアク・プンツォの力にも求められている点である。ゴンジョにおいてはラマとの関係が非常に重要視される。ここでも、修行の完成に向けてこの関係が強く意識されることになっている。

そしてこの変容が順調に起こっていることを示すために「カシャラを挿す」ということが、ゴンジョのクライマックスをなす。カシャラは先端を剃刀で削って尖らせてあり、ささりやすく加工されているが、それでもうまくささらなかったり、すぐに倒れてしまったりすることがある。それに対して、人びとは非常に敏感に反応する。ポワの参加者は期間中の洗髪はもちろん、自分の頭に触れることもよくないとされる。筆者が撮影したビデオを、後にコピーしてワンジェ家に届けた際に、カシャラを挿す場面だけはむやみに人に配らないほうがよいという助言を受けた。草がささらないということは、修行が足りないと思われてしまうし、途中で曲がったり倒れたりしてしまうと、それは心が曲がっていることになってしまうからだという。この最後の局面が成功するかどうかは、非常に重大なこととしてとらえられていることがわかる。

写真 6-2　頭頂部にカシャラを挿す

しかも、いつそれが行われるのかは参加者には知らされない。ポワの開始から数日後アク・プンツォが参加者の様子をみて判断し、参加者には前触れもなく突然告げられる。二〇〇九年は一二月二〇日の午後から行われた。午前はそれまでと同じように詠唱と観想を行っていたが、昼休みにアク・プンツォが皆の前で告げたのである。こうした仕組みは、参加者に否応なく緊張感をもたらす。そして一人ずつ、文明学院の門の中に招き入れられて、アク・プンツォの手によってカシャラが頭に挿される。

いざカシャラを挿す段になると、緊張と恐怖で涙を流したり、歩けなくなってしまったりする者が少なくない。リンジンは、五回目ということもあって平静を保っており、ほほえみさえ浮かべてアク・プンツォのもとに歩み寄った。そして彼女の頭には、カシャラがすっくと立ち上がった。しかし、多くの女性は足がすくんで動くことができず、若い僧侶に抱えられてやっと歩けるといった様子であった。頭にカシャラを挿し終えた参加者は、みな安堵の表情を浮かべていた。このようにして、ポワは反復実践の結果を、身体の変化という具体的な表れと結びつけることで、参加者の心、感情にも大きく訴えかけるのである。

3　日常へと続いていく修行

三ヵ月にわたり行われてきたゴンジョは、シャンシャドゥルの巡礼で終了する。参加者たちは、修行の達成に向けて突き動かされ、のべ数十万回にわたる反復を行ってきた。アク・プンツォは、かれらを導くザウィ・ラマとしての役割を果たしてきた。当初、ここまでの「荒行」を可能にするものは何かという問題意識を背景に、筆者は「なぜゴンジョに参加したのか、参加して何か自分に変化はあるのか」という質問を繰り返してきた。それに対する返答は様々であったが、典型的なものは以下のような語りである。

「参加することは、自分と家族の現世、自分の来世にとってよい。来世でいい人になれる。一番よいのは、これに参加することで僧侶になれるということ。参加して一番変わったのは気持ちであり、今年も、どうせ時間は空いているから、そのまま過ぎてしまうのだったら、このよいことに参加しようと思った。」（四〇代・男性・シャ

ルコク北部出身。二〇〇九年一二月）

このように、ゴンジョに通底する軸である修行と来世の関係に言及し、自分が世俗の生活を一旦離れて修行を経験することで、よい変化が現れるというものである。より具体的に、自分の内面の変化を語る者もいる。

「私は昔悪かった。悪いこともしたし、性格も乱暴だった。仏も信じなかった。しかし、寺に行き出してから、変わった。多分周りの人も私が変わったことに気づいている。私はすごくお金が好きで、利益重視だった。しかし、アク・プンツォの『お金は自分の身の外にあるものだ』ということばを聞いて、自分もそう思うようになった。今は、商売をしてもひどいことをしなくなった。」（二〇代・男性・川主寺鎮出身。二〇〇九年一二月）

こうした「模範解答」に対して、A村から参加した二〇代の女性は、変化はわからないと以下のように語る。

「私は一〇月にアク・プンツォが教えてくれたことはもうすべて忘れた。他の人も忘れてしまったという人が多い。私は今ここでアク・プンツォの話を聞いて、帰ったら忘れてしまう。昨日、兄に今日は何を聞いてきたと聞かれて、忘れたと行ったらすごく怒られた。（笑）」（二〇〇九年一二月）

彼女は、こうした語りの一方で、自分が五体投地を何回したということや、まだまだ足りないということは熱心に語るのである。ゴンジョがいわばある種の通過儀礼として、参加者の内面に何か劇的な変化をもたらすとまでは ここでは言い切れない。しかし、数限りない反復が、参加者の身心に何かを刻みこんでいることは確実だと考えられる。

それは、ゴンジョが終わった後の時間にも浸透していく。アク・プンツォは、ポワの最後に「これで終わりではなく、修行はずっと続けるもの。これからも一日一回はなにかを唱えたほうがよい」と語りかけている。またリンジンのように、すべての項目を一〇万回行っていないため、後から足して達成する者も少なくない。

彼女をはじめとして、二〇〇九年のゴンジョの参加者の多くは、翌二〇一〇年一月からラサに向かう五体投地巡礼に参加した。これは約半年をかけて、約一五〇〇キロを五体投地のみで進むという過酷なものであるが、リンジンは心から望んで参加したという。この巡礼にはゲンドゥンも参加し、食糧の調達など重要な役割を果たした。巡礼を機に彼が生活習慣を改める決意をしたのは第四章でみた通りである。二〇一〇年八月に巡礼から帰ってきたばかりのリンジンは、周囲の労いの声に対し、「ぜんぜん疲れていないよ」と声を弾ませ、喜びに満ちあふれた様子であった。

六　高僧の求心力

1　アク・プンツォと人びとの関係

ゴンジョは、アク・プンツォが世俗の人びとに大きな求心力を持ったことで、今日の発展をみた。宗教指導者としての高僧が、人びとにカリスマ的な魅力を発揮する背景はどこにあるのだろうか。アク・プンツォのライフストーリーは、これまでの章でも検討してきたが、ここでは世俗の人びととの関係という点から、指導者としての特徴をみていこう。まずは、彼の求心力を象徴するエピソードから始めたい。

二〇〇六年のロサル、旧暦一月三日の夕刻。リンジンの妹の息子、ラガの結婚式に出席するため、リンジンと二人で外出した私は、結婚式の様子を記録した後、夜遅くワンジェ家に帰宅した。家に足を踏み入れた途端、部屋が異様な雰囲気に包まれていることを感じた。数時間前まで元気にしていたツェリンが、青い顔でベッドに横たわり、電気の消えた寝室にはバターランプがともされており、僧侶が何かを唱える声が聞こえる。聞くと、階段から落ちて意識を失い、瀕死の状態であるという。彼女は数日前から原因不明の頭痛に悩まされており、県城の病院でＭＲＩ検査まで受けていたが、はっきりした原因はわからなかった。脳出血を起こしたのかもしれないと口にする者もいた。ゲンドゥンが他の僧侶を呼ぶために駆け回り、ドマたちは淡々と食事の準備をしている。そこに知人や親戚が次々と訪れ、呆然としている。リンジンは泣き崩れ、ツェリンの名を呼びながら自分も失神してしまった。その激しさにも驚いたが、同時に他の家族が「あまりに」淡々としていることに違和感を覚えていた。私は、ちょうどその日に遊びに来ていた、ワンジェの漢族の友人とともに、なすすべもなく部屋の隅に座っているしかなかった。

二三時半をまわった頃、ワンジェが家族を集め、食事をとることになる。そして私に、昨晩撮ったビデオはあるか、と尋ねた。前日、私はアク・プンツォがテンジンの家を訪れて茶を飲んでいた時に（この時はロサルということもありテンジンの父親が招待した）撮影していたのだ。ビデオカメラをテレビにつなぎ、映像を流す。テレビの調子が悪く、白黒でしか写らなかったが、談笑するアク・プンツォの顔が大きく画面にうつしだされた。それを見てワンジェは、「さあ、アク・プンツォの顔をみて、しっかりして元気を出すんだ」と家族に呼びかけたのである。皆食い入るようにアク・プンツォの顔を見つめていた。その後、皆は普段通り談笑し始めた。

（二〇〇六年二月のフィールドノートより）

当時のフィールドノートには、ここで遭遇した、かれらの死に対する、淡々とした態度への違和感と、自分が突然直面した、身近な人物の危篤への衝撃が書き殴られている。その後ツェリンは奇跡的に回復し、このことは笑い話にできるようになった。改めてこの事例を見つめ直すと、家族の危篤という深刻な場面において、アク・プンツォという具体的な個人が最後の拠り所として選択されていることがわかる。こうした強固な関係が築かれる場の一つがゴンジョなのである。

ゴンジョはもっぱら死後の来世に向けた実践であり、そこで重視されるのがザウィ・ラマとの関係である。ゴンジョは一人では完成することはできず、ラマに帰依し、その指導のもとで行うことが不可欠とされる。ワンジェ家の人びとにザウィ・ラマということばの意味について尋ねると、「草を挿してくれるラマ」という答えが返ってくる。ザウィ・ラマは基本的には一人であるが、例えばシェーラプ・ラマとアク・プンツォのゴンジョ両方に参加しているリンジンにとっては、二人がともにザウィ・ラマであると答える。こうしたレベルの知識は、ゴンジョの教義的な解釈を別にして、人びとの間で共有されている。

修行者とラマの関係を表す中心的な概念がジャブジョ（帰依）である。アク・プンツォの講話では、善行としての修行の枠組みが提示され、その基礎となる姿勢として帰依の概念が説明される。アク・プンツォは「帰依というのは、あなた以外には何もないということ。これを心に思っていなければ、何を唱えても意味がない。心はあなた（帰依の対象）のことだけを考えていること」と説明する。個別のマントラを唱えたり動作をしたりしている時も、内面と行動が一致しているように、ということが繰り返し説かれる。

アク・プンツォの講話では、帰依は非常に複雑なビジョンと概念の組み合わせとして聴衆に提示されていく。しかしその中心にあるのはザウィ・ラマであり、人びとはザウィ・ラマへの帰依を修行のエッセンスとして理解する。五体投地をしている時や、マントラを唱えている時、人びとはザウィ・ラマとそれを囲む様々なイメージを詳細に思い描くことが求められる。この様子は、シェンラ・ウーカルを中心に多くの尊格やラマが取り囲む図像として冊子にも収められているが、より詳細な説明をアク・プンツォが行う。それは以下のようなイメージである。

「黄金や、緑の宝石で埋まっている世界、神話の中のような世界を想像する。その中に、ザウィ・ラマが座っている椅子があると想像しなさい。それは、八頭の獅子に支えられていて、下には蓮の花が絨毯のように敷き詰められている。獅子は、百獣の王であり、非常に傲慢な動物であるが、ラマには従っている。また、蓮の花があるのは、ラマ自身も清浄であるからである。蓮の花は汚れるところがない。そして、ラマの椅子の上には太陽と月がある。太陽はシェーラプ（*shes rab* 智慧）、月はタプ（*thabs* 方便）を象徴している。ラマは知識を持って、人びとを苦しみから救う。神様や皇帝のような存在で、普通の人とは異なる能力を持っている。だから、座るところが違う。あなたがそのようにラマを考えることができれば、ラマはあなたを守ってくれるし、あなたもザウィ・ラマの弟子になることができる。本来その宝座に座っているのは、根本のサンジェーであるシェンラ・ウーカルであり、すべてを備えているが、普通の人は見ることができない。しかし、あなた自身のザウィ・ラマなら、見ることができるだろう。自分のザウィ・ラマが、その椅子の上に座っていると想像しなさい。そして、ザウィ・ラマの右にはシェンラプ・ミボを中心に、一二〇〇のサンジェーがいると想像しなさい。そして左には、ボンの書があると想像しなさい。ボンは、カ、カテン、クテン（*sku rten* サンジェーの像）からなっている。一つの雪山のように大きな存在。それらが、ザウィ・ラマを取り囲んでいる。」（二〇〇九年一二月八日）

アク・プンツォ自身も語っているが、このイメージをそのまま寸分違わず参加者が思い描くことができることは期待されていない。この話は、大学の教員であるチョディの四男の補助を得てテープ起こしを進めたのであるが、彼自身解釈に困る場面が多くあった。このことを踏まえると、現地の世俗の人びとにアク・プンツォが語ったことがそのまま理解されているとは考えにくい。数回のゴンジョ参加歴がある男性でも、アク・プンツォの話は深すぎてよくわからないと語っている。

それゆえ、アク・プンツォの話の中では、「シェンラ・ウーカルは見ることができないが、あなたのザウィ・ラマならみることができるだろう」「また、誰でも、たった一つでも専心して帰依すれば、それが絶対に守ってくれる。シャルザ・タシ・ギェンツェンでも、シェーラプ・ギェンツェンでも、テンジン・ロドゥ・ジャムツォでもよい」など、「一心に帰依する」というエッセンスが強調されるのである。

これを踏まえて、ある若い参加者は、「アク・プンツォの話は非常に複雑でとてもすべてはわからない。だから、とにかくアク・プンツォを頭に思い浮かべて祈ればよい」と語っている。複雑なイメージを伴ってはいるが、少なくともザウィ・ラマへの帰依という軸が参加者に共有されるのである。チョディはこのことについて、「アク・プンツォに祈ることは、彼が帰依してきたすべてのラマに帰依することだ」と説明しており、彼が連綿と続く知識の継承の系譜にあるが故に帰依の対象になることが強調される。

他方、二〇〇九年には人びとの強い求めに応じて、アク・プンツォの写真を壁にかけられるように印刷して加工したものが販売され始めた。また、よく話がわからないという若者も、筆者の撮ったアク・プンツォの講話のＤＶＤや写真を熱心にほしがっており、後に成都で編集・現像して現地に送った。このように、個人崇拝ともとらえうるほどの強い感情的結びつきが生まれている側面もある。

これを補強するのが、アク・プンツォへのソンデである。ソンデは、ゴンジョの場で繰り返し読まれる短い祈願文である。アク・プンツォ自身の口からは唱えないが、人びとだけで修行する時には必ず唱える。ゴンジョに一〇月初旬からゴンジョに参加していた、Ａ村の一〇代の女性は、アク・プンツォの講話の内容はわからないと言うが、ソンデのことは熱心に話してくれた。これは、彼の弟子の僧侶たちが作成したもので、詩句にラマの名前が読み込まれている。

snyigs dus 'gro 'dul thar lam bkri mkhan pa
暗い時代に救いの道を導く
gshen bstan dri med tshul khrims rnam par dag
シェンの教え（＝ボン教）のけがれのない戒律を正しく守る
'phags nor phyug ldan dpal 'byor nyi zer spro
聖者の宝、富が豊かに備わり太陽の光のように照らすので
ma rig blo mun sel mdzad zhabs brtan gsol
無明や無知をすべて取り除いて下さる（この方が）健康であるようお祈り申し上げる

彼女は、「これを必ず覚えて下さい。これは四句しかないけど、これを毎日唱えるとよい。どこへ行っても、何があっても守ってくれるから。私はこれを大事にして、覚えて、いつも唱えている。意味はわからないけど（笑）」と言う。これまで述べてきたように、ゴンジョでは様々な複雑な専門的概念や系譜が提示されるが、それが最も単純化された形で理解された場合、このような「アク・プンツォに祈れば守ってくれる」という図式が成り立つ。平安を願う気持ちと、それを行為として切り出すマントラのようなソンデが、アク・プンツォへの信頼を通じて効力を発揮するのである。

こうした土壌があるからこそ、この節の冒頭で述べたエピソードが起こりうる。身近な人物の死を感じた時、人

びとが選択したのは何か見えないものに頼ることではなく、アク・プンツォを見ることであった。そこでは、死の恐怖に対して助けを求めるのではなく、ワンジェが語ったことばにあるように、「死を恐れないこと」が強調された。これは、アク・プンツォが講話の中で繰り返し主張してきたことの一つでもあり、それが多くの人にも共有されていることがわかる。これはアク・プンツォ一人がもたらした影響とはいえないが、少なくとも彼が主張する理念のエッセンスは、人びとの身近な感覚と響きあっているのである。

2　アク・プンツォが体現する価値観

アク・プンツォが人びとを惹きつけるのは、単にゴンジョの過程において帰依が要請されているからではなく、彼の個人的な「資質」による部分も大きい。例えば、遠隔地からの参加者の中には「アク・プンツォの評判を聞いてやってきた」と語る者が多い。例えばシャルコクとゾルゲを結ぶ街道沿いの村に住む五〇代の女性は、以前知人の家にアク・プンツォが儀礼をしに来たことがあり、今回のゴンジョのことを人づてに聞いて、参加を思い立ったという。

彼の声望は、学識や儀礼的な能力のみによって裏付けられているわけではない。僧侶の中には彼のもとでの学習、特に教理哲学の面で物足りなさを感じるものもおり、専門家としてすべてに精通しているとはみなされていないことをうかがわせる。一方世俗の人びとからの声望の背景として、彼が特別な人格を備えているとみなされていることを指摘できる。多くの人びとが以下のように、アク・プンツォの人びとへの接し方について言及している。

「アク・プンツォのダク・メー（無我）の精神は、最高ではないか。修行がすごく上のレベルに達している。そういうところを一番尊敬している。」（男性・二〇代・川主寺鎮出身。二〇〇九年一二月）

「アク・プンツォは、（他のラマとは違って）家に閉じこもってない。開いている。かつ何も持たない。三、四年前から彼を僧院長に推す動きがあるが、まだその気がない。差別をしない。どんな人にも平等に接する。老若男女すべての人が彼を尊敬している。」（女性・五〇代・S村出身。二〇〇九年一二月）

ここで言及されているダク・メーは、第四章で僧院長に必要とされる素質として触れたが、ボン教とチベット仏教に共通する価値観として、チベットの人びとにとっては身近なものであり、常にすべての衆生に施し続けるというボサツの素質をなす概念である。アク・プンツォは、自らが人びとに対して説く日常における規範を、身を持って体現しているととらえられている。それは、彼が理想として掲げる「学問も、為人民服務もできる」ラマの姿とも重なる。また、以下のようなエピソードも人びとの間に広まっていた。

ある時、アク・プンツォは行事で集まった一〇〇〇元を乞食に渡してしまったことがあった。実は、この乞食は偽物で、本当は困っていないのに僧院に金があることを知って来たのだという。そして次の日に、違う乞食が来たので、アク・プンツォはある僧侶から五〇元を借りて渡すと、乞食はもっとよこせ、昨日の人には一〇〇〇元もあげたのにと要求したが、アク・プンツォは本当に金がなく、これだけしかないのだと謝った。

彼の行動の特徴は、「人に何でもあたえること」であり、筆者も多くの本や食べ物を受け取ったことがある。ある女性はこのエピソードを評して、「アク・プンツォは自分では何もいらなくて、みんなにすべて与えるからすごい。普通の人はできない」と語ったが、一方で「ここまでするなんて、アク・プンツォは善人すぎる」と評する声も聞かれた。いずれにせよ、かれらはアク・プンツォを世俗の行動規範から少し外れた存在として語る。しかし、それが彼にとってマイナスになっているわけではない。宗教的理念の実現と、規範からの逸脱は表裏一体であるが、それを人びとが指導者として妥当であると承認することによって、彼の地位は保障されているのである。金銭から距離を置くという姿勢は、ゴンジョの行事全体を貫くものでもある。これは、マティ・ドゥチェンが僧院の運営資金を集める上でも重要な行事であるのとは対照的である。

これを見て取ることができるのが、ゴンジョの期間中の一二月五日夕刻に行われたツェタル（*tshe thar* 放生）の場面である。放生は、とらえた虫・魚・動物などの生き物を解き放って自由にすることであり、殺生や肉食を戒め、慈悲の実践として行う［中村ほか編 二〇〇二：九一〇］。これはゴンジョとは直接関係がないが、重要な善行だと考えられている。動物を買うための費用はマンテーのために集められた穀物の、村人への売却によって賄われた。穀物は前日までに使い切ったオオムギで、マンテーのためにきれいに洗って干したものであり、各世帯での儀礼用として人びとはこぞって買い求めた。この時の価格は一斤一元であり、六八〇〇斤（三四〇〇キロ）をS村の四〇代の男性（ゴンジョの参加者ではない）が六八〇〇元で買い取った。

代金は一旦アク・プンツォに払われるが、彼は即座にその代金で動物を買いに行くように、買い取った男性に依頼した。現金はアク・プンツォのもとには残らず、そのまま男性たちは県城で食用のニワトリ一〇〇羽とハト三〇羽を購入し、文明学院の敷地内で、多くの僧侶たちとともに放生が行われた。ハトはその場で放され、ニワトリはマンテーの参加者が持ち帰り、家で飼う。ある僧侶の話によると、放生は、単に生き物を放すということではなく、本来「食べられる運命にあるものを救う」ことに意義がある。そして儀礼を通じて、来世に畜生に生まれ変わらないように祈りが捧げられる。

アク・プンツォは放生に際して、「もしそのニワトリが、犬や他の動物に食べられてしまったとしても大丈夫だから心配しないように」と呼びかけている。そして、救おうとする気持ちが善行を為すことにつながるのだと説く。

ニワトリは、特別な存在として扱われ、アク・プンツォに名前をつけてもらう者もいる。このマンテーと放生の過程を終えると、僧院やアク・プンツォのもとには何も残らない。そして、この行事を通じて特別な意味が与えられた穀物とニワトリは人びとに還元され、人びとのもとにも現金は残らないのである。

先にも触れたが、アク・プンツォは、筆者のインタビューに対して、チベット語に交えてよく漢語の「為人民服務」ということばを用いる。彼は、ラマになることの困難さに触れて、「今は、世の中に刺激が多いから、ラマはだめになってしまった。昔のラマは素晴らしかった。修行のことも、人びとのために働く（為人民服務）ことも、両方達成していたのだから。」と語る。彼は、自分を持ち上げたり、高位の座に就くように推したりする動きに対して非常に慎重であるが、人びとからは、こうした伝統的なラマ像を体現する存在として受け入れられている。そして、彼が主導するゴンジョは、S僧院のローカルな文脈に基礎をおきながらも、より普遍的に人びとに訴えかける価値観を示す場として機能しているのである。

このように、アク・プンツォの人格的特性に基づく魅力に人びとが動かされている側面は指摘できる。しかし、それは個人崇拝に収斂するわけではない。時には、アク・プンツォ自身が自分への崇拝を回避するような試みをすることがある。例えば講話の中で繰り返し「これは私自身が言っても意味がないことであり、これまでシェンラプ・ミボをはじめ、代々のラマが言ってきたことなのだ」という言い回しをはさみ、自分の言動の正しさの基準を自分には置かないようにしている点からもうかがえる。

またアク・プンツォに熱烈な敬意を示す人びとがいる一方で、彼だけを絶対化しないように気を配る人びともいる。筆者が、シェーラプ・ラマとアク・プンツォのゴンジョの違いについて聞いた時に、ワンジェは「今はどんなことでもみんなアク・プンツォに行くようになってしまったが、二人とも大きな存在であって、どちらがよいとかは絶対言ってはならない。どちらも同じように尊敬するべきだ」と語った。実際に、ワンジェ家では近年ベマジェに長男が生まれた時の命名や、放牧地のオオカミよけの護符などをシェーラプ・ラマに頼んでおり、すべてをアク・プンツォに頼っているわけではない。このように、アク・プンツォへの個人崇拝ともいえる熱意が高まる反面、それを抑制し、より普遍化するようなモーメントも見られるのである。

注

（1）ゴンジョを経て三年間の参籠に入り、ゾクチェンを修行する者は、二〇〇九年時点のS僧院では僧侶だけであったが、本来は誰でも参加できるとされる。西洋の様々な地域でゾクチェンの指導を行ってきたテンジン・ワンギャルによると、インドのボン教徒コミュニティでは俗人も参籠修行を行っている［Tenzin Wangyal 2000: 18-19］。フランスのボン教センター、シェンテン・ダルギェーリンでも期間を区切ってではあるが、足かけ三年のゾクチェン修行のコースが設けられている。

（2）クンツ・サンポは仏教では「普賢菩薩」を意味するが、ボン教ではまったく異なる尊格を指す。

（3）コルロ・シ・ダクの一部は日本語訳されている［中沢　一九九四］。

（4）ドゥジョ（*dud 'gro*）と呼ばれることもある。

（5）ゴンジョにこれまで三回参加した五〇代の女性は、ゴンジョは一種の鍛錬であり、健康にもよいと語っている。また、筆者が体験したことであるが、数千回同じ動作やフレーズを繰り返していると、最初は様々な思考が浮かんできて集中できず、肉体的な苦痛のみがたまっていくが、ある瞬間から思考が止まり、自分の意志とは別のところで口や身体が動いているような状態に陥り、いつまでも繰り返していられるような感覚になることがある。こうした、生理的側面も含めた何らかの変化が、彼らに「苦痛」を感じさせないことに寄与している可能性はある。

（6）*Saccharum spontaneum.* イネ科サトウキビ属（Nitartha.org ウェブサイト）。南アジア原産でチベット高原にも広く自生する。クシャともよばれる。他の儀礼にも多く使われ、専用のものが販売されている。

第七章　チョルテンの建設が結びつけるもの

前章で見たように、アク・プンツォは、人びとの信望を得て様々な実践を主導してきた。彼は所定の儀礼を遂行するだけにとどまらず、人びとや村に対して、より積極的に働きかける存在になっている。その中でも最大のプロジェクトといえるのが、本章でとりあげる、二〇〇九年のチョルテン（供養塔）の建設である。これは、僧院ではなくS村の行事として行われた。村にとって重要な意味を持つこの事業への僧院の関わりは限定的である。しかしそこでは、世俗の人びとと僧侶たちによる大規模な協働がおこなわれる。

チョルテンの建設を通じて、人びとは一年間の現金収入の半分近くにも達する物品を、文字通り塔の中に投入する。約半年間、建設は村の一大事業として興奮の中で進められた。人びとは様々な理由でこの協働に参加した。チョルテンは、多様な願いを投影する対象であり、村や家族を守護する力を持つと考えられている。

チョルテンは重層的な意味を帯びたシンボルである。人びとにとってのチョルテンの意味と、テクストに説かれる教義上の意味、建設を主導するアク・プンツォの意図は必ずしも一致しない。こうした諸相を読み解きながら、チョルテンの建設は多様な人びとをいかに動かし結びつけたのか、そしてその結びつきの意義は何なのかを考えていきたい。

一　ボン教におけるチョルテン

チョルテンは、日本語で仏塔と訳されることが多い建造物であるが、「供養の対象」という語義を持つ。ボン教の聖典の中でもこれを建てることが在家のゲニェンの重要な実践として位置づけられている。

インドの仏教徒の間では、二世紀頃までは礼拝の対象としての仏像は制作されず、もっぱら仏舎利を納めた塔が礼拝の対象となっており、それは少なくとも六～七世紀頃まで続いていた［佐和　一九六八：五八九―五九〇］。日本では、こうした塔が生身の釈尊を象徴するという意味は失われ、特定の経典の内容を象徴するという意味を帯びて、寺院に隣接する形で建てられてきた［佐和　一九六八：六〇五―六〇七］。

チベットにおけるそれは、白く塗られた外観が特徴的で、僧院の傍や街道の道端にしばしばその姿を現す。高さ二～三〇メートルに及ぶ巨大なものも珍しくない。その構造にはバリエーションがあるが、多くに共通するのは、①最上部の尖塔状の部分、②中間の壺状の部分、③土台をなす階段状の部分という要素である。①にはコルロ・ジュスム（*'khor lo bcu gsum*「輪・一三」）と呼ばれる金属製の輪が重ねられた構造物がはめ込まれ、先端部にも装飾が施される。②はブムパ（*bum pa*「壺」）と呼ばれる部分で、丸みを帯びた逆円錐台のような形をとり、正面には高僧の顔写真や尊格の像などがはめ込まれることが多い。③の部分は方形の台座が階段状に上に伸び、ブムパと接続している。ここにも様々な装飾が施されている。人びとはこの台座の周りを巡拝することも多い。

チョルテンの本来の意義とされる、仏舎利や高僧の遺骨を納める小型の塔はクドゥンと呼ばれて区別される。S僧院の集会堂の中には、アンガ・テンパツルティムとテンジン・ロドゥ・ジャムツォのもの二つが安置されている。これに加えて、チベットではチョルテンは価値あるもの、特に聖典類などを納める場としての役割を担って発展してきた［Karmay 2009: 56］。特に大規模なチョルテンは中が空洞になっており、建立に際しては穀物や衣服、貴金属など、様々な物品が納められるため、崩壊したチョルテンから過去に埋蔵された貴重なテクストが偶然発見されることがある。(1) また、村の入り口で悪霊や敵の攻撃を防ぐためのカヌン（*kha gnon*「防壁」）という役割も担ってきた［Karmay 2009: 56］。

仏教と同様に、ボン教でも多くのチョルテンが伝承され、帰依の対象である「ボン」を構成する要素になっている。チョルテンは、それ自体がサンジェーのすべての教えを象徴するとされ［Sharza Tashi Gyaltsen, et al. 2006: 228-229］、サンジェーの身体とも同一視されるため、単なる塔ではなく帰依の対象となる。(2) 仏教とボン教のチョルテンの外観上の違いとしては、本体にユンドゥン・ボンのシンボルである卍が描かれていること、最上部の装飾には仏教では太陽と月が用いられるのに対して、ボン教では中央が炎の形をした三叉戟が用いられていることなどが挙げられる。テンジン・ナムダクはこうした特徴を、仏教伝来以前のチベット文化の要素だと考えている［Sharza Tashi Gyaltsen, et al. 2006: 229］。シェンラプ・ミボの伝記の一つ『シジー』には、三六〇種のチョルテンが記述されており、そのうち実際に物質によってこの世に作ることができるのは一二〇種類とされる(3)［Sharza Tashi Gyaltsen, et al. 2006: 228］。

二　チョルテンの構造と納入物

二〇〇九年の夏、S村の入り口にあたる幹線道路沿いに巨大な建造物が姿を現しつつあった。高さ二〇メートルに達するチョルテンである。資材を運び上げるための工事用エレベーターが設置され、むき出しの鉄筋と、外壁がコンクリートで固められていく様子は、さながらビルの建設現場を思わせる。

例年ならS村の大多数の人びとは薬草採集のため村を出払ってしまう時期であるが、この年から高額な入山料の

写真 7-1　S村のチョルテン

支払いなど、採集の規制が始まったため、多くが村にとどまっていた。ワンジェ家では、ペマジェは道路工事、ドマは農園と、それぞれの労働に忙しい日々を送っていたが、かれらの共通の話題は建設中のチョルテンであり、共同作業の日が近づくと、屋根裏の物置からかねて準備していた大量の物品を運び出していた。ワンジェは、チョルテンの建設はゲワ（善行）であり、完成したチョルテンは「村と家族と守ってくれるとてもよいものだ」と語る。筆者は、撮影したチョルテンの写真の焼き増しを幾度となく頼まれた。チョルテンは、何よりもまずその巨大な姿によって人びとに大きなインパクトを与えたのである。

このチョルテンは、ゲデン・ヨンテン・チョルテン（*dge ldan yon tan mchod rten*「善を持つ・善い知識・チョルテン」）と呼ばれ、その意味は「善を信じ、良い方向（へ導くもの）、最上のもの、功徳のすぐれたもの」[Namdak Tsukpu 1998: 24]と説明される。

その構造と作り方は、一九世紀のメンリ僧院座主ニマ・テンジンがまとめた〝*rgyal ba'i sku brnyan dang mchod bstan gyi gzungs bzhug 'bul ba'i lag len gsal byed 'phrul gyi lde mig*〟（「仏像とチョルテンの作り方配置に関する明示」）に記されている。[4] このテクストはボン教におけるチョルテン建設の標準的な手引きと位置づけられており、一九五〇年以前からS僧院にも所蔵されていた。その中には、数々のマントラなど特別な意味づけを持った文字列が含まれている。それを木版で複製し、チョルテンの一部として用いるという特殊な性格を持ったテクストである。S村のチョルテンを建設する際には、所定の部分を四セット複製して、マントラが書かれた部分などを切り貼りし、ショクヒン（*srog shing* チョルテンの象徴的な主軸）に封入した。この作業はアク・プンツォの下で学ぶ僧侶七人が一週間をかけて行った。チョディは「サンジェーの像とチョルテンは原理的には同じものであり、ここが心臓に対応し、ここが目に対応し……というように作っていく」と語る。チョルテンそのものが崇拝の対象になることは、完成後に周囲を巡拝する人びとの姿を見ることができることからもわかる。チョルテンは、単なる塔ではなく、ショクヒンを中心にした様々なものの集合体であり、それによって宗教的シンボルとしての性質を獲得している。

チョルテンの内部は空洞になっており、いくつかの階層に分かれている。建設が進むにしたがって、様々なものが順番にその空洞の中に詰められる。それは、僧侶たちが準備するもの、僧侶と俗人がともに準備するもの、俗人が準備するものに分かれ、僧侶と俗人の協働によって納入される。作業に参加する僧侶の多くはアク・プンツォのもとで学んでいる若い僧侶である。工事用のエレベーターで次々に物品が運び込まれ、空洞のへりに板を組んで設けられた足場に積み上げられる。これが人びとの手によって次々と空洞の中へと納められる。その勢いは、爽快さすら感じさせるほどである。

表7-1　S村のチョルテンに納入された物品

カテゴリー	数量
高僧の衣服・頭髪・遺骨	48人分
リルブ（丸薬）	10種
聖山の砂・水・木など	
ボン教の聖典・テクスト類	23種、1216部
タンカ（掛け軸状の画）	6種、1万2552幅
ブムテ（宝瓶）	125個（原則1世帯1つ）
ツァツァ（粘土製の像）	20万5824体
穀物、香木、生活用品	6万1335斤（穀物）

注　1斤＝500グラム。S僧院所蔵の目録から筆者作成。

表7―1は、チョルテンに納入される物品を整理したものである。チョルテンの最上部にあたる尖塔状の部分には、金属の輪が組み合わされたコルロ・ジュスムがはめ込まれ、光を受けて金色に輝く。この部分には、シェンラプ・ミボからテンジン・ロドゥ・ジャムツォに至る四八人分の、衣服の一部と頭髪や遺骨などの身体の一部とされるものが納められる。これらはS僧院で保管されてきたものが多いが、他の僧院などから調達したものもある。また、一〇種類のリルブ（丸薬）も納められた。これは、マティ・ドゥチェンのマティのように僧侶たちによって加持されたもので、S僧院で作られたものだけではなく、ユンドゥンリンなど他の僧院からもたらされたものも含まれる。また、ボンリからシャンシャドゥルまで、チベット高原各地の

聖山の砂・水・木なども納められる。このように、S僧院に関連する数々の人物や僧院、聖山の土地の力を総動員して、チョルテンに力が込められていく。こうした特別な意味や来歴を持つ物品は、アク・プンツォと僧侶たちによって準備され、世俗の人びとの目に触れることはほとんどない。

中間のブムバには、多くの聖典とタンカが納められる。テクストは一二三種類、一二一六部に及ぶ。その中には、『大蔵経』に相当するボン教のカ四部とカテン一部が含まれるため、これだけでも相当の量になる。種類別で最も多いのはチャンマを本尊とするテクストであり、二四二部を占める。これは僧侶が毎日詠唱するカンドゥンに含まれることが多い、最もポピュラーなテクストである。次に多いのはチュパ（*gcod pa*）に関連するテクストであり、二一五部を占める。チュパ（チュー）は自らの身体を神々や悪鬼に施す観想を行う修行であり、自我への執着を断ち切る目的がある［Reynolds 2005: 68］。

こうしたテクストは、S村の人びとが資金を出し合って、まとめて購入したものである。二〇〇九年の夏には村の茶館で成都の書店から届いた大きな包みをほどく様子が見られた。それぞれのテクストの内容を僧侶があらため、清潔な布で丁寧に包み、専用のひもと金具でとめる。

ブムバには、さらにツァツァ（*tsa tsa*）が大量に納められる。これは粘土製の像で、幅約五センチ、長さ約七センチの上部が少し尖った五角形状の枠の中に、シェーラプ・ギェンツェンやチャンマの像をかたどったものである。S村にはツァツァの木型を所有する世帯があり、各世帯で貸し借りしあって制作する。一世帯あたり二〇〇〇体前後が目安になっており、計二〇万体以上が納められる。ツァツァの制作は一年以上前から行われ、各世帯で段ボール箱に詰めて保管しておく。箱はニンポ・ナムスムのマントラが書かれたシールで封じられている。

チョルテンの完成後、ブムバの正面にチャンマの像がはめ込まれ、最も目立つ部分になる。最上部とは対照的に、ブムバへの納入物の準備には世俗の人びとが大きく関与している。その多くはボン教の宗教的知識にまつわるものであり、準備には僧侶の手助けが必要なことも多い。これに対して、土台部分に納められるものの多くは、日常生活で用いられる身近なものという特徴を持つ。

チョルテンの内部は空洞になっているが、最も容積が大きいのは土台部分である。筆者が建設現場で計測したデータと、建設会社が作成した図面をもとに計算すると、最上部の体積は約五〇・三三立方メートル、ブムパは約七八・三三立方メートル、そして土台は一五四・六八立方メートルを占めている。この最も大きな空洞に投入される多様な物品は、ほとんどが世俗の人びとが準備し、世帯ごとに持ち寄るものである。

これらは大きく分けるとブムテ（*bum gter*「宝瓶」）、穀物、香木、日用品からなる。最も重要視されているのがブムテである。ブムテは壺に所定の手順に従って物品を詰め、封印したものである。これは、建設の際に行う儀礼の本尊となるナムバル・ジェルワを象徴するものであり、中には金、銀、珊瑚などの貴金属と穀物、そしてナムバル・ジェルワとその化身を含む七二の尊格を表す文言が封じられている。これは僧侶が作成するもので、ワンジェ家の場合はトンドゥが作成した。彼は、定期的に儀礼を行っている九寨溝県のいくつかの世帯からも物品を納めてくれるように頼まれており、かれらの分のブムテも作成した。家に僧侶がいない世帯では、持ち寄った場所で僧侶に「正しい」やり方で作成してもらう場合もある。ブムテに使用される壺は高さ約二〇センチの、装飾が施された専用のものが多いが、中には高さ一メートルを越える大きなものもある。

ブムテを除く他のものについては、量や内容について明確な規定があるわけではなく、それぞれの世帯で手に入るものを準備する。表7―2にワンジェ家で準備したものを整理した。この中で最も多くの量を占めるのは穀物類である。自分たちが栽培したオオムギと、町で交換したり購入したりして手に入れた他の穀物を準備し、丁寧に洗って清め、家のテラスで数日間乾かす。それを混ぜ合わせたものにさらに衣服の切れ端や儀礼で用いる紙吹雪などを加え、大きなビニールの袋に詰める。また、香木は毎朝炉で焚いているフバ（ビャクシンの枝）とかまどにくべる細

表 7-2　ワンジェ家が準備した物品

品目	数量
チャンマの礼賛文	４部
ブムテ（宝瓶）	１つ（穀物と貴金属）
ツァツァ（粘土製の像）	2300 体
箸	10 組　（新品）
磁器の碗	10 個　（新品）
つば付き帽子	１つ　（新品）
馬具（手綱）	２つ　（使い古し１、新品１）
茶を注ぐ杓子	１つ　（新品）
碗を入れるフェルトのケース	１つ　（新品）
ツァンパを入れる綿製の袋	１つ　（新品）
穀物類	780 斤（オオムギ、コムギ、コメ、トウモロコシ、クルミ、インゲンマメ等を混ぜる）
茶葉	10 包　（塊状の団茶）
衣服	２着　（新品のチベット式衣服。男性用と女性用１つずつ）
香木（フバなど）	穀物とほぼ同量

注　1 斤＝500 グラム

い薪であるニョルなどを混ぜ合わせたものを穀物と同様に袋に詰めておく。穀物と香木は、家族一人あたり一〇〇斤（五〇キロ）を目安にする。穀物と香木、そして塊状の茶葉は、日常の生活に欠くことができない最も身近な物品である。

次に、数々の日用品が揃えられる。これについては明確な規定がないが、箸や碗など食事に使うもの、そして衣服など、普段使用しているものと同じものを新品で購入する。近年ほとんど使わなくなった馬具だけは、使い古しのものと新品のものが用意された。一方で「食器でも近年使うようになった金属製の皿や鍋などは入れるべきではない」とワンジェは述べる。彼によると、電化製品も入れるべきではないものに含まれる。後にも述べるが、プラスチックの包装がついたものもふさわしくないとされるため、毎日使っているものの中でも、近年販売されるようになったものは避けられる。しかし実際には、人びとはこれらを含めて様々なものを持ち寄る。

ワンジェ家が準備したものは、現金に換算すると約三〇〇〇元にのぼり、これだけでも年間の現金収入の約三分の一に及ぶ。一日あたりの平均賃金（約四〇～五〇元）と比較しても、単純に計算して二ヵ月分以上を投入している計算になる。さらに建設の資金そのものも寄付しているため、相当の負担をしていることになる。これは、一九九〇年代の収入水準ではとても支出できる額ではない。これだけの出費をする理由について、ワンジェは「こうすることが、村にとっても家にとってもよいからやる。チョルテンが皆を守ってくれるから」と述べる。このようにして、村のほぼすべての世帯から膨大な量の物品が集められた。

三　村の事業としての建設

チョルテンの建設は、二〇〇七年からS僧院を取り囲む三村で順番に行われた。まずB村に二〇〇七年にユンドゥン・ヨンゾク・チョルテン（*g.yung drung yongs rdzogs mchod rten*）が、A村には二〇〇八年にユンドゥン・コーレク・チョルテン（*g.yung drung bkod legs mchod rten*）が建てられた。そして二〇〇九年にS村にゲデン・ヨンテン・チョルテンが建てられた。チョルテンの種類や位置、方向は、アク・プンツォが決定した。

アク・プンツォは、S村にチョルテンを建てた経緯について「ここには本当の昔には塔があった。その後は土まんじゅうがあった。そして一九八五年くらいに、G僧院のシェーラプ・ラマが聖典とツァツァを封じたツァカン（ツァツァ堂）を建てた。そして今やっとチョルテンを建てることができた。チョルテンは、村を守ってくれる。あらゆる災いを取り除き、よいことをもたらす」と述べる。チョディは、一九四〇年代頃にはチョルテンはなく、土が盛られていたのは見たことがあると語る。

その土まんじゅうは、今でもチョルテンの側にあり、直径二メートルほどで上にはタルチョが立てられている。「昔の高僧が作った」という話は聞かれるが、いつ頃からあるのかを知る者はいない。アク・プンツォの話に登場するツァカンは、約三メートル四方、高さも三メートルほどで屋根のついたものであり、四方の壁は塗り固められて入ることはできない。普段はほとんど人気がなく、ごくまれに周りを巡拝する老人を見かける程度である。マティ・ドゥチェンの時には、村外からやってきた乞食がこの軒下に数日間とどまっていた。この場所は耕地が途切れるところであり、近年ではホテルや政府関係の建物が近くにできたためわかりにくいが、集落から見ると村はずれにあたる周縁的な位置にある。この場所が伝統的に特別な意味が与えられてきたことがうかがえる。そこに建設されるチョルテンは、破壊されたものの再建ではなく、より強力なシンボルを新たに設置しようとする動きであった。

世俗の側でチョルテンの建設を推進してきた主体がS村の幹部たちである。人びとのまとめ役となったのはS村の村民委員会であり、全員がチベット族から構成されている。建設に関しては、アク・プンツォから村民委員会に提案が伝えられ、二〇〇八年から資金集めや事務作業などが開始された。村民委員会書記のソナムは、建設事業の許可を松潘県政府に申請し、許可を得るための交渉を行った。彼によると、本来二〇〇八年中に建設を開始できる予定であったが、二〇〇八年の三・一四事件の影響によって許可が遅れ、作業開始が二〇〇九年春までずれこんだ。

建設は僧院の行事ではなく、村の事業として進められる点に特徴がある。このため、僧院長や僧院管理委員会は関与していない。アク・プンツォの主導に世俗の人びとが呼応して行われる点ではゴンジョと共通している。しかし村の境界を越えて広い地域から参加者を集めるゴンジョとは異なり、チョルテンの建設では村としてのまとまりが前面に出され、村の世俗の代表者が中心になる。それゆえ、基本的にS村以外の人びとは建設に参加や寄付を行わない。これは後で検討するチョルテンの「村を守る」という意味とも呼応している。

外壁や装飾など、内容物を除くチョルテンそのものの建設には、約三〇万元の資金が必要とされたといわれる。ソナムは、「作業は本来村の人びとが手分けして行うべきであるが、自分の仕事があったり、外地に行ったりしている人も多いので漢族の企業に依頼したため、料金がかさんだ」と語る。僧院の集会堂が村の人びとや僧侶の手によって再建されたことと対照的であるが、これはその後二〇年間の生業の変化を通じて外地に出る者が増加したことも反映している。

資金の調達は、村民委員会の依頼を受けた村の若者が、外地に出ている人びとも帰ってくるロサルの際に獅子やヤクの仮面をかぶって各世帯を訪れて舞い、寄付を集めるという方法で行われた。例年こうした門付けの獅子舞は見られるが、多くても数十元を支払うにとどまる。それがこの資金を集めた二〇〇八年のロサルでは一〇〇〇元以上を出す世帯が珍しくなく、最も多かったソナムやチョディの家など数世帯が一万元を出資した。これはワンジェ家の一年間の収入に相当する額である。

このように、建設はすべて人びとからの寄付によって賄われた。ソナムはチョルテンの完成後、「政府からの補助などはなく、すべて自分たちで集めないといけなかったので大変だった。支払いが済んでいない分があるので、もう少しみんなから集める必要がある」と語る。チョルテンの建設やゴンジョなどは、政府から補助を受けることはない。村の有力者は、ここでは宗教実践を国家の枠組みにおいて管理する官吏ではなく、アク・プンツォの提案を実行する人びとの代表という性格を強く帯びている。さらに漢族の幹部を含む郷や村の人民政府は建設に関わっていないため、村のチベット族のまとまりが顕在化してくるのである。

外壁の建設は漢族の企業に依頼して行うものの、最も重要な、内部への物品の納入はすべて村の人びとが行う。僧侶が儀礼を行うためのテントの設営や、食事の準備などは、村に三つある生産小組ごとに分担が割り当てられる。また、人びとからチョルテンに納めるため寄付される物品は、村民委員会のメンバーが帳簿にまとめている。このような「村の行事」としての側面は、人びとを参加させる大きな動因となっている。

村外の人間がチョルテンに近づくことは筆者の見る限りほぼなかった。とはいえ、外部者が近づくことが禁じられているわけではない。チョルテンに隣接する土地はもともと耕地であったが、現在はソナムたちが経営するS村の企業が借り上げており、第一章で述べた、乗馬体験施設の敷地の一部になっている。かれらが作成した観光客向けのパンフレットに描かれた案内図には、このチョルテンも含まれていた。チョルテンの約二〇メートル脇には、ほとんど使用されていない公衆便所が建っている。かれらの話によると、県から観光客誘致のための資金援助を受けて設置されたものだが、他の開発が進んでいないためそのままになっているという。完成後も、特にチョルテンは入場料を徴収するわけではないが、ソナムは、チョルテンを宣伝すべき「S村の文化」の一部と考えていると述べ、外部の目にさらすことに抵抗を感じていない。これは、僧院の観光地化に対する否定的な見解とは対照的である。ここからは、チョルテンが僧院の一部とはみなされず、世俗の領域に建てられたものであることがうかがえる。

このように、アク・プンツォと村という二つの要素を軸として、チョルテンの建設は進められていく。以下では実際の建設過程をとりあげ、それが単なる作業とは異なる秩序に支えられ、人びとの興奮の中で進められていくことを論じる。

四　建設の場の成り立ち

1　作業の概要

チョルテンの建設は二〇〇九年の六月初旬から始まり、同年一一月九日に完成した。漢族の建設会社による外郭の建設はほぼ毎日行われた。作業の進捗に従って、内部への物品の納入とそれに伴う儀礼が僧侶と村の人びとによって行われる。これは、七月一五・二三日、八月一三日、九月七～八日、一〇月二一～六日の主に四つの期間に行われた。その中でも、最も多くの参加者を集めたのが八月一三日の作業であり、各世帯から集められた穀物や生活用品などが納められた。

チョルテンは、この日の時点で約半分が組み上がっていた。周囲には木材で組まれた足場と工事用エレベーターがとりつけられており、身軽な者は足場をつたって上までのぼることができる。この日作業が行われる空洞は約六メートル四方、高さは約四メートルで、空洞を取り囲むように設けられた足場からはしごを渡して人びとが内部に降り、次々と運び込まれる物品を納めていく。

チョルテンの周囲には、人びとがトラクターに物品を満載して集まる。ここには村民委員会のメンバーが待機しており、荷台から降ろされたものは穀物や生活用品など、種類ごとにまとめられて積み上げられる。ここから約五〇メートル離れたあたりに約一〇メートル四方の、装飾を施した大きなテントが設置される。こちらにはブムテ（宝瓶）が集められる。またテントの中には座布団を敷いて僧侶たちが座る場所が設けられており、ブムテを前にして儀礼が行われる。このテントの脇には小さなかまどと調理器具が準備され、人びとが僧侶たちの食事を用意する。

前日の八月一二日午後から準備が始まった。すべての作業は、いずれも村の生産小組の単位で分担する。各世帯から少なくとも一人は参加するのが望ましいとされる。この日は生産小組第一組の男性一五人、女性一人が中心となり、テントの設営とチョルテンの周りのごみ拾いや清掃を行った。また、テント脇のかまどの準備は第三組の一〇人が担当した。食材費は生産小組の積立金から出すが、食器や洗剤などは各自で持ち寄る。ワンジェ家は第三組に入っているので、ドマが参加した。このように、人びとの自発的な参加を基本とするマティ・ドゥチェンやゴンジョといった行事とは異なり、村の組織を基盤として作業が進められることが大きな特徴である。納入作業にはベマジェが参加したが、ワンジェたち他の家族は参加せず、あとから様子を見に来ていた。

チョルテン建設はS村にとっての一大行事であるが、S僧院の関与は限定的である。先に述べたように僧院長は参加せず、一般の僧侶の参加も任意とされている。八月一三日の作業に参加した僧侶はのべ三〇人であったが、このうち二七人がアク・プンツォとそのもとで学ぶ若い僧侶であった。この日は文明学院の授業は休みであり、通常の休日と同じように過ごしている者もいた。テンジンもその一人であり、作業を最後まで見ようとする筆者に対して、しきりに「ずっと見ても面白くないからもう行こう」と促してきた。

一方、トンドゥやゲンチュは精力的に動き回り、テントの中での儀礼や物品の配列作業をリードしていた。また管理委員会の前主任であるティボは、チョルテン内部の空洞を見下ろす位置に立ち、人びとに指示を出していた。トンドゥによると、これまで他のチョルテンの設計を手がけた彼は、今回は高齢もあって設計には携わっていないが、現場の監督役としてアク・プンツォに指名されて参加した。僧侶の多くは、自分の役割を終えると作業の終わりを待たずして帰ってしまう。最終的に現場に残った僧侶はアク・プンツォ一人だけであった。また特筆すべきは、多くの「兼業」の僧侶たちが俗人の服を着て参加していたことである。この中には、マティ・ドゥチェンで重要なチャムを演じた者も含まれている。ゲンドゥンも俗人の服を着てトラクターを運転し、ワンジェ家で準備した物品を運び込んでいた。こうした参加のあり方は、この作業があくまで俗人を主役として進められていることを物語る。

そうした場で、僧侶たちは膨大な物品を「正しい」形でチョルテンに納めるために整理し、儀礼を進めていく。かれらが介在することで、チョルテンは、単なるモノの集合体ではなく、宗教的シンボルとしてその力を発揮することができるとみなされるのである。

2　納入物の集積

朝、まだ暗い六時頃から人びとは動き出す。文明学院では、アク・プンツォたちが既に儀礼を行っており、テントの近くでは炊事担当の一〇人ほどが火をおこして茶や食事の準備を始める。他の人びとは、八時頃徒歩やトラクターで集まってくる。最初にテントの中に集められるのはブムテである。他の物品とは異なり、ブムテは人びとが自分の両手で抱えて自宅から運んでくる。

八時三九分にアク・プンツォと僧侶たちが到着する。アク・プンツォは、人びとが用意した軽トラックの助手席に乗っている。荷台には若い僧侶数人が乗り込み、一段と大きな九つのブムテを支えている。この中で最も大きなものは高さ一メートル二〇センチほどであり、これら大きなブムテを取り囲むようにして、若い僧侶たちが他のブムテを並びかえる。この日集められたブムテは一二五個にのぼり、一世帯一つという原則を考えると、村のほぼすべての世帯から集められたといえる。トンドゥのように、村外から託されたブムテを持ち込むこともあるが、例外的なケースである。

家に僧侶がいないなどの理由で入れ方がわからない者は、壺と中身を別にして持参し、その場で僧侶に詰めてもらう。この作業の中心となるのは、アク・プンツォの下で学ぶ僧侶の中でも比較的年長で知識のある者たちである。そしてかれらの指示に従って、年少の僧侶たちがブムテの内容をあらため、入れ方が適当でないと判断すると一度中身を出して入れ直す。この作業の途中で、各ブムテにボン教の代表的なシンボルであるユンドゥン（卍）を書くようにアク・プンツォから指示があり、急遽ペンを持ち出して書き込む様子が見られた。完成したブムテには五色（赤・青・黄・緑・白）の布で封をし、その上には親指大のバターの塊を乗せる。

こうして完成し、集められたブムテの上には、様々な装飾が施される。人びとの中には、ブムテとともに貴金属や装飾品を持参している者がいた。これらは、ベルトや腕輪、指輪といった、いずれも銀製のものや宝石などで飾られているものであり、持参した女性は、「とにかくとても高価なものを持ってくるとよい」と語る。実際に、一つ数千元以上するといわれる琥珀の塊や、珊瑚、トルコ石といった高価な宝石が惜しげもなく持ち込まれる。これらを人びとはまずアク・プンツォに手渡し、彼の手からそれを受け取った若い僧侶たちがブムテの上に飾り付ける。そしてフバが焚かれ、水がかけられて清められる。このように、人びとが持ってきた物品はそのままで納めるのではなく、僧侶たちの手によって、納めるためにふさわしい形に整えられるのである。

ほどなくして、ブムテの整理と飾り付けをしている者を除いた二〇人ほどの僧侶の読誦の声がひびく。この時に行われるのはナムバル・ジェルワを本尊とする儀礼である。アク・プンツォによると、シェンラプ・ミボの化身の一つであるナムバル・ジェルワは、かつてウルモルンリンで大僧院を建てる際に障害を除き建設の成功をもたらすために出現したとされるため、これを行うことで天候も安定して建設が成功し、皆によいことがあるとされる。テントの中ではブムテの整理と儀礼が並行して行われており、一見雑然とした雰囲気の中、納入に向けた準備が進められる。

並行して、テントの外ではブムテ以外の物品が集められている。これは世俗の人びとによって行われる。村民委員会の関係者による確認と帳簿への記載が終わった物品を人びとは種類別にまとめて、チョルテンの前に積み上げる。穀物や茶、香木などを詰めた袋には持参した者の名が書かれている。そして最初に入れる香木が、工事用エレベーターの前に置かれて準備が整う。世俗の人びとも、入れるものの大まかな順番を把握していることがわかる。

ここに集められた物品は非常に多様である。ワンジェ家が準備したもので挙げたもの以外に、太鼓やシンバル、ラッパ、バターランプといった儀礼に使用するものが目立つ。食品には包装されたままの菓子もあれば、茶碗にバターとオオムギなどを詰めて、バター茶を模したものもみられる。オオムギやコメなどの穀物に加えて、クルミ、ナツメ、ピーナッツ、緑豆、そして商店で販売されている八宝粥[5]用の混合穀物をそのまま持ち込んだものもみられた。

生活用品は、いくつかのグループに分けることができる。その多くを占めるのが飲食に関するものであり、水筒や鍋のほか炊飯器などの電化製品も含まれている。箸や碗、スプーンなど、食事のために日常的に使われる道具も多い。こうした「食」に関する品々と共に大きなグループを形成するのが「衣」のグループである。羊毛製の袖の長いチュバ（*phyu pa*）に加えて、ワイシャツなど、現代的な衣服も多く見られる。こうした様々なものが蓄積される現場は、雑然として無秩序にみえるが、チョルテンの内部に納められる際には決まった順序があり、入れるべきでないものは除外される。

3　納入にみる秩序と興奮

チョルテン内部では一〇時頃から作業が始まる。外壁の工事は、漢族の建設会社による作業が普段通りに行われており、淡々とコンクリートブロックやレンガを積み上げる様子が、内部の熱を帯びた雰囲気と対照を成す。まず、一八人の世俗の男性によって、納入の下準備が行われる。それまで行われた作業によって、空洞の底にはこぶし大の白い石が敷き詰めてある。男たちは、まずビニールシートをはがし、残った泥やコンクリートのくず、ごみなどを丁寧に取り除く。かれらは一貫して作業現場を清潔に保つことに気を配る。痰やつばを吐かないことはもちろん、靴の中に穀物などが入ってしまった時には、それをそのまま残しておくことはせずに空洞の外に捨てている。

最初に底を覆うように香木を入れ、棒で突き固めてならす。その上に僧侶の衣服に用いる赤い布を敷き詰め、さらに緞子地のきらびやかな布を重ねる。そして五色の細い布を「卍」の形に配置する。黄色の布をまず十字の形においてから、他の四色を突き出した部分に接続すると「卍」の形が完成する。こうした作業を上から監督しているのがティボである。彼の指示のもと、人びとが準備を整えたところに、僧侶たちがやってきて、作業が本格的に始まる。

一〇時四〇分、僧侶たちがテント内での儀礼を終え、行列を組んでチョルテンへ向かう。ジャリンを吹く若い僧侶に先導されたアク・プンツォに、僧侶たちと世俗の人びとが続く。みな手にはブムテを持っており、総勢七八人の行列である。かれらはチョルテンの周囲を一周した後、順番にチョルテンの上へ登っていく。アク・プンツォと数人の僧侶が最も大きなブムテとともに工事用エレベーターに乗り込むと、人びとが周りを取り囲み、興奮が高まる。エレベーター脇にある細い足場をつたって、我先に駆け上っていく若者も多い。続々とブムテがエレベーターで運び上げられる中、アク・プンツォが空洞を見下ろす場所に座り、搬入作業がはじまる。

空洞の周りで見ているだけの者も含めて、チョルテンの上にはほとんど女性はおらず、下で物品の整理やテントの片付けをしている。チョルテンの周りは物品を満載したトラクターが何台もやってきて、騒然としている。チョルテンや脇にあるツァカンを巡拝する者も多い。先刻ブムテの確認をしていた若い僧侶たちが、空洞の中に降りて細かい指示を出す。作業に積極的に関わっている僧侶はたかだか五人ほどであり、他の僧侶はブムテを運び終わると、作業を見ている者もいれば、家に帰ってしまった者もいる。このように一部の知識のある僧侶を除いて、僧侶たちは作業の場から離れてしまうのである。

ブムテは、最も大きな一メートル二〇センチほどのものを空洞の中心に据えて、一メートルほどのものを空洞の四隅に置く。そして小さなものはテントの中に並べられていた時と同じように、円を描くようにまとめておかれる。そしてボンテの正面がチョルテンの正面の向きと一致するようにする。ブムテ同士の隙間には、服の裏地や襟に使われる、鮮やかな色彩の布が敷かれる。

ここまでの作業は静かに進み、向きを合わせて置かれたブムテは整然とした印象を与える。しかし、すべてのブムテが置かれた後、僧侶の合図で雰囲気は一変する。人びとは様々なものを同時に、大量にふりまき、注ぎ込み、投げ入れる。そこからは、日常ではありえない量の物品を空洞に入れることそのものに対する興奮すら感じ取れるほどである。僧侶たちがブムテの上に僧院から持参した薬草の粉を振りかける。さらに全員が塩をその上からかける。そして投げ降ろされた茶碗や造花、菓子、バターランプなどを隙間なくブムテの間に詰め込む。続いて空洞の上から、穀物や茶葉の袋を破って勢いよく注ぎ入れる。これが始まると空洞は舞い上がる粉塵に覆われ、中の様子がうかがえないほどにまでになる。その中に、歓声をあげながら札束やコイン、金箔などを撒く人びとの姿が見え隠れする。

この一見混乱した状況の中でも、入れ方に関するいくつかの規則が人びとに共有されていた。例えば、「隙間を作らない」ということがある。炊飯器やポット、鍋など内部に空間があるものを入れる時には必ずその場で人びとが開けて確認し、穀物を詰めてから納められる。また「プラスチックやビニールなどの化学製品は入れない」ことも徹底される。菓子類は、小さな飴にいたるまですべて包装を取り除いてから入れる。また穀物を詰めていた袋なども中に入れないように注意している。取り除かれた包装はチョルテンの下に集められて燃やされる。

チョルテンに納めるこうした物品については、テクストに詳細に規定されているわけではない。しかし、莫大な量の物品が集められる中で、それがチョルテンに入れるのにふさわしいかどうか、また入れ方はどのようにすればいいのかという判断が求められることが多い。こうした場合、人びとはアク・プンツォに次々と「これは入れてもよいか」という質問を投げかけ、判断を仰ぐ。例えば衣服については、原則としてチベットの伝統的な上着であるチュバとその付属品が望ましいとされるが、人びとが日常的に着ているワイシャツなどの現代的な衣服が持ち込まれることも少なくない。この場合、アク・プンツォは現在では多くの人びとが着るものなのでよいとして、包装を取り除いてから入れることを許可した。逆に、伝統的な衣服であっても、古くて汚れがひどいものについては入れるべきではないので取り除くように指示をすることもあった。また人びとが特に判断に迷ったのが酒、特に白酒[6]であったが、最終的にアク・プンツォの判断で入れても問題ないということになった。普段から慣れ親しんでいるもので、せっかく持ってきたのだから許可したとのことであった。このように、人びとが持ち寄ったものは無秩序に投入されるわけではなく、ある程度チョルテンに

写真 7-2　チョルテン内部へ様々な物品を納める

ふさわしい枠組みが想定された中で作業が行われる。アク・プンツォはその規範を示す存在になっているのである。

作業は昼食の休憩をはさんで、一三時三〇分から再開される。残っていた僧侶は、人びとが用意した昼食を食べるとほとんどが帰ってしまい、現場に残ったのはアク・プンツォとトンドゥだけになった。人びとが穀物を入れて表面をならす作業を繰り返すと、空洞は深さ一メートルほどになり、はしごを使わなくても中に降りられるほどになる。ここで、アク・プンツォとトンドゥはチョルテンの象徴的な柱となるショクヒンを立てる準備を始める。ショクヒンはあらかじめ僧侶たちがテクストをもとに作成していたもので、底が一五センチ四方、長さ約一メートルの角柱状のものが布で幾重にも巻かれている。アク・プンツォらはこれに人びとが持ち寄った宝石や数珠などを結びつけて装飾する。

一五時三〇分頃にほぼすべての穀物を入れ終わり、平らになったところにアク・プンツォが降りて、人びととともにショクヒンを立てる。まず五色の布を重ねて敷いた上にアク・プンツォがオオムギを卍の形に撒き、その上にショクヒンを置いて、その側にダ・ダル（*mda' dar* カタで装飾された儀礼用の矢）をたてかける。そして周りには儀礼に用いる楽器類を置く。楽器は、何でも一度アク・プンツォが鳴らしてから置く。トンドゥによると、こうした楽器類は主に僧侶が持ってきたものであり、中にはドゥプタを修した者でしか扱えないダマル（でんでん太鼓）も含まれている。その周りにカタを巻いた酒を置き、アク・プンツォがマントラを唱えている。この時人びとは彼の背後に座り、かしこまって聞いている。

こうした手続きが終わると、また作業の場には興奮した雰囲気がたちこめ、人びとはショクヒンを囲むように茶葉で覆いさらにその周りを穀物、香木で次々に固める。折から雨が降り出し、それまで下にいた五〇人ほどの男性も集まってきて急いで残ったものを入れていく。最後に書記のソナムが持参したというきらびやかな服をショクヒンの上にかけ、コメと香木で覆ったところに防水シートをかけて、一六時過ぎにはすべての作業が終わる。その後、参加した人びとはチョルテンの周りを三周巡拝した後、帰路につく。アク・プンツォはその間一人でチョルテンの正面にあたる土台にもたれ、マントラを唱え続けている。他の僧侶がすべて帰ってしまった中で一人残っていた彼は、人びとが用意した車に乗って自室へと帰っていった。

このように、チョルテンを作る作業の場は、アク・プンツォが統括する儀礼的な場面と、人びとが興奮のうちに、蕩尽ともいえるような膨大な物品を投入する場面が交錯しながら成り立ってきたのである。

五　チョルテンの意味の重層性

このようにして建設されるチョルテンは、どのようなものとして人びとに受け入れられているのであろうか。チョルテンは宗教的シンボルとしての性質を色濃く持つが、その実際の意味はテクストに説かれる通りに一義的に定まるものではなく、重層性を持って浸透している。それが多様な人びとを巻き込む原動力の一つになっている。チョルテンが持つ意味やその位置づけについて、これまで概観した内容の多くは、テクストやアク・プンツォへの聞き取りに基づいている。中でも、その建設方法を規定したテクストがメンリ僧院の座主の手によるものであるという来歴は、このチョルテンが地域の文脈を越えた宗教知識の継承に連なることを示すものでもある。しかし、シャルコクで耳にしたチョルテンの意味は、より多様であった。しかも、必ずしもその「正しい」意味が人びとに共有されているわけではないことが浮かび上がる。

S村に建てられたチョルテンは一体どのような意味を持っているのか、という問いに対して、多くの僧侶たちから聞かれた最も基本的な意味は、「ドゥク・スムを抑える」というものである。ドゥク・スム（*dug gsum*「三毒」）は、ドゥーチャク（*'dod chags*「むさぼり・執着」、貪）・シェドン（*zhe sdang*「怒り」、瞋）・ティムク（*gti mug*「無知」、癡）という最も根本的な三つの煩悩を表すものであり、人びとがサンジェーに近づくことを妨げる障害であり、ゲワ（善行）と対置される概念としてとらえられている。

ドゥク・スムは、チョルテンの最下部の土台内部に納められる、板に書かれたニワトリ（貪）・ヘビ（瞋）・ブタ（癡）の図像によって示される。これらはそれぞれの尾にかみついた形で描かれており、この三つが独立したものではなく、無知が執着を生み、執着がいかりを生み、という具合に連関していることが示されている。僧侶たちの説明によると、ニワトリは首をあちらこちらに向けることから、転じて様々なことに欲を持つことになり、ヘビは毒を持って相手を攻撃するため、またブタは暑さも寒さもわからずものを食べ続けるためであるといわれる。同じものが、衆生が生まれ変わりを繰り返す六つの世界を描いたいわゆる六道輪廻図（*srid pa'i 'khor lo*）の中心部に描かれており、これが人びとを輪廻に縛り付ける根本原因であることが示されている。

この三毒を表す図像の上には、大小の石や銃剣などの武器を乗せ、その上に前節で述べた多様な物品が埋蔵され、さらに上層部には聖典や聖遺物が納められる。こうした構造は、ドゥク・スムをまさに「押さえつけ」、善き知識をもたらすとされる。こうした教義に基づく規範的な意義が、チョルテンの第一義としてとらえられている。

しかし、チョルテンの意味はこれが唯一のものではない。僧侶たちに、チョルテンの意味について尋ねると、ほぼゲワとドゥク・スムに関連した答えが返ってくるが、それではなぜこれを作るのか、という質問をすると、「それはアク・プンツォに聞いてくれ」といわれる。チョルテンの意味を答えることができても、それがなぜそこに作られるのか、ということを明確に説明できる僧侶はほぼいない。チョルテンの建設は、テクストに書かれている方法に基づいて行われるが、チョルテンをいかなるタイミングでどこに設置するのかという判断は、アク・プンツォにすべて委ねられているといっても過言ではない。

チョルテンが持つ「村を守る」という意味はここから生じてくる。チョルテンの位置についてアク・プンツォは以下のように語る。

「あの場所については、古いS僧院の記録、それは今の場所ではなくて以前の場所にS僧院があった頃の記録に書かれている。とにかくアンガ・アク（アンガ・テンパツルティム）よりも前の時代のことだ。それによると、その場所からよく眺めると、ある山の頭の部分が少しだけ出て見える場所があって、その山から盗み見られているようなので、村にとってはあまりよくないといわれている。そこにチョルテンを作ることで、災害などの悪いことを防ぎ、村を守ることができる。」（二〇一〇年八月一一日のインタビューより）

ここで言及される山とは、S村の南方に位置する村のギダの山であるアリン・タクカル（*a gling brag dkar*）のこと[7]である。この山は麓の村の人びとによって毎年矢を納める儀礼が行われている場所であり、それ自体が害をなすものではないとアク・プンツォは述べる。彼が強調するのは、この山自体が悪いのではなく、その場所における「見え方」が悪いのだという点である。

S村のたいていの地点からは、幹線道路と岷江をはさんで、遠くにそびえ立つアリンタクカルの山容を望むことができる。周りの比較的低い山々が草木に覆われているのに対して、標高四二〇〇メートルを越えるアリンタクカルは、S村のギダであるドゴンと同様に、岩肌を露わにした堂々たる姿をみせる。それが、写真7―3に示すように、ちょうどチョルテンの建っている場所から見た時に限って、前面の山に遮られ、山頂部分だけがのぞいている形になる。これを「覗かれている」というように解釈していたのである。チョルテンはまさにこの山頂の見える方向に正面を向けて建てられている。この解釈がいつごろどのような経緯で発生したのかは定かではないが、アク・プンツォによると以前の場所にS僧院が移る前、すなわち一九一六年以前から伝わる古いものであるという。

写真 7-3　アリンタクカルの山頂が「のぞく」

ところが、こうした意味は、アク・プンツォの語りからは知ることができるが、世俗の人びとに加え、僧侶たちにも知られていない。チョディもこのことについては詳しくはわからないといい、アク・プンツォの下で普段から学んでいる学生たちに聞いても、「よくわからないからアク・プンツォに聞いてくれ」という返答に終始する。「チョルテンが村を守っている」「チョルテンは村のためによい」という発言は、僧侶と世俗の人びと双方から一般的に聞くことができる。しかし、S村特有の地理的背景に基づいたチョルテンの意味づけはアク・プンツォだけが把握している。この点からも、アク・プンツォが単なるロポンにとどまらず、事業を動かしていく上で他の僧侶と異なる特異な位置を占めていることがわかる。

一方で、世俗の人びとにチョルテンについて尋ねた場合、「ドゥク・スムを抑える」という教義上の意味すら共有されていないことが多い。彼らは「村や家族を守ってくれるもので、この建設に関わることはゲワである」と考えることがほとんどである。ゲデン・ヨンテン・チョルテンというチョルテンの正式名称を知っている者もほとんどいない。ワンジェ家で聞いてみたところ、この名称を知っていたのはゲンドゥンとトンドゥの二人の僧侶だけであり、他の家族は全く知らなかった。またチョルテンの意味づけについても同様であり、「よいもので、みんなを守ってくれる」という発言が聞かれるのみであった。

ゴンジョと同様に、世俗の人びとはアク・プンツォや僧侶たちが主導する宗教実践において、その裏付けとなる知識を必ずしも共有しているわけではない。これは、例えば以下のような場面からもみてとることができる。筆者がワンジェ家で、チョルテンの内部に納める物品を記録している時に、このようなことがあった。

粘土を型に入れて固めて作るツァツァと呼ばれる像を皆が準備している。これは世帯ごとに作成するもので、二三〇〇個余りが段ボール箱に入れて保管してある。型は村内に所有している世帯があり、そこから借りてくる。筆者がこの像は何？　と尋ねると、ドマは、「わからない。何だったっけ……」といい、その他の家族も知らない様子である。そこでワンジェの母ランツォに聞いてみることにした。ランツォは寺の周りのコルラを毎日欠かさず、家の中でもリンジンと並んで信仰心が篤いと思われている。しかしランツォも思い出せないようであり、筆者が思いつきで様々な名を口に出していくと、思い出したように「そう、ナムバル・ジェルワだよ！」と答えた。他の家族も彼女のことばに同意したようだ（この時僧侶二人は不在だった）。筆者もノートにナムバル・ジェルワと書いたが、後で念のためトンドゥに確認したところ、ナムバル・ギェルワではなく、シェーラプ・ギェンツェンとチャンマであった。（二〇〇九年八月九日のフィールドノートより）

このように、チョルテンに関する知識の中には、世俗の人びとに共有されていないものが少なくない。建設を主導するアク・プンツォを頂点として、チョルテンの多様な意味が共有される度合いは、一般の僧侶、世俗の人びとに至って徐々に小さくなっていく。しかし、そのエッセンスは揺るがないことに注目したい。チョルテンの建設に関わることは、これまでとりあげてきた他の行事と同様に、ゲワの実践の一つであるととらえられている。S村のある男性は「チョルテンに何かを入れることはゲワであって、いいことをたくさんしてそれをチョルテンに蓄積する」と発言する。それに加えて、チョルテンは多様な物品の複合体として、村や家族を守るという力の側面が強調されている。「村を守っている」「家族にとってよい」という広く共有された意味は、最も素朴な理解であると同時に、チョルテンが体現する力の核心をとらえたものなのである。

さらに、建設の過程では、アク・プンツォの影響力と、物品を入れること自体が人びとを結びつけることが観察された。前章で見たように、アク・プンツォは二〇〇〇年代以降の活動を通じて、S村やシャルコクの人びとから声望を集めてきた。建設の場面からは、彼の影響力によって多くの人が結びつき、これだけの事業が可能になっているることが見て取れる。チョルテンに関する知識は、それに集まった人びとの間で明らかに大きな偏りがある。単なる外観だけではなく、それがなぜここに建てられるのか、を含めた完全な計画は、ほぼアク・プンツォ一人の頭の中にあると考えてよい。そして彼は、世俗の人びとが中心となる作業の場において、人びとが持ち寄った物品をチョルテンにふさわしい形に調整する媒介役となっている。

加えて、人びとはモノを入れるという行為自体を通じて、強くチョルテンに結びつけられている。人びとが持ち寄った物品は、ブムテを除いては特別に専門的知識が必要なわけではなく、あくまでも生活用品の延長線上のものであり、見慣れたものが多い。また僧院の集会堂など、隔離された場所で行われる他の多くの儀礼とは異なり、チョルテンの建設では人びとが儀礼の最前線に比較的容易に近づくことができる。こうした側面はかれらにチョルテンをより身近なものとし、自分の生活の一部をまさに投入することで強い感情移入を生み出すものである。そして、モノを入れるという行為が、アク・プンツォが自身で体現するとともに人びとに説くゲワの概念と対応している。世俗の人びとは経済発展によって、これだけの大事業を賄えるだけの経済力を手にしたが、金銭を手に入れることと、それを宗教に投じることがかれらにとって矛盾することなく共存しているのである。

そして、この建設を支えるもう一つの軸は、村としてのまとまりであった。詳細な宗教的知識を有していなくとも、チョルテンの「村を守る」という意味はほとんどの人びとが共有している。そして村の代表者たちの主導によって、建設を可能にするだけの労働力と資金が確保された。集団生産制の導入によって、かつてのショカの形は失われ、デワは行政村として再編された。それがこのチョルテンの建設においては、伝統的な地理観に基づいた設計が行われており、普段は村を離れている人びとも寄付を行った。チョルテンは、こうした村のまとまりへの帰属意識を呼び起こす装置としての意義も有している。

このようにチョルテンの建設は、それを賄えるだけの経済的背景と、アク・プンツォへの信頼、モノと人との強い結びつき、そして村のまとまりへの意識という要素が複合して、ダイナミックに動き出したのである。そして完成したチョルテンは、テクストに説かれる意義にとどまらず、土地神と連関した背景や、人びとが生活の一部を切り取って納めた数々の物品を含めて、S村独自のモニュメントとして成立したのである。

注

（1）中央チベットの南部のガタン（*dga'thang* 西藏自治区山南地区措美県）のチョルテンから、一一世紀以前のものと推定される大量のテクストが発見された事例がある［Karmay 2009］。この中には、カやカテンに含まれないテクストも多く含まれている。

（2）チョルテンはトゥクテン（*thugs rten*）とも呼ばれ、クテン *sku rten*（サンジェーの像）、スンテン *gsung rten*（サンジェーのことばに基づくテクスト）とともに、サンジェーの身口意を象徴し、コンチュク・スム（三宝）の一つとしての「ボン」を構成する。

（3）他には、現世には存在しないもの、観想の中で作り上げるものが含まれる。

（4）Karmay and Nagano eds.［2001］の ID No.116-3。

（5）中国全土で一般的にみられる粥で、コメ、緑豆、ナツメ、白キクラゲなどを煮込み、甘く味付ける。スーパーなどで、調理済みの缶詰や、専用に調合した穀物が市販されている。

（6）ムギやコウリャンなどから作られる蒸留酒で、中国全土で飲まれる。様々な種類があるがアルコール度数は五〇度前後と強い。シャルコクの人びとの間でも、特別な祭日などを除いて醸造酒チャンよりもよく飲まれている。

（7）Karmay［1998］は一九八〇年代中盤におけるこの儀礼の復興について論じている。

終章

本書は、チベット高原東部、四川省に属するシャルコク地方のボン教徒を事例にして、断絶を経て復興、存続する宗教と地域社会の動態を論じてきた。序論で提示したように、それは大きく分けて二つの視座に依拠していた。一つは、復興を経た宗教実践が存続する場をとらえようとするものであった。本書では宗教実践の場としての僧院に主に着目し、僧院の再建と僧侶の活動を支える社会的・経済的背景を考察した。もう一つは、宗教が人びとを巻き込んでいく過程を描き出そうとするものであった。そこではいかなる要素が人びとに訴えかけ、いかなる共同性を生み出しているのかをさぐった。終章では、二つの視座を統合しながら議論をまとめ、結論を導く。

一　社会主義体制下での宗教の存続

ここでは第一の視座を踏まえ、社会主義体制という状況と、急速な社会変容の中で、いかに宗教実践の場が形成され、維持されてきたのかを考察する。

僧侶を生み出し僧院を支えてきた村を中心とする地域社会は、二〇世紀以降の政治状況による大きな再編を経験した。シャルコクは、古来より漢族社会との境界に位置し、中原の文明とチベット高原の文明が接する最前線であった。清代以降北京の政権の間接統治下に入ったものの、一九五〇年代まではゴワの統治のもとで政治経済的な独立性を維持していた。人びとの暮らしの場を地理的に分節していたのは、個々のゴワが管轄していたショカと、その下位のカテゴリーであるデワ（デカ）であった。しかし人びとは土地に縛り付けられていたわけではなく、交易を通じて漢族社会とチベット社会を往復し、生活を維持してきた。すなわち、一九四〇年代までのシャルコクの地域社会は、生業に伴う人の移動という面からある程度の流動性を持っていたことが想定できる。

それが一九五〇年代以降、共産党政権の統治下に入ると、集団生産制の導入によって、ショカとデワは、人民公社とその中の生産隊として再編された。集団生産制に組み込まれることで、社会の流動性は大きく失われた。この時期は、社会主義による均質的な近代化が最も進行した時期だといえるが、それは多くの混乱と貧困をもたらし、一九七〇年代後半に至って破綻を迎えた。集団生産制は解体され、新たに分配された土地において農耕や牧畜がはじまった。人びとにとっての改革開放は、生業の自由化と多様化を意味していた。それは新たな生活の始まりであり、分配された土地に根ざした生産にとどまらず、自らの裁量で現金収入を得るという方向へ多くの人びとを動かしていくこととなった。

これによって、地域社会の流動性は異なる形で復活を遂げる。かつての交易の仲介者としての役割は、交通インフラの整備によってシャルコクの人びとの独占物ではなくなった。一方で、改革開放後の社会主義市場経済の浸透と開発政策の展開によって、地域を越えた経済を形成する多様な人・モノ・資本の流れが生み出され、それに組み込まれることで現金収入を得るという構図が確立された。それは、村外への出稼ぎやインフラ整備に関わる賃労働から、近年では土地に根ざし自然環境に依存する農牧業にまで浸透している。S村への農産物加工企業の進出にみられるように、村の自給的な農業にも近年市場経済との接続が認められる。峡谷の周囲で行われていた牧畜は、観光地化に伴う空港建設によって大幅に縮小した。さらに漢方薬の原料となる植物の採集は、近年の都市部での価格高騰によって大きな現金収入源となった。

このように、あらゆる面で市場経済が浸透し、社会の流動化が進むただ中に浮かぶ「村」の姿はどのようにとらえることができるだろうか。それは、集住を基盤とする共同体というよりもむしろ、多様な生業に従事し頻繁に移動する人びとが帰属意識を共有しながらゆるやかにつながっているような共同性のあり方である。現在のS村は、行政区分上ではかつてのデワの範囲とほぼ一致している。漢族や回族との接触が常にみられるとはいえ、村を構成する人びとはほぼチベット族に限られる。しかし生業の多様化によって、人びとは地理的領域としての村からは拡散し、夏季にはほぼ無人にみえるほどの状態にもなる。こうした「空洞化」が、長期的な村の存続にどのような影響を与えるかは不透明ではあるが、二〇〇〇年代後半時点では、宗教を担う僧院と僧侶たちの存在が、人びとを結びつけ、帰属意識のより所として機能していた。

これを端的に示すのが観光地化をめぐる経緯であった。世界的な観光地である九寨溝・黄龍に隣接するシャルコクでは、観光地化は人びとの生活のあらゆる面に影響を及ぼす。それは、現金収入の機会を生み出すとともに、観光客や企業をはじめとする多くの「外部」との接触を生み出した。これは「僧院の静寂が失われる」という問題を発生させ、観光地として比較的立地条件がよかったにも関わらずS僧院は門戸を閉ざすに至った。「僧院は静かな場所であるべきだ」という規範と、観光が生み出す経済効果や賑わいが相克した結果、前者が優先され、受け入れられたのである。この事件を通じて、僧院を核とする、人びとのつながりの「内部」の輪郭が浮き彫りになったのである。

それでは、この「内部」をなす宗教実践の場はいかに保持されてきたのだろうか。本書が明らかにしてきたのは、それが一見狭い地域に閉じたように見えながら、実際はボン教徒が歴史的に形成してきた多層的な僧院と僧侶のネットワークに支えられているという点であった。S僧院の再建に関わった人びとは、このネットワークをたどってあらゆる資源を動員し、一度は失われた宗教的知識の継承ラインを再びつなごうとしてきたのである。

本書が扱ってきた「ボン教」は、一一世紀以降体系化された「ユンドゥン・ボン」の教義を軸にしている。ユンドゥン・ボンは教義・実践の両側面においてチベット仏教と相互に影響し合いながらチベットの宗教の枠組みを形成してきた。そのため、チベット仏教との差異を明確に抽出できない部分も多い。しかしボン教徒たちは、自らの歴史・ルーツをその独自性の根拠として、チベット仏教とは異なる帰属意識と僧院ネットワークを形成してきたのである。かれらはユンドゥン・ボンと古代王朝時代に実践されていた宗教との連続性を主張し、チベット高原への仏教伝来以前からの流れを汲む「伝統宗教」「本土宗教」としての地位を確立した。しかしボン教の宗教的知識の継承は、単一の「伝統」に還元できるわけではなく、各地域における特定の親族集団を基盤とする多様な形態をとってきた。

S僧院は、ユンドゥン・ボンの祖師シェンラプ・ミボとは異なる伝説的な聖者シャンパクにルーツを持ち、領主であるゴワの一族が最大のパトロンとなって僧院の継承を支えてきた。しかし一九五〇年代以降、世俗の政治権力はパトロンから法制度に基づく宗教の管理者へと変容した。ゴワの家系の断絶によって、僧院の「正統な」継承の決定権の所在があいまいになり、改革開放後の僧院の再建ではいかに継承ラインを再構築するかが大きな問題となった。そこで大きな役割を果たしたのは、S僧院とネットワークを形成してきた他地域の僧院とその高僧たちであった。

このネットワークは、大きく分けて二つのレベルで形成された。一つは、政治的要因に基づく中国からインドなどへのボン教徒の移動、もう一つはより狭い地域間移動の歴史的蓄積である。前者は、国境を越えた僧院ネットワークを生み出すとともに、移動先の亡命社会においてより緊密に組織された教団としての枠組みを生み出した。その中心となったのは、メンリやユンドゥンリンといった中央チベットの有力な僧院であった。後者はシャンパクを共通のルーツとして形成されたアムド南部の僧院ネットワークであり、一九八〇年代の復興期に再生したものである。こうしたネットワークに連なる有力な宗教指導者である高僧たちが、S僧院の再建や重要な儀礼に関与してきた。それはシャルコク内部の僧院のつながりよりもしばしば強い影響力を持っていたのである。

こうしたネットワークは、人びとの共時的な結びつきに支えられているだけではなく、教えを伝承する師と弟子の関係にも基盤を置いている点に大きな特徴がある。師への帰依や口頭での伝授は修行の中核となるがゆえに、共通の師を持つ僧侶同士のつながりは非常に強力なものとなる。一九五〇年代のS僧院で活躍したテンジン・ロドゥ・ジャムツォの弟子たちは、奇しくも移動先のインドでメンリ僧院座主の地位についたルントク・テンペーニマを筆頭に、連携してS僧院の再建を支援した。また、アムド南部のボン教徒に大きな影響力を持つティメー・オーゼーは、指導者として多くの僧院の再建を支援するとともに、アク・プンツォをはじめ弟子たちを鼓舞して知識の継承にあたらせた。改革開放後に僧侶になった新世代の指導者への世代交代が進む現在、再構築された師と弟子の関係は僧侶教育の場で次代に継承され、新たなネットワークを生み出していく。

S僧院の歴史は、その継承に関わってきた高僧の名がドゥチェンやゴンジョなどの行事で繰り返し唱えられることで確認される。一九五〇年代に一端断絶した宗教的知識の継承は、こうした営みを通じて、その正統性が強化されていく。ここで継承される知識は、テクストの内容のみに還元できるものではなく、師と弟子の関係の中で様々なバリエーションを見せる。ルーツや師弟関係に基づく多層的な僧院と僧侶のネットワークが、再建後のS僧院の活動を支える軸となってきたのである。

一方で、個々の僧侶に目を移すと、知識の継承や「僧侶であること」の連続性は個人にとっても重要な問題であることが明らかになった。一九五〇年代から一九七〇年代末に公的領域から消滅したのは、僧院と僧侶からなる組織としての「宗教」であった。僧侶たちが執り行う儀礼は大きく制限を受け、人目に触れる野外での埋葬など、僧侶の介在が不可欠だとされてきた多くの場が失われた。一九五〇年代以前に生まれた僧侶たちにとっては、混乱期の約二〇年間は単に公的な場での活動が禁じられたという以上の意味を持っていた。特に還俗と結婚は、「僧侶であること」の最も基本的な条件である戒律に反し、現在でも非常な恥とされる行為である。混乱期を生きぬくために、結婚して労働に従事することを選択した僧侶たちは、「僧侶であること」の連続性を失い、その後「いい僧侶ではなかった」という葛藤にさいなまれることになったのである。

ただし、かれらが受け継いできた知識や価値観が完全に消滅したわけではなかった。知識の基盤となるテクストには隠されることによって損害を免れたものも少なくないうえ、僧侶だった者たちの間でも宗教的知識は保持されていた。また世俗の人びとの間にも、高僧への尊敬や儀礼へのニーズが表に出ない形で共有されてきた。改革開放以降、「宗教」の存在が公的に認められたことでS僧院は再建され、僧侶たちの活動も再開されたが、それは完全な消滅状態から突如としてはじまったのではなく、こうした基盤に支えられていたのである。

僧院の再建は建物だけにとどまらず、そこで行われる儀礼や教育など様々な要素が必要とされる。そこで中心的な役割を果たしたのは、葛藤を抱えながらもふたたび僧侶に戻った人びとであった。かれらを突き動かした大きな要因は、宗教的知識を次代に継承するという使命感であった。僧侶教育の充実が図られたのは、新たな僧侶を生み出すサイクルを軌道に乗せ、僧院を支える人材を育てるという緊急のニーズがあったためであった。ティメー・オーゼーのような著名な高僧のみならず、チョディのように、「僧侶であること」が断絶したことで大きな精神的痛手を負った者たちも、僧院の将来に対して大きな危機感を持っていた。

こうした混乱期を生きぬいた世代の意志は、次の世代に引き継がれた。現在S僧院の中心となっているのは、改革開放後に初めて僧侶になった一九六〇年代後半から一九七〇年代前半生まれの世代であるが、かれらは復興初期のG僧院でシャルコク全域の高僧たちから教育を受けていた。そしてこの世代でも、トンドゥがアク・プンツォの主導するゴンジョに強い使命感を持って働きかけたように、僧院の将来を考えて行動する僧侶たちが確実に存在していた。こうした意志は、文明学院での教育を通じてさらに次の世代へと受け継がれていくのである。

こうして形成された宗教実践の場は、近年の経済発展とも無関係ではない。改革開放を経た生業の変容によって、世俗の人びとが現金収入を得る機会は飛躍的に増大した。そして増加した富は僧侶と僧院にも流入する。僧院の観光地化は、短期間に終わったとはいえ、その後の活動を支える多額の現金をもたらした。また僧侶が儀礼を行うことが多額の収入と結びつくことも、かつてはほとんど考えられないことであった。かれらが地域を越えて活動する「出稼ぎ」の増加は、このことを如実に物語っている。家が貧しかったチョディが、ゲシェー取得のために僧院に支払う銀を用意できなかったことを思い出そう。僧侶の生活様式もまた、地域経済の動向と無縁ではいられないのである。

このように、シャルコクのボン教は二〇世紀以降の大きな時代のうねりの中で、マクロな政治経済状況の影響を常に受けて変容してきた。その中で、知識を継承し実践の場を維持しようとする姿勢をボン教徒は一貫して持っていた。この過程は、中央政府のイデオロギーとローカルな価値観の相克という単純な二項対立では充分に捉えることができない。シャルコクは、漢族社会とチベット社会の境界にあって、両文明が接触する最前線であった。ラサやチベット仏教（特にゲルク派）を中心とするチベット社会から見ても地理的・宗教的に周縁であったシャルコクの人びとは、かつては交易商として、いまは出稼ぎ者として両社会を往還しながら、生まれ育った小さな谷の空間を守ろうとしてきたのである。そして、自然環境や僧院との関わりを通じてかれらを相互につないできたのが、ボン教であった。

二　社会変容の中で宗教がつなぐ共同性

本書で論じてきた「宗教」は、様々なレベルでとらえることができる。第一に、法制度の枠組みで定義された「宗教」である。「宗教復興」の引き金となったのは、僧院とその成員である僧侶からなる組織としての、いくつかの「宗教」の存在が合法化されたことであった。改革開放後の中国の宗教政策では、「宗教は当面は存続する」という認識のもとで、個々の宗教は国家が想定する秩序に従って管理されるという方向付けがなされた。ここでの「宗教」は、「非・宗教」である「世俗」と対置されており、「世俗」を代表する国家からの管理を受けるという図式が成り立っている。それは社会主義を経た近代化の帰結でもあった。

これに対して、フィールドでの実践にみられる「宗教」は、生活の様々な面に浸透しており、クリアカットに取り出すことが困難である。本書では僧院に属さず、僧侶（アク、タパ）ではないジクテンパ、キャボと呼ばれる人びとを便宜的に「世俗の人びと」「俗人」と記述してきたが、かれらは決して「非・宗教」の存在ではなく、日々僧院を巡拝しマントラを唱えるボン教徒である。ボンとジクテン、あるいはアクとジクテンパは、人びとの中で二元的に対置されることはあるが、それは政策における「宗教」とその外部との分け方とは異なる論理に基づいている。個々の実践を「宗教」と名指しするかどうかに関わらず、かれらは「あたりまえ」にボン教徒として暮らしている。そうした中で、教義に関する専門的知識を持って先達となるのが僧侶であった。

僧院に入った僧侶たちは、テクストの学習と修行を通じて複雑な知識と技法の体系を身につけていく。しかし、これによって生み出されるのは均質な専門家の集団ではない。「宗教復興」の様々な場面で活躍したエリートの僧侶たちが僧院の華々しい表の顔だとするならば、その裏で多様な形をとって生きる僧侶たちの姿もまた、人びととボンとの結びつきを理解する上で不可欠な要素になっている。一九八〇年代以降再び登場してきた僧侶たちは、公的な「宗教」を実践する場である僧院だけにとどまることなく、ボンとの結びつきを保持していた。普段は俗人として活動する僧侶は、エリート僧侶からは否定的に見られることがある一方で、僧院の実務的な部分では大きな役割を果たしており、必ずしも周縁的な位置にいるわけではない、両義性を持った存在である。このような多様な成員を包摂する場として、僧院は機能している。

ではかれらは、いかにして僧侶としての人生を継続し、僧院との結びつきを確保しているのであろうか。「僧侶であること」の中核をなす戒律との向き合い方は多様である。僧侶という道を選んだ以上、還俗への心理的抵抗が大きいとはいえ、主に結婚によって戒律を守れなくなり「僧侶であること」をやめる者もいる。逆に戒律や修行に対して真剣に向き合おうとするために、僧院から離れて単独で暮らす者もいる。さらには、日常生活の中での姿がいかに俗人らしく見えても、「僧侶であること」を続けている者もいる。いわゆる「兼業の僧侶」は、最小限の戒律を守ることに加えて、僧院の活動の一端につながり、その中で役割を果たすことによって「僧侶であること」を続けていると考えられる。

こうした僧侶を僧院につなぎとめるのが、年中儀礼である。すべての僧侶が僧院に集まるのは年間のべ一ヵ月にも満たないが、その際には僧院は共同体としての姿をみせる。マティ・ドゥチェンの事例において、僧院に所属するすべての僧侶が的確に自らの役割を分担し、それに関わる知識を継承する意志を持っていなければ、複雑な過程からなる儀礼を遂行することはできないことをみてきた。チャムの演者にせよ、雑用係にせよ、儀礼の一翼を代わりの効かない形で担っているという感覚は、かれらの僧院への帰属意識を支える重要な要素になっている。どれだけ僧院から離れていようと、僧院の一員としての役割を果たそうとするかどうかという点に、多様な僧侶たちの結節点を見いだしうるのである。

世俗の人びとにとって僧侶とは、人びととボンをつなぐ媒介役を果たす職能者である。その関わりは、日常の暮らし、すなわち現世の問題に関わる部分と、死と来世に関わる部分からなり、各種の儀礼や実践がそれに対応する。人びとは僧院のパトロンとなり、生産に関わらない僧侶の生活を支える。この関係を生み出しているのが、両者の知識の隔たりであった。僧侶によって知識のレベルは異なるが、それでも世俗の人びととの間には大きな差がある。特に、チベット語は口語と文語の区別が大きいという特徴、および現地でチベット語文語教育を受けているのはほとんどが僧侶たちであることから、多くの人びとは教義に関わるテクストの文字情報を理解できない。僧侶たちは、宗教的知識へのアクセス権によって社会的地位を保持し、それが僧院と世俗社会との相補的関係の基盤になっていた。

他方、人びとがなぜ宗教に惹きつけられるのかという問いに立ち返ると、その答えを秘儀的な知識だけに還元することはできない。人びとが生活の中で、様々な行為を通じて形成し維持しているボンとの結びつきは、単純ではあるがかれらの感覚に強く訴えかけ、受け入れられるような形で存在していた。日常的に僧院を巡拝し、マントラを唱えるといった実践の動機は、ゲワ（善行）によって説明されることが多い。ゲワはより一般的な利他的行為とも結びつき、人びとの倫理観の基盤にもなっている。ゲワを為すことは、究極的にはサンジェーの境地に近づくことであり、よりよい来世に生まれ変わり、現世を幸福・平安に過ごすことにもつながる。それはボン教に限らず、チベットの宗教一般、さらにはアジアの仏教圏とも共通点を持つ理念と行為の回路である。しかし、かれらはこの理念に則って均質に行為しているわけではない。それでも、多様な人びとの間に共同性が形成されているようにみえるのは、心と身体に直接的に訴える要素が決定的な役割を果たしているためであることを本書は指摘してきた。

第一に、それは人びととアク・プンツォとの関係にみることができた。宗教復興後のシャルコクにおいて僧院の中心的存在として台頭してきたのがアク・プンツォであった。彼はS僧院のティジン（座主）の継承ラインに連なる人物ではないが、人びとから僧院を代表する指導者として認められつつある。それが最もよく現れているのがゴンジョの場面であった。ゴンジョは、参加者が弟子として師にすべてを投げ出し帰依することが不可欠であることがテクストにも説かれ、ラマと弟子との結びつきが埋め込まれた実践である。しかしその一方で、複雑な教えが理解できなくとも、アク・プンツォをたたえる（人によっては）「意味不明な」フレーズを唱えることで平安がもたらされるという理解を通じて、ラマとのつながりが成立していた。ゴンジョは、その釈義のレベルにおいては「死後・来世に向けた準備」としての位置づけがなされているが、実際にはアク・プンツォとの個人的な結びつきが強化される側面が強い。そしてそれはしばしば現世を生きる上での規範と接続され、彼の話を聞くことで生き方が変化したと語る者も多かったのである。

これほどの影響力をアク・プンツォが持ち得た要因の多くは、彼が学識や儀礼の能力といった高僧に求められる資質のみならず、人びとがより身近な感覚を通じて共感できるチャンネルを通じて受け入れられてきたことにある。ダク・メー（無我）という理念が示す「常にすべての存在に施し続ける」価値観を体現することは、時に日常的な規範を逸脱することもあるが、それによって彼のカリスマ的ともいえる性格は逆に強化される側面を持つ。それによって、彼はルーティンとしての儀礼の遂行にとどまらず、積極的な教化の意思を伴って様々な実践を行い、人びとの共感を生み出す存在となったのである。ミルズはこうした高僧の特質を秘儀的な知識に還元して論じた［Mills 2003］が、それが地域社会で承認されるためには、より一般的に人びとの感覚と響き合う要素が必要とされた。S僧院の歴史を振り返れば、こうした指導者はしばしば僧院の重要な時期に登場してきた。二〇世紀以降のモダニティとの接触の中で、かれらは社会の再編に対応しながら、教義の示す価値観やS僧院独自の歴史や地域性を人びとに示してきた。そしてその力は単独で発揮されるわけではなく、ラマと弟子の関係の中で受け継がれてきた「伝統」の中に位置づけられることで補強される側面を持っていたのである。

第二に、それは数々の儀礼の場において観察することができた。マティ・ドゥチェンでは、儀礼の多くが堂内で行われる秘儀的なものとして隠されるのに対して、外の広場では人びとに対して儀礼の成果がわかりやすく示される。チャムの場は「災い」の存在とその祓いと無化、祓いを担う特別な力を持った神の存在などを象徴的に現出させるものになっていることが既に指摘されている〔山田 二〇一一：一三〕が、S僧院のチャムではそれが様々な形で人びとを刺激し、感情に訴えかけていく様子がみられた。チャムは娯楽的要素を含みながら、観衆を惹きつける。そして、演目の後半に登場する強力なラたちは、悪行を象徴するニャウォの切断やドゥーの破壊といった劇的な場面を演出する。最後に、堂内での儀礼の成果である丸薬が配られることで幕を閉じる。さらに、寄付額に応じて与えられるジェンツェンは各戸のチュカンに掲げられ、人びとと僧院との関係を常に想起させる。この一連の流れは、祓いのイメージを効果的に視覚化すると同時に、その後の生活にもその効果が続いていくことを具体的なものに託して示すものである。

ゴンジョに参加する人びとは、アク・プンツォに帰依し、身心への制限と刺激を通じて実践に没入していく。約三ヶ月の実践をへて、数千回単位で繰り返される五体投地やマントラの詠唱が、頭頂部に草がささるという劇的な形に結実する。この現象の生理学的な裏付けは別にしても、自らの身体が具体的に変容することを突きつけられるという経験は、何よりも説得力を持って人びとに訴えかける。これは、大人数でマントラを詠唱する時の一体感や、草をさす時の緊張感を他の参加者たちと共有することで補強されている。ゴンジョに通底する礼拝や詠唱の「反復」というモチーフは、日常的に僧院の周囲を巡拝すること、マティコルを手で回すことから、ラサへの五体投地巡礼にいたるまで様々な場面において展開されていく。これは、人びとがボン教徒として生きる上での基盤形成に、行動面から深く関わっているのである。

チョルテンの建設では、人びとが自らの生活の一部を切り取って納めることが作業のクライマックスになっていることをみた。その場では、質・量ともに通常では考えられないような物品を投入すること自体が生み出す、蕩尽の興奮とでもいうべき事態が観察された。人びとは、テクストに説かれるチョルテンをそのまま建設するのではない。かれらが用意する「よいもの」とは、宗教的な意味づけが付与されたものにとどまらず、日常生活で現金に換算できる価値を持ったものも含んでいる。これによって、チョルテンはまさに現在の村の生活そのものを含んだモニュメントとして成立することになる。さらにアク・プンツォが儀礼を行うことが「村や家族を守る」シンボルとしての効力を保障していた。

人びとが宗教に対してリアリティを感じ、それに関わり続けようとすることは、個人のレベルだけではなく、個々の実践の場に共同性を生み出す力として作用していることが注目される。例えばマティ・ドゥチェンにおいては、かつてのショカの枠組みが寄付金を集める範囲をなしており、僧院は僧侶の共同体として儀礼を遂行する。またゴンジョでは、シャルコク全域から参加者が集まり、ボン教徒として苦楽をともにする集団となる。そして、「村を守る」ためのチョルテンの建設は、かつてのデワの枠組みを照射することとなった。

宗教と共同性の連関は、古典的に論じられてきた。しかしここで重要なのは、宗教を通じて形成されるまとまりが、日々の暮らしの場と必ずしも重ならない点である。改革開放を経て生業が多様化し、出稼ぎが常態化した状況下で、S村を離れて生活する人びとは増加している。かつてのデワとの比較は困難であるが、土地改革や集団生産制の導入と解体を経て再編された「村」の共同体としての姿は希薄化している。それは多くの僧侶が外地で暮らす僧院にしても同様であり、「地域の中心としての僧院」が現出するのは限られた場面だけになっている。

それでも、本書がとりあげた事例は、普段村に居住していない人びとや僧院に顔を出さない僧侶が多く関わることで成立していた。そしてそこで形成されるまとまりが、人びとが「伝統」を継承し実践する場になっていた。急速な社会変容の中で、人びとの生活基盤は拡散している。集団生産制の解体によって、その反動のように人びとは様々な地域、様々な生業へと広がっていった。現実の村は空洞化したかもしれないが、チョルテンはその枠組みを想起させる効果をもっていた。宗教実践を通じて、人びとのまとまりの形が照射されたのである。外地で経済的な利益をあげた人びとが、多額の寄付を通じて僧院とのつながりを維持する理由も、この感覚に求めることができる。さらに、行事が終わりそのまとまりが解けた後でも、人びとはそれぞれの生活の中で宗教への結びつきを保ち続けていた。

こうした動態は、「世俗化」に対する「宗教」の復権という二項対立的な図式だけでは説明することができない。これまで見てきたように、文革期を含め、人びとが俗人として生きることは「非・宗教」的に生きることではなかった。サミュエルは、チベットの伝統的政治形態は宗教と不可分であったが、それは僧侶や聖典からなる制度化された構造と、彼が「シャーマン的」と呼ぶ、神がみとの直接の交流や意識の操作に関わるより「非合理」な部分が共存していたことを論じる［Samuel 1990: 127-131］。そしてチベットでは後者が比較的静態的な前者に対して革新をもたらす要素として作用してきたと指摘し、埋蔵宝典や夢の中でのビジョンなど後者に属する要素を多く「伝統」の源としてきたボン教やチベット仏教ニンマ派を最も「チベット化された」宗教である、と位置づける［Samuel 1990: 129］。

二〇世紀前半のS僧院では、超自然的な力を持つとされるラマが大きな影響力を持った後に、学問を修めたラマによって、制度化された僧院の形が整備された。そして再建されたS僧院では、僧院を支える制度が再構築される一方で、カリスマ的なラマの登場によって宗教の活性化がもたらされた。制度と「非合理」という二つの要素を両輪とする、チベット社会を動かす原動力となるメカニズムが、二〇世紀以降のS僧院にも通底していることが読み取れる。体系化された教義に、土地神や固有の歴史に根ざした地域性がミックスされたシャルコクのボン教は、その中で継承されてきた。それは、社会主義体制がもたらした「世俗化」「近代化」の中でもリアリティを持ち続けてきたのである。

社会主義的近代化、改革開放、グローバル化という流れの中で、シャルコクの地域社会は生業を中心に大きく変容し、村落や僧院の共同体としての性質は希薄化している。先行研究で提起された、グローバル化時代における小規模な集団の結びつきと帰属感覚への希求は、本書の事例においては、半ばヴァーチャルな共同性が一時的にでも生み出されることによって成立していた、といえる。そしてそれを可能にしているのが、宗教が様々な形で人びとの心と身体に働きかける仕組みであった。それは、時代をこえて、現世をどう生きぬき、どのような来世を迎えるかという、人間の生と死の基盤をなす問題と直結している。それゆえに、宗教は熱狂的な「復興」の時期を過ぎても、人びとを継続への意志を持つよう駆り立て続けるのである。

おわりに

本書は、改革開放後中国・四川省のチベット社会における宗教の動態を対象に、これまでほとんど調査研究が進んでいなかったボン教僧院とボン教徒の現状に関する一次資料に基づいて、その復興と存続のメカニズムを明らかにしてきた。本書の視座は、地域社会がグローバルな人・モノ・資本のネットワークに接続される「開かれた」側面への着目と、宗教実践の場の「閉じた」側面への着目からなり、二つの側面が密接に関係しながら、人びとが宗教とともに生きる原動力を生み出していることを明らかにしてきた。

二〇世紀中盤以降、大規模な越境を経験したチベットの宗教は、国境を跨いだ僧院と僧侶、信徒のネットワークを形成した。それは、チベット高原各地において歴史的に形成されたネットワークとも接続して、数々の結節点を生み出していった。その中で、宗教的マイノリティであったボン教徒は、ヒマラヤ山脈をはさんで、チベット文化・社会における「伝統宗教」としての地位を確立するため模索を続けてきた。教義と僧院長の継承ラインの断絶を経験したS僧院は、一九八〇年代以降そのネットワークを通じて多様な系譜に接続し、自らの位置づけを回復していった。それは、ローカルな社会がグローバルなうねりの中で変容し再定位されるという、現代に広くみられる現象でもある。しかしその基盤となったのは、ラサやカイラスへの五体投地巡礼のように、高原の過酷な環境の上を自らの足で縦横に移動してきた人びとの足跡であった。

ボン教はチベットの基層文化として近年注目を集めてきたが、その歴史をひもとけば、遠く西方の中央アジアから流入してきたことが示唆される。また、北アジアにも通じるシャーマニズムとの関わりや、中国思想との関わりも指摘されている。そしてインドの仏教思想とも複雑な相互関係を経て発展してきた。ボン教を含むチベットの宗教は、多様な人びとが足跡を刻み文明の交差点となってきたヒマラヤ・チベット高原を舞台に、その自然環境にも根ざしながら、展開し継承されてきたのである。

本書はその諸相にせまるにはごく小さな一歩に過ぎない。しかし少なくとも、かれらが継承してきた思想や技法は、身体や心を通じて、ヒトが生きることの根幹とつながっているがゆえに、急速な社会変容の下でも存続してきたことを示してきた。それは、流動化を続ける地域社会にあって人びとのまとまりの核でもある。集団的な宗教実践は、それに参与する人びとの身心を動かし、共同性を構築していく。実際の僧院や村落が空洞化していく中でも、身心に根ざした共同性はリアリティを保ち続けているのである。

シャルコクを訪れるたび、僧院や村がその姿を絶えず変容させていく様子に驚かされてきた。その勢いは、中国の経済成長が一段落したとされる二〇一〇年代に入っても衰えていないようにみえる。中国がグローバルな市場経済に接続することによってもたらされた変容は、宗教実践を大規模化させる基盤を提供するとともに、人びとにローカルな共同性を再認識させる契機ともなった。社会主義によってもたらされた近代化と、それに続くグローバル化のうねりの中で、人びとは常に平坦ではない道を歩き、生きぬいてきた。彼らは外部の均質な価値観にさらされながらも、地域に根ざした生と共同性の拠り所としての宗教を存続させるという意志に貫かれていたのである。それは、漢族社会とチベット社会の境界を往還してきたシャルコクの人びとが歴史的に形成してきた姿勢であったかもしれない。

今後の課題と展望について述べておきたい。本書で扱った事例は、二〇〇〇年代後半における宗教動態の一側面をとらえたものであり、それが今後も同じメカニズムによって存続しうるのかどうかは不透明である。ティジン（座主）の座が空位のままのS僧院において、今後アク・プンツォは、より高位の存在として僧院の管理制度の中に組み込まれていくのかどうか。国家制度の下で運営される僧院組織のあり方と、人びとの身心に根ざした宗教実践が、どのような関係を取り結んでいくのか。本書の事例を、身体と心、両者の関係を扱う諸理論に位置づけて精緻化しつつ、宗教が生み出す共同性のリアリティは今後も続くであろう社会変容の中でどこまで有効なのかを、注視していく必要がある。

この視点を補強するための不可欠な要素として、僧院と村との結びつきを人口動態や地域経済といった観点から分析することが挙げられる。これは本書では、調査上の制約から十分に行うことができなかった、村落社会の十分な調査を経て可能になると予測される。さらに、こうした宗教復興から存続へと展開するミクロな事象を、中国の宗教政策・民族政策といった制度上におけるボン教の位置づけなど、マクロな背景と組み合わせて分析することで、本書の記述は中国の政治・経済・社会変容のダイナミズムの中により的確に位置づけられると考えられる。

最後に、本書が扱ってきたS村とS僧院の事例は、シャルコクの他の村落や僧院との関係、さらに人びとが二〇世紀中盤以降移動し拡散していった諸地域、そしてボン教とチベットの他宗派との関係に関する知見を組み合わせることによって、より立体的に立ち上がってくることが予測される。近年では、特に都市部の漢族社会にボン教僧侶が進出し、ボン教僧院の活動を漢族信徒が経済的に支えるという現象が拡大している。こうした動きを踏まえつつ調査研究を続けることで、ボン教徒が生きる場と、宗教実践の意義について、より多角的に明らかにできると考えられる。これらを今後の課題として、探究を続けていきたい。

あとがき

本書は、筆者が二〇一二年一月に京都大学大学院人間・環境学研究科へ提出した博士論文「改革開放後中国のチベット社会における宗教の復興と存続に関する文化人類学的研究――四川省のボン教僧院を事例に」に加筆したものである。

本書は多くの方々のお力によってなりたっている。それは筆者がこれまで時に右往左往しながら歩んできた道とも重なっている。京都大学総合人間学部から一貫してお世話になった指導教員の山田孝子先生（現・京都大学名誉教授）には、一生かかってもお返しできないほどの学恩を受けた。フィールドワークのイロハから、「ノミの心臓」の弟子をここまで導いてくださったことにはいくら感謝しても足りない。話題が出尽くすまで徹底的に討論を尽くす山田ゼミは、データから論文が立ち上がる緊張と興奮に満ちた道場であった。そして修士課程以来、京都大学大学院人間・環境学研究科文化人類学分野の先生方、菅原和孝先生、田中雅一先生、そして故福井勝義先生からは常に貴重なコメントと叱咤激励を受け、歩み続けることができた。本書のもとになった原稿を根気強く見守ってくださった先生方と先輩・同期・後輩の皆さまに御礼申し上げます。

ボン教という巨大な知の宝庫に分け入っていく道しるべを、多くの先生から受けた。ボン教とシャルコクへの道を啓いてくださったサムテン・カルメイ先生（フランスＣＮＲＳ）は、無知な私をいつもあたたかく導いてくれた。三宅伸一郎先生（大谷大学）は、ボン教とチベット語の卓越した知識と、いまのチベットを生きる人びとへの透徹した視点を持って、常に先達となってくださり、資料の分析にも多大なご協力をいただいた。またツルティム・ケサン先生（大谷大学）の講義では、チベット語文献を通して様々な宗教用語の含意を知り、チベットの僧院で受け継がれた重厚な知識を直接伝授される幸運を得た。

京都大学地域研究統合情報センターでは、林行夫先生をはじめ、スタッフの皆さまに研究会発表などの場で貴重なコメントをいただいた。同センターの共同研究プロジェクト「移動と共生が作り出すミクロ・リージョナリズム」、「アジアにおける越境空間と地域性のダイナミックス」、「功徳の観念と積徳行に関する地域間比較研究」、「移動と宗教実践―地域社会の動態に関する比較研究」、「『功徳』をめぐる宗教実践と社会文化動態に関する地域間比較研究」で本書に関わる研究成果を発表させて頂く中で、フィールドから地域を捉え描き出す面白さと厳しさを、多くの先生から教わってきた。

京都大学こころの未来研究センターでは、フィールドに基盤をおきながらも、そこから得られた知見をどのように学際的に、社会的に展開していくかを常に学び吸収することができた。鎌田東二先生は、博論審査でお世話になって以来、いつも様々な世界へと私の手を引き背中を押して下さった。先生が主宰する「身心変容技法研究会」に関わらせていただいたことは、シャルコクの資料を多様な視点から見つめ直しながら、自分の視野を大きく広げるかけがえのない糧になった。また熊谷誠慈・同センター特定准教授とブータン研究室の皆さまは、ボン教とチベット・ヒマラヤ研究の同志として、常に刺激を与え合いながら私を支えて下さった。

他にもチベット研究の先達・仲間として支えてくださった多くの方々、すべてお名前をあげることはできませんが、特にシャルコクに入る上で多大なご協力をいただき、本書のチベット語表記を中心に貴重な助言を頂いた鈴木博之氏（国立民族学博物館）、チベット語アムド方言の語彙の解釈について貴重な助言をいただいたチョルテンジャブ氏（総合研究大学院大学）に感謝いたします。

また藤本透子氏（国立民族学博物館）をはじめ、国立民族学博物館若手共同研究プロジェクト「内陸アジアの宗教復興——体制移行と越境を経験した多文化社会における宗教実践の展開」のメンバーの皆様とは常に本書の軸となる議論を共有し、貴重なコメントをいただくことができた。

現地調査にあたっては、中国四川省成都市の西南民族大学のスタッフの皆様に多大なるご協力をいただいた。特に同美（shar ba thogs med）教授、喬登塔（mchog ldan thar）教授には、シャルコク出身のチベット族として様々な便宜をはかっていただくとともに、資料分析にもご協力を賜った。また新巴・達哇扎西氏（四川大学博物館）には、チベット語文献の読解にご協力いただいた。

そしてS僧院とS村のみなさま、特にワンジェ家のみなさまには、常に変動する状況の中であたたかく筆者を受け入れ続けてくださったことに本当に感謝申し上げます。互いの震災の際に必死で電話を掛け合ったのは忘れられない思い出である。再会できる日を楽しみにしながら、終生の縁として大切にしていきたい。

その他、ここですべてお名前をあげることはできませんでしたが、ここまでの私の歩みを支えてくださった皆様にこころから御礼を申し上げます。多くのご支援にもかかわらず、私の理解不足から、本書の記述内容には至らないところも多いと存じます。ご叱正をいただき、今後の研究に生かしていく所存です。

本書は、平成二六年度科学研究費補助金研究成果公開促進費（学術図書、課題番号二六五一二一）の助成を受けて出版された。風響社の石井雅氏には、原稿の遅れで多大なるご迷惑をおかけしましたが、進まない作業を見守り、この本を生み出して下さったことに心より感謝いたします。

本書にかかる調査研究と成果発表には以下の助成を受けました。記して厚くお礼を申し上げます。

・科学研究費補助金　基盤研究（B）　平成一九年度〜二一年度
「チベットの文化復興とアイデンティティの形成に関する文化人類学的研究（研究代表者：煎本孝）」（研究協力者として参加）

・科学研究費補助金（特別研究員奨励費）　平成二〇年度〜平成二一年度
「経済成長下における伝統的社会集団の再編と存続―中国四川省のボン教寺院を事例に」

・平成二二年度りそなアジア・オセアニア財団国際交流活動助成
「経済成長期中国における伝統的宗教組織の活性化の社会経済的基盤の解明―中国四川省のボン教寺院を事例に」

・平成二二年度京都大学教育研究振興財団国際研究集会派遣助成
第一二回国際チベット学会会議（カナダ、ブリティッシュ・コロンビア大学）へ派遣

・科学研究費補助金（特別研究員奨励費）　平成二三年度〜平成二五年度
「チベットの伝統宗教の越境と存続に関する文化人類学的研究」

本書を、シャルコクでかけがえのない時間をともに過ごし、いまはまたどこかで次の生を生きているであろうアク・チロとアマに捧げます。そして最後に、いつも私とともに歩いてくれる家族に、心から感謝します。これからもよろしく。

参照文献

1　日本語・英語文献（著者・編者名のアルファベット順に配列）

天児慧・石原享一・朱建栄・辻康吾・菱田雅晴・村田雄二郎（編）
　一九九九　『岩波現代中国事典』東京：岩波書店。

Arguillère, Stèphane
　2009　nNyam med Shes rab rgyal mtshan on the Special Features of the Bon Monastic Discipline. *East and West* 59(1-4): 87-105.

足羽與志子
　二〇〇〇　「中国南部における仏教復興の動態——国家・社会・トランスナショナリズム」菱田雅晴（編）『現代中国の構造変動5　社会　国家との共棲関係』二三九—二七四、東京：東京大学出版会。

伴　真一朗
　二〇〇六　「清朝の青海支配確立期におけるチョネ（Co ne）領主の役割とその意義——清朝とテボ（The bo）のチベット人との紛争をてがかりにして」『内陸アジア史研究』二一：一七—三一。

別所裕介
　二〇〇七　「現代チベットの聖地巡礼から見る宗教復興——改革開放期の仏教伝統と民衆儀礼」『国際協力研究誌』一三（一）：一六五—一八六。

Bonanno, James, Pleger
　2010　Enlightment and Secularism. In H. James Birx (ed.), *21st Century Anthropology: A Reference Handbook*, pp.463-472. Sage Publications.

Cech, Krystyna
1986 The History, Teaching and Practice of Dialectics According to the Bon Tradition. *Tibet Journal* 11(2): 3-28.
Des Jardins, J.F.Marc
2009 Bon Institutions in Contemporary Tibetan Territories and the Dynamics of Religious Authority. *East and West* 59(1-4): 233-244.
デエ、ロラン
二〇〇五 『チベット史』今枝由郎（訳）、東京：春秋社。
ドローヌ
一九八二 『シナ奥地を行く』矢島文夫・石沢良昭（訳）、東京：白水社。
デュルケム、エミル
一九四二（一九一二）『宗教生活の原初形態（上・下）』古野清人（訳）、東京：岩波書店。
Ekvall, Robert, B.
1939 *Cultural Relations on the Kansu-Tibetan Border*. University of Chicago Press.
Francke, August Hermann
1924 gZer-myig, A Book of the Tibetan Bon-pos(1). *Asia Major* 1: 243-346.
1926 gZer-myig, A Book of the Tibetan Bon-pos(2). *Asia Major* 3: 321-339.
1927 gZer-myig, A Book of the Tibetan Bon-pos(3). *Asia Major* 4: 161-239, 481-540.
1928 gZer-myig, A Book of the Tibetan Bon-pos(4). *Asia Major* 5: 7-40.
1930 gZer-myig, A Book of the Tibetan Bon-pos(5). *Asia Major* 6: 299-314.
1949 gZer-myig, A Book of the Tibetan Bon-pos(6). *Asia Major new series* 7: 163-188.
藤本透子
二〇〇九 「ポスト・ソビエト時代における大規模な供養アスの展開――カザフスタン北部農村の事例から」高倉浩樹・佐々木史郎（編）『ポスト社会主義人類学の射程（国立民族学博物館調査報告 No.七八）』三九三―四二七、大阪：国立民族学博物館。
二〇一一 『よみがえる死者儀礼――現代カザフのイスラーム復興』東京：風響社。
ゲシェー・ラプテン／ウォレス、アラン

一九八四（一九八〇）『チベットの僧院生活――ゲシェー・ラプテンの半生』小野田俊蔵（訳）、東京：平河出版社。

Goldstein, Melvyn, C.

1998a Introduction. In Melvyn C. Goldstein and Matthew T. Kapstein(eds.), *Buddhism in Contemporary Tibet*, pp.1-14. Berkeley: University of California Press.

1998b The Revival of Monastic Life in Drepung Monastery. In Melvyn C. Goldstein and Matthew T. Kapstein (eds.), *Buddhism in Contemporary Tibet*, pp.15-52. Berkeley: University of California Press.

Goldstein, Melvyn C. and Kapstein, Matthew T. (eds.)

1998 *Buddhism in Contemporary Tibet.* Berkeley: University of California Press.

Goldstein, Melvyn C. and Paljor, Tsarong

1985 Tibetan Buddhist Monasticism: social, psychological and cultural implications. *Tibet journal* 10 (1): 14-31.

Harper, Damian(ed.)

2009 *Lonely Planet China.* London: Lonely Planet.

Harrell, Stevan

2001 The Anthropology of Reform and the Reform of Anthropology: Anthropological Narratives of Recovery and Progress in China. *Annual Review of Anthropology* 30: 139-161.

長谷川　清

二〇〇九「宗教実践とローカリティ――雲南省・徳宏地域ムンマオ（瑞麗）の事例」林行夫（編）『〈境域〉の実践宗教――大陸部東南アジア地域と宗教のトポロジー』一三一―一七〇、京都：京都大学学術出版会。

林　行夫（編）

二〇〇九『〈境域〉の実践宗教――大陸部東南アジア地域と宗教のトポロジー』京都：京都大学学術出版会。

秀村研二

一九九三「現代中国農村における宗教復興」『明星大学研究紀要　日本文化学部・言語文化学科』一：六三―七二。

姫田光義ほか

一九九三『中国二〇世紀史』東京：東京大学出版会。

黄　強（Huang, Qiang）

二〇一〇「市場経済化する宗教――中国上海市における道教の変遷と復興」『貿易風』（五）：七―五九。

ハーバーマス、ユルゲンほか
二〇〇七　『ポスト世俗化時代の哲学と宗教』三島憲一訳、岩波書店。

Huber, Toni
1998　Contributions on the Bon Religion in A-mdo(1): The Monastic Tradition of Bya-dur dGa'-mal in Shar-khog. *Acta Orientalia* 59: 179-227.
2002　Ritual Revival and Innovation at Bird Cemetery Mountain. In Toni Huber (ed.), *Amdo Tibetans in Transition*, pp.113-147. Leiden: Brill.

Huber, Toni(ed.)
2002　*Amdo Tibetans in Transition*. Leiden: Brill.

池上良正
二〇〇八　「現代中国の仏教復興――上海市の寺院調査報告」『宗教研究』八一（四）：一〇五〇―一〇五一。

煎本　孝
二〇〇五　「北方学とチベット学」『北方学会報』一一：八一―九二。

Irimoto, Takashi and Yamada, Takako (eds.)
2004　*Circumpolar Ethnicity and Identity (Senri Ethnological Studies 66)* . Osaka: National Museum of Ethnology.

石濱裕美子
二〇〇一　『チベット仏教世界の歴史的研究』東京：東方書店。

石川　巖
二〇〇九　「チベットの歴史とポン教の形成」国立民族学博物館（編）『チベット――ポン教の神がみ』一二―一九、大阪：千里文化財団。

岩尾一史
二〇一〇　「古代王朝時代の諸相」沖本克己・福田洋一（編）『須弥山の仏教世界　新アジア仏教史〇九　チベット』一六―四三、東京：佼成出版社。

Jäschke, Heinrich August
1985(1881)　*A Tibetan-English Dictionary*. Kyoto: Rinsen Book Co.

加治敏之

二〇〇三　「福建沿海部の近代化と伝統文化の変容」『文化共生学研究（岡山大学大学院文化科学研究科）』一：一六九―一八〇。

カルメイ、サムテン G

一九八七　「ボン教」長野泰彦・立川武蔵（編）『チベットの言語と文化』三六四―三八六、前田緑（訳）、東京：冬樹社。

Karmay, Samten G.

1972　*The Treasury of Good Sayings: A Tibetan History of Bon*. Delhi: Motilal Banarsidass.

1975　A General Introduction to the History and Doctorines of Bon.*Memoirs of Toyo Bunko* 33: 171-218.

1988　*The Great Perfection: A Philosophical and Meditative Teaching in Tibetan Buddhism*. Leiden: Brill.

1998　*The Arrow and the Spindle: Studies in History, Myths, Rituals and Beliefs in Tibet*. Kathmandu: Mandala Book Point.

2000　A Comparative study of the yul lha cult in two areas and its cosmological aspects. In Samten.G Karmay and Yasuhiko Nagano (eds.), *New Horizonsin Bon Studies,* pp.383-413. Osaka: National Museum of Ethnology.

2005　*Feast of the Morning Light: The Eighteenth Century Wood-engravings of Shenrab's Life-stories and the Bon Canon from Gyalrong (Bon studies 9)*.　Osaka: National Museum of Ethnology.

2007　A Historical Overview of the Bon Religion.　In Samten G. Karmay and Jeff Watt (eds.), *BON the Magic Word: The indigenous Religion of Tibet*, pp.55-82. New York: Rubin Museum of Art.

2009　A New Discovery of Ancient Bon Manuscripts from a Buddhist stūpa in Southern Tibet. *East ans West* 59 (1-4): 55-84.

Karmay, Samten G. and Nagano, Yasuhiko (eds.)

2000　*New Horizons in Bon Studies (Senri Ethnological Reports 15)*. Osaka: National Museum of Ethnology.

2001　*A catalogue of the new collection of Bonpo Katen texts (Senri Ethnological Reports 25)*. Osaka: National Museum of Ethnology.

2003　*A Survey of Bonpo Monasteries and Temples in Tibet and the Himalaya (Senri Ethnological Reports 38)*. Osaka: National Museum of Ethnology.

Karmay, Samten G. and Watt, Jeff (eds.)

2007　*BON the Magic Word: The indigenous Religion of Tibet*. New York: Rubin Museum of Art.

川喜田　二郎

一九九七　『チベット文明研究（川喜田二郎著作集一一）』東京：中央公論社。

川口幸大・瀬川昌久（編）

二〇一三　『現代中国の宗教——信仰と社会をめぐる民族誌』東京：昭和堂。

木村理子

二〇〇七　『モンゴルの仮面舞儀礼チャム——伝統文化の継承と創造の現場から』東京：風響社。

小林亮介

二〇〇六　「清代、東チベットにおける在地有力者の政治行動——清・蔵の境界のチベット系『土司』」『史潮』六〇：二〇—四四。

Kolås, Åshield and Thowsen, Monika P.

2005　*On the margins of Tibet: Cultural survival on the sino-tibetan frontier.* Seattle: University of Washington press.

小西賢吾

二〇〇七a　「中国四川省北西部の観光地化とチベット系住民の現状」『北方学会報』一二：二二—二九。

二〇〇七b　「興奮を生みだし制御する——秋田県角館、曳山行事の存続のメカニズム」『文化人類学』七二（三）：三〇三—三二五。

二〇一〇a　「中国のチベット系社会における僧侶教育の再構築——四川省、Shar Khog 地方のボン教僧院を事例に」『北方学会報』一四：三四—四三。

二〇一〇b　「再生／越境する寺院ネットワークが支えるボン教の復興——中国四川省、シャルコク地方の事例を中心に」『地域研究』一〇（一）：七三—八九。

Konishi, Kengo

2011　Negotiation toward the Continuation of Traditional Festivals: A case study in rural Japan" In Takako Yamada and Takashi Irimoto (eds.), *Continuity, Symbiosis and the Mind in Traditional Cultures of Modern Societies*, pp.83-92. Sapporo: Hokkaido University Press.

Kværne, Per

1971　A chronological table of the Bon po. *Acta Orientalia* 33: 205-248.

1973　Bönpo Studies: The A Khrid System of Meditation. *Kailash* 1: 19-50; 4: 247-392.

1974　The Canon of the Tibetan Bonpos. *Indo-Iranian Journal* 16: 18-56.

1985　*Tibet Bon Religion: A Death Ritual of the Tibetan Bonpos*.

Leiden: E.J.Brill.
1987　Dualism in Tibetan Cosmogonic Myths and the Question of Iranian Influence. In Christopher I. Beckwith(ed.), *Silver on Lapis: Tibetan Literary Culture and History*, pp.163-174. Bloomington: The Tibet Society.
1995　*The Bon Religion of Tibet*. London: Serindia Publications.
林　俊華（Lin, Junhua）
一九九九　「四川チベット族におけるボン教」水間大輔（訳）、『アジア遊学』五：五〇―五六。
Linton, Ralph
1943　Nativistic Movements. *American Anthropologist* 45(2): s230-240.
Luckmann, Thomas
1967　*The invisible religion: the problem of religion in modern society.* Macmillan.
Martin, Dan
2001　*Unearthing Bon Treasures*. Leiden: Brill.
マルクス、カール
一九七四（一八四三）『ユダヤ人問題によせて／ヘーゲル法哲学批判序説』城塚登（訳）、東京：岩波書店。
松岡正子
二〇〇〇　『チャン族と四川チベット族――中国青蔵高原東部の少数民族』東京：ゆまに書房。
Mills, Martin, A.
2003　*Identity, Ritual and State in Tibetan Buddhism: The Foundations of Authority in Gelukpa Monasticism.* Oxon: Routledge Curzon.
御牧克己
一九九九　「仏教の仏陀とボン教の師シェンラプ・ミボの三二の身体的特徴」長野泰彦（編）『チベット文化域におけるボン教文化の研究（文部科学省科学研究費補助金国際学術研究成果報告書）』一―一〇、大阪：国立民族学博物館。
二〇〇三　「チベット学における原典研究の意義――『宗義の水晶鏡』「ボン教」章の翻訳をめぐって」池田知久（編）『論集原典』一二三―一四一、神戸：文部科学省科学研究費補助金特定領域研究「古典学の再構築―二〇世紀後半の研究成果総括と文化横断的研究による将来的展望」A〇一「原典」調整班。

Mimaki, Katsumi and Karmay, Samten G.

2009　Nine Vehicles of the Southern Treasury (*lho gter gyi theg pa dgu*) as presented in the Bon sgo gsal byed of Tre ston rGyal mtshan dpal, Part One: First Four Vehicles. *Memoirs of the Faculty of Letters* (『京都大學文學部研究紀要』) 48: 33-172.

三宅　伸一郎

一九九九　「中央チベットのボン教寺院およびアムド・シャルコク地方ボン教寺院の現状について」長野泰彦（編）『チベット文化域におけるボン教文化の研究』七一―一〇四、大阪：国立民族学博物館。

二〇〇二　「一九世紀のボン教僧ダワ・ギェンツェンの二つの伝記について」『日本西蔵学会会報』四七：五三―六七。

二〇〇九　「ボン教寺院」国立民族学博物館（編）『チベット――ボン教の神がみ』一〇〇―一〇四、大阪：千里文化財団。

森　雅秀

二〇〇四　「チベットのボン教における聖なるものの形」頼富本宏（編）『聖なるものの形と場』四二三―四五一、京都：法藏館。

中村元・福永光司・田村芳朗・今野達・末木文美士（編）

二〇〇二　『岩波仏教辞典　第二版』東京：岩波書店。

中根千枝

一九七〇　『家族の構造』東京：東京大学出版会。

中沢新一

一九九四　「光からの世界の生成――ボン教ゾクチェンの教え」『季刊仏教』二六：二〇―三八。

長野禎子

二〇〇八　「チベットにおける『ヤンを呼ぶ』儀礼」『四天王寺大学紀要』四六：四三三―四六四。

長野泰彦（編）

一九九九　『チベット文化域におけるボン教文化の研究（文部省科学研究費補助金国際学術成果報告書）』大阪：国立民族学博物館。

Namdak Tsukphu

1998　*Bon Stupa: Illustrations and Explanations*. Solan: Tibet Zhang-Zhung Research Centre.

Nebesky-Wojkowitz, Rene de

1976　*Tibetan Religious Dances: Tibetan text and annotated transration of the 'chams yig*. The Hague: Mouton.

日本国語大辞典第二版編集委員会、小学館国語辞典編集部（編）
二〇〇一　『日本国語大辞典　第二版（第六巻）』東京：小学館。

Oakes, T, S
1993 The cultural space of modernity: ethnic tourism and place identity in China. *Environment and planning D: Society and Space* 11: 47-66.

大川謙作
二〇〇三　「チベットの領域をめぐって――チベット問題の中のエスニシティ」『南方文化』三〇：一二五―一六一。

Ortner, Sherry R.
1989 *High Religion: a cultural and political history of Sherpa Buddhism*. Princeton: Princeton University Press.

Ramble, Charles
2000 The secular surroundings of a Bonpo ceremony: Games, popular rituals and economic structures in the mDos rgyab of Klu-brag monastery (Nepal). In Samten.G Karmay and Yasuhiko Nagano(eds.), *New Horizons in Bon Studies,* pp.289-317. Osaka: National Museum of Ethnology.

Reynolds, John Myrdhin (Translation and annotation)
2005 *Bonpo Monastic Rituals from the Menri Tradition: As performed by the monks of Triten Norbutse Monastery, Kathmandu, Nepal*. Dortmund: Bonpo Translation Project.

Robertson, Robert
1989 Globalization, Politics, and Religion.In James A. Beckford and Thomas Luckmann(eds.), *The Changing Face of Religion*, pp.10-23. London: Sage publication.

Rock, J F.
1956 *The Amnye Ma-chhen Range and Adjacent Regions: A Monographic Study*. Rome: IsMEO.

Samuel, Geoffrey
1990 *Mind, body and culture: Anthropology and the biological interface*. Cambridge University Press.
1995 *Civilized Shamans: Buddhism in Tibetan Societies*. Washington: Smithsonian Institution Press.

佐和隆研
一九六八　「仏塔と仏舎利の信仰」芳村修基（編）『仏教教団の研究』五八九―六一五、京都：百華苑。

Schrempf, Mona
2000 Victory banners, social prestige and religious identity: Ritualized sponsorship and the revival of Bon monasticism in Amdo Shar-khog. In Samten.G Karmay and Yasuhiko Nagano(eds.), *New Horizons in Bon Studies*, pp.317-347. Osaka: National Museum of Ethnology.

Schrempf, Mona and Hayes, Jack Patrick
2009 From Temple to Commodity? Tourism in Songpan and the Bon Monasteries of A'mdo Shar Khog. *East and West* 59(1-4): 285-312.

Sharza Tashi Gyaltsen, Lopon Tenzin Namdak, Richard Dixey
2006 *Heart Drops of Dhamakaya*. Written by, New York: Snow Lion Publications,

島薗　進
二〇一〇 「救済からスピリチュアリティへ――現代宗教の変容を東アジアから展望する」『宗教研究』八四（二）：三三一―三五八。

Simpson, J.A. and Weiner, E.S.C.(eds.)
1989 *The Oxford English Dictionary Second Edition* (Vol.13) Oxford: Clarendon Press.

スミス、バレーンL.（編）
一九九一（一九七七）『観光・リゾート開発の人類学』三村浩史（訳）、東京：頸草書房。

スネルグローヴ、D・リチャードソン、H
一九九八（一九六八）『チベット文化史』奥山直司（訳）、東京：春秋社。

Snellgrove, David
2010(1967) *The Nine Ways of Bon*. Boulder: Prajna Press.

Stark, Rodney
1985 *The future of religion: secularization, revival, and cult formation*. Berkeley: University of California Press.

スタン、R・A
一九九三（一九八七）『チベットの文化（決定版）』山口瑞鳳・定方晟（訳）、東京：岩波書店。

鈴木博之
二〇一一 「ヒャルチベット語松潘・大寨［Astong］方言の音声分析」『アジア・アフリカの言語と言語学』五：一一七―

一五五。

Szonyi, Michael

2009. Secularization Theories and the Study of Chinese religions. *Social Compass* 56(3), 312-327.

多田等観

一九八四 『チベット滞在記』牧野文子（編）、東京：白水社。

田辺繁治

一九九五 「序章」田辺繁治（編）『アジアにおける宗教の再生――宗教的経験のポリティクス』三―三一、京都：京都大学学術出版会。

田辺繁治（編）

一九九五 『アジアにおける宗教の再生――宗教的経験のポリティクス』京都：京都大学学術出版会。

タイクマン、E.

一九八六（一九二二）『東チベット紀行』水野勉（訳）、東京：白水社。

Tenzin Wangyal

2000 *Wonders of the Natural Mind*. Ithaca: Snow Lion Publications.

手塚利彰

一九九九 「グシハン一族と属領の統属関係」『立命館東洋史学』二二：四一―七六。

Tsering Thar（才讓太）

2000 The *bla ma* in the Bon religion in Amdo and Kham. In Samten.G Karmay and Yasuhiko Nagano(eds.), *New Horizons in Bon Studies*, pp.417-427. Osaka: National Museum of Ethnology.

2003 Bonpo monasteries and temples in Tibetan regions in Qinghai, Gansu and Sichuan. In Samten.G Karmay and Yasuhiko Nagano(eds.), *A Survey of Bonpo Monasteries and Temples in Tibet and the Himalaya*, pp.247-668. Osaka: National Museum of Ethnology.

津曲真一

二〇〇九 「聖伝の素描――ポン教の聖者シェンラプ・ミボの降臨から子息の誕生まで」『国立民族学博物館研究報告』三三（四）：六六一―七三九。

ツー、ティモシー

一九九五　「中国南部の宗教的復興——広東省南部における事例をめぐって」田辺繁治（編）『アジアにおける宗教の再生——宗教的経験のポリティクス』三三—五四、京都：京都大学学術出版会。

ツルティム・ケサン

一九八二　「チベット仏教の修行」毎日コミュニケーションズ『西蔵』編集委員会（編）『西蔵——ラマの世界』二一一—二一七、東京：毎日コミュニケーションズ。

Tylor, Edward B.

1871　*Primitive culture: Researches into the development of mythology, philosophy, religion, language, art, and custom*. London: Murray.

Uehara, Chikako

2011　A Strategy for Coexistence: The Case of the Festival at Tenple W in Haidong District, Qinghai Province, China. In Takako Yamada and Takashi Irimoto (eds.), *Continuity, Symbiosis, and the Mind in Traditional Cultures of Modern Societies*, pp.185-198. Sapporo: Hokkaido University Press.

ワンク、デイヴィット　L

二〇〇〇　「仏教復興の政治学——競合する機構と正当性」菱田雅晴（編）『現代中国の構造変動５　社会　国家との共棲関係』二七五—三〇四、東京：東京大学出版会。

王柳蘭

二〇〇九　「越境者とミクロ・リージョンの創出」『地域研究』一〇（一）：七—一五。

ヴェーバー、マックス

一九八〇（一九一九）『職業としての学問』尾高邦雄（訳）、東京：岩波書店。

Wellens, Koen

2010　*Religious Revival in the Tibetan Borderlands: The Premi of Southwest China.* Seattle and London: University of Washington Press.

Wilson, Bryan, R.

1966　*Religion in Secular Society* . London: Penguin Books Ltd.

Wylie, Turrell

1959　A Standard System of Tibetan Transcription. *Harvard Journal of Asiatic Studies* 22: 261-267.

山田孝子
二〇〇五　「チベット難民社会における学校教育と『チベット人』意識」『北方学会報』一一：六六—八一。
二〇〇七a　「自然との共生——サハのエスニシティとアイデンティティ再構築へのメッセージ」煎本孝・山田孝子（編）『北の民の人類学——強国に生きる民族性と帰属性』六一—九四、京都：京都大学学術出版会。
二〇〇七b　「チベット難民社会の大僧院が担う新たな使命——セラ・ジェ僧院の事例より」『北方学会報』一二：八一—九六。
二〇〇八　「チベット、アムド・カム地方における宗教の再活性化とチベット仏教僧院の存続に向けての取り組み」『北方学会報』一三：四—一二。
二〇一一　「可視化されるラー（神）の力と宗教性の現出——ラダックにおける僧院の祭りから」『北方学会報』一五：三—一四。

Yamada, Takako
2004　Symbiosis with Nature: A Message for the Reconstructing of Sakha Ethnicity and Identity. In Takashi Irimoto and Takako Yamada (eds.), *Circumpolar Ethnicity and Identity (Senri Ethnological Studies 66)*, pp.217-230. Osaka: National Museum of Ethnology.
2011　Anthropology of Continuity and Symbiosis of Traditional Cultures. In Takako Yamada and Takashi Irimoto (eds.), *Continuity, Symbiosis, and the Mind in Traditional Cultures of Modern Societies*, pp.261-271. Sapporo: Hokkaido University Press.

Yamada, Takako and Irimoto, Takashi
2011　Introduction. In Takako Yamada and Irimoto Takashi (eds.), *Continuity, Symbiosis, and the Mind in Traditional Cultures of Modern Societies*, pp.1-6. Sapporo: Hokkaido University Press.

山口しのぶ
一九九九　「カトマンドゥ盆地のポン教寺院ティテン・ノルプツェ」長野泰彦（編）『チベット文化域におけるポン教文化の研究』五七—七〇、大阪：国立民族学博物館。

山口瑞鳳
一九六九　「白蘭とSum paのrLans氏」『東洋学報』五二（一）：一—六一。
一九七一　「東女国と白蘭」『東洋学報』五四（三）：一—五六。
二〇〇四　『チベット（下）改訂版』東京：東京大学出版会。

山下晋司（編）
一九九六『観光人類学』東京、新曜社。
芳村修基
一九六八「教団研究の課題」芳村修基（編）『仏教教団の研究』九五―一六六、京都：百華苑。

2　中国語文献（著者・編者名のピンインのアルファベット順に配列）

阿壩州人民政府（編）
二〇〇六『阿壩州年鑑』成都：巴蜀書社。
二〇一二『阿壩州年鑑』成都：巴蜀書社。
阿　旺
一九八三「阿壩藏区苯佛二教考略」『西南民族学院学報』一九八三年第四期：八一―八五。
白瑪措
一九九八「松潘苯教神舞簡介」『西藏研究』一九九八年第一期：八五―九〇。
二〇〇四「松潘本教寺院旅游調査分析」『云南社会科学』五：一〇二―一〇六。
才讓太
二〇〇六「苯教的現状及其与社会的文化融合」『西藏研究』二〇〇六年第三期：二五―三二。
陳士杲
一九八二「浅談阿壩藏区的本教」『西南民族学院学報』一九八二年第四期：四六―四七。
陳宗祥
一九七九「明季『松潘辺図』初探――試証図中黒人、白人為両大部落群体」『西南民族学院学報』一九七九年第二期：四八―五九。
達爾基、尕讓他（編）
二〇〇二『小西天旅游便覧』雪原文史編集部。
龔学增
一九九一「関于目前我国的〝宗教熱〟」『理論前沿』一九九一年第一八期：一〇―一二。
二〇一〇「馬克思主義宗教観中国化的几个問題」『世界宗教文化』二〇一〇年第四期：六―一二。

二〇一一「中国共産党的宗教——国家観」『西北民族大学学報（哲学社会科学版）』二〇一一年第三期：一一三—一二四。
国務院人口普査辦公室・国家統計局人口和就業統計司（編）
二〇一二『中国二〇一〇年人口普査資料』北京：中国統計出版社。
賈大泉（編）
一九九三『四川歴史辞典』成都：四川教育出版社。
欧潮泉
一九八五『論藏族的一妻多夫』『西藏研究』一九八五年第二期：八〇—八三。
羅縁春
一九八七「解放前松潘工商業概況」『阿壩藏族羌族自治州文史資料選輯』六：四三—四六。
羅竹風（編）
一九八六『漢語大詞典（第三巻）』上海：上海辞書出版社。
馬俊修
一九八六「日本飛机轟炸松潘県実況」『阿壩藏族自治州文史資料選輯』四：七八—八三。
閔　琦
一九八八「関于転型期的中国政治」『学習与探索』五七：七七—七九。
裴　飈
二〇一〇「深入研究馬克思主義宗教観」『世界宗教文化』二〇一〇年第四期：一—五。
四川省阿壩藏族羌族自治州地方志編纂委員会（編）
一九九四『阿壩州志（上巻）』北京：民族出版社。
四川省編輯組
二〇〇九『四川省阿壩州藏族社会歴史調査（修訂版）』北京：民族出版社。
四川省統計局（編）
二〇〇七『四川統計年鑑』北京：中国統計出版社。
二〇一三『四川統計年鑑』北京：中国統計出版社。
松潘縣志編纂委員会（編）
一九九八『松潘縣志』北京：民族出版社。
楊健吾

一九八八「藏伝佛教寺廟済的変化――四川甘孜、德格両県寺廟経済活動的調査」『中国藏学』一九八八年第四期：二九―三七。

楊亮升
一九八八「宗教文化与四川藏区的寺廟商業」『西南民族学院学報』一九八八年第三期：二〇―三二。

張　典（主修）、松潘懸地方志編纂委員会（編）
二〇〇七（一九二四）『松潘懸志』松潘：松潘懸地方志編纂委員会。

趙世富
一九八六「尕咪寺廟会的一天」『四川民族』一九八六年第二期：三七―三八。

中国紅色旅游課題組（編）
二〇〇五『中国紅色旅游』成都：四川科学技術出版社。

中華人民共和国国家統計局（編）
二〇〇七『中国統計年鑑』北京：中国統計出版社。

3　チベット語文献（著者・編者名のチベット語字母順に配列）

dri med 'od zer
1999　*stod skyang zhes su grags pa a skyid skyang tshang dgon bkra shis g.yung drung dar rgyas gling gi byung ba cung zad brjod pa shel dkar me long zhes bya ba bzhugs.* 若爾蓋県政協文史資料委員会（編）『若爾蓋県藏伝佛教寺院簡史』（"*mdzod dge'i bod brgyud nang bstan dgon sde so so'i lo rgyus mdor bsdus*"）一一一―一二七、阿壩藏族羌族自治州印刷廠（内部資料）。

澤仁扎西（編）（チベット語：*tshe ring bkra shis*）
2006　*gnas chen shar phyogs dung ri dang dgon sde du ma'i dkar chag mthong ba don ldan shes bya ba bshugs so.*（『東方海螺圣山――雪宝頂』）成都：四川民族出版社。

a blong bstan 'phel
1995　*mdo smad shar phyogs su thog ma'i g.yung drung bon gyi lo rgyus mdor bsdus zhes bya ba bzhugs so .*（『安多東部原始本教歴史概況』）私家版。

rNga ba 'jam me

1998 “Zhwa dkar g.yung drung bon zhes pa'i tha snyad la dpyad pa.” Bon sgo 11, pp.5-7.

4 ウェブサイト（サイト名のアルファベット順に配列）

阿壩藏族羌族自治州人民政府
http://www.abazhou.gov.cn/dzgwzx/zfwj/aff/201012/t20101226_274435.html （二〇一五・〇一・二〇閲覧）

Nitartha.org Online Tibetan-English Dictionary
http://www.nitartha.org/cgi-bin/find （二〇一五・〇一・二〇閲覧）

Shenten Dargye Ling
http://www.shenten.org/ （二〇一五・〇一・二〇閲覧）

Yomiuri Online
http://www.yomiuri.co.jp/feature/eq2011/news/etc/20110525-OYT8T00550.htm （二〇一一・〇五・二五閲覧）
http://www.yomiuri.co.jp/national/news/20110806-OYT1T00662.htm （二〇一一・〇八・〇六閲覧）

中国国家民族事務委員会
http://www.seac.gov.cn/gjmw/ssmzx/2005-08-21/1176019928739106.htm （二〇一五・〇一・二〇閲覧）

中国国家宗教事務局
http://www.sara.gov.cn/zcfg/dfxfggz/6490.htm （二〇一五・〇一・二〇閲覧）

中華人民共和国中央人民政府
中華人民共和国憲法
http://www.gov.cn/gongbao/content/2004/content_62714.htm （二〇一五・〇一・二〇閲覧）
中華人民共和国土地管理法
http://www.gov.cn/flfg/2005-06/22/content_8505.htm （二〇一五・〇一・二〇閲覧）
宗教事務条例
http://www.gov.cn/zwgk/2005-05/23/content_260.htm （二〇一五・〇一・二〇閲覧）

中国知網
http://cnki.net （二〇一五・〇一・二〇閲覧）

デンペーギェンツェンの後をついでS僧院の第17代僧院長となった。ロポンとしてもルントク・テンペーニマをはじめ、現在のボン教を支える多くの僧侶を育てた。通称アク・ドゥランパとも呼ばれる。

テンパ・ナムカ（8世紀） *dran pa nam mkha'* シャンシュン出身のボン教徒で、ゾクチェンをはじめとして多くの教えをチベットにもたらしたと伝わる。後にボン教徒への迫害に際して仏教徒となったが、その際にボン教のテクストを多く埋蔵した人物として重要視される。

ノルブ・ワンギャル（1960年代生まれ？） *nor bu dbang rgyal* ツァン地方（西藏自治区シガツェ地区）のリ・ギェル僧院の現僧院長であり、ボシェンラプ・ミボの直系と言われるシェン・ツァンの後継者。

パクパ・ナムスム（11～12世紀） *'phags pa rnam gsum* アムド地方にボン教を伝えたと言われる3人の聖人の総称。シャンパク、ツォンパク、ドンパクから成る。特にシャンパクは、テウォやゾルゲ、シャルコクに多くの僧院や聖山を開き、S僧院も彼をルーツとするといわれる。

ルントク・テンペーニマ（1929年生まれ） *lung rtogs bsten pa'i nyi ma* メンリ僧院の第33代座主（ティジン）。インド、ヒマーチャル・プラデーシュ州ドランジにおいて選出された。現代のボン教を代表する最高指導者と見なされる。シャルコクのS村出身で、S僧院でテンジン・ロドゥ・ジャムツォの下で学ぶ。1950年代に中央チベットを経てインドへ移動。

ロゾン（ロプサン）・ジャムツォ（1928～1993?） *blo bzang rgya mtsho* テンジン・ロドゥ・ジャムツォの弟子で、S僧院が再建されたときに第19代僧院長となった。アク・ソンガとも呼ばれる。

を行った。ボン教の教義や、1950年頃のシャルコクの様子に関するインフォーマントでもある。本文中にインフォーマントとして言及する際には「カルメイ氏」と表記している。

シェーラプ・ギェンツェン（1356〜1415） *shes rab rgyal mtshan* ニャメ（*mnyam med*「比類なき」）・シェーラプ・ギェンツェンとも呼ばれる。ボン教の教学の中心となったメンリ僧院を創建した。ボン教の中興の祖といわれる。

シェーラプ・テンペーギェンツェン（1910〜1955） *shes rab bstan pa'i rgyal mtshan* 老齢のアンガ・テンパツルティムに代わり、1923年に13才にしてS僧院の第16代僧院長となった。S村のゴワの息子であり、長兄は共産党政権の支配下に入る前の最後のゴワとなった。近年彼の転生とされる人物がインドのメンリ僧院で認定され、米国を拠点に活動している。

シェンチェン・ルガ（996〜1035） *gshen chen klu dga'* 11世紀初頭に、ツァン地方において大量のテルマ（埋蔵宝典）を発見したと伝わる人物。彼が弟子たちに伝えた教えが、今日のユンドゥン・ボンを形成する主軸になっている。

シェンラプ・ミボ *gshen rab mi bo* トンパ・シェンラプ（*ston pa gshen rab*）とも呼ばれる。ボン教をチベットに伝えたとされる伝説上の人物。現在のボン教（ユンドゥン・ボン）の祖師として位置づけられる。チベット西方のタジクにあったウルモルンリンという王国の出身であるとされる。

シャルザ・タシ・ギェンツェン（1858〜1934） *shar rdza bkra shis rgyal mtshan* カム地方のザコク（現在の四川省甘孜州徳格県付近）に生まれ、カム地方を拠点にして活動したボン教の高僧。当時展開していた、仏教の各宗派やボン教の垣根を越えた教義の確立をめざすリメー（不偏）運動にも加わり、他宗派との交流もさかんに行った。本人は転生ラマや僧院長の家系の出身ではなく、一般の僧侶として修行をはじめたが、特にゾクチェンの成就者として高名になった。死去の際にはジャリュー（*'ja' lus*「虹の身体」）と呼ばれる現象を起こし、頭髪と爪を残して肉体が消滅したとの伝説がある。著作を多く残し、現在でも多くの僧院でゾクチェンの教えの手引きなどに広く用いられている。

シャンパク（1126？〜？） *skyang 'phags* アムド地方において活躍したと伝えられる伝説的人物。ツォンパク、ドンパクとともにパクパ・ナムスム（三聖人）と総称される。各地に多くの僧院を建立し、聖山を開き、S僧院もシャンパクをルーツに持つと伝えられる。

ソナム・サンポ（13世紀） *bsod nams bzang po* S僧院を1268年に創建した人物。ゾルゲのアシ・シャンツァン僧院の出身で、シャンパクから6代後にあたる子孫と伝えられる。

ティメー・オーゼー（1933年生まれ） *dri med 'od zer* ゾルゲのアシ・シャンツァン僧院の僧院長であり、シャンパクの流れをくむトゥルク（化身ラマ）。S僧院をはじめ、シャルコク地方の僧院とも頻繁な交流がある。

テンジン・ナムダク（1926年生まれ） *bstan 'dzin rnam dag* カムのキュンポ地方（現在のチベット自治区昌都地方丁青県付近）出身で、1950年代にインドへ移動し、英国で学ぶ。その後インドでルントク・テンペーニマらとボン教の活動拠点作りに尽力した後、ネパールのカトマンズ近郊にティテン・ノルブツェ僧院を開く。ヨーロッパでの講演活動なども行っている。

テンジン・ロドゥ・ジャムツォ（1889〜1975） *bstan 'dzin blo gros rgya mtsho* シェーラプ・

いた。

シェーラプ・ラマ（1934年生まれ、男性）　1980年代、松潘県においてボン教僧院の再建許可が出た際に最初に建造されたG僧院の僧院長となった。S村出身で、現在は僧院長の座を退いているがG僧院に居住する。

ソナム（1960年代生まれ、男性）　チョディの次男。S村村民委員会の書記を務めるほか、川主寺鎮やS村で観光を中心とする開発を行う企業を設立、経営している。

チョディ（1935～2010、男性）　テンジン・ロドゥ・ジャムツォの弟子であり、1950年代後半に還俗・結婚して労働に従事した後、1980年代に再び僧侶となり、S僧院の長老格として活動した。

ティボ（1936年生まれ、男性）　S僧院の僧侶。僧院が再建されたとき、管理委員会の主任を務めた。建設や設計技術にすぐれ、僧院の再建の実務面を支えていた。現在は引退している。

テンジン（1987年生まれ、男性）　S僧院の僧侶。10才から僧侶になるための学習を始め、その後アク・プンツォの下で修行し、2006年にゲシェーの学位を取得。2009年時点では文明学院で助手として学生を指導する。ゲンドゥンは父方の交叉イトコ（父の妹の息子）にあたる。

ユンドゥン・ラマ（1970年生まれ、男性）　S僧院の僧院長であり、僧院の代表として活動し、政府の視察など公式な場での対応を行うほか、僧院の主要な儀礼を主催する。日常的には、講義などは行わず、世俗の人びとの依頼に応じて儀礼を行い、その謝礼が僧院の収入となる。

ランブン（1940年生まれ、男性）　1990年代、S僧院が後継者問題を抱えていた際にルントク・テンペーニマの指名を受けて僧院長となったが、約3年で辞して自ら山に籠もり修行の日々を送る。近年アク・プンツォの求めに応じてS僧院に戻り、専用の部屋に籠もって修行を続けている。

ロジェ（1935年生まれ、男性）　S村の村長を1973年から1995年まで務めた。S僧院の再建にあたり生産隊の倉庫を資材として提供するなど重要な役割を果たした。

ワンデン（1935年生まれ、男性）　S僧院出身の僧侶で、テンジン・ロドゥ・ジャムツォのもとで学び、1980年代初頭に設立されたG僧院の管理委員会主任を務める。

3　その他S僧院・ボン教に関係する人物

アンガ・テンパツルティム（1847～1932）　*a sngags bstan pa tshul khrims*　S僧院を現在の場所に移した第15代僧院長。瞑想修行に優れ、数々の奇蹟を起こしたとの伝承がある。

ガゾン・タッジェ（ケルサン・タルギェー、？～1984）　*skal bzang dar rgyas*　シャルコクのR僧院の出身であり、R僧院で学んだ後に甘粛省のゲルク派の大僧院ラプランで5年間、さらにラサにあるゲルク派の大本山の一つデプン僧院で6年、またボン教教学の中心ユンドゥンリンで3年の修行を行った学僧であり、特にツェンニーに通じていた。1980年代初頭、人びとに請われてG僧院のロポンとなった。

サムテン・ギェンツェン・カルメイ（1936年生まれ）　*bsam gtan rgyal mtshan mkhar rme'u*／Samten Gyeltsen Karmay　シャルコク出身で、S僧院においてテンジン・ロドゥ・ジャムツォの下でルントク・テンペーニマ、チョディらとともに学ぶ。1950年代に中央チベットを経由してインドへ移動。その後還俗し、英国を経てフランスを拠点にボン教・チベット文化の研究者として活動。日本でも国立民族学博物館、京都大学で研究活動メンリ僧院で学んだダワ・ギェンツェン（シャルコク出身）によって設立され、ボン教教学の中心地の一つになる。20世紀半ばからメンリ僧院と合流する形で、その活動のほとんどをインドのヒマーチャル・プラデーシュ州ドランジへ移した。1980年代にツァン地方のもとあった場所にも再建された。

3　固有名詞（人名）

（以下の1・2に含まれる人物は全員仮名）

1　ワンジェ家の人びと

ゲンドゥン（1988年生まれ、男性）　ワンジェの次男でS僧院の僧侶。S僧院の文明学院にてアク・プンツォの下で学んだ後、2009年に一般の僧侶として活動をはじめる。普段は俗人の服を着て行動することが多い「兼業」の僧侶である。トンドゥは父方オジ（父の弟）にあたる。テンジンは母方の交叉イトコ（母の兄の息子）にあたる。

ツェリン（1983年生まれ、女性）　ワンジェの長女。土木工事や企業の農場での作業から収入を得ている。

トンドゥ（1970年生まれ、男性）　ワンジェの弟でS僧院の僧侶。1980年代初頭にG僧院で修行し、3年間のドゥプタ修行の経験を持つ。その後S僧院の管理委員会の一員となる。近年は、九寨溝県など、近隣の地域にも出向いて儀礼を行っている。ゲンドゥンはオイ（兄の息子）にあたる。

ドマ（1984年生まれ、女性）　ベマジェの妻。2008年に長男ジミが誕生。

ベマジェ（1984年生まれ、男性）　ワンジェの長男。農業と牧畜の他、空港や幹線道路での土木工事から収入を得ている。2008年に長男ジミが誕生。

ランツォ（1935年生まれ、女性）　ワンジェ、トンドゥの母。他に息子1人（漢族と結婚して成都に在住、現在は疎遠）、娘1人（近隣の村に嫁ぐ。夫はチベット族）がいる。現在S僧院の敷地内にある家で、トンドゥと2人で暮らしているが、ワンジェの家にもよく顔を出す。

リンジン（1962年生まれ、女性）　ワンジェの妻で、ペマジェ、ツェリン、ゲンドゥンの母。もう一人、村外に婚出した娘がいる。ゴンジョやラサへの五体投地による巡礼など、宗教行事にも多く参加する。

ワンジェ（1960年生まれ、男性）　S村に住み、農業と牧畜を営む。父は僧侶であり、1950年代に還俗して結婚した。二男二女の父。現在は家長としての役割を長男のベマジェに譲っている。妻と長男夫婦と長女と同居。次女は近隣の村へ嫁いでいる（夫はチベット族）。

2　S僧院・S村に現在居住する人物

アク・プンツォ（1968年生まれ、男性）　S僧院のロポンであり、「S僧院文明学院」で僧侶の。また、S村をはじめとする世俗の人びとから広く信望を集め、普段から人々に対して相談や治療儀礼等を行う。ゴンジョをはじめとして、一般向けの講話なども主催する。

ガワン（1970年生まれ、男性）　僧院の僧侶。2009年時点でのS僧院の管理委員会主任。岷江のほとりにある採石場の経営をしており、高級車に乗って僧院に現れるなどかなり裕福であることをうかがわせる。マティ・ドゥチェンや政府幹部の視察など、限られた期間にのみ僧院に姿を見せる。普段は俗人の服を着て生活している。

ゲンチュ（1960年代生まれ、男性）　S僧院の僧侶。2009年時点で僧院のゲクをつとめて

8世紀までにチベットに併合されたが、ボンの教えが栄えた土地であり、多くのテクストがシャンシュン語で書かれたと伝えられる。

漳腊（ジャンラ）　S村の約2km南方に位置する集落。かつては漢族の軍事拠点である漳腊営が置かれた。漢族や回族が多く居住し、商店や飲食店がたちならぶ。S村の人びとは日常的に買い物に訪れ、茶館で過ごす男性も多い。

ゾルゲ　*mdzod dge*　松潘県の北に接するアバ州若爾蓋県付近を指すチベット語地名。牧畜民が住む草原部と農耕が行われる山間部からなり、後者はかつて潘州（パンチュ）とも呼ばれ多くのボン教僧院を有し、S僧院との歴史的つながりが深い。

松潘（ソンパン）　アバ州に含まれる県で、本書の調査地が所在する。チベット語でズンチュ（*zung chu*）と呼ばれる。県政府は県城（進安鎮）におかれる。

川主寺（チュアンジュス）　漳腊の南方に隣接する集落。1990年代前半まではボン教のツォツァン僧院（漢語で川主寺と呼ばれる）と小規模な集落があるのみだったが、九寨溝と黄龍の観光開発に伴って急速に発展し、現在では外国人も宿泊する大規模なホテルや飲食店が建ち並ぶ。松潘県川主寺鎮の政府機関もここにおかれる。

テウォ　*the bo*　ゾルゲの北に位置する、甘粛省迭部県付近を指すチベット語地名。18世紀にここを中心とするチベット人勢力と清朝との間に抗争が発生し、その後清朝の間接統治下に入った。多くのボン教僧院を有し、シャルコクとのつながりが深い。

ドゴン　*gdugs wong* または *bdud gzhom*　S村の土地神（ギダ）宿る岩山（標高約4800m）。村から直線距離で5kmほど離れているが、村の背後にぬっと突き出るようにその威容をのぞかせる。人びとは村の背後の丘の上に設けられたラツェと呼ばれる拝所においてドゴンを拝する。

2　僧院の名称

S僧院（仮名）　本書の主要な舞台となるボン教僧院で、2009年時点で94人の僧侶が所属する。僧侶の多くは隣接するS村、A村、B村の3村の出身であるが、近年はゾルゲやテウォの僧院からも若い僧侶が訪れている。

G僧院（仮名）　1980年代初頭、宗教政策の見直しによって最初に新たに建造されたボン教僧院。シャルコクの有力な5つの僧院の僧侶たちが合同で建造に関わった。僧院長は5つの僧院から選ばれ、1年に1度シャルコクのすべての僧侶が集まる。背後に隣接する僧院が後に再建され、これは漢語では「G古寺」と呼ばれて区別される。

アシ・シャンツァン僧院　*a skyid skyang tshang*　ゾルゲの山間部（若爾蓋県阿西茸郷）にあるボン教僧院で、近隣のグワ・シャンツァン（*sgur ba skyang tshang*）僧院とともにシャンパクの創建。シャンパクの子孫でありS僧院を創建したソナム・ザンポの出身地であるなど歴史的に深い関わりを持つ。

ナンジ（ナルシ）僧院　*snang zhig*　アバ州ガワにある、1000人近くの僧侶を擁する世界最大のボン教僧院であり、中国におけるボン教教学の中心地としての性格をもつ。

メンリ僧院　*sman ri*　中央チベット、ツァン地方のボン教僧院。15世紀にシェーラプ・ギェンツェンによって設立され、ボン教教学の中心地の一つになる。20世紀半ばからその活動のほとんどをインドに移し、ヒマーチャル・プラデーシュ州ドランジに活動拠点を置く。1980年代にツァン地方のもとあった場所にも再建されている。

ユンドゥンリン　*g·yung drung gling*　19世紀に

院長とならんで僧院の中心となる役職である。

2　固有名詞（地名）

1　地域などの名称

阿壩藏族羌族自治州（アバチベット族チャン族自治州）　四川省北部の山岳地帯に位置し、本書の調査地であるシャルコクを含む。人口87.4万人(2007年)。州政府は馬爾康(マルカム）県におかれる。本書では「アバ州」と表記している。

アムド　*a mdo*　ドメー(*mdo smad*)とも呼ばれ、チベットの伝統的地域区分であるチューカ・スム（*chol ka gsum*「3つの地方」：ウ・ツァン、カム、アムド）の一つ。チベット高原の最東部、黄河および長江支流（大渡河、岷江など）の源流域一帯を指す地名であり、現在の行政区分では青海省から甘粛省の一部、四川省の北部を含んでいる。

ウルモルンリン　*'ol mo lung ring*　ボン教の祖師シェンラプ・ミボが生まれたとされる王国。タジク（*rtag gzigs*）と呼ばれる、チベットの遠く西方にあたる地方にあったとされる。

ガワ　*rnga ba*　アバ州阿壩（アバ）県付近を指すチベット語地名。

九寨溝　松潘県の北に接するアバ州九寨溝県に位置する。チベット語ではジツァ・デグ(*gzi rtsa sde dgu*) と呼ばれるが、現地では漢語で呼ばれることも多い。原生林と高い透明度の湖沼や滝が独特の景観を形成する九寨溝自然保護区が世界自然遺産に登録され、観光開発がすすむ。自然保護区内にはチベット族が居住し、ボン教の僧院を有する。

九寨黄龍空港　九寨溝・黄龍の自然保護区へのアクセス改善を主眼として2003年に開港した空港。S村の裏手にある山地を削り、標高約3500mの高地に建設された。長さ3200mの滑走路を有しジェット機が発着可能で、四川省の省都成都市と約40分で結ばれている。成都のほか、重慶、上海、北京など中国のほかの大都市と結ぶ定期便も就航している。

黄龍　松潘県東部に位置する自然保護区。チベット語でセルツォ（*gser mtsho*）と呼ばれる。黄土色を呈する石灰岩質の段丘に水がたまり、岩の黄色と水の青の対照が特徴的である。ボン教と道教の聖地とされる。世界自然遺産に指定された後に急速に観光開発が進んだ。

シャルドゥンリ　*shar dung ri*　シャルコクの東方に位置する標高5588mの独立峰。漢語で「雪宝頂」の名があるように、万年雪を頂く山頂が目立つ秀麗な山である。周囲には人家がほとんどなく、巡礼には野営しながら1週間程度を必要とするため、気軽に赴くことはできないが、僧侶の中には定期的に巡礼している者も多い。シャルコクを象徴する聖山（ネーリ）として捉えられている。

シャルコク　*shar khog*　アバ州松潘県の岷江流域に広がる峡谷を中心とした地域を指すチベット語名。チベット族が多く居住し、ボン教の聖山や僧院が点在する。本書の主要な舞台であるS僧院とS村を有する。

シャンシャドゥル　*byang bya dur*　シャルコクのほぼ北端、谷が狭まる地点の手前に位置する標高4050mのずんぐりした岩山。シャルドゥンリに比べてより身近な存在であり、S村に住む人びとはロサルをはじめとして年に数回は必ず家族で巡礼に向かう。山の中にはかつて高僧が瞑想修行を行ったと伝わる洞窟が点在する。

シャンシュン　*zhang zhung*　西チベットのカイラス周辺を中心に栄えた王国があった地。

編された。

ドゥカン　*'du khang*　→「集会堂」を参照。

ドゥプタ　*sgrub grwa*　僧侶の修行過程のうち、個人修行に重きをおき、外部との接触を制限して行う過程であり、密教やゾクチェンと総称される体系を学ぶ。

ネーリ　*gnas ri*　聖山のうち、聖典に登場する尊格とのつながりが想定されており、様々な地域からの巡礼者を集める山。シャルコクにはシャルドゥンリ（*shar dung ri*）とシャンシャドゥル（*byang bya dur*）の２つのネーリがある。多くの巡礼者が訪れるとともに修行の場としての歴史を有してきた。

マティ　*ma tri*　ボン教徒が日常的に唱える代表的なマントラである「オーンマティムイェサレドゥ」（*Om ma tri mu ye sa le 'du*）を指す。マティ・ドゥチェンにおいて人びとに配られる丸薬も同じ名で呼ばれる。

マティ・ドゥチェン　*ma tri dus chen*　農暦（太陰暦）２月１日から15日にかけて行われるS僧院最大の行事で、堂内で様々な儀礼が行われ、集会堂前の広場ではチャムが演じられる。

マントラ　「真言」。神々に対する呼びかけ、祈願の句であるが、しばしば句それ自体に神聖な意味が宿っていると考えられる。本書では、マティやドゥティスに代表される、人びとが日々唱えている短い句に対する総称として用いている。

ユンドゥン・ボン　*g·yung drung bon*　11世紀にシェンチェン・ルガが中央チベットのツァン地方で大量のテクストを発見したと伝えられる出来事に由来する教義体系。古代王朝で行われていた「ボン」とは区別されるが、現代のボン教徒からはその連続性が信じられている。シェンチェン・ルガの弟子たちによって、より体系化・組織化された形をとるようになった。現在S僧院を含めて多くの僧院で伝承されている「ボン教」は「ユンドゥン・ボン」の流れをくみ、各地域固有の要素と共存している。

ラ　*lha*　英語ではgodsやdeityと訳される、様々な超自然的存在を指す概念。ボン教では、聖典や神話に登場する神から土地固有の神まで多様な存在を指して用いられる。本書では、ボン教の聖典に登場する体系に所属するラに対して尊格という訳語をあてている。尊格は、シウェ・ラ（「静かなラ」、寂静尊）とチョウォ・ラ（「怒りのラ」、憤怒尊）の２つに大きく分けられる。シウェ・ラは、シェンラプ・ミボに代表されるような穏やかな外見と性質をもった姿で描かれる。チョウォ・ラは、怒りの表情を浮かべ背後に炎をまとい、持ち物などにも見る者に恐怖を抱かせるような特徴を多く持った姿で描かれる。この他、各村を守護する山も、土地固有のラ（ギダ）が宿る場所とみなされる。

ラツェ　*la btsas*　丘の上や山頂などに設置された拝所で、山にいるラを拝する。S村からほど近いラツェには、木製の長さ２～３ｍほどのダ（*mda'*　矢）が納められている。これは毎年10月から12月にかけて、世俗の人びとが持ち寄るものである。

ラマ　*bla ma*　「上人」、「すぐれた人」の意。もっとも広義にはチベット系の宗教の僧侶一般を指す。狭義には、僧院を代表する僧侶を指す（現在のS僧院の僧院長はラマと呼ばれる）場合や、修行の際の師匠、帰依の対象となるザウィ・ラマを指す場合がある。

ロサル　*lo gsar*　「新年」。チベット暦の正月をさすが、シャルコクでは中国で一般的に用いられる農暦（太陰暦）の１月１日、いわゆる春節と同じ日に祝うことが一般的である。家族全員が集まって過ごし、聖山シャンシャドゥルの巡礼にも出かける。

ロポン　*slob dpon*　「主任教師」、「学頭」。僧院で僧侶の教育を担当する最高位の僧侶。僧

ツァンパ　*rtsam pa*　麦焦がし。チベット文化圏の代表的な主食。初秋に収穫したオオムギを乾燥させた後、脱穀して煎り、石臼で挽いて粉にしたもの。シャルコクではバター、チラ（乾燥したチーズ）とともに茶に加えて粥状にして食べることが多い。また、儀礼の際に用いる供物の材料としても重要である。

ツェンニー　*mtshan nyid*　「因明」。本書ではボン教の論理学を指す。シェータの重要な部分を占める要素で、教義理解に向けた問答を行うための論理の組み立て方を学ぶ。若い僧侶には最初の難関であり、学問を究めてゲシェーの学位を目指す者にとって不可欠な課程である。ボン教ではメンリ僧院とユンドゥンリンを中心に発展した。

ツォン（ツァン）　*tshang*　居住や家屋という原義を持ち、外婚や居住の単位として用いられる基本的な概念である。チベットにおける「家族」認識については、父系の血縁と、自分の属する「家」を基盤とする認識の２つの要素が併存していることが指摘されている［中根 1970: 140］。シャルコクのツォンは、この２つの側面を併せ持つ概念である。S 村では、狭義のツォンは後者の「一つ屋根の下で暮らす」居住単位に対応している。本書ではこの単位を「世帯 household」として記述している。また、シェンチェン・ルガ以降中央チベットを中心にボンの教えを受け継いできたいくつかの「氏族」を表すことばは、チベット語の綴りは同じであるが、上記と区別する意味で本書ではラサ方言の「ツァン」と表記している。

ティジン　*khri 'dzin*　「宝座を持つ者」の意。本書では「座主」の訳語をあてる。僧院の最高位となる僧侶の地位の名。集会堂奥に設けられた宝座に座ることができる。S 僧院のティジンは一九八〇年代以来空位が続いている。

テクパ・グ　*theg pa dgu*　「９のテクパ」。ユンドゥン・ボンの教義を分類した体系の１つ。

1. チャシェン・テクパ（*phywa gshen theg pa*「予言のシェンのテクパ」）
2. ナンシェン・テクパ（*snang gshen theg pa*「目にみえる世界のシェンのテクパ」）
3. トゥルシェン・テクパ（*'phrul gshen theg pa*「幻のシェンのテクパ」）
4. シシェン・テクパ（*srid shen theg pa*「存在のシェンのテクパ」）
5. ゲニェン・テクパ（*dge bsnyen theg pa*「ゲニェンのテクパ」）
6. タンソン・テクパ（*drang srong theg pa*「タンソンのテクパ」）
7. アカル・テクパ（*a dkar theg pa*「清浄な音、白いアについてのテクパ」）
8. イェシェン・テクパ（*ye gshen theg pa*「原始のシェンのテクパ」）
9. ラメー・テクパ（*bla med theg pa*「究極のテクパ」）

もう一つの分類「ゴシ・ズーガ」との対応関係は、チャプ・カルがテクパ・グの７・８、チャプ・ナクは１・２・３・４、プン・セーが９、ペン・ユルが５・６に相当する。テクパ・グはさらに以下の３部門に分けられることが多い。

1. 「ギュ（因）のテクパ」（*rgyu'i theg pa*）：テクパ・グの１・２・３・４。
2. 「デブ（果）のテクパ」（*'brag bu'i theg pa*）：テクパ・グの５・６・７・８。
3. ゾクチェン：テクパ・グの９。

この分類は、筆者が最初に S 僧院の複数の僧侶にボン教の教義について尋ねた時にも言及されており、かれらが共有している体系であるとみなすことができる。

デワ　*sde ba*（デカ　*sde khag*）　かつてゴワが統治した領域であるショカを構成していた自然村。20 世紀中盤以降、集団生産制によって分断され、1980 年代以降「村」に再

をおいていたゴワは、現在のS郷をカバーする領域を統治していた。これはS僧院の僧侶の出身地とも一致している。20世紀中盤、集団生産制の導入によって分断、再編された。

聖典（ボン教における）　シェンラプ・ミボが直接説いたと伝えられるカ（*bka'*）と、カに基づいた注釈や論書、美術、医学、詩学などに関する文書の集積であるカテン（*bka' brten*）からなる体系的なテクスト。仏教の『大蔵経』に匹敵する。15世紀中頃までに中核部分が結集されたと推定されている[Kvaerne 1974:39]。

世帯→「ツォン」を参照。

セムパ　*sems dpa'*　「心・恐れない」の意。「ボサツ」。ボン教徒の帰依の対象であるコンチョク・スムの一つ。セムパはサンジェーになるだけの境地にありながら、人びとの中にあえてとどまり、救済に務める存在。大乗仏教に典型的にみられる利他的な価値観を体現する存在でもある。

僧院→「ゴンパ」を参照。

僧侶　戒律を守り、僧院で修行を積み、「宗教」に関連する専門的な知識と技法を身につけた者。現地では日常的に、若い僧侶は見習い僧を意味するタバ（*grwa pa*）、年長（およそ30代以上）で修行を積んだ僧侶はアク（*a khu*）と呼ばれる。アクは父方オジに対する呼称と同じであり、経験を積んだ僧侶に対する尊称として用いられる。こうした人びとをまとめて本書では僧侶と表記している。「僧侶になる」ということは「出家」と結びつけられがちであるが、僧院に隣接しているS村では、僧侶と他の家族との関係は集中的な修行期間などを除いて断絶しない。時に実家に帰って共に食事をしたり家事を手伝ったりすることもある。しかし戒律を守っている以上は結婚できないため、世帯の継承には関わらない。

ゾクチェン　*rdzogs chen*　日本語では「大究竟」、漢語では「大円満」と訳されることが多い。チベット仏教ニンマ派やボン教で受け継がれた、生きながらにして覚りを得るための思想と技法の体系。ボン教では「アティ」や「シャンシュン・ニェンギュ」など、様々な系統がある。修行者は僧侶とは限らない。３年間のドゥプタを通じてゾクチェンを修行することが望ましいとされている。

尊格→「ラ」を参照。

タンカ　*thang ka*　「仏画」と訳されることが多い掛け軸状の絵画。尊格や高僧などの姿が描かれており、僧院の堂内や各世帯のチュカンに多く掲げられている。儀礼の時以外は覆いが掛けられ見えなくなっているものも多い。描き方には詳細な規定があり、専門の職人や、技術を身につけた僧侶もいる。市販されているが手描きのものは高価である。

チャム　*'cham*　僧侶たちが儀礼の際に演じる仮面舞踊。単なる舞踊ではなく、尊格と一体化しその姿を顕現させ、力を発揮する意味がある。様々な演目があり、娯楽性の高いものも含まれる。

チュカン（チュコン）　*mchod khang*　「仏間」に相当する、各世帯に設けられた儀礼用の部屋で、聖典類やタンカが常備され、天井からはジェンツェンなどがつりさげられている。僧侶を招いて儀礼を執り行うほか、毎日家人がバターランプや水などを供える。

チョウォ・ラ　*khro bo'i lha*　→「ラ」を参照。

チョルテン　*mchod rtan*　「供養の対象」の意。「仏塔」、「舎利塔」と訳されることが多い。僧院の周囲や街道沿いに建てられる、白く塗られた塔状の建造物。ボン教でも多くのチョルテンが伝えられ、帰依の対象としての「ボン」を構成する重要な要素の一つとして位置づけられている。

ツァン　*tshang*　→「ツォン」を参照。

の建設などに際して大きな決定権を有していた。

コンチョク（ゴンチュク）・スム *dkon mchog gsum* 「三宝」。仏教にも同じことばが存在するが、ボン教徒にとっては、サンギェー・ボン・セムパの３つを指す。これにラマを加えることが多い。コンチョク・スムを尊重し、ジャブジョ（帰依）することが、ボン教徒として生きることの根本にあるとみなされる。

ゴンジョ *sngon 'gro* 「前・行く」の意。「加行」。より高次の修行に入るための前段階として修めておく必要がある過程で、狭義にはゾクチェンの修行の第一段階として位置づけられる。この部分だけを独立させて、世俗の人びとが行う場合がある。マントラの詠唱や五体投地など、多様な実践を反復することが求められる。

ゴンパ *dgon pa* 人里離れた寂しい場所や荒野という意味を原義に持ち、転じて出家した僧侶が生活・修行する場所を指す。本書では「僧院」という訳で統一している。S僧院を含め、多くの比較的大規模な僧院の正式名称にはリン *gling* という接尾語がつくが、これは大陸や土地を原義とし、転じて大僧院の意に用いられるようになったものである。

ザウィ・ラマ *rtsa ba'i bla ma* 「根本ラマ」。修行に際して帰依の対象となる師としてのラマ。修行者がその姿を観想しマントラを唱えるなどの実践を行う。シャルコクの人びとの間では、「ゴンジョの最後に草を挿してくれるラマ」という意味も共有されている。

サンジェー（サンギェー） *sangs rgyas* 「ブッダ」。このことばは、「覚りを得た者」という意味において、仏教のガウタマ・シッダールタに限定されずに用いられる。ボン教徒にとってはシェンラプ・ミボなどの尊格を指すことが多い。修行や日々の実践を通じて人びとが到達するべき究極の境地とされる。

シウェ・ラ *zhi ba'i lha* →「ラ」を参照。

シェータ *bshe grwa* 僧侶の修行過程のうち、テクストを読解、暗記し、問答を通じて内容を身につけるもの。いわゆる顕教の範疇にあたる。

ジェンツェン（ギェンツェン） *rgyal mtshan* 勝幢、英語で victory banner と訳される、全長6, 70㎝の吹き流し様の装飾物。無明に対する教えの勝利を表すとされる。タシ（*bkra shis*「吉祥」）を表す８つの主要なシンボルの一つである。僧院の行事への寄附にたいして授与される。行事中は集会堂の軒先に掲げられて堂を装飾し、その後は各世帯のチュカンに掲げられる。このことばは人名にもよく用いられる。

ジャブジョ（キャブド） *skyabs 'gro* 「帰依」。仏教用語としては「すぐれたものに対して自己の身心を投げ出して信奉すること」と定義される。S僧院のアク・プンツォは「心の中に対象以外は何もない」状態であると説明する。

集会堂 僧院の中心となる建造物。現地ではドゥカン（*'du khang*）と呼ばれる。行事の際には僧侶があつまり儀礼を執り行う。

少数民族（中国における） 1949年の中華人民共和国の建国以降、社会主義国家を構成する諸民族として漢族の他に定義された55の集団。1950年代前半から行われた民族識別工作によって定義され、実際の帰属意識と必ずしも一致しない場合もある。民族名は個人の身分証（ID）に記載されており、社会生活の様々な場面で意識される。

ショカ *sho khag* かつてゴワが統治していた領域のこと。ショカはデカ（*sde khag*）またはデワ（*sde ba*）と呼ばれる単位からなり、今の村の範囲とほぼ一致する。S村に拠点

付録：用語・地名・人名解説

（原則として日本語表記のあいうえお順に表記）

1　用語集

カ　*khag*　狭義には一種の親族集団を指す。同じカに属する人びとは、父系の祖先を同じくしているといわれているが、2000年代後半時点で特定の人物としての祖先は記憶されていない。クランに近い父系の血縁グループとしての性格を持つが、外婚単位としては機能しておらず、カ内部での通婚は可能である。近年では主として葬儀の際の互助集団としての役割を持つ。広義には「集住」を表し、かつてゴワが治めた「ショカ」や、それを構成する村にあたる「デカ」の集まりがある。

カ　*bka'*　→「聖典」を参照。

カテン　*bka'brten*　→「聖典」を参照。

ギダ（シダク）　*gzhi bdag*　特定の山に宿る土地固有の神（ラ）。ユルラ（*yul lha*　土地神）と同義とされる。村やショカなど、特定の範囲を守護する役割を持つ。ギダの宿るとされる山は巡礼の対象にはならず、拝所であるラツェにおいて儀礼を行う。

ゲク　*dge bskos*　戒律や僧院での規範を管理する僧侶。集会堂の扉の脇にはゲクの席が設けられており、着座している僧侶たち全体を見渡せるようになっている。そして儀礼や衣装、食事の作法などが規律に則っているかをチェックし、指導を行う。また行事を欠席する際の罰金もゲクに対して支払われ、罰金を払った者のリストがゲクの署名とともに掲示される。

ゲワ　*dge ba*　「善行」。本書では、日々の巡拝、僧院や僧侶への寄付、ゴンジョの実践への参加、チョルテンへの物品の投入といった形で表現される。アジアの仏教圏で広く共有される「功徳」や「積徳行」と連関する概念で、チベット文化圏では大乗仏教的な利他の側面が強調され、広く日常生活の中での倫理的な態度を含むと解釈されることがある。ゲワをなすことによってよりよい来世に生まれ変わることができる、またサンギェー（ほとけ）に近づくことができるという考え方の回路が広く共有されている。

ゴシ・ズーガ　*sgo bzhi mdzod lnga*　「四門と宝庫一棟、合わせて五」。ユンドゥン・ボンの教義を整理・分類する体系の1つ。5つの項目からなり、1から4までが5に至る門と捉えられている。このうち、チャプ・カルとペン・ユルは、それぞれ仏教のタントラ（密教）とスートラ（顕教）の分類にほぼ相当する［カルメイ 1987:375］。

1.チャプ・カル *chab dkar*（「白い水」）：密教的な教理

2.チャプ・ナク *chab nag*（「黒い水」）：種々の説話や儀礼

3.ペン・ユル *'phan yul*（「ペンの国」）：顕教的な教理

4.プン・セー *dpon gsas*（「手引き」）：ゾクチェンの瞑想体系

5.ト・トー *mtho thog*（「頂上」）：他の4門から目指す到達点

ゴワ　*'go ba*　「頭人」の意。共産党政府の支配下に入る前のシャルコクにおいていくつかの自然村（デカ）からなる範囲（ショカ）を統治していた領主を指す。18世紀に清朝から土司・土官の位を与えられた。僧院の最大のパトロンであり、僧院長をラマとする弟子でもあった。僧院長の選出や、堂宇

写真・図表一覧

マ

ナ

ハ

タ

カ

索　引

（**太字**は付録に解説のある項目）

著者紹介

小西賢吾(こにし　けんご)

1980年兵庫県尼崎市生まれ。

2011年京都大学大学院人間・環境学研究科共生文明学専攻研究指導認定退学。博士（人間・環境学)。

現在、大谷大学・関西学院大学・神戸女学院大学非常勤講師、京都大学こころの未来研究センター研究員。2015年4月より金沢星稜大学講師。

主要論文に、"Inter-regional relationships in the creation of the local Bon tradition: A case study of Amdo Sharkhog"（日本チベット学会『日本チベット学会会報』第60号、2014年)、「再生／越境する寺院ネットワークが支えるボン教の復興—中国四川省、シャルコク地方の事例を中心に」(『地域研究』第10巻1号、2010年)、「興奮を生み出し制御する—秋田県角館、曳山行事の存続のメカニズム」(『文化人類学』第72巻3号、2007年）など。

四川チベットの宗教と地域社会　宗教復興後を生きぬく
ボン教徒の人類学的研究

2015年2月10日　印刷
2015年2月20日　発行

著　者　小西賢吾
発行者　石井　雅
発行所　株式会社　風響社

東京都北区田端4-14-9（〒114-0014)
Tel 03(3828)9249　振替 00110-0-553554
印刷　モリモト印刷

ISBN978- 4-89489-210-1 C3039